이렇게
기막힌
적중률

경영정보시각화능력

 실기

"이" 한 권으로 합격의 "기적"을 경험하세요!

YoungJin.com Y.
영진닷컴

구매자 혜택 BIG 3

이기적 독자에게 모두 드리는 자료!

온라인 서점 리뷰 이벤트

온라인 서점에서 이기적 수험서를 구매하고 리뷰를 작성하면 추첨을 통해 네이버 페이 쿠폰을 드립니다. 교보문고, 알라딘, YES24, 인터파크, 스마트스토어 서점, 쿠팡에 리뷰를 작성해 보세요.

* 당첨자는 매주 추첨을 통해 선정됩니다.

합격 후기 작성 포인트

이기적 도서로 학습하여 시험에 합격하셨다면 리뷰를 작성해 주세요. 누구나 작성만 하면 최대 25,000원의 네이버 포인트가 지급됩니다.

* 혜택은 사정에 따라 변경될 수 있습니다.

업데이트 정오표

이미 출간된 도서에 반영되지 못한 사항이 있을 수 있습니다. 최신 업데이트 사항을 확인하세요. 오타/오류는 정오표 이벤트에 참여할 수 있습니다.

* 파본의 경우에만 구입처에서 교환/환불 가능합니다.

이기적 200% 활용 가이드

STEP 1

핵심 이론

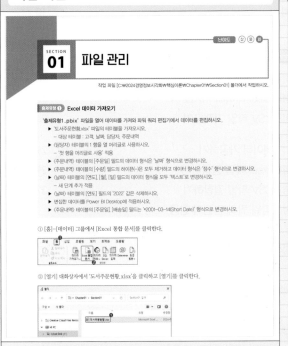

실기 시험 합격을 위해 학습해야 하는 내용을 정리하여 담았습니다. 출제유형을 따르며 학습하세요.

① **난이도** 상 중 하

해당 SECTION의 난이도를 상/중/하로 표기하였습니다. 난이도를 참고하여 학습 방향과 일정을 잡아보세요.

② **작업 파일**

각 Part에서 사용하는 파일의 경로를 안내합니다.

STEP 2

기출 유형 문제

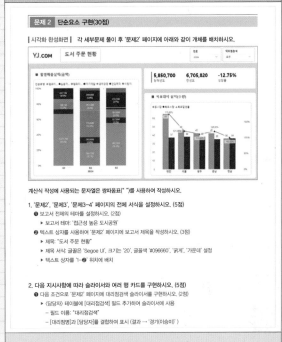

다양한 유형의 많은 문제를 접해보고 실전 감각을 키우세요.

① **기적의 Tip**

시험 공부를 하며 꼭 알아야 하는 특급 노하우와 팁을 제시하였습니다.

② **더 알기 Tip**

추가 설명이 필요한 경우에만 참고할 수 있는 해설을 준비했습니다.

CONTENTS 차례

시험의 모든 것 EVERYTHING ABOUT AN EXAMINATION

01 실기 응시 자격 조건

필기 시험 합격자

02 실기 원서 접수하기

대한상공회의소 자격평가사업단 홈페이지에서 접수

03 실기 시험

신분증과 수험표 지참하여 시험 70분 진행

04 실기 합격자 발표

시험 종료 후 약 4주 뒤 합격자 발표(시행처 확인)

◆ 경영정보시각화능력 소개

시행처의
자격 소개 영상

- 경영 관련 의사결정을 위해 기업 · 기관의 내 · 외부 정보를 시각적 요소를 사용하여 효과적으로 표현하고 전달하는 직무에 관한 국가기술자격
- ICT 기술 발전, 디지털 전환 등으로 인해 데이터를 다루는 모든 직무에서 데이터에서 의미 있는 정보를 도출하는 능력이 필요한 역량으로 요구됨에 따라 신설
- 기업 · 기관의 경영과 관련된 정보를 시각화하는 능력에 관한 자격

◆ 시행처

대한상공회의소

◆ 시험 과목

등급	구분	시험 과목	문항 수	검정 방법	시험 시간
단일 등급	필기	경영정보 일반	20	객관식 4지택일형	60분
		데이터 해석 및 활용	20		
		경영정보시각화 디자인	20		
	실기	경영정보시각화 실무	3-5	컴퓨터 작업형	70분

※실기프로그램: 파워BI(Power BI), 태블로(Tableau) - 상황에 따라 변경 가능

◆ 합격 기준

- 필기: 매 과목 100점 만점에 과목당 40점 이상이면서 평균 60점 이상
- 실기: 100점 만점에 70점 이상

◆ 2024년 시행 일정

회차	검정방법	접수기간	시행일	합격자발표일
1회	필기	(1차) 03.18 ~ 03.24 (2차) 04.17 ~ 04.23	05.18	06.18
1회	실기	08.28 ~ 09.03	09.28	11.18
2회	필기	(1차) 09.30 ~ 10.06 (2차) 10.30 ~ 11.05	11.30	12.31

※더 자세한 사항은 대한상공회의소 자격평가사업단 홈페이지(https://license.korcham.net)를 참고하여 주세요.

◆ 출제 기준(2024.1.1~2026.12.31)

주요 항목	세부 항목	세세 항목
경영정보 시각화 작업준비	프로그램 실행하기	시각화 프로그램을 실행할 수 있다.
	파일 관리하기	작업에 필요한 데이터를 불러올 수 있다.
		작업 문서를 저장할 수 있다.
	데이터 가공하기	여러 데이터를 결합할 수 있다.
		데이터의 필드를 분할 또는 결합할 수 있다.
		데이터 필드의 명칭, 형태, 데이터 유형을 변경할 수 있다.
	데이터 계산하기	데이터 계산을 위해 기본적인 계산식(함수)를 활용할 수 있다.
경영정보 시각화 결과물 레이아웃 구성	레이아웃 구성하기	결과물 레이아웃을 구성할 수 있다.
		구현한 시각화요소를 레이아웃에 맞게 배치할 수 있다.
		시각화요소 외에 도형, 이미지, 텍스트 등을 삽입할 수 있다.
	대화식(interactive) 화면 구성하기	사용자가 선택한 필드의 데이터가 전체 시각화요소에 적용되도록 필터를 구성할 수 있다.
		사용자가 선택한 항목만 강조되도록 표시할 수 있다.
		사용자의 선택한 화면 또는 웹페이지로 이동할 수 있는 단추를 생성할 수 있다.
경영정보 시각화 요소 구현	차트 구성하기	기본적인 형태의 차트를 구성할 수 있다.
		복잡한 형태의 차트를 구성할 수 있다.
		이중 축을 활용한 차트를 구성할 수 있다.
		차트에 레이블을 표현할 수 있다.
	테이블 구성하기	테이블을 응용한 시각적 요소를 구현할 수 있다.
	시각화요소 디자인 변경하기	시각화요소 및 레이블의 글꼴, 색상, 테두리, 도형 등의 디자인을 변경할 수 있다.
	기능 활용하기	시각화요소 구현을 위해 테이블에 빠른 계산을 적용할 수 있다.
		특정 조건에 맞는 데이터만을 나타내도록 필터를 적용할 수 있다.
		축 설정을 변경할 수 있다.
		범례를 만들 수 있다.
		간단한 요약값을 나타내기 위해 분석 기능을 활용할 수 있다.
		데이터에 대한 설명 내용을 변경할 수 있다.

POWER BI DESKTOP
Power BI Desktop 설치 및 시작하기

Power BI Desktop은 매월 새로운 기능이 업데이트되고 릴리스 됩니다. 시험에 필요한 프로그램은 매년 1월에 출시한 Power BI Desktop을 사용하며, 대한상공회의소자격평가단에서 제공하는 프로그램을 다운받아 사용할 수 있습니다.

➕ Power BI Desktop 다운로드 및 설치

① 준비한 'C:\2024경영정보시각화\프로그램'에서 'PBIDesktopSetup_x64.exe' 파일을 더블클릭하여 실행한다.

※ PC 환경에 따라 32비트(PBIDesktopSetup.exe)나 64비트(PBIDesktopSetup_x64.exe)로 설치할 수 있으며, Windows 10이상이라면 x64(64비트)로 설치합니다.

② 설치 창이 열리면 언어 선택을 '한국어'로 설정하고 [다음]을 클릭한다. 앱 허용 대화상자가 표시되면 '예'를 클릭하여 설치를 진행한다.

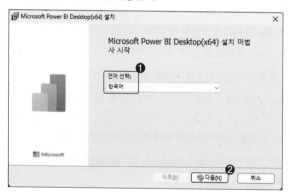

③ [다음]을 클릭하여 설치를 진행한다.

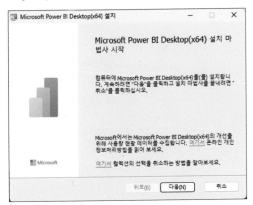

④ '동의함'을 선택한 후 [다음]을 클릭한다.

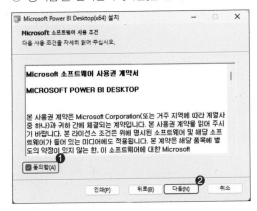

⑤ 프로그램 설치 대상 폴더는 기본으로 설정하고 [다음]을 클릭한다.

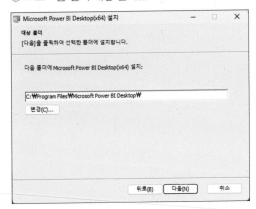

⑥ [설치]를 클릭하여 설치를 시작한다.

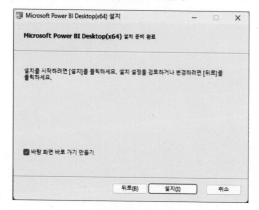

⑦ 설치가 완료되면 [마침]을 클릭한다.

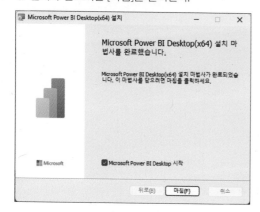

◆ Power BI Desktop 시작하기

① 윈도우 시작 단추를 클릭하여 Power BI Desktop을 실행한다. 구독 창이나 전자 메일 주소 입력 창은 닫
고 시작 화면의 닫기(☒)를 클릭한다.

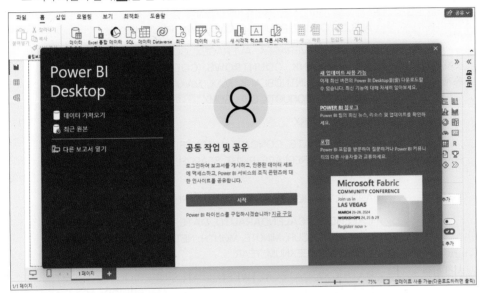

② Power BI Desktop 시작 화면에서 작업을 시작한다.

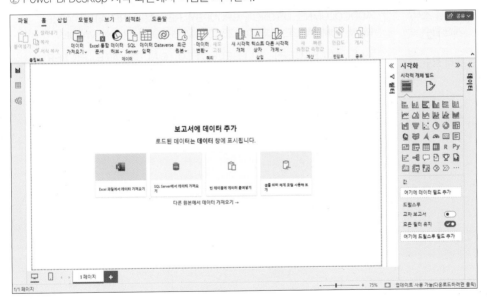

Power BI 출제 함수

구분		주요 함수
DAX 함수	숫자/집계/ 통계 함수	ABS, DIVIDE, INT, ROUND, ROUNDDOWN, ROUNDUP
		AVERAGE, AVERAGEA, AVERAGEX, COUNT, COUNTA, COUNTAX, COUNTBLANK, COUNTROWS, COUNTX, DISTINCTCOUNT, DISTINCTCOUNTNOBLANK, MAX, MAXA, MAXX, MIN, MINA, MINX, PRODUCT, PRODUCTX, SUM, SUMX
		MEDIAN, RANKX
	문자열 함수	CONCATENATE, CONCATENATEX, FIND, FORMAT, LEFT, LEN, LOWER, MID, REPLACE, RIGHT, SEARCH, SUBSTITUTE, TRIM, UPPER, VALUE
	논리 함수	AND, IF, IFERROR, NOT, OR, SWITCH, TRUE
	날짜 및 시간 함수	CALENDAR, CALENDARAUTO, DATE, DATEDIFF, DAY, EDATE, EOMONTH, HOUR, MINUTE, MONTH, NETWORKDAYS, NOW, TODAY, WEEKDAY, WEEKNUM, YEAR
		DATEADD, DATESBETWEEN, DATESINPERIOD, DATESMTD, DATESQTD, DATESYTD, FIRSTDATE, SAMEPERIODLASTYEAR, TOTALMTD, TOTALQTD, TOTALYTD
	테이블 조작/ 계산 함수	ADDCOLUMNS, DSTINCT, GROUPBY, RELATED, RELATEDTABLE, ROW, SUMMARIZE, SUMMARIZECOLUMNS, TOPN, UNION, VALUES
	필터 함수	ALL, ALLEXCEPT, ALLSELECTED, CALCULATE, FILTER, KEEPFILTERS, RANK, REMOVEFILTERS, SELECTEDVALUE
	기타	FV, IPMT, NPER, PMT, PPMT, PV, RATE
		HASONEFILTER, ISBLANK, ISERROR, ISFILTERED, ISNUMBER
		BLANK

실습 파일 사용방법 PRACTICE FILE

◆ 다운로드 방법

① 이기적 영진닷컴(license.youngjin.com)에 접속한다.

② 상단 메인 메뉴에서 [자료실]–[기타]를 클릭한다.

③ '[7431] 이기적 경영정보시각화능력 실기 기본서' 게시글을 클릭하여 첨부파일을 다운로드한다.

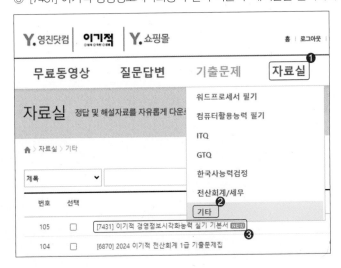

◆ 사용 방법

① 다운로드한 [7431.zip] 압축 파일에서 마우스 오른쪽 버튼을 눌러 압축을 해제한다.

② 압축이 풀린 후 [7431]–[2024경영정보시각화] 폴더를 더블 클릭하여 모든 파일이 들어있는지 확인한다.

③ 압축이 풀린 [2024경영정보시각화] 폴더를 'C드라이브'로 복사 또는 이동하여 사용한다.

핵심 이론

작업준비

학습 방향

다양한 유형의 데이터 파일을 가져오기 후 파워 쿼리 편집기에서 열 머리글 변환, 열 피벗 해제, 쿼리 추가와 병합 등 다양한 방법으로 편집하는 방법을 익혀 두어야 한다. 또한 테이블의 관계 설정과 CALCU-LATE, DATEADD 등과 같은 다양한 DAX 함수를 활용한 수식 작성까지 학습해야 한다.

SECTION 01 파일 관리

작업 파일 [C:₩2024경영정보시각화₩핵심이론₩Chapter01₩Section01] 폴더에서 작업하시오.

출제유형 ① Excel 데이터 가져오기

'**출제유형1.pbix**' 파일을 열고 데이터 가져오기 후 파워 쿼리 편집기에서 데이터를 편집하시오.

▶ '도서주문현황.xlsx' 파일의 테이블을 가져오시오.

- 대상 테이블 : 고객, 날짜, 담당자, 주문내역

▶ 〈담당자〉 테이블의 1행을 열 머리글로 사용하시오.

- '첫 행을 머리글로 사용' 적용

▶ 〈주문내역〉 테이블의 [주문일] 필드의 데이터 형식은 '날짜' 형식으로 변경하시오.

▶ 〈주문내역〉 테이블의 [수량] 필드의 하이픈(–)은 모두 제거하고 데이터 형식은 '정수' 형식으로 변경하시오.

▶ 〈날짜〉 테이블의 [연도], [월], [일] 필드의 데이터 형식을 모두 '텍스트'로 변경하시오.

- 작업 단계 기록

▶ 〈날짜〉 테이블의 [연도] 필드의 '2022' 값은 삭제하시오.

▶ 편집한 데이터를 Power BI Desktop에 적용하시오.

▶ 〈주문내역〉 테이블의 [주문일], [배송일] 필드는 '*2001–03–14(Short Date)' 형식으로 변경하시오.

① [홈]−[데이터] 그룹에서 [Excel 통합 문서]를 클릭한다.

② [열기] 대화상자에서 '도서주문현황.xlsx'을 클릭하고 [열기]를 클릭한다.

③ [탐색 창] 대화상자에서 〈고객〉, 〈날짜〉, 〈대리점〉, 〈주문내역〉 테이블의 확인란을 체크 표시하고 [데이터 변환]을 클릭한다. 첫 번째 테이블 이름을 클릭하고 Shift를 누른 상태에서 마지막 테이블 이름을 클릭하면 여러 테이블을 쉽게 선택할 수 있다.

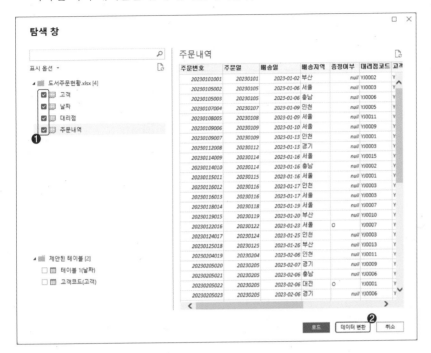

> **기적의 Tip** **로드와 데이터 변환**
>
> • 로드 : 테이블을 선택 후 [로드]를 클릭하면 Power BI Desktop에서 데이터를 바로 사용할 수 있다.
> • 데이터 변환 : 파워 쿼리 편집기에서 행/열 제거, 값 바꾸기, 열 분할, 열 머리글 변경 등의 데이터 편집을 할 수 있다.

④ [Power Query 편집기] 창에서 〈대리점〉 테이블을 선택한다. 열 머리글을 변경하기 위해 [홈]–[변환] 그룹에서 [첫 행을 머리글로 사용]을 클릭한다.

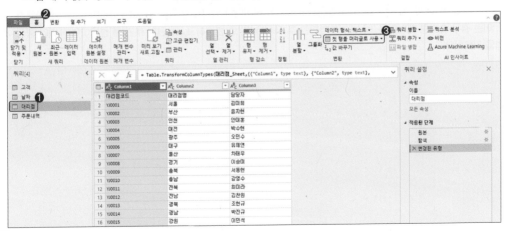

> **기적의 Tip** **특정 행을 열 머리글로 변경**
>
> [첫 행을 머리글로 사용]을 클릭하여 원하는 행의 데이터를 열 머리글로 변환할 수 있다.

⑤ 〈주문내역〉 테이블의 [주문일] 필드를 선택하고, [변환]-[열] 그룹에서 [데이터 형식: 정수]를 클릭하여 [날짜]로 변경한다.

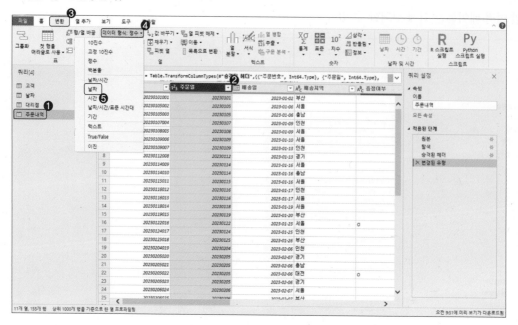

⑥ [열 형식 변경] 대화상자에서 [현재 전환 바꾸기]를 클릭한다.

기적의 Tip   날짜 형식으로 바꾸기

• [주문일] 필드는 숫자형 날짜로 데이터 형식을 날짜 형식으로 변경할 때 [열 형식 변경] 대화상자에서 [현재 전환 바꾸기]를 클릭하면 적용된 단계에 기록되지 않는다.

• [열 형식 변경] 대화상자에서 [새 단계 추가]를 클릭하면 숫자형 데이터가 날짜로 변환할 수 없는 범위이기 때문에 오류가 발생한다. 이런 경우 숫자형 데이터를 '텍스트'로 변환한 후 다시 '날짜'로 변경하고 [새 단계 추가]를 클릭하여 데이터 형식 변환 작업을 기록한다.

⑦ 〈주문내역〉 테이블에서 [수량] 필드를 선택하고, [변환]-[열] 그룹에서 [값 바꾸기]를 클릭한다.

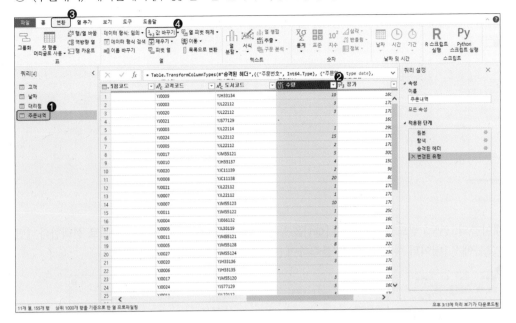

⑧ [값 바꾸기] 대화상자에서 [찾을 값]에 하이픈(−)을 입력하고 [확인]을 클릭한다. [바꿀 항목]을 공백으로
두면 찾는 값을 모두 제거한다.

⑨ [변환]-[열] 그룹에서 [데이터 형식: 임의]를 클릭하여 [정수]로 변경한다.

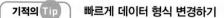

기적의 Tip 빠르게 데이터 형식 변경하기

열 머리글의 데이터 형식(ABC)을 클릭하여 데이터 형식을 빠르게 변경할 수 있다.

⑩ 〈날짜〉 테이블의 [연도] 필드를 선택한 후 Ctrl 을 누른 상태에서 [월], [일] 필드를 차례로 선택한다. [변환]-[열] 그룹에서 [데이터 형식: 정수]를 클릭하여 [텍스트]로 변경한다.

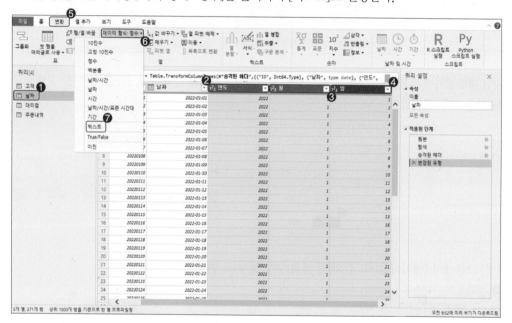

⑪ [열 형식 변경] 대화상자에서 [새 단계 추가]를 클릭하여 변경된 내용을 적용된 단계에 기록한다.

⑫ [연도] 필드의 필터 단추(▼)를 선택하고 '2022' 값의 체크 표시를 해제한 후 [확인]을 클릭한다.

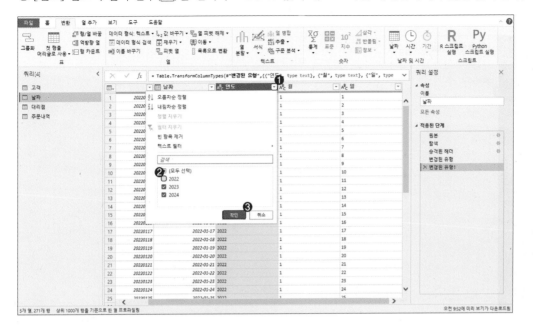

⑬ [홈]-[닫기] 그룹의 [닫기 및 적용]을 클릭하여 Power BI Desktop에 적용한다.

⑭ 테이블 뷰(▦)를 클릭한다. 〈주문내역〉 테이블의 [주문일] 필드를 선택하고, [열 도구]-[서식] 그룹에서
서식(🔢 서식)을 '*2001-03-14(Short Date)'로 적용한다. [배송일] 필드에도 동일한 날짜 서식(*2001-
03-14(Short Date))을 적용한다.

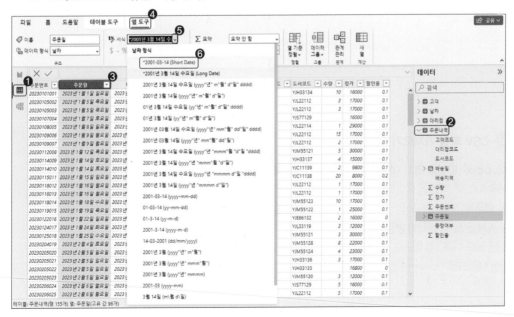

⑮ [파일]−[다른 이름으로 저장]을 클릭한다. 저장할 위치를 선택하고 파일명 '출제유형1_완성'을 입력하고
   저장한다.

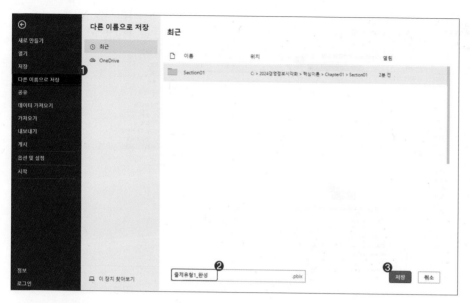

> **더 알기 Tip** | **[Power Query 편집기]에서 작업 삭제 및 편집하기**

[쿼리 설정] 창의 적용된 단계에서 목록의 삭제(✕)를 클릭하여 작업을 취소할 수 있다. 목록의 편집(⚙)을 클릭하면 작업 단
계를 편집할 수 있다.

출제유형 ② **CSV 파일 가져오기**

'출제유형2.pbix' 파일을 열고 데이터 가져오기 후 파워 쿼리 편집기에서 데이터를 편집하시오.
  ▸ '도서목록.CSV' 파일의 데이터를 가져오시오.
  ▸ [파일 원본]은 '949: 한국어', [구분 기호]는 '쉼표'로 적용하시오.
  ▸ 파워 쿼리 편집기에서 [발행일] 필드를 기준으로 연도 필드를 추가하시오.
    – 계산 필드 이름 : 발행년도
  ▸ 편집한 데이터를 Power BI Desktop에 적용하시오.

① [홈]–[데이터] 그룹에서 [데이터 가져오기]–[텍스트/CSV]를 클릭한다.

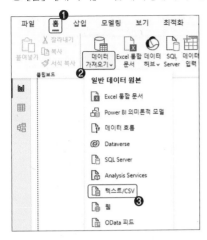

② [열기] 대화상자에서 '도서목록.CSV' 파일을 선택한 후 [열기]를 클릭한다.

③ [도서목록.csv] 대화상자에서 [파일 원본]은 '949: 한국어', [구분 기호]는 '쉼표'로 설정하고 [데이터 변환]을 클릭한다.

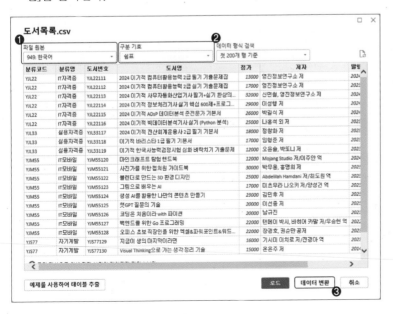

④ [Power Query 편집기] 창에서 〈도서목록〉 테이블의 [발행일] 필드를 선택한다. 발행년도를 추가하기 위해 [열 추가]-[날짜 및 시간에서] 그룹에서 [날짜]-[년]-[년]을 클릭한다.

⑤ 추가된 [년] 필드의 열 머리글을 더블클릭하여 '발행년도'로 변경한다.

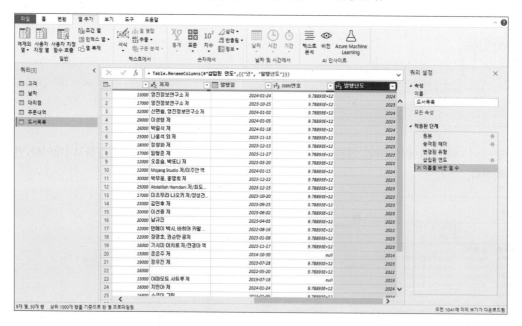

⑥ [홈]-[닫기] 그룹에서 [닫기 및 적용]을 클릭한다.

기적의 Tip   날짜 정보 추가

[Power Query 편집기]에서 연도, 월 등의 다양한 날짜 정보를 추가할 수 있다. 날짜 필드에서 [열 추가]-[날짜 및 시간에서] 그룹의 [날짜]를 클릭하여 '날짜만', '년', '월', '일' 등의 다양한 날짜 정보를 추가할 수 있다.

기적의 Tip   시간 정보 추가

[Power Query 편집기]에서 시간, 분 등의 다양한 시간 정보를 추가할 수 있다. 날짜 및 시간 필드에서 [열 추가]-[날짜 및 시간에서] 그룹의 [시간]을 클릭하여 '시간만', '시간', '분', '초' 등의 다양한 날짜 정보를 추가할 수 있다.

더 알기 Tip   파워 쿼리 편집기로 이동하기

• Power BI Desktop에서 [Power Query 편집기] 창으로 이동하려면 [홈]-[쿼리] 그룹에서 [데이터 변환]을 선택한다.

• 또는 [데이터] 창의 테이블명에서 마우스 오른쪽 버튼을 클릭하여 바로 가기 메뉴의 [쿼리 편집]을 클릭한다.

• 데이터 원본 위치나 파일 정보가 변경되어 [Power Query 편집기] 창에서 다음과 같이 오류 메시지가 표시되면, [홈]−[데이터 원본] 그룹에서 [데이터 원본 설정]을 클릭하여 데이터 원본 위치를 변경한다.

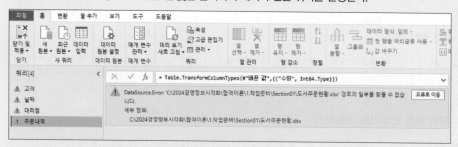

• Power BI Desktop에서 데이터 원본 위치 변경하기

① [홈]−[데이터] 그룹에서 [데이터 변환]−[데이터 원본 설정]을 선택한다.

② [데이터 원본 설정] 대화상자에서 파일 목록을 선택한 후 [원본 변경]을 클릭하여 데이터 원본 위치를 변경한다.

SECTION 02 데이터 가공하기

작업 파일 [C:\2024경영정보시각화\핵심이론\Chapter01\Section02] 폴더에서 작업하시오.

출제유형 ❶ Excel 파일 결합하기

'출제유형1.pbix' 파일을 열고 다음 지시사항에 따라 데이터를 편집하시오.

	A^BC 대리점	A^BC 주문ID	주문일	배송일	A^BC 배송지역	
1	부산	20240106084	2024-01-06	2024-01-07	부산	
2	부산	20240119091	2024-01-19	2024-01-20	부산	
3	부산	20240121094	2024-01-21	2023-01-22	부산	
4	서울	20240102081	2024-01-02	2024-01-03	서울	
5	서울	20240103083	2024-01-03	2024-01-04	서울	
6	서울	20240111086	2024-01-11	2024-01-12	서울	
7	서울	20240118088	2024-01-18	2024-01-19	서울	
8	서울	20240118089	2024-01-18	2024-01-19	서울	
9	서울	20240119090	2024-01-19	2024-01-20	서울	
10	서울	20240120092	2024-01-20	2024-01-21	서울	

▶ '대리점실적' 폴더의 파일을 결합하여 가져오기하시오.
- Excel 파일의 '부산', '서울', '인천' 데이터만 결합
- [Name], [Data] 필드를 제외한 다른 열은 모두 제거

▶ 〈대리점실적〉 테이블에 다음과 같이 데이터를 변환하시오.
- 첫 행을 머리글로 사용을 활용하여 1행을 열 머리글로 적용
- [주문일] 필드에서 '주문일' 데이터 삭제
- 데이터 형식 변경 : [주문일], [배송일] 필드 → 날짜 형식, [주문수량], [정가], [판매가], [금액] 필드 → 정수, [할인율] 필드 → 10진수
- 첫 번째 필드 이름 '대리점'으로 변경

▶ 편집한 데이터를 Power BI Desktop에 적용하고 [주문일]과 [배송일] 필드에 '*2001-03-14(Short Date)' 형식을 적용하시오.

① [홈]-[데이터] 그룹에서 [데이터 가져오기]를 클릭한다.

② [데이터 가져오기] 대화상자의 [모두]에서 [폴더]를 선택하고 [연결]을 클릭한다.

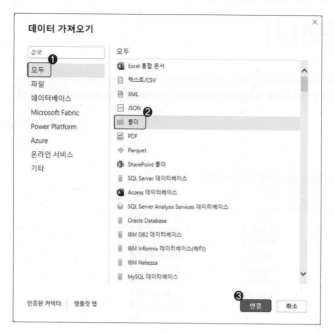

③ [폴더] 대화상자에서 [찾아보기]를 클릭하여 '대리점실적' 폴더를 선택하고 [확인]을 클릭한다.

④ 전체 파일을 결합하고 편집하기 위해 [결합]-[데이터 결합 및 변환]을 클릭한다.

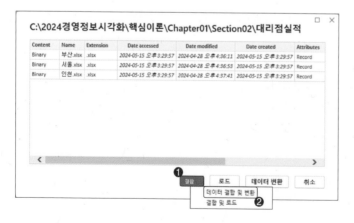

기적의 Tip

[결합]-[데이터 결합 및 변환]을 이용하면 복잡한 단계를 거치지 않아도 파일을 쉽게 병합할 수 있다.

⑤ [파일 병합] 대화상자에 샘플 파일로 첫 번째 파일이 미리 보기 되어진다. [표시 옵션]에서 '매개 변수 1[1]'을 선택하고 [확인]을 클릭한다.

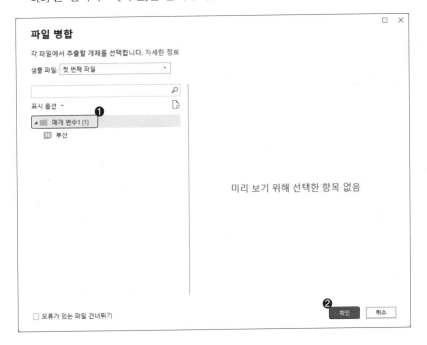

> **기적의 Tip**
>
> [파일 병합] 대화상자에서 '매개 변수' 목록을 선택하면 폴더의 이진 파일을 매개 변수로 받아 처리하는 함수 쿼리가 생성되며 병합된 결과를 표시한다.

⑥ [Power Query 편집기] 창에서 〈대리점실적〉 테이블을 클릭한다. [Source.Name] 필드에 선택한 폴더의 파일 목록이 표시된다.

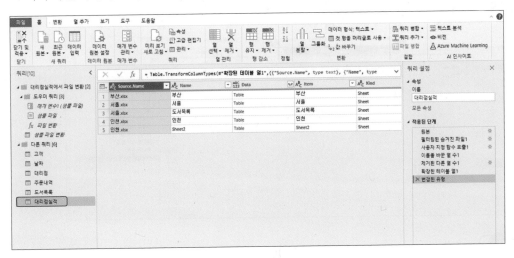

> **기적의 Tip**
>
> 폴더로 가져오기하면 [Power Query 편집기] 창이 화면에 바로 표시되지 않는다. 작업 표시줄에서 [Power Query 편집기] 창을 클릭하여 결과를 확인한다.

⑦ [Name] 필드의 필터 단추(▼)를 클릭한다. 목록에서 'Sheet2', '도서목록'의 체크 표시를 해제하고 [확인]을 클릭한다. 결합한 파일의 전체 시트 중에서 '부산', '서울', '인천' 목록만 가져온다.

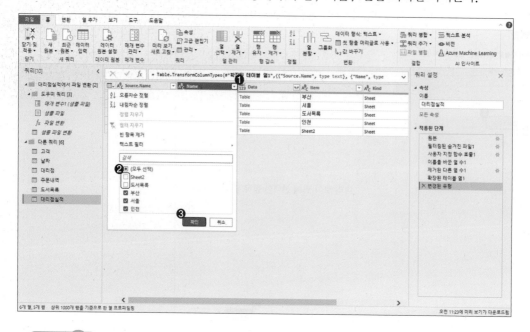

┌─────────────────────┐
│ 기적의 Tip │
└─────────────────────┘
Excel 파일의 워크시트 중 분석에 사용할 워크시트만 가져올 수 있다.

⑧ [Name] 필드를 선택하고 Ctrl 과 함께 [Data] 필드를 선택한 후, [홈]-[열 관리] 그룹에서 [열 제거]-[다른 열 제거]를 클릭한다.

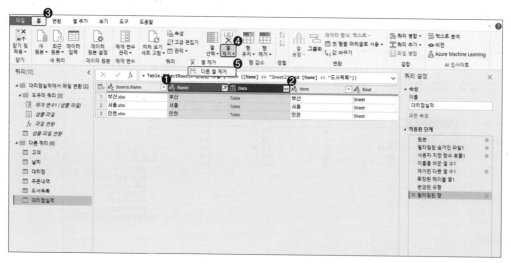

┌─────────────────────┐
│ 기적의 Tip │
└─────────────────────┘
[열 제거]는 선택한 열을 제거하고 [다른 열 제거]는 선택한 열을 제외한 다른 열을 제거한다.

⑨ [Data] 필드의 확장 단추(⇔)를 클릭하고 [확인]을 클릭하여 결합된 레코드와 필드를 표시한다.

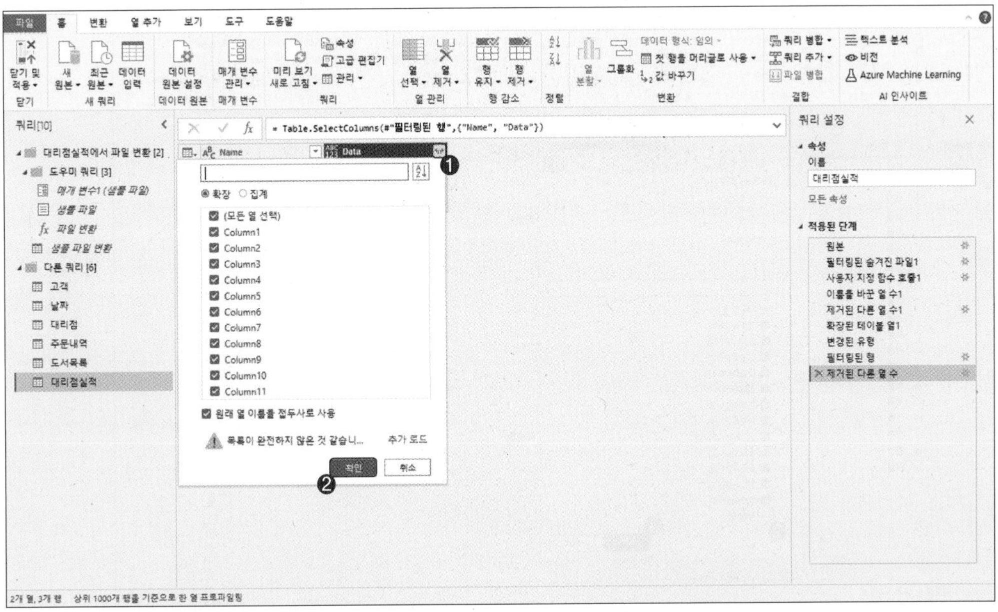

⑩ [홈]–[변환] 그룹에서 [첫 행을 머리글로 사용]을 클릭하여 열 머리글을 변경한다.

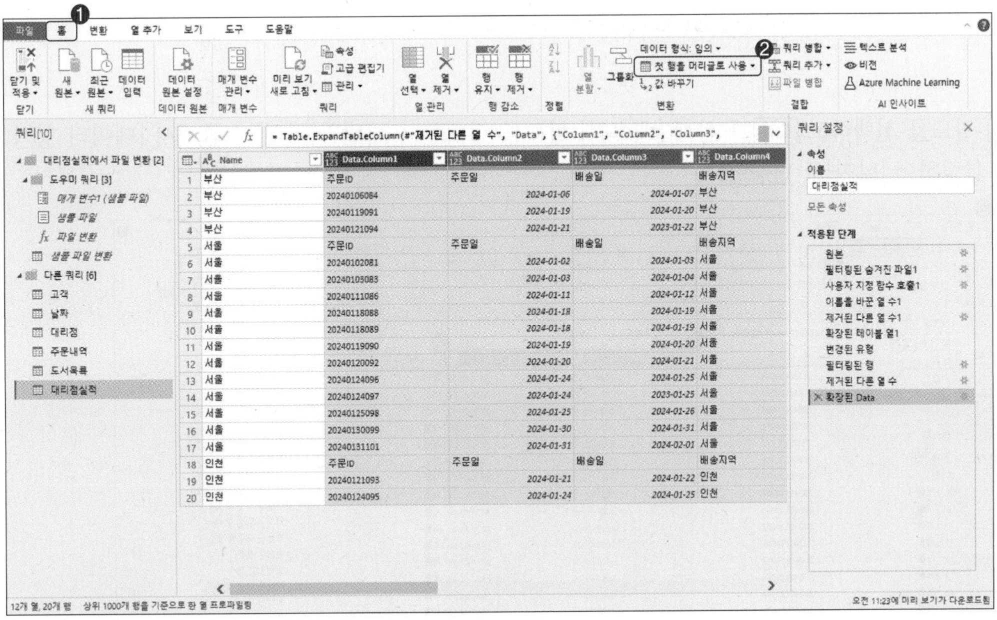

기적의 Tip

[Data] 필드를 확장하면 'Table'에 함축된 레코드를 표시하며 열 머리글이 Column1, Column2와 같이 표시되므로 첫 행을 머리글로 변환을 적용하여 열 머리글을 변환한다.

⑪ [주문일] 필드의 필터 단추(▼)를 클릭하여 '주문일'의 체크 표시를 해제하고 [확인]을 클릭한다.

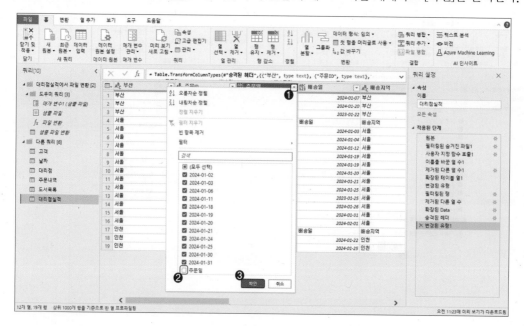

기적의 Tip

Excel 파일 병합 후 각 파일의 열 머리글이 행으로 포함되어 있으므로 삭제한다.

⑫ [주문일] 필드를 선택하고 Ctrl 과 함께 [배송일] 필드를 선택한 후, [변환]–[열] 그룹에서 [데이터 형식: 임의]를 클릭하여 [날짜]로 변경한다.

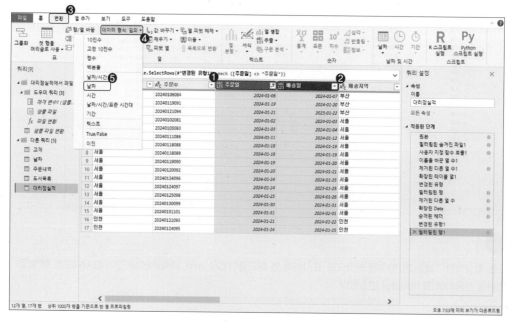

⑬ [주문수량], [정가], [판매가], [금액] 필드를 Ctrl 을 눌러 선택하고, [변환]-[열] 그룹에서 [데이터 형식: 임의]를 클릭하여 [정수]로 변경한다.

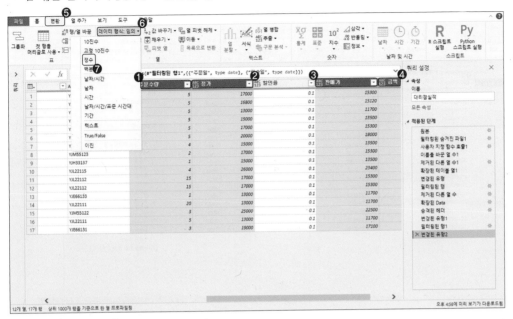

⑭ [할인율] 필드를 선택하고, [변환]-[열] 그룹에서 [데이터 형식: 임의]를 클릭하여 [10진수]로 변경한다.

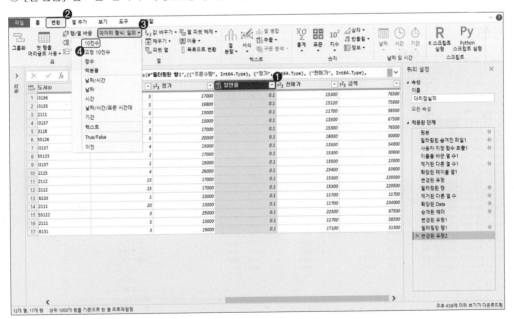

⑮ 첫 번째 필드인 [부산] 필드의 열 머리글을 더블클릭하여 '대리점'으로 변경한다. [홈]-[닫기] 그룹에서 [닫기 및 적용]을 클릭하여 Power BI Desktop으로 적용한다.

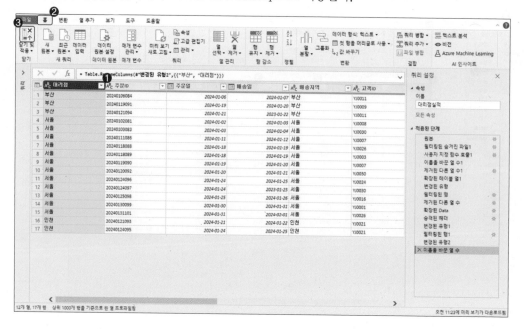

⑯ 테이블 뷰(▦)에서 〈대리점실적〉 테이블의 [주문일] 필드를 선택하고, [열 도구]-[서식] 그룹에서 서식 (💲 서식)을 '*2001-03-14(Short Date)'로 적용한다. [배송일] 필드에 '*2001-03-14(Short Date)' 서식을 적용한다.

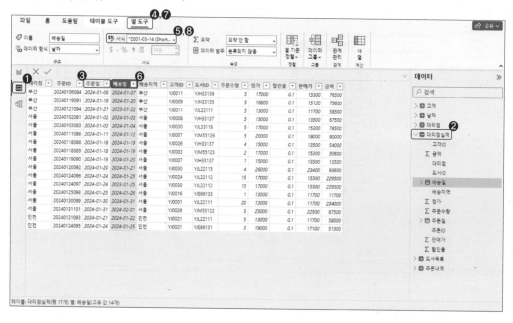

> **기적의 Tip**   **시트 통합하기**
>
> 폴더에서 가져오기를 이용해 Excel 파일의 여러 워크시트의 데이터를 결합할 수 있다.

출제유형 ② CSV 파일 결합하기

'출제유형2.pbix' 파일을 열고 다음 지시사항에 따라 데이터를 편집하시오.

날짜	성별	연령대	컴퓨터/IT
1	2024-01-01 남성	20	67
2	2024-01-02 남성	20	100
3	2024-01-03 남성	20	87
4	2024-01-04 남성	20	79
5	2024-01-05 남성	20	70
6	2024-01-06 남성	20	62
7	2024-01-07 남성	20	55
8	2024-01-08 남성	20	82
9	2024-01-09 남성	20	77
10	2024-01-10 남성	20	76

▶ '도서클릭수' 폴더의 파일을 결합하여 가져오시오.

▶ [파일 원본]은 '65001: 유니코드(UTF–8)', [구분 기호]는 '쉼표'로 적용하시오.

▶ 결합된 파일명을 이용하여 [성별]과 [연령대] 필드를 추가하시오.
  – 열 분할 사용, 구분 기호 언더바(_) 사용
  – 성별은 '남성', '여성'으로 표시
  – 연령대는 '값 바꾸기'를 사용하여 '20', '30', '40' 과 같이 표시

▶ 필드 순서를 다음과 같이 나열하고 다른 필드는 삭제하시오.
  – '날짜', '성별', '연령대', '컴퓨터/IT'

▶ 편집한 데이터를 Power BI Desktop에 적용하시오.

① [홈]–[데이터] 그룹에서 [데이터 가져오기]를 클릭한다.

② [데이터 가져오기] 대화상자의 [모두]에서 [폴더]를 선택하고 [연결]을 클릭한다.

③ [폴더] 대화상자에서 [찾아보기]를 클릭하여 '도서클릭수' 폴더를 선택하고 [확인]을 클릭한다.

④ 전체 파일을 결합하고 편집하기 위해 [결합]-[데이터 결합 및 변환]을 클릭한다.

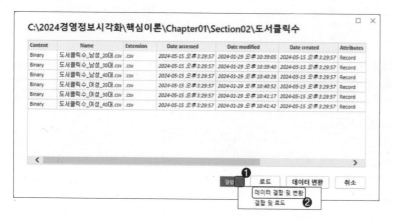

⑤ [파일 병합] 대화상자에 샘플 파일로 첫 번째 파일이 미리 보기 되어진다. [파일 원본]은 '65001: 유니코드(UTF-8)', [구분 기호]는 '쉼표'로 지정하고 [확인]을 클릭한다.

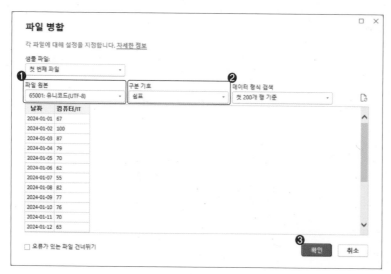

⑥ 작업 표시줄에서 [Power Query 편집기]를 클릭하고 〈도서클릭수〉 테이블을 확인한다.

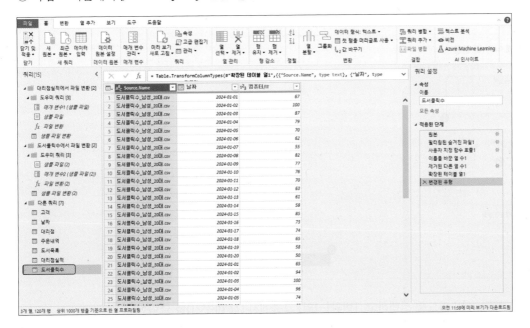

⑦ [Source.Name] 필드를 선택하고, [홈]–[변환] 그룹에서 [열 분할]–[구분 기호 기준]을 클릭한다.

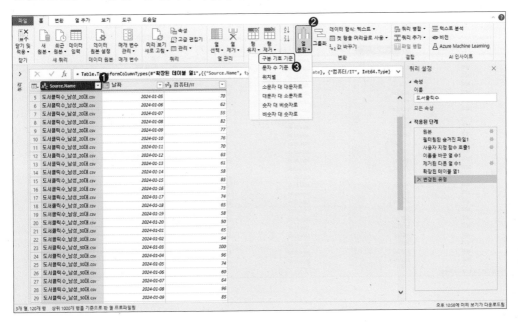

⑧ [구분 기호에 따라 열 분할] 대화상자의 [구분 기호 선택 또는 입력]에 '––사용자 지정––', '언더바(_)'가 자동으로 표시된다. [다음 위치 분할]에서 '각 구분 기호에서'를 선택하고 [확인]을 클릭한다.

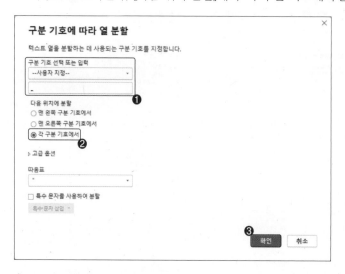

⑨ [Source.Name.3] 필드를 선택하고, [변환]−[열] 그룹에서 [값 바꾸기]를 클릭한다.

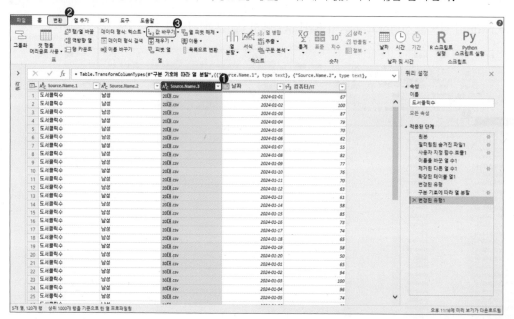

⑩ [값 바꾸기] 대화상자의 [찾을 값]에 '대.csv'를 입력하고 [확인]을 클릭한다.

기적의 Tip

[값 바꾸기]를 이용하여 필요없는 문자열을 제거할 수 있다.

⑪ [Source.Name.1] 필드에서 마우스 오른쪽 버튼을 클릭하여 [제거]를 클릭한다.

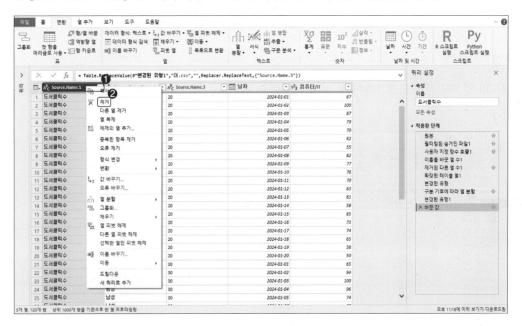

⑫ [Source.Name.2] 필드를 더블클릭하여 '성별', [Source.Name.3] 필드를 더블클릭하여 '연령대'로 열
머리글을 변경한다.

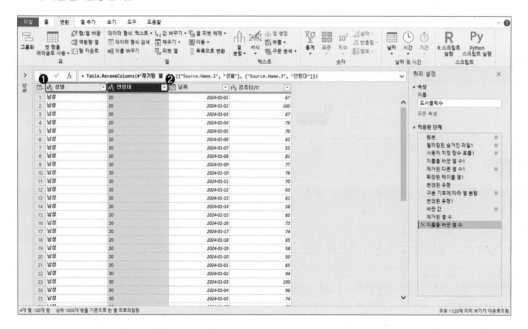

⑬ [날짜] 필드의 열 머리글을 드래그하여 첫 번째 위치로 이동하고, [홈]-[닫기] 그룹에서 [닫기 및 적용]을
클릭한다.

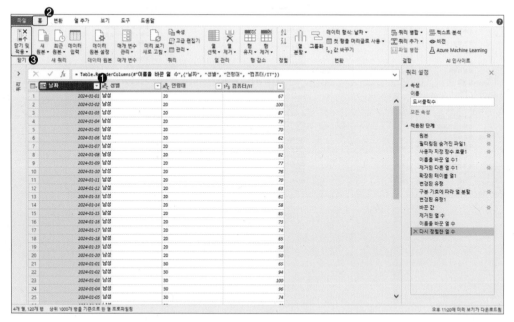

⑭ 테이블 뷰(▦)에서 〈도서클릭수〉 테이블의 [날짜] 필드를 선택하고, [열 도구]-[서식] 그룹에서 서식
(🆁 서식)을 '*2001-03-14(Short Date)'로 적용한다.

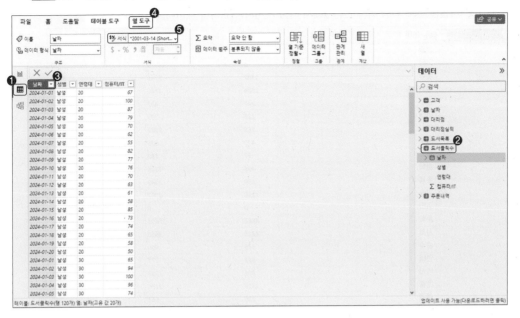

> ### 더 알기 Tip
> **[변환] 탭과 [열 추가] 탭 비교**
>
> • [변환] 탭은 선택한 열을 편집하여 변환
>
>
>
> • [열 추가] 탭은 편집한 결과를 새 열로 추가
>

> ### 더 알기 Tip
> **열 분할, 열 병합, 추출**
>
> • 열 병합 : 선택한 여러 열을 하나의 열로 변환
>
> • 열 분할 : 구분 기호 기준, 문자 수 기준, 소문자 대 대문자 등으로 데이터 분할
>
> • 추출 : 길이, 처음 문자, 범위, 구분 기호 앞 텍스트 등으로 데이터를 추출

'출제유형3.pbix' 파일을 열고 파워 쿼리 편집기에서 다음 지시사항에 따라 데이터를 편집하시오.

	A^B_C 성별	A^B_C 분야	1^2_3 20대	1^2_3 30대	1^2_3 40대
1	남성	기술	432	1254	2287
2	남성	기타	0	0	0
3	남성	문학	1307	3781	8404
4	남성	사회	1604	4640	7350
5	남성	순수	244	422	1519
6	남성	언어	128	295	662
7	남성	역사	358	1107	2173
8	남성	예술	440	889	1838
9	남성	종교	97	380	487
10	남성	철학	496	1318	1368
11	남성	총류	889	1549	2277
12	여성	기술	1250	3307	4587
13	여성	기타	0	0	0
14	여성	문학	8827	15493	22977
15	여성	사회	4220	8066	8951
16	여성	순수	545	980	2539
17	여성	언어	311	777	1167
18	여성	역사	801	1793	3855
19	여성	예술	1518	2150	2382
20	여성	종교	220	663	649
21	여성	철학	1599	3229	3491
22	여성	총류	1047	1619	1768

▶ 〈도서대출통계〉 테이블의 1행의 데이터를 열 머리글로 변환하시오.
   – '첫 행을 머리글로 사용' 적용
▶ [Column1] 필드를 다음과 같이 편집하시오.
   – 열 머리글을 '성별'로 변경
   – 필드에서 '남성', '여성' 값으로 필터
   – null 값은 1행(남성)과 9행(여성)의 데이터로 채우기
▶ [연령대] 필드에 '20대', '30대', '40대'로 필터를 적용하시오.
▶ [합계] 필드는 삭제하고 [총류]부터 [기타] 필드를 대상으로 열 피벗 해제를 적용하시오.
▶ [연령대] 필드는 '값' 필드를 기준으로 피벗 열로 구성하시오.
▶ [특성] 필드의 열 머리글은 '분야'로 변경하시오.
▶ 편집한 데이터를 Power BI Desktop에 적용하시오.

① [홈]–[쿼리] 그룹에서 [데이터 변환]을 클릭한다.

② [Power Query 편집기] 창의 〈도서대출통계〉 테이블을 선택하고 [홈]–[변환] 그룹에서 [첫 행을 머리글로 사용]을 클릭한다.

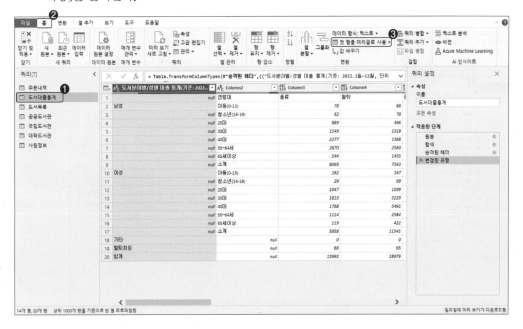

기적의 Tip

[홈]–[첫 행을 머리글로 사용]–[머리글을 첫 행으로 사용]을 클릭하면 열 머리글을 1행으로 변환할 수 있다.

③ [Column1] 필드명을 더블클릭하여 '성별'로 변경하고 필터 단추(▼)를 클릭하여 '모두 선택'을 클릭한 후 '남성', '여성'만 체크 표시 후 [확인]을 클릭한다.

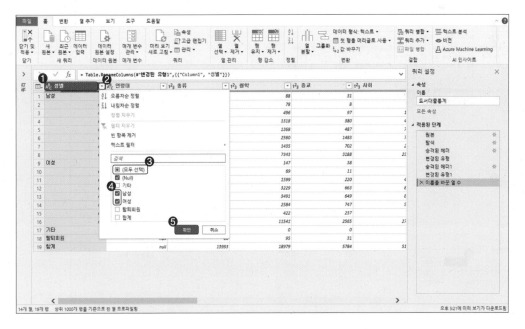

④ [성별] 필드를 선택하고, [변환]-[열] 그룹에서 [채우기]-[아래로]를 클릭한다. Null 값이 남성, 여성으로 채우기된다.

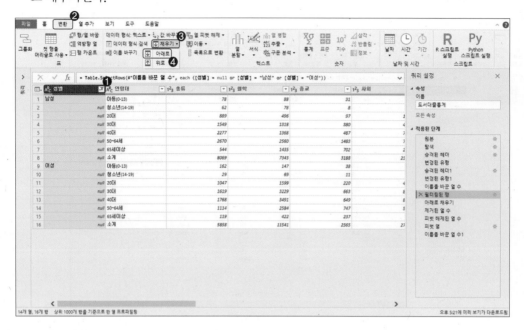

기적의 Tip

[채우기]-[아래로]를 클릭하면 첫 번째로 찾은 값을 아래로 채우기하고 두 번째 값을 만나면 다시 두 번째 값으로 채우기한다.

⑤ [연령대] 필드의 필터 단추(▼)를 클릭하여 '모두 선택'을 클릭한 후 '20대', '30대', '40대'를 체크 표시하고 [확인]을 클릭한다.

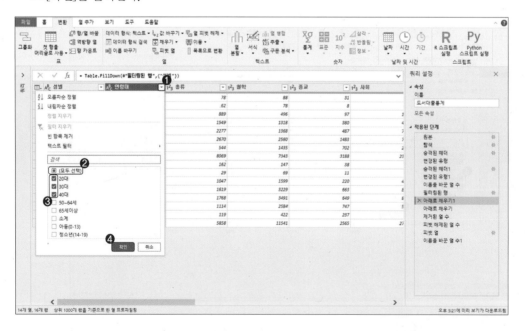

⑥ [합계] 필드에서 마우스 오른쪽 버튼을 클릭하여 [제거]를 클릭한다.

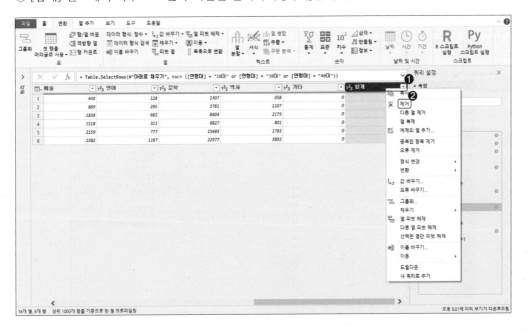

⑦ [총류] 필드를 선택하고 Shift 를 누른 상태에서 [기타] 필드를 선택하고, [변환]–[열] 그룹에서 [열 피벗 해제]를 클릭한다.

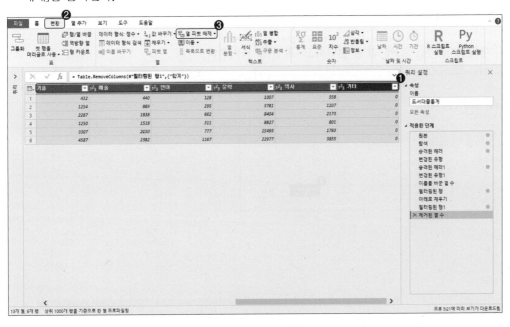

기적의 Tip

[열 피벗 해제]는 열 방향의 데이터를 행 방향으로 변환하며 특성, 값으로 표시한다.

⑧ [연령대] 필드를 선택하고, [변환]—[열] 그룹에서 [피벗 열]을 클릭한다.

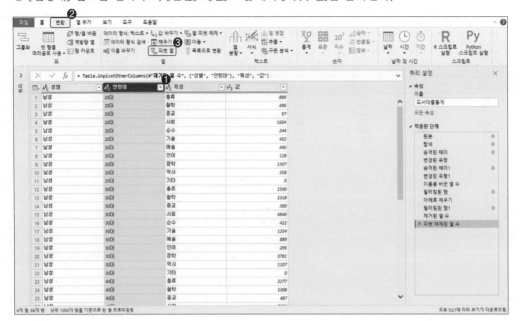

> **기적의 Tip**
>
> [피벗 열]은 선택한 열의 데이터를 사용하여 새 열을 작성한다.

⑨ [피벗 열] 대화상자의 [값 열]에 '값'을 선택하고 [확인]을 클릭한다.

⑩ [특성] 필드의 열 머리글을 더블클릭하여 '분야'로 변경한다.

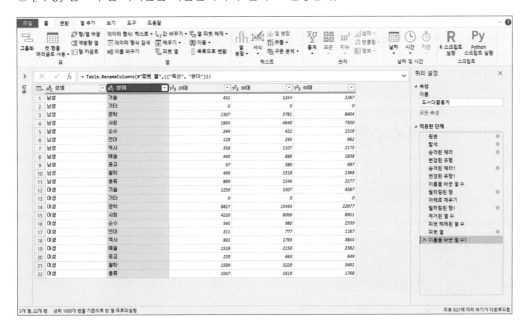

⑪ [홈]–[닫기] 그룹에서 [닫기 및 적용]을 클릭한다.

더 알기 Tip   열 피벗과 피벗 해제

• 피벗 해제(UNPIVOT) : 열을 행으로 변경, 특성과 값으로 표현

• 피벗(PIVOT) : 선택한 열의 데이터를 새 열로 변경

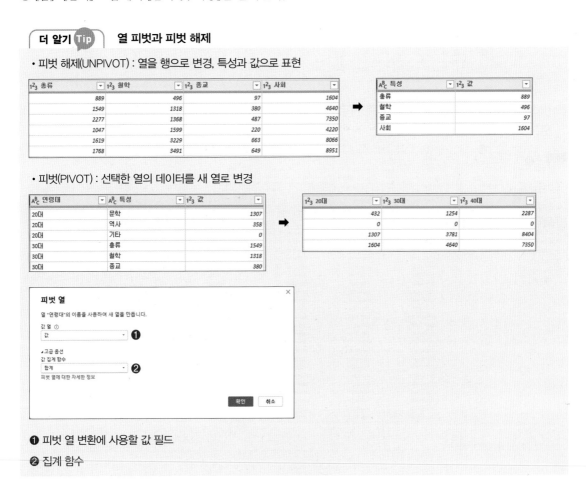

❶ 피벗 열 변환에 사용할 값 필드

❷ 집계 함수

'출제유형4.pbix' 파일을 열고 파워 쿼리 편집기에서 다음 지시사항에 따라 데이터를 편집하시오.

▶ 〈주문내역〉 테이블에 [주문금액] 필드를 추가하시오.
  – '사용자 지정 열' 사용
  – 계산 : 정가*수량*(1–할인율)
  – 데이터 형식은 '정수'로 적용
▶ 〈사원정보〉 테이블에 [성별] 필드를 추가하시오.
  – '조건 열' 사용
  – [성별구분] 필드의 값이 '1'이면 '남', '2'이면 '여' 반환
▶ 〈사원정보〉 테이블에 [영문이름] 필드를 추가하시오.
  – '예제의 열' 사용
  – [이름(영문)], [성(영문)] 필드 결합 (결과 → Somi Kim)
▶ 〈사원정보〉 테이블에 [시도] 필드를 추가하시오.
  – '예제의 열' 사용
  – [주소] 필드에서 왼쪽 두글자 표시(결과 → 서울)
▶ 편집한 데이터를 Power BI Desktop에 적용하시오.

① [홈]–[쿼리] 그룹에서 [데이터 변환]을 클릭한다.

② [Power Query 편집기] 창의 〈주문내역〉 테이블을 선택하고, [열 추가]–[일반] 그룹의 [사용자 지정 열]을 클릭한다.

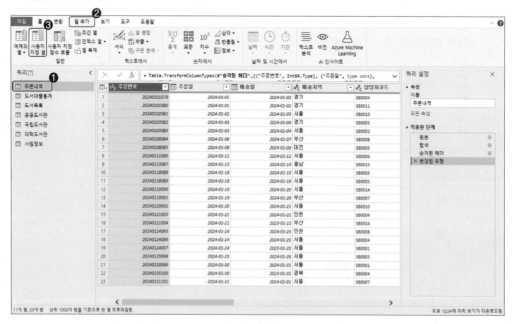

③ [사용자 지정 열] 대화상자의 [새 열 이름]에 '주문금액'을 입력한다. [사용자 지정 열 수식]에 '=[정가]*[수량]*(1-[할인율])'를 입력하고 [확인]을 클릭한다.

④ [주문금액] 필드의 데이터 형식(ABC123)을 클릭하여 [정수]로 변경한다.

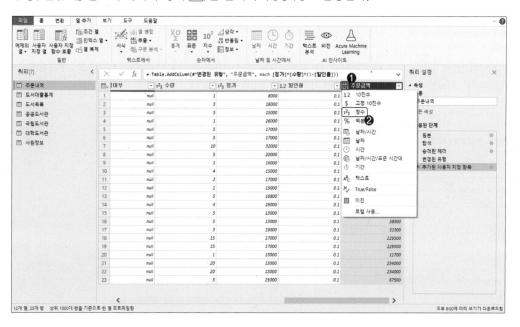

⑤ 〈사원정보〉 테이블을 선택하고, [열 추가]–[일반] 그룹의 [조건 열]을 클릭한다.

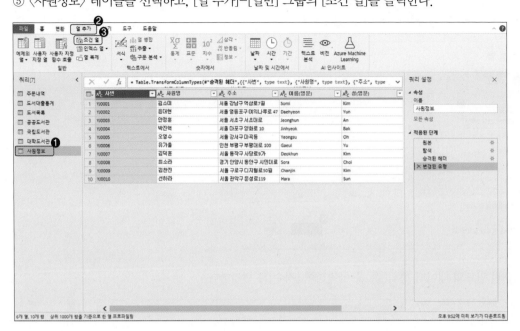

⑥ [조건 열 추가] 대화상자의 [새 열 이름]에 '성별'을 입력한다. 조건에 [열 이름]은 '성별구분', [연산자]는 '같음', [값]은 '1', [출력]은 '남자'를 입력한다. [기타]에 '여자'를 입력하고 [확인]을 클릭한다.

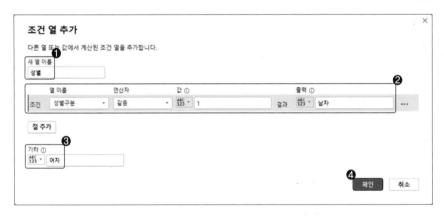

⑦ [성별] 필드의 데이터 형식(ABC 123)을 클릭하여 [텍스트]로 변경한다.

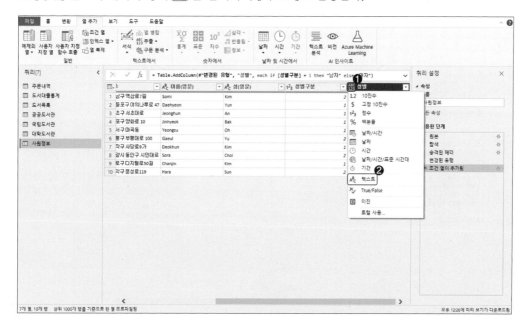

⑧ [이름(영문)] 필드를 선택하고 Ctrl 을 누른 상태에서 [성(영문)] 필드를 선택한다. [열 추가]-[일반] 그룹
에서 [예제의 열]-[선택 항목에서]를 클릭한다.

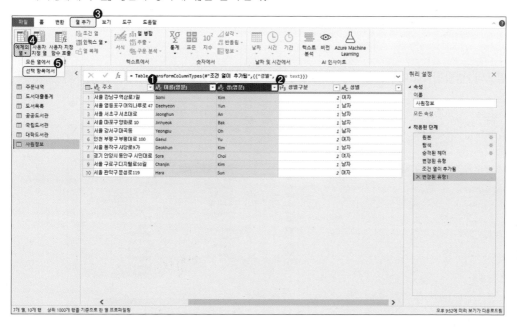

⑨ [예제의 열 추가] 창이 열리고 [열1] 필드가 표시되면 1행에 'Somi Kim'을 입력하고 Ctrl + Enter 를 누른다. [예제의 열 추가] 창의 [확인]을 클릭한다.

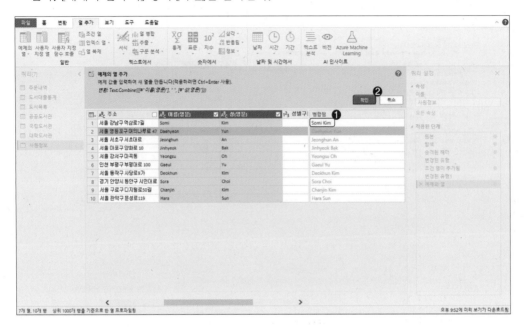

1행에 두 필드의 값을 입력하면 '병합됨' 예가 표시된다.

⑩ 병합된 필드의 [병합됨] 열 머리글을 더블클릭하여 '영문이름'을 입력하고 Enter 를 누른다.

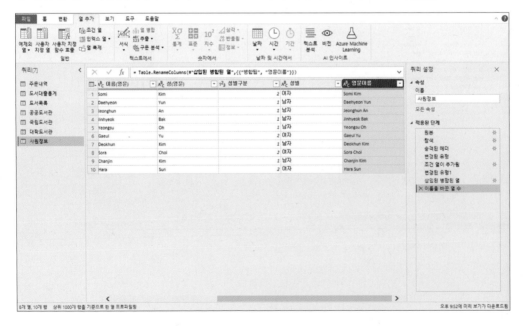

⑪ [주소] 필드를 선택하고, [열 추가]–[일반] 그룹에서 [예제의 열]–[선택 항목에서]를 클릭한다.

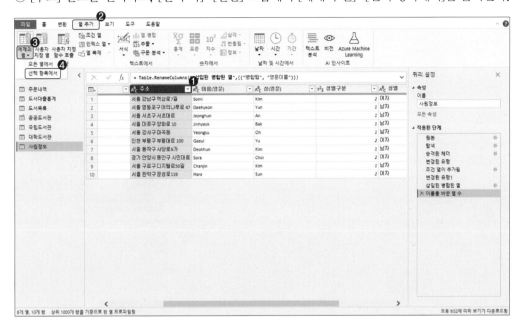

⑫ [예제의 열 추가] 창에 [열1] 필드가 표시되면 1행에 '서울'을 입력하고 Ctrl + Enter 를 누른다. [예제의 열 추가] 창의 [확인]을 클릭한다.

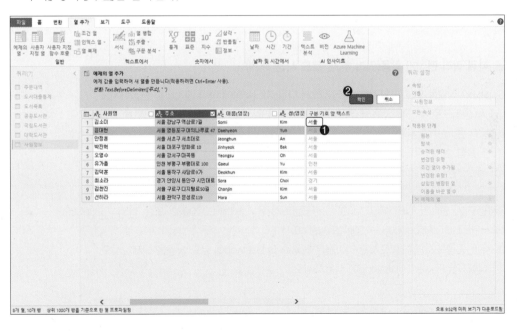

기적의 Tip

1행에 [주소] 필드의 데이터 중 왼쪽 2글자를 입력하면 '구분 기호 앞 텍스트'로 구분된 예가 표시된다.

⑬ 추가된 필드의 [구분 기호 앞 텍스트] 열 머리글을 더블클릭하여 '시도'로 변경한다.

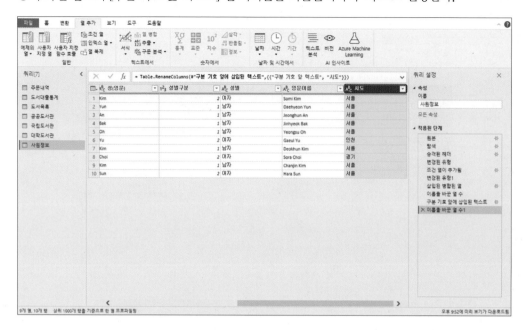

⑭ [홈]-[닫기] 그룹에서 [닫기 및 적용]을 클릭한다.

출제유형 ⑤ **파워 쿼리 편집기 활용(쿼리 추가, 로드 사용 해제)**

'**출제유형5.pbix**' 파일을 열고 파워 쿼리 편집기에서 다음 지시사항에 따라 데이터를 편집하시오.

▶ '쿼리를 새 항목으로 추가'를 사용해 〈국립도서관〉, 〈공공도서관〉, 〈대학도서관〉 테이블을 결합하시오.
   – 테이블 이름 : 전체도서관현황
   – 테이블 결합 순서 : 국립도서관, 공공도서관, 대학도서관 순으로 결합
▶ 〈전체도서관현황〉 테이블에 도서관을 구분하는 [구분] 필드를 추가하시오.
   – '조건 열' 사용
   – [도서관구분] 필드가 'LIBTYPE000001' → '국립도서관', 'LIBTYPE000002' 또는 'LIBTYPE000025' → '공공도서관', 'LIBTYPE000003' → '대학도서관' 표시
▶ 국립도서관, 공공도서관, 대학도서관 테이블은 Power BI Destkop에 로드 사용을 해제하시오.
▶ 편집한 데이터를 Power BI Desktop에 적용하시오.

① [홈]-[쿼리] 그룹에서 [데이터 변환]을 클릭한다.

② [Power Query 편집기] 창에서 〈국립도서관〉 테이블을 선택하고, [홈]–[결합] 그룹에서 [쿼리 추
가]–[쿼리를 새 항목으로 추가]를 클릭한다.

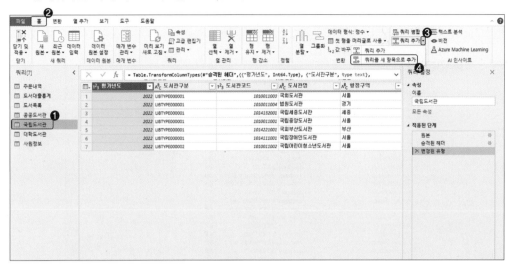

③ [추가] 대화상자에서 '3개 이상의 테이블'을 선택한다. [사용 가능한 테이블] 목록에서 '공공도서관'을 선
택하고 [추가]를 클릭하여 [추가할 테이블] 목록에 추가한다. 동일한 방법으로 '대학도서관'도 추가하고
[확인]을 클릭한다.

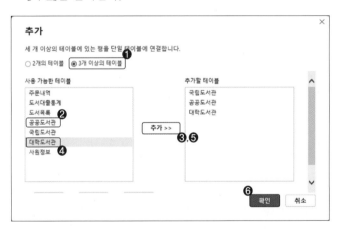

기적의 Tip

[추가할 테이블]에서 아래 스크롤을 이용하여 '위로 이동(∧)', '아래로 이동(∨)'을 사용해 목록순서를 변경할 수 있다.

④ 〈추가1〉 테이블을 선택하고, [열 추가]–[일반] 그룹에서 [조건 열] 클릭한다.

⑤ [조건 열 추가] 대화상자의 [새 열 이름]에 '구분'을 입력한다. 조건에 [열 이름]은 '도서관구분', [연산자]는 '같음', [값]은 'LIBTYPE000001', [출력]은 '국립도서관'을 입력하고, [절 추가]를 클릭한다.

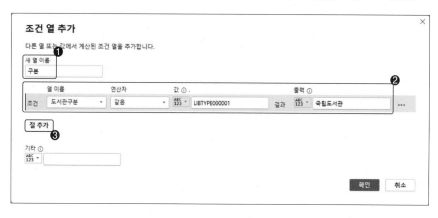

⑥ 다음 조건에 [열 이름]은 '도서관구분', [연산자]는 '같음', [값]은 'LIBTYPE000003', [출력]은 '대학도서관'을 입력한다. [기타]에 '공공도서관'을 입력하고 [확인]을 클릭한다.

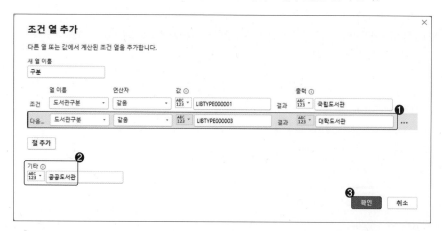

⑦ [구분] 필드의 데이터 형식(ABC 123)을 클릭하여 [텍스트]로 변경한다. 〈추가1〉 테이블을 더블클릭하여 '전체
　도서관현황'으로 변경한다.

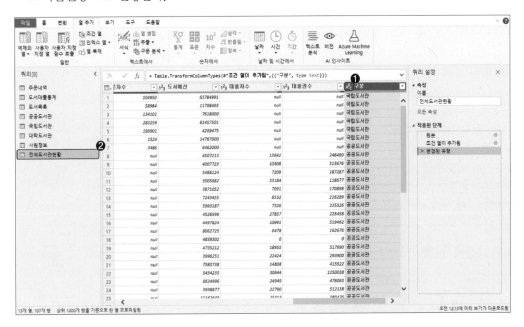

⑧ 〈공공도서관〉 테이블에서 마우스 오른쪽 버튼을 클릭한 후 [로드 사용]을 클릭하고 [계속]을 클릭하여
　로드를 해제한다. 동일한 방법으로 〈국립도서관〉, 〈대학도서관〉 테이블도 로드를 해제한다. [홈]−[닫기
　및 적용]을 클릭하여 Power BI Desktop에 적용한다.

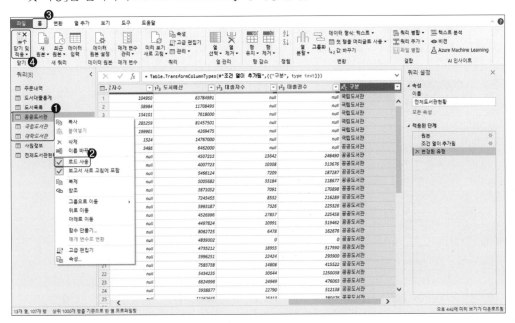

기적의 Tip

[로드 사용]을 해제하면 Power BI Desktop의 [데이터] 창에 테이블이 표시되지 않는다.

출제유형 ⑥ 파워 쿼리 편집기 활용(쿼리 병합, 참조, 그룹화)

'출제유형6.pbix' 파일을 열고 파워 쿼리 편집기에서 다음 지시사항에 따라 데이터를 편집하시오.

- ▶ 〈주문내역〉 테이블에 '쿼리 병합'을 사용하여 〈도서목록〉 테이블의 [분류명], [도서명] 필드를 병합하시오.
  - 〈주문내역〉 테이블의 [도서코드] 필드와 〈도서목록〉 테이블의 [도서번호] 필드 사용
  - 조인 종류 : 왼쪽 외부(첫 번째의 모두, 두 번째의 일치하는 행)
  - 〈주문내역〉 테이블은 전체 행 표시, 〈도서목록〉 테이블은 일치하는 행만 표시
- ▶ 〈주문내역〉 테이블을 '참조'해서 〈배송지역별요약〉 테이블을 작성하시오.
  - 그룹화 필드 : [배송지역] 필드
  - 필드 추가 : 주문건수, 총주문수량
  - [주문건수] 필드는 행 개수를 표시, 총주문수량은 수량의 합계를 표시
  - [총주문수량] 필드의 데이터 형식은 '정수'로 변환
- ▶ 편집한 데이터를 Power BI Desktop에 적용하시오.

① [홈]-[쿼리] 그룹에서 [데이터 변환]을 클릭한다.

② [Power Query 편집기] 창에서 〈주문내역〉 테이블을 선택하고, [홈]-[결합] 그룹에서 [쿼리 병합]-[쿼리 병합]을 클릭한다.

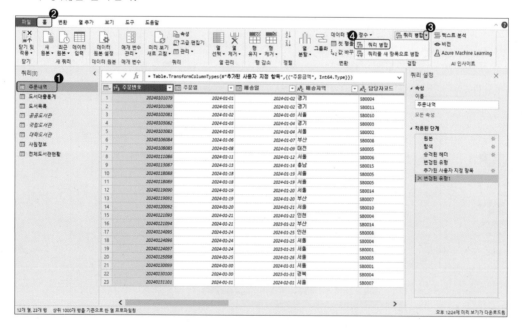

③ [병합] 대화상자에서 첫 번째 〈주문내역〉 테이블의 [도서코드] 필드를 선택한다. 두 번째 〈도서목록〉 테이블의 [도서번호] 필드를 클릭한다. [조인종류]는 '왼쪽 외부(첫 번째의 모두, 두 번째의 일치하는 행)'을 선택하고 [확인]을 클릭한다.

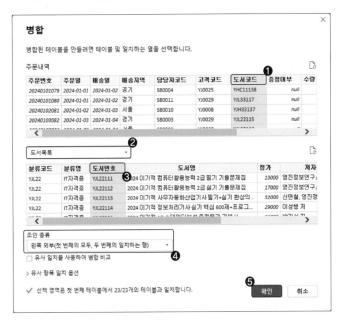

④ 〈주문내역〉 테이블에 추가된 [도서목록] 필드의 확장 단추(⬌)를 클릭한다. 목록에서 '모든 열 선택'을 클릭하여 체크 해제 후 '분류명', '도서명'을 체크 표시한다. '원래 열 이름을 접두사로 사용'의 체크 표시를 해제하고 [확인]을 클릭한다.

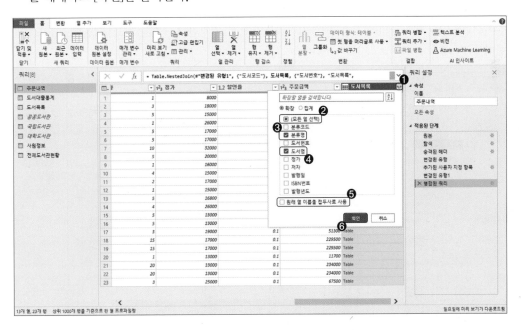

기적의 Tip

'원래 열 이름을 접두사로 사용'의 체크 표시를 해제하면 가져올 대상의 동일한 열 머리글 이름을 사용한다.

⑤ 〈주문내역〉 테이블에서 마우스 오른쪽 버튼을 클릭한 후 [참조]를 클릭한다.

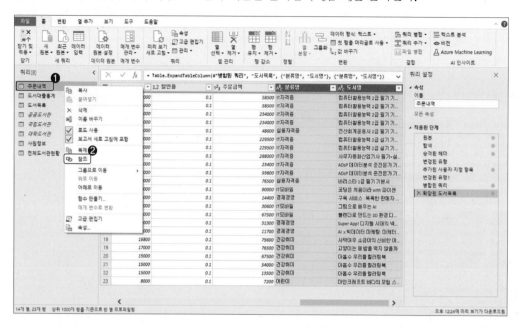

기적의 Tip

• 참조된 테이블은 원본 테이블과 연결된다.

• 쿼리 삭제나 참조, 복제 도구는 리본 메뉴 [홈]–[쿼리] 그룹–[관리]에서 제공한다. 하지만 시간을 단축시키기 위해 [쿼리] 창에서 마우스 오른쪽 버튼을 클릭하여 사용하는 것이 효율적이다.

⑥ 참조된 〈주문내역 (2)〉 테이블의 이름을 '배송지역별요약'으로 변경한다. [변환]–[표] 그룹에서 [그룹화]를 클릭한다.

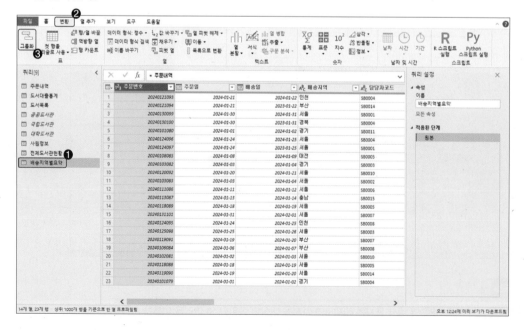

⑦ [그룹화] 대화상자에서 '고급'을 클릭한 후 그룹필드는 '배송지역'으로 선택한다. [새 열 이름]에 '주문건수'를 입력하고 [연산]은 '행 카운트'로 설정하고 [집계 추가]를 클릭한다.

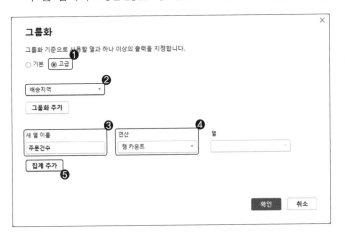

⑧ [새 열 이름]에 '총주문수량'을 입력하고 [연산]은 '합계', [열]은 '수량'으로 설정하고 [확인]을 클릭한다.

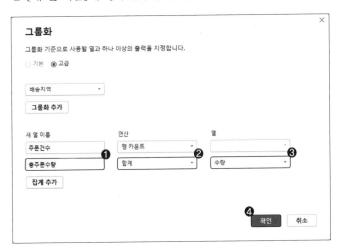

⑨ 〈배송지역별요약〉 테이블을 선택하고 [총주문수량] 필드의 데이터 형식(ABC123)을 클릭하여 [정수]를 클릭한다. [홈]-[닫기] 그룹에서 [닫기 및 적용]을 클릭한다.

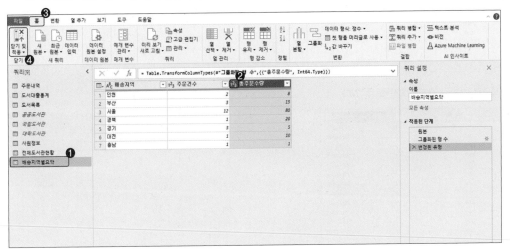

더 알기 Tip   날짜 필드 만들기

파워 쿼리 편집기에서 '열 병합'을 이용하여 날짜 필드를 작성할 수 있다.

① [연도]와 [월] 필드를 선택 후 [열 추가]-[텍스트에서]그룹에서 [열 병합]을 클릭한다.

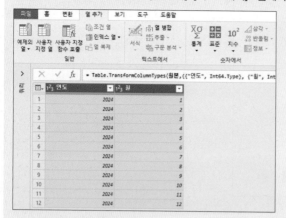

② [열 병합] 대화상자에서 구분 기호에 '-사용자 지정-', 하이픈(-)을 입력하고 새 열 이름에 '날짜'를 입력 후 [확인]을 클릭한다.

③ 추가된 [날짜] 필드의 데이터 형식을 '날짜'로 변경한다.

④ 날짜 형식으로 변환된 결과를 확인할 수 있다.

연도	월	날짜
2024	1	2024-01-01
2024	2	2024-02-01
2024	3	2024-03-01
2024	4	2024-04-01
2024	5	2024-05-01
2024	6	2024-06-01
2024	7	2024-07-01
2024	8	2024-08-01
2024	9	2024-09-01
2024	10	2024-10-01
2024	11	2024-11-01
2024	12	2024-12-01

관계 설정

SECTION
03

작업 파일 [C:₩2024경영정보시각화₩핵심이론₩Chapter01₩Section03] 폴더에서 작업하시오.

출제유형 ❶ 수동으로 관계 설정하기

'출제유형1.pbix' 파일을 열고 다음 지시사항에 따라 관계를 설정하시오.
〈주문내역〉 테이블의 [주문일] 필드는 〈날짜〉 테이블의 [날짜] 필드를 참조하며, 다대일(*:1)의 관계를 갖는다.
〈주문내역〉 테이블의 [도서코드] 필드는 〈도서목록〉 테이블의 [도서번호] 필드를 참조하며, 다대일(*:1)의 관계를
갖는다.

▶ 〈주문내역〉 테이블과 〈날짜〉 테이블을 관계 설정하시오.
　– 활용 필드 : 〈주문내역〉 테이블의 [주문일] 필드, 〈날짜〉 테이블의 [날짜] 필드
　– 카디널리티 : '다대일(*:1)' 설정
　– 크로스 필터 방향 : '단일' 설정
▶ 〈주문내역〉 테이블과 〈도서목록〉 테이블을 관계 설정하시오.
　– 활용 필드 : 〈주문내역〉 테이블의 [도서코드] 필드, 〈도서목록〉 테이블의 [도서번호] 필드
　– 카디널리티 : '다대일(*:1)' 설정
　– 크로스 필터 방향 : '모두' 설정

① 모델 보기(⊞)를 클릭한다. 데이터를 로드할 때 테이블 간의 필드명이 동일하면 자동으로 관계가 설정되어 〈주문내역〉, 〈대리점〉, 〈고객〉 테이블 간에 관계가 설정되어 있다.

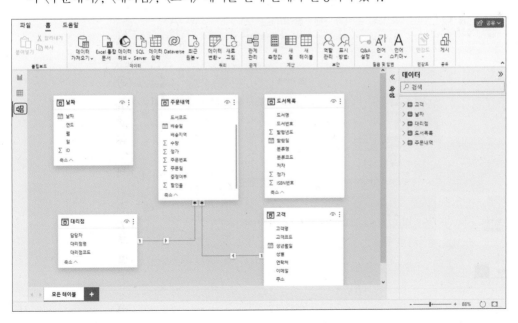

② 〈날짜〉 테이블의 [날짜] 필드를 〈주문내역〉 테이블의 [주문일] 필드로 드래그하여 놓는다.

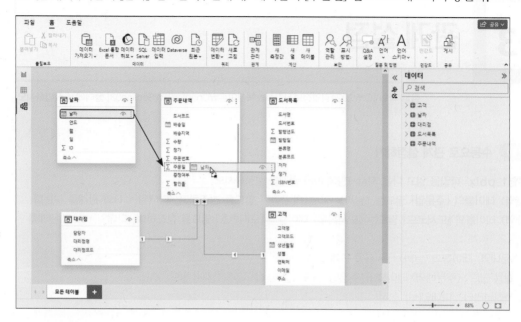

기적의 Tip

필드를 드래그하는 방향(왼쪽 → 오른쪽, 오른쪽 → 왼쪽)은 관계 설정에 영향을 주지 않는다.

③ 〈주문내역〉 테이블의 [주문일] 필드와 〈날짜〉 테이블의 [날짜] 필드 사이에 '다대일(*:1)'의 관계가 설정된다.

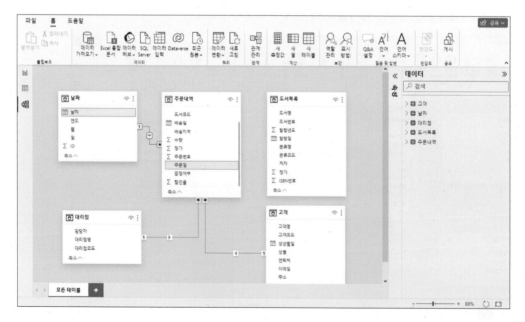

기적의 Tip

관계 설정한 후 관계 선에 마우스를 이동하여 올바르게 연결되었는지 확인한다.

④ 〈주문내역〉 테이블의 [도서코드] 필드를 〈도서목록〉 테이블의 [도서번호] 필드로 드래그하여 놓는다.

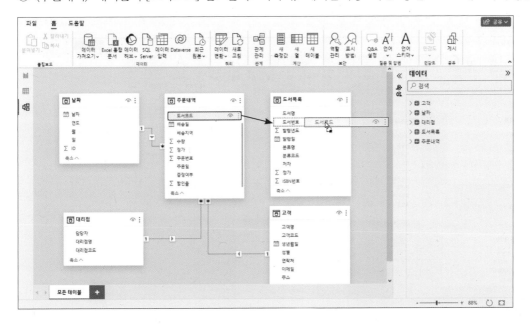

⑤ 〈주문내역〉 테이블의 [도서코드] 필드와 〈도서목록〉 테이블의 [도서번호] 필드 사이에 '다대일(*:1)'의 관계가 설정되었음을 알 수 있다.

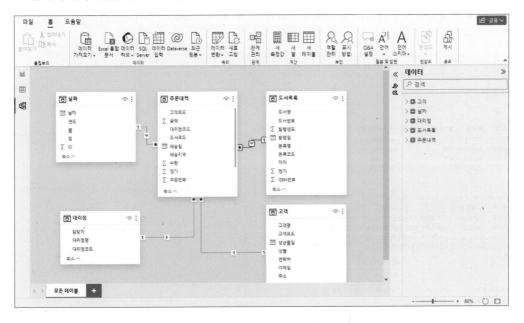

⑥ 〈주문내역〉 테이블과 〈도서목록〉 테이블 사이의 관계선에서 마우스 오른쪽 버튼을 클릭하여 [속성]을 클릭한다. 또는 관계선에서 더블클릭한다.

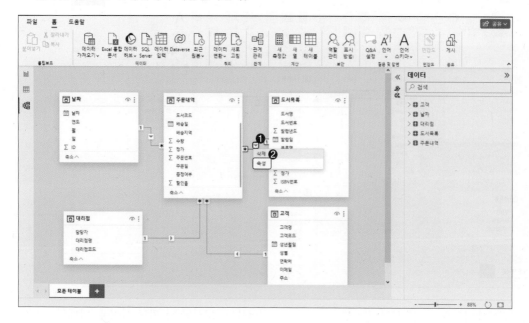

⑦ [관계 편집] 대화상자에서 관계 종류인 [카디널리티]가 '다대일(*:1)'임을 확인할 수 있다. [크로스 필터 방향]을 '모두'로 설정한다. '이 관계를 활성으로 만들기'가 체크 표시되었는지 확인하고 [확인]을 클릭한다.

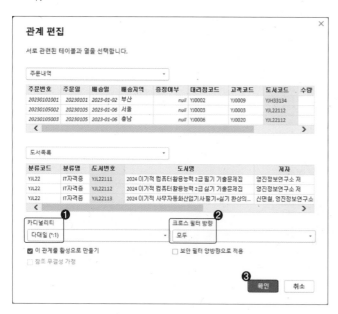

⑧ 관계 선의 크로스 필터 방향이 양방향으로 설정되었음을 알 수 있다.

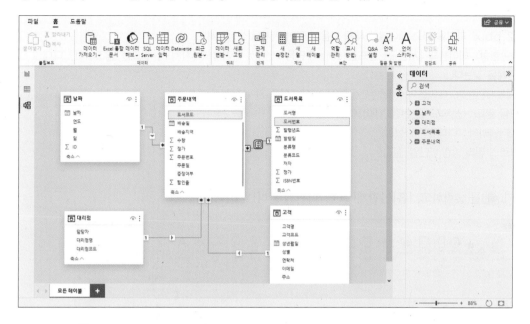

더 알기 Tip   관계 설정 옵션

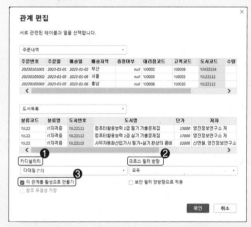

❶ 카디널리티 : 관계 종류를 나타내며 테이블 구조에 따라 다대일(*:1), 일대다(1:*), 일대일(1:1), 다대다(*:*)로 표시된다.

❷ 크로스 필터 방향 : 필터의 흐름을 나타내며 '단일'이나 '모두'로 표시된다.

❸ 이 관계를 활성으로 만들기 : 두 테이블 사이에 여러 관계가 있을 때 사용 가능한 관계를 나타낸다.

'출제유형2.pbix' 파일을 열고 테이블에 대해 다음과 같이 관계를 설정하시오.
〈전체도서관현황〉 테이블의 [시군구] 필드는 〈서울주민등록인구〉 테이블의 [자치구] 필드를 참조하며, 다대일
(*:1)의 관계를 갖는다.

> ▶ 〈전체도서관현황〉 테이블과 〈서울주민등록인구〉 테이블을 관계 설정하시오.
> – 활용 필드 : 〈전체도서관현황〉 테이블의 [시군구] 필드, 〈서울주민등록인구〉 테이블의 [자치구] 필드
> – 카디널리티 : '다대일(*:1)' 설정
> – 크로스 필터 방향 : '단일' 설정

① 모델 보기(▦)를 클릭하고, [홈]–[관계] 그룹의 [관계 관리]를 선택한다.

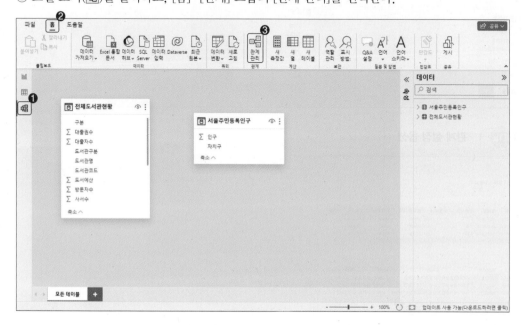

② [관계 관리] 대화상자에서 [새로 만들기]를 클릭한다.

③ [관계 만들기] 대화상자의 첫 번째 목록에서 〈전체도서관현황〉 테이블의 [시군구] 필드 선택, 두 번째 목록에서 〈서울주민등록인구〉 테이블의 [자치구] 필드로 선택한다. [카디널리티]는 '다대일(＊:1)', [크로스 필터 방향]은 '단일'로 자동 설정된다. '이 관계를 활성으로 만들기'가 체크 표시되었는지 확인하고 [확인]을 클릭한다.

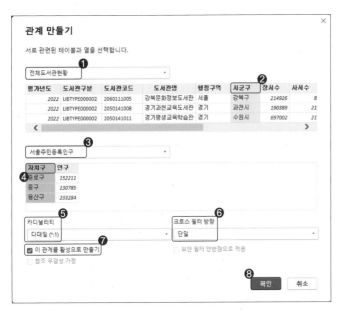

④ 〈전체도서관현황〉 테이블의 [시군구] 필드와 〈서울주민등록인구〉 테이블의 [자치구] 필드 사이에 '다대일(＊:1)'의 관계가 설정되었음을 알 수 있다.

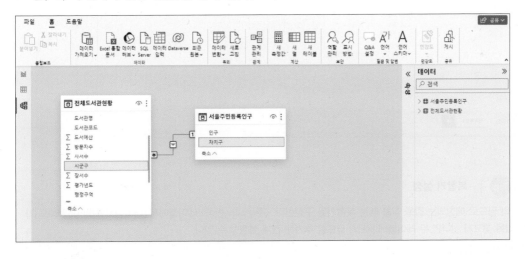

> **더 알기 Tip** ┃ **관계 설정을 삭제하거나 편집할 경우**
>
> 관계 설정을 삭제할 때는 관계 선(연결선)에서 마우스 오른쪽 버튼을 클릭하여 [삭제]를 클릭하거나 Delete를 누른다. 관계 설정을 편집할 때는 관계 선에서 마우스 오른쪽 버튼을 클릭하여 [속성]을 클릭하거나 더블클릭하면 [관계 편집] 대화상자에서 관계 옵션을 변경할 수 있다.

더 알기 Tip 관계 속성

두 테이블의 관계 선을 클릭하여 [속성] 창에서 관계 옵션을 확인하고 관계 종류인 [카디널리티], [교차 필터 방향]의 옵션을 변경할 수 있다.

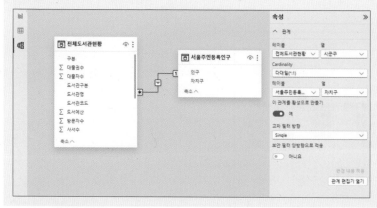

더 알기 Tip 새 레이아웃 활용

데이터 모델이 복잡한 경우 [새 레이아웃]을 추가하여 테이블의 관계를 설정하거나 기존 모델의 관계 설정을 확인할 수 있다.

더 알기 Tip 복합키 설정

두 개 이상의 필드로 매칭되는 값을 찾을 때는 복합키를 구성한다. 〈주문〉과 〈반품〉 테이블에서 [대리점코드]와 [도서코드]가 일치하는 값을 찾고자 한다면 두 테이블에 [KEY] 필드를 추가해 관계 설정할 수 있다.

KEY = [대리점코드] & [도서코드]

〈주문〉 테이블

대리점코드	도서코드	주문수량	KEY
YJ0002	YJH33134	10	YJ0002YJH33134
YJ0003	YJL22112	3	YJ0003YJL22112
YJ0002	YJL22114	1	YJ0002YJL22114
YJ0009	YJM55121	15	YJ0009YJM55121
YJ0003	YJM55121	5	YJ0003YJM55121
YJ0009	YJH33137	4	YJ0009YJH33137

〈반품〉 테이블

대리점코드	도서코드	반품수량	KEY
YJ0002	YJH33134	3	YJ0002YJH33134
YJ0003	YJL22112	1	YJ0003YJL22112
YJ0009	YJM55121	5	YJ0009YJM55121

SECTION 04 DAX 수식

작업 파일 [C:₩2024경영정보시각화₩핵심이론₩Chapter01₩Section04] 폴더에서 작업하시오.

더 알기 Tip — DAX 수식 구문

측정값(열) 이름 = 함수(테이블[열])

항목	설명
측정값(열)	– 측정값 이름이나 열 이름으로 고유한 이름 사용 – 공백 포함하여 작성 가능
등호(=)	수식은 등호(=)로 시작
테이블	– 참조되는 테이블 이름, 다른 테이블을 참조할 때 테이블 이름 필요 – 공백, 기타 특수 문자 또는 영어가 아닌 경우 작은 따옴표('')로 묶어서 사용
열	참조되는 열로 대괄호([ ])로 묶어서 사용

더 알기 Tip — DAX 수식 연산자

1. 산술 연산자

연산자	설명
+, −, *, /, ^	더하기, 빼기, 곱하기, 나누기, 지수
&	텍스트 연결 예) [시도] & " " & [구군시]

2. 논리/비교 연산자

연산자	설명
⟩, ⟩=, ⟨, ⟨=, =, ⟨⟩	크다, 크거나 같다, 작다, 작거나 같다, 같다, 같지 않다
AND, OR, NOT	그리고, 또는, 부정
&&(더블 앰퍼샌드) ||(더블 파이프라인)	&&(AND), ||(OR) 예) [지역]="서울" && [수량])=20 → [지역] 필드가 '서울'이고 [수량] 필드가 20이상이면 True 예) [지역]="서울" || [지역]="부산" → [지역] 필드가 '서울' 또는 [지역] 필드가 '부산'인 경우 True
IN	논리적 OR 조건으로 중괄호({})와 함께 사용 예) '지역[시도] IN {"서울", "부산", "대전"}

기적의 Tip

- Ctrl + + , − 또는 Ctrl +마우스 스크롤 위/아래 이동 : 수식 입력 줄의 글자 크기 확대/축소
- Shift + Enter : 수식 줄 바꿈

[계산] 그룹

❶ 새 측정값 : 선택한 열에 대한 합계, 평균 등과 같은 집계 결과를 반환하며 컨텍스트에 따른 동적 계산식을 추가한다.

❷ 빠른 측정값 : 전월대비 증감률, 전년대비 증감률, 상관계수와 같은 복잡한 계산식을 빠르게 작성할 수 있다.

❸ 새 열 : 선택한 테이블에 각 행의 값을 계산하거나 다른 열을 결합하는 계산된 열을 추가한다.

❹ 새 테이블 : 수식을 이용하여 계산된 테이블을 생성한다.

측정값 관리 테이블

① 빈 테이블을 작성하여 측정값을 저장하면 효율적으로 측정값을 관리할 수 있다. [홈]–[데이터] 그룹에서 [데이터 입력]을 클릭하여 이름에 '◎측정값'을 입력하고 [로드]를 클릭한다. [데이터] 창에 〈◎측정값〉이라는 빈 테이블이 생성된다.

② 측정값을 선택 후 [측정 도구]–[구조] 그룹에서 [홈 테이블]의 위치를 '◎측정값' 테이블로 선택하면 측정값 위치를 변경할 수 있다.

더 알기 Tip   **주요 DAX 함수 정리**

① 집계 함수

함수	설명
SUM(〈column〉)	열에 있는 모든 숫자의 합계를 구함
AVERAGE(〈column〉)	열에 있는 모든 숫자의 평균을 구함
AVERAGEA(〈column〉)	열에 있는 값의 산술 평균을 구함 텍스트 → 0, True → 1, False → 0, 빈 텍스트 → 0
COUNT(〈column〉)	열에 있는 모든 숫자 개수를 구함
COUNTA(〈column〉)	열에서 공백을 제외한 개수를 구함
COUNTBLANK(〈column〉)	열에서 공백 개수를 구함
COUNTROWS(〈table〉)	테이블의 전체 행 개수를 구함
DISTINCTCOUNT(〈column〉)	열의 고유 값 개수를 구함
DISTINCTCOUNTNOBLANK (〈column〉)	공백을 제외한 열의 고유 값 개수를 구함
MAX(〈column〉)	열에서 가장 큰 값을 구함
MAX(〈expression1〉, 〈expression2〉)	두 식에서 가장 큰 값을 구함 예) =MAX([총매출금액], [총구매금액])
MAXA(〈column〉)	숫자, 날짜 열에서 가장 큰 값을 구함 True → 1, False → 0, 빈 텍스트 → 무시
MIN(〈column〉)	열에서 가장 작은 값을 구함
MIN(〈expression1〉, 〈expression2〉)	두 식에서 가장 작은 값을 구함 예) =MIN([총매출금액], [총구매금액])
MINA(〈column〉)	숫자, 날짜 열에서 가장 작은 값을 구함 True → 1, False → 0, 빈 텍스트 → 무시
SUMX(〈table〉, 〈expression〉)	테이블의 행에 대해 계산된 식의 합계를 구함 예) =SUMX('주문내역', [단가]*[수량]) → 행마다 [단가]*[수량]을 계산한 후 전체 합계를 반환
AVERAGEX(〈table〉, 〈expression〉)	테이블의 행에 대해 계산된 식의 평균을 구함 예) =AVERAGEX('주문내역', [단가]*[수량]) → 행마다 [단가]*[수량]을 계산한 후 전체 평균을 반환
MAXX(〈table〉, 〈expression〉)	테이블의 행에 대해 계산식의 가장 큰 값을 구함 예) =MAXX(FILTER('주문내역', [대리점코드]="YJ0001"), [금액]) → 주문내역 테이블에서 대리점코드가 YJ0001인 행을 필터링해 가장 큰 금액 반환
MINX(〈table〉, 〈expression〉)	테이블의 행에 대해 계산식의 가장 작은 값을 구함 예) =MINX(FILTER('주문내역', [대리점코드]="YJ0001"), [금액]) → 주문내역 테이블에서 대리점코드가 YJ0001인 행을 필터링해 가장 작은 금액 반환
COUNTX(〈table〉, 〈expression〉)	테이블의 행에 대해 계산식의 결과가 공백이 아닌 행 개수를 구함
COUNTAX(〈table〉, 〈expression〉)	테이블의 행에 대해 계산식의 결과가 공백이 아닌 행 개수를 구함(논리값 포함)
PRODUCT(〈column〉)	열에 있는 숫자의 곱을 반환
PRODUCTX(〈table〉, 〈expression〉)	테이블의 각 행에 대해 계산된 식의 곱을 반환

② 수학과 삼각 함수

함수	설명
ABS(⟨number⟩)	숫자의 절대값을 구함 예) =ABS (50–100) → 50
DIVIDE (⟨numerator⟩, ⟨denominator⟩ [,⟨alternateresult⟩])	나누기 결과를 반환, 0으로 나눈 결과에 대해 대체 결과 또는 BLANK를 반환 예) =DIVIDE (10,2) → 5/예) =DIVIDE (10,0) → BLANK 예) =DIVIDE (10,0,1) → 1
MOD(⟨number⟩, ⟨divisor⟩)	숫자를 나눈 후 나머지를 반환 예) = MOD (3,2) → 1
QUOTIENT(⟨numerator⟩, ⟨denominator⟩)	나누기한 결과의 정수를 반환 예) =QUOTIENT (5,2) → 2
INT(⟨numerator⟩)	소수 부분을 제거하여 정수로 내림 예) =INT(3,6) → 3/예) =INT(–3,6) → –4
TRUNC(⟨numerator⟩, ⟨denominator⟩)	지정한 자릿수만큼 소수를 남기고 나머지 자리를 버림 예) =TRUNC(3,6) → 3 예) =TRUNC(–3,6) → –3

기적의 Tip
INT와 TRUNC 함수는 양의 값은 같은 값을 반환하지만, 음의 값에서는 TRUNC(숫자)–1로 반환된다.

ROUND(⟨number⟩, ⟨num_digits⟩)	숫자를 지정된 숫자로 반올림, num_digits 0보다 크면 소수 자릿수로 반올림, 0 이면 가까운 정수로 반올림, 0보다 작으면 소수점 왼쪽으로 반올림
ROUNDUP(⟨number⟩, ⟨num_digits⟩)	숫자를 지정된 숫자로 올림
ROUNDDOWN(⟨number⟩, ⟨num_digits⟩)	숫자를 지정된 숫자로 내림

예) ROUND(반올림할 숫자, 반올림할 자릿수)

반올림할 자릿수	의미	함수식	결과
1	소수 첫째 자리까지 표시	=ROUND(3675,362,1)	3745.4
2	소수 둘째 자리까지 표시	=ROUND(3675,362,2)	3745.36
0	정수로 표시	=ROUND(3675,362,0)	3675
–1	일의 자리에서 반올림	=ROUND(3675,362,–1)	3680
–2	십의 자리에서 반올림	=ROUND(3675,362,–2)	3700

③ 통계 함수

함수	설명
RANKX(⟨table⟩, ⟨expression⟩[, ⟨value⟩[, ⟨order⟩[, ⟨ties⟩]]])	숫자의 순위를 구함 예) =RANKX(ALL('제품'[제품명]),[총수량],,DESC,Dense)
MEDIAN (⟨column⟩)	열의 숫자 중앙값을 반환 예) =MEDIAN('고객'[나이])

④ 필터 함수

함수	설명
CALCUALTE(〈expression〉, 〈filter1〉, 〈filter2〉..)	필터링된 행의 합계나 평균과 같은 계산식의 결과 반환 예) =CALCULATE(SUM('주문내역'[금액]), '도서목록'[분류명]="자격증")
FILTER(〈table〉,〈filter〉)	테이블의 각 행에 대해 계산식을 적용하여 필터링된 행을 반환 예) =CALCULATE(SUM('주문내역'[금액]), FILTER('도서목록', [분류명]〈〉"자격 증") 예) =SUMX(FILTER('주문내역', [대리점코드]="YJ0001"), [금액])
ALL([〈table〉 | 〈column〉[, 〈column〉[, 〈column〉 [,…]]]])	테이블이나 열에 적용된 필터를 해제 예) =SUMX('주문내역', '주문내역'[금액])/ SUMX(ALL('주문내역'), '주문내역'[금액])
ALLEXCEPT(〈table〉,〈column〉[, 〈column〉 [,…]])	열에 적용된 필터를 제외하고 테이블의 필터를 해제 예) =CALCULATE(SUM('주문내역'[금액]), ALLEXCEPT('날짜', '날짜'[연도]))
ALLSELECTED([〈tableName〉 | 〈columnName〉[, 〈columnName〉..)	테이블이나 열에 적용된 필터를 해제하지만 보고서 페이지에서 적용한 필터는 유지 필터링된 행을 대상으로 합계나 평균과 같은 계산식의 결과 반환 예) =CALCULATE(SUM('주문내역'[금액]), ALLSELECTED ('날짜', '날짜'[연도]))
KEEPFILTERS(〈expression〉)	CALCULATE 함수 계산식을 수행하는 동안 필터가 적용되는 방식을 수정 예) =CALCULATE(SUM('주문내역'[금액]), KEEPFILTERS('도서목록'[분류 명]="IT자격증")) → 테이블 시각화에서 'IT자격증'인 경우에만 금액 반환, IT자격증이 아닌 경우 비 어 있음
REMOVEFILTERS([〈table〉 | 〈column〉[, 〈column〉[, 〈column〉[,…]]]])	지정된 테이블이나 열에서 필터를 지움 예) =DIVIDE([총매출금액], CALCULATE([총매출금액], REMOVEFILTERS( ))) → 총매출금액의 전체 비율 반환
SELECTEDVALUE(〈columnName〉[, 〈alternateResult〉])	지정된 열에서 고유 값으로 필터링된 값을 반환, 그렇지 않은 경우 대체값(alter- nateResult)을 반환(생략하면 BLANK( ) 반환) 예) =SELECTEDVALUE('고객'[고객명])

⑤ 논리 함수

함수	설명
IF(〈logical_test〉, 〈value_if_true〉[, 〈value_if_false〉])	조건식이 TRUE이면 TRUE_VALUE, FALSE이면 FALSE_VALUE를 표시 예) =IF('주문내역'[금액])500, "High", "Low") → 금액이 500초과이면 High, 그렇지 않으면 Low를 표시
AND(〈logical1〉,〈logical2〉)	두 인수가 모두 TRUE인지 확인하고 두 인수가 모두 TRUE이면 TRUE 반환, 그렇지 않은 경우 FALSE 반환 예) = AND(10)5, 5)3) → TRUE
OR(〈logical1〉,〈logical2〉):	TRUE를 반환하기 위해 인수 중 하나가 TRUE인지 확인. 두 인수가 모두 FALSE이면 FALSE 반환 예) = OR(10〈5, 5〈3) → FALSE
NOT(〈logical〉)	FALSE를 TRUE로, TRUE를 FALSE로 변경 예) =NOT(30)=20) → FALSE
TRUE() , FALSE()	논리값을 TRUE나 FALSE로 표시 예) =IF([수량])50, TRUE(), FALSE()) → 수량이 50보다 크면 TRUE, 아니면 FALSE를 반환
IFERROR(value, value_if_error)	수식에서 오류가 발생할 경우 지정한 값을 반환하고 그렇지 않으면 수식 결과를 반환 예) =IFERROR(30/0, "수식오류") → 수식오류
SWITCH(〈expression〉, 〈value〉, 〈result〉[, 〈value〉, 〈result〉]…[, 〈else〉])	조건식의 값이 값1과 같다면 반환값1, 값2와 같다면 반환값2..를 표시 예) =SWITCH([직책NO], 1, "부장", 2, "차장", 3, "과장", 4, "대리", 5, "사원", BLANK()) → [직책NO] 필드의 값이 1이면 "부장", 2이면 "차장", 3이면 "과장", 4이면 "대리", 5이면 "사원", 그 외는 공백 반환 예) =SWITCH(TRUE(), [수량]〈10, "10미만", [수량]>=10 && [수량]〈20, "20미만", BLANK()) → 수량이 10미만이면 "10미만", 수량이 10 이상 20미만이면 "20미만"을 표시하고 그 외는 공백

⑥ 텍스트 함수

함수	설명
LEN(⟨text⟩)	텍스트의 문자 수를 반환 예) =LEN("영진닷컴") → 4
LEFT(⟨text⟩, ⟨num_chars⟩)	텍스트의 왼쪽에서 지정한 문자 수만큼 추출 예) =LEFT("abcde", 2) → ab
MID(⟨text⟩, ⟨start_num⟩, ⟨num_chars⟩)	텍스트의 시작 위치에서 지정한 문자 수만큼 추출 예) =LEFT("abcde", 3, 2) → cd
RIGHT(⟨text⟩, ⟨num_chars⟩)	텍스트의 오른쪽에서 지정한 문자 수만큼 추출 예) =RIGHT("abcde", 2) → de
LOWER(⟨text⟩)	텍스트를 모두 소문자로 변경 예) =LOWER("WORLD") → world
UPPER (⟨text⟩)	텍스트를 모두 대문자로 변경 예) =LOWER("world") → WORLD
TRIM(⟨text⟩)	단어 사이의 단일 공백을 제외하고 텍스트의 모든 공백을 제거 예) =TRIM("WORLD 2024 ") → WORLD 2024
REPLACE(⟨old_text⟩, ⟨start_num⟩, ⟨num_chars⟩, ⟨new_text⟩)	텍스트의 시작 위치로부터 지정한 문자수만큼 새 텍스트로 바꿈 예) =REPLACE("CP-001", 1, 2, "NB") → NB-001
SUBSTITUTE(⟨text⟩, ⟨old_text⟩, ⟨new_text⟩, ⟨instance_num⟩)	기존 텍스트의 문자열을 새 텍스트로 바꿈 예) =SUBSTITUTE("CP-001", "CP", "NB") → NB-001
VALUE(⟨text⟩)	숫자를 나타내는 텍스트를 숫자로 변환 예) =VALUE("5") → 5
FORMAT(⟨value⟩, ⟨format_string⟩[, ⟨locale_name⟩])	값을 서식코드를 지정하여 텍스트 변환 예) =FORMAT(12345.6, "#,##0") → 12,346 예) =FORMAT(45519, "YYYY-MM-DD") → 2024-08-15
CONCATENATE(⟨text1⟩, ⟨text2⟩)	두 텍스트를 하나의 텍스트로 조인 예) =CONCATENATE("Hello ", "World") → Hello World * 2개 이상의 텍스트를 연결할 때는 앰퍼샌드(&) 연산자를 이용
FIND(⟨find_text⟩, ⟨within_text⟩[, [⟨start_num⟩][, ⟨NotFoundValue⟩]])	텍스트 값에서 다른 텍스트 값을 찾아 시작 위치를 반환, 찾는 값이 없으면 0, -1 또는 BLANK()로 처리(대/소문자 구분) 예) =FIND("B", "Power BI") → 7 예) =FIND("BI", "Power BI",1,BLANK()) → 7
SEARCH(⟨find_text⟩, ⟨within_text⟩[, [⟨start_num⟩][, ⟨NotFoundValue⟩]])	텍스트 값에서 다른 텍스트 값을 찾아 시작 위치를 반환, 찾는 값이 없으면 0,-1 또는 BLANK()로 처리(대/소문자 구분 안 함) 예) =SEARCH("B", "Power BI") → 7 예) =SEARCH("BI", "Power BI",1,BLANK()) → 7

기적의 Tip
FIND함수는 와일드 카드를 지원하지 않지만 SEARCH함수는 별표(*), 물음표(?)와 같은 와일드 카드를 사용할 수 있다.

⑦ 날짜 및 시간 함수

함수	설명
YEAR(〈date〉)	날짜의 연도를 4자리 정수로 반환 예) =YEAR("2024-3-21") → 2024
MONTH(〈date〉)	날짜의 월을 1에서 12로 정수 반환 예) =MONTH("2024-3-21") → 3
DAY(〈date〉)	날짜의 일을 1에서 31로 정수 반환 예) =DAY("2024-3-21") → 21
HOUR(〈datetime〉)	시간을 0(오전 12:00)에서 23(오후11:00)으로 정수 반환 예) =HOUR("15:20:30") → 15
MINUTE(〈datetime〉)	시간의 분을 0에서 59까지의 정수 반환 예) =MINUTE("15:20:30") → 20
SECOND(〈datetime〉)	시간의 초를 0에서 59까지의 정수로 반환 예) =SECOND("15:20:30") → 30
TODAY()	컴퓨터 시스템의 현재 날짜 반환 예) =TODAY() → 2024-01-01(현재 날짜 표시)
NOW()	컴퓨터 시스템의 현재 날짜와 시간 반환 예) =NOW() → 2024-01-01 13:30(현재 날짜와 시간 표시)
DATE(〈year〉, 〈month〉, 〈day〉)	지정한 연,월,일을 날짜 형식으로 반환 예) =DATE(2024, 01, 01) → 2024-01-01
TIME(〈hour〉, 〈minute〉, 〈second〉)	지정한 시,분,초를 날짜/시간 형식의 시간으로 반환 예) =TIME(12, 30, 0) → 13:30 PM
WEEKDAY(〈date〉, 〈return_type〉)	날짜의 요일을 1에서 7까지 숫자로 반환 〈return_type〉 1 : 일요일을 1로 시작, 2 : 월요일을 1로 시작, 3 : 월요일을 0으로 시작하고 일요일을 6으로 반환 예) =WEEKDAY("2024-01-01", 2) → 5 (5는 금요일을 의미)
EDATE(〈start_date〉, 〈months〉)	날짜에 지정된 월을 더하거나 뺀 날짜를 반환 예) =EDATE("2024-01-01", 3) → 2024-04-01
EOMONTH(〈start_date〉, 〈months〉)	날짜에 월을 더하거나 뺀 날짜의 마지막 날짜를 반환 예) =EDATE("2024-01-01", 3) → 2024-04-30
NETWORKDAYS(〈start_date〉, 〈end_date〉[, 〈weekend〉, 〈holidays〉])	휴일을 제외한 시작 날짜와 끝 날짜 사이의 업무 일수를 반환 예) =NETWORKDAYS("2024-05-01", "2024-05-05") 결과: 3
WEEKNUM(〈date〉[, 〈return_type〉])	1월 1일을 포함하는 주를 해당 연도의 1주차로 지정된 날짜의 주 번호를 반환 〈return_type〉 주가 시작될 요일을 결정할 숫자, 1 또는 생략시 일요일부터 주 시작 예) =WEEKNUM("2024-01-01") → 1
CALENDAR(〈start_date〉, 〈end_date〉)	지정된 두 날짜의 연속된 날짜가 포함된 DATE 열이 포함된 테이블 반환 예) =CALENDAR(DATE(2024,1,1), DATE(2024,1,31)) → 2024년1월1일에서 2024년1월31일 사이의 날짜가 포함된 테이블 반환
CALENDARAUTO()	데이터 모델의 날짜를 기준으로 12개월 날짜 반환 예) =CALENDARAUTO() → 데이터 모델의 날짜 열을 기준으로 12개월 날짜 반환 예) =CALENDARAUTO(3) → 1월에서 3개월 후인 4월부터 다음해 3월까지 12개월 날짜 반환

⑧ 시간 인텔리전스 함수

함수	설명
DATEADD(⟨dates⟩, ⟨number_of_intervals⟩, ⟨interval⟩)	날짜에서 지정된 간격 수만큼 이전 또는 이후로 이동한 날짜 열 반환 ⟨interval⟩ year, quarter, month, day 중 하나 예) =CALCULATE(SUM('주문내역'[금액]),DATEADD('DimDate'[Date], −1, year)) → 현재 컨텍스트(연도)에서 1년 전의 날짜를 반환하여 주문내역 테이블의 금액의 합계 반환
DATESBETWEEN(⟨Dates⟩, ⟨StartDate⟩, ⟨EndDate⟩)	시작일과 종료일의 연속되는 날짜 열이 포함된 테이블 반환 예) =DATESBETWEEN('DimDate'[Date], Date(2024,01,01), DATE(2024,01, 31)) → 2024년1월1일부터 2024년1월31일까지의 Date 열이 포함된 날짜 범위 반환. * CALCULATE 등의 함수와 함께 사용
DATESINPERIOD(⟨dates⟩, ⟨start_date⟩, ⟨number_of_intervals⟩, ⟨interval⟩)	날짜에서 지정된 간격 수만큼 이전 또는 이후로 이동한 시점부터 연속적인 날짜 열 반환 예) =DATESINPERIOD('DimDate'[Date],MAX('DimDate'[Date]), −1, year) → 2024년 5월로 필터링하면 2023년 6월 1일부터 2024년 5월 31일까지 날짜 범위를 반환. * CALCULATE 등의 함수와 함께 사용 ⟨interval⟩ year, quarter, month, day 중 하나
DATESYTD(⟨dates⟩,[year_end_date]])	현재 컨텍스트의 연도 기준으로 날짜 열이 포함된 테이블 반환 예) =CALCULATE(SUM('주문내역'[금액]),DATESYTD('DimDate'[Date]) → 1월 1일부터 금액 누계를 반환
DATESQTD(⟨dates⟩)	현재 컨텍스트의 분기 기준으로 날짜 열이 포함된 테이블 반환 예) =CALCULATE(SUM('주문내역'[금액]),DATESQTD('DimDate'[Date]) → 분기 금액 누계 실행
DATESMTD(⟨dates⟩)	현재 컨텍스트의 월 기준으로 날짜 열이 포함된 테이블 반환 예) =CALCULATE(SUM('주문내역'[금액]),DATESMTD('DimDate'[Date])→월의 1일부터 금액 누계 실행
TOTALYTD(⟨expression⟩,⟨dates⟩[,⟨filter⟩] [,⟨year_end_date⟩])	1월 1일부터 현재 날짜까지 계산식 수행 예) =TOTALYTD(SUM('주문내역'[금액]), 'DimDate'[Date]) → 1월1일부터 연도 단위로 금액 누계 반환
TOTALQTD(⟨expression⟩,⟨dates⟩[,⟨filter⟩] [,⟨year_end_date⟩])	현재 분기까지 계산식 수행 예) =TOTALQTD(SUM('주문내역'[금액]), 'DimDate'[Date]) → 분기 단위로 금액 누계 반환
TOTALMTD(⟨expression⟩,⟨dates⟩[,⟨filter⟩] [,⟨year_end_date⟩])	현재 월까지 계산식 수행 예) =TOTALMTD(SUM('주문내역'[금액]), 'DimDate'[Date]) → 1일부터 월 단위로 금액 누계 반환
SAMEPERIODLASTYEAR(⟨dates⟩)	전년동시점의 날짜 열 반환 예) =CALCULATE('주문내역'[금액]), SAMEPERIODLASTYEAR('DimDate'[Date])) → 전년동시점의 금액의 합계를 반환
FIRSTDATE(⟨dates⟩)	날짜 열에서 첫 번째 날짜를 반환 예) =FIRSTDATE('주문내역'[주문일]) → 첫 번째 주문일을 반환
LASTDATE(⟨dates⟩)	날짜 열에서 마지막 날짜를 반환 예) =LASTDATE ('주문내역'[주문일]) → 마지막 주문일을 반환

⑨ 테이블 조작 함수/관계 함수

함수	설명
ADDCOLUMNS(⟨table⟩, ⟨name⟩, ⟨expression⟩)[, ⟨name⟩, ⟨expression⟩]…)	테이블에 계산 열 추가 예) =ADDCOLUMNS('날짜',"연",FORMAT([날짜],"YYYY")) → ⟨날짜⟩ 테이블의 [날짜] 열에서 연도를 추가한 테이블 반환
DISTINCT(⟨column⟩ 또는 ⟨table⟩)	중복 제거된 열이나 테이블 반환 예) =DISTINCT('주문내역'[고객코드]) → [고객코드] 열의 중복 값 제거 예) =DISTINCT('대리점') → ⟨대리점⟩ 테이블에서 중복 행 제거
GROUPBY (⟨table⟩ [, ⟨groupBy_columnName⟩ [, ⟨groupBy_columnName⟩ [, …]]] [, ⟨name⟩, ⟨expression⟩ [, ⟨name⟩, ⟨expression⟩ [, …]]]) :	테이블의 필드로 그룹화하고 계산식 결과와 필드명을 반환 예) =GROUPBY('주문내역', [배송지역], "매출", SUMX(CURRENTGROUP(),[금액])) → ⟨주문내역⟩ 테이블의 배송지역으로 그룹화하고 [금액] 열의 합계를 반환)
SUMMARIZE (⟨table⟩, ⟨groupBy_columnName⟩[, ⟨groupBy_columnName⟩]…[, ⟨name⟩, ⟨expression⟩]…)	지정된 테이블에서 그룹 필드로 요청한 식의 요약 테이블 반환 예) =SUMMARIZE('주문내역', '대리점'[대리점명], "매출", SUM('주문내역'[금액])) → ⟨주문내역⟩ 테이블을 기준으로 ⟨대리점⟩ 테이블의 대리점별로 그룹화하여 [금액] 열의 합계를 반환
SUMMARIZECOLUMNS (⟨groupBy_columnName⟩ [, ⟨ groupBy_columnName ⟩]…, [⟨filterTable⟩]…[, ⟨name⟩, ⟨expression⟩]…)	예) =SUMMARIZECOLUMNS('도서목록'[분류명], FILTER('대리점', [대리점명]="서울"), "매출", SUM('주문내역'[금액])) → ⟨대리점⟩ 테이블에서 [대리점명]이 '서울'을 필터링하여 ⟨도서목록⟩ 테이블의 분류명별로 그룹화하여 [금액] 열의 합계를 반환
TOPN(⟨N_Value⟩, ⟨Table⟩, ⟨OrderBy_Expression⟩, [⟨Order⟩[, ⟨OrderBy_Expression⟩, [⟨Order⟩]]…]) :	테이블의 상위 N개(TOPN)의 행을 반환 ⟨Order⟩ 0 또는 False 내림차순 정렬 −1 또는 True 오름차순 정렬, 정렬 옵션 생략된 경우 기본값 예) =TOPN(5, '주문내역', [총금액], 0) → ⟨주문내역⟩ 테이블에서 총금액순으로 5개 행 반환
RELATED(⟨column⟩)	도서코드 열로 관계 설정된 테이블에서 현재 행과 관련된 값 반환 예) =RELATED('도서목록'[정가]) → 도서코드와 일치하는 ⟨도서목록⟩ 테이블의 [정가] 열의 값 반환
ROW(⟨name⟩, ⟨expression⟩)[[,⟨name⟩, ⟨expression⟩]…])	단일 행 테이블 반환 예) = ROW("총수량",SUM('주문내역'[주문수량])) → 총수량이 있는 단일 행 테이블
VALUES(⟨TableNameOrColumnName⟩)	중복 값이 제거된 고유 값(열 또는 테이블) 예) =VALUES('주문내역'[도서코드]) → 중복 제거된 [도서코드] 열 반환 예) =VALUES('주문내역') → ⟨주문내역⟩ 테이블 반환

UNION(⟨table_expression1⟩, ⟨table_expression2⟩ [,⟨table_expression⟩]…)
테이블1과 테이블2를 결합
예) =UNION(Table1, Table2)

거래처	수량
A	5
A	3

⟨테이블1⟩

거래처	수량
B	2
C	1

⟨테이블2⟩

거래처	수량
A	5
A	3
B	2
C	1

⟨결과⟩

⑩ 기타 함수(정보, 재무)

함수	설명
ISBLANK(⟨value⟩)	값이 공백이면 TRUE, 그렇지 않으면 FALSE 반환 예) =ISBLANK([전년도매출]) → 전년도매출이 공백이라면 TRUE, 아니면 FALSE 반환
ISERROR(⟨value⟩)	값이 오류이면 TRUE, 그렇지 않으면 FALSE 반환 예) =ISERROR([매출금액]/[총매출금액]) → 나누기 결과가 오류이면 TRUE, 아니면 FALSE 반환
CONTAINS(⟨table⟩, ⟨columnName⟩, ⟨value⟩[, ⟨columnName⟩, ⟨value⟩]…)	열에 찾는 값이 포함된 경우 TRUE, 그렇지 않으면 FALSE 반환 예) =CONTAINS('주문내역', [도서코드], 10, [고객코드], 1) → 〈주문내역〉 테이블에서 [도서코드]가 '10' 또는 [고객코드]가 '1'의 주문이 동시에 발생했는지 계산
FV(⟨rate⟩, ⟨nper⟩, ⟨pmt⟩[, ⟨pv⟩[, ⟨type⟩]])	이자율을 기준으로 일정 금액 납입 후의 미래 가치(FV)를 계산 type : 0 또는 생략 : 월말, 1 : 월초 예) =FV(0.06/12,36,−530000,0,1) → ₩20,952,376 매월초 납입금 530,000원씩 연이율 6%로 계산했을 때 3년 뒤의 금액
PMT(⟨rate⟩, ⟨nper⟩, ⟨pv⟩[, ⟨fv⟩[, ⟨type⟩]])	대출 상환금(투자총액)에서 정기적으로 납입되는 금액(PMT) 계산 type : 0 또는 생략 : 월말, 1 : 월초 예) =PMT(0.04/12,36,0,−30000000,0) → ₩785,720 연이율 4%로 3년 동안 30,000,000을 상환하려면 매달 입금해야 할 금액
PV(⟨rate⟩, ⟨nper⟩, ⟨pmt⟩[, ⟨fv⟩[, ⟨type⟩]])	대출 또는 투자액의 현재가치(PV) 계산 예) =PV(0.04/12,30*12,−300000) → ₩62,838,372 연이율 4%로 매월말에 300,000원씩 30년 동안 지급해 주는 연금의 현재가치
NPER(⟨rate⟩, ⟨pmt⟩, ⟨pv⟩[, ⟨fv⟩[, ⟨type⟩]])	투자 기간 수 반환 예) =NPER(0.04/12,−100000,0,10000000) → 86.45 대출금(투자총액) 10,000,000을 상환하기 위해 연이자율 4%로 매월 100,000원씩 납입할 경우의 기간
IPMT(⟨rate⟩, ⟨per⟩, ⟨nper⟩, ⟨pv⟩[, ⟨fv⟩[, ⟨type⟩]])	대출금(투자총액)에 대한 지정된 기간의 이자 지급액 반환 예) =IPMT(0.06/12,1,3*12,10000000) → ₩−50,000 대출금 10,000,000의 첫 번째 달에 만기된 월별 이자 반환
PPMT(⟨rate⟩, ⟨per⟩, ⟨nper⟩, ⟨pv⟩[, ⟨fv⟩[, ⟨type⟩]])	대출금(투자총액)에 대해 각 기간마다 상환해야 할 원금 계산 예) =PPMT(0.06/12,1,3*12,10000000) → ₩−254,219.37 연이율 6%로 3년간 상환하는 조건으로 첫 달에 이루어진 원금 상환액 반환
RATE(⟨nper⟩, ⟨pmt⟩, ⟨pv⟩[, ⟨fv⟩[, ⟨type⟩[, ⟨guess⟩]]])	투자 기간당 이자율 반환 예) =RATE(3*12,−100000,10000000) → −0.05 총대출액(10,000,000)에 대해 36개월동안 100,000원씩 상환할 경우 월별 이자율

※ DAX 함수 참조 : https://learn.microsoft.com/ko-kr/dax/dax-function-reference

더 알기 Tip **변수 사용하여 수식 향상**

• 변수에 계산 식의 결과를 저장하여 다른 측정값에서 변수를 인수로 사용할 수 있다.

VAR 구문 :

VAR ⟨name⟩ = ⟨expression⟩

계산	설명
name	변수 이름을 작성하며 영문(a~z, A~Z), 숫자(0~9)로 구성하며 영문으로 시작 예약어는 사용할 수 없으며 공백은 '_' (underbar)로 연결
expression	DAX 식

• RETURN 문을 사용하여 구문 뒤에 오는 수식의 결과를 측정값에 반환한다.

RETURN 구문 : RETURN 변수명 or DAX 식

예)

전년대비성장률 =

// 주문내역 테이블의 금액의 합계를 Total_Price에 저장

VAR Total_Price = SUM('주문내역'[금액])

// 전년동시점의 주문내역 테이블의 금액의 합계를 Last_Price에 저장

VAR Last_Price = CALCULATE(SUM('주문내역'[금액]), SAMEPERIODLASTYEAR('날짜'[날짜]))

// Totla_Price와 Last_Price의 차이를 Last_Price로 나눈 값을 전년대비성장률 측정값에 전달

RETURN DIVIDE(Total_Price − Last_Price, Last_Price)

출제유형 ① **수학/삼각 함수 활용**

'출제유형1.pbix' 파일을 열고 〈◎측정값〉 테이블에서 다음 과정을 수행하시오

▶ 〈주문내역〉 테이블의 [수량] 필드의 합계를 구하는 측정값을 생성하시오.

– 측정값 이름 : 총수량

– 함수 : SUM

– 서식 : 천 단위 구분기호

▶ 〈주문내역〉 테이블의 [금액] 필드의 합계를 구하는 측정값을 생성하시오.

– 측정값 이름 : 총금액

– 함수 : SUM

– 서식 : 천 단위 구분기호

▶ 〈주문내역〉 테이블의 [금액] 필드의 평균을 구하는 측정값을 생성하시오.

– 측정값 이름 : 평균금액

– 함수 : ROUND, AVERAGE, ROUND 함수는 십의 자리에서 반올림

– 서식 : 천 단위 구분기호, 소수 자릿수 '0'

▶ 〈주문내역〉 테이블의 전체 레코드 개수를 구하는 측정값을 생성하시오.

– 측정값 이름 : 주문건수

– 함수 : COUNTROWS

– 서식 : 천 단위 구분기호

▶ 〈주문내역〉 테이블의 [대리점코드] 필드의 중복 제거된 행 개수를 구하는 측정값을 생성하시오.

– 측정값 이름 : 대리점수

– 함수 : DISTINCTCOUNT

– 서식 : 천 단위 구분기호

① 테이블 뷰(▦)에서 〈◎측정값〉 테이블을 선택한다. [테이블 도구]-[계산] 그룹의 [새 측정값]을 클릭한다.

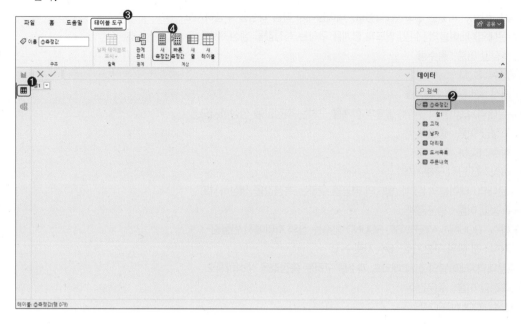

② 수식 입력줄에 총수량=SUM('주문내역'[수량])을 입력하고 Enter 를 누른다. [측정 도구]-[서식] 그룹에서 천 단위 구분 기호(9)를 클릭한다.

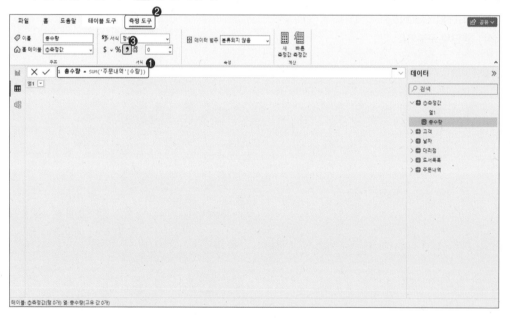

> **기적의 Tip** **수식 설명**
>
> =SUM('주문내역'[수량]) : 〈주문내역〉 테이블의 [수량] 필드의 합계를 반환한다.

③ [측정 도구]–[계산] 그룹의 [새 측정값]을 클릭한다. 수식 입력줄에 총금액=SUM('주문내역'[금액])를 입력하고 **Enter**를 누른다. [측정 도구]–[서식] 그룹에서 천 단위 구분 기호(**,**)를 클릭한다.

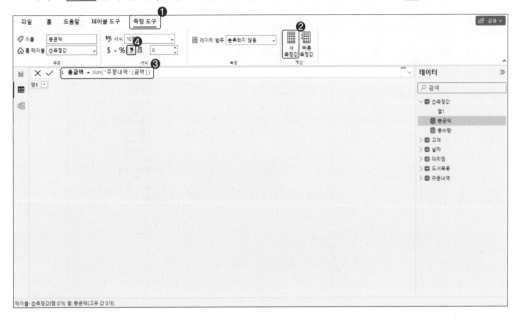

=SUM('주문내역'[금액]) : 〈주문내역〉 테이블의 [금액] 필드의 합계를 반환한다.

④ [측정 도구]–[계산] 그룹의 [새 측정값]을 클릭한다. 수식 입력줄에 평균금액=ROUND(AVERAGE('주문내역'[금액]),-2)를 입력하고 **Enter**를 누른다. [측정 도구]–[서식] 그룹에서 천 단위 구분 기호(**,**)를 클릭하고, 소수 자릿수(0)를 0으로 입력한다.

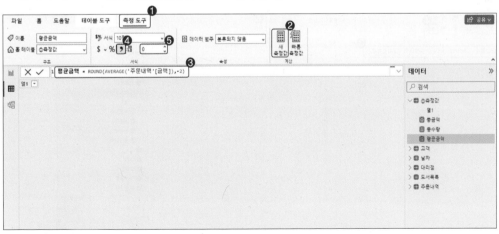

(1) =AVERAGE('주문내역'[금액]) : 〈주문내역〉 테이블의 [금액] 필드의 평균을 반환한다.

(2) =ROUND((1),-2) : (1)의 값을 십의 자리에서 반올림하여 백의 자리까지 표시한다.

⑤ [측정 도구]–[계산] 그룹의 [새 측정값]을 클릭한다. 수식 입력줄에 주문건수=COUNTROWS('주문내역')를 입력하고 Enter 를 누른다. [측정 도구]–[서식] 그룹에서 천 단위 구분 기호(，)를 클릭한다.

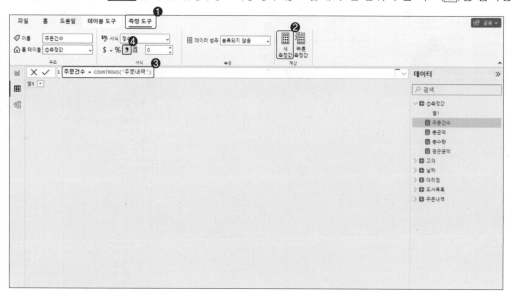

⑥ [측정 도구]–[계산] 그룹의 [새 측정값]을 클릭한다. 수식 입력줄에 대리점수=DISTINCTCOUNT('주문내역'[대리점코드])를 입력하고 Enter 를 누른다. [측정 도구]–[서식] 그룹에서 천 단위 구분 기호(，)를 클릭한다.

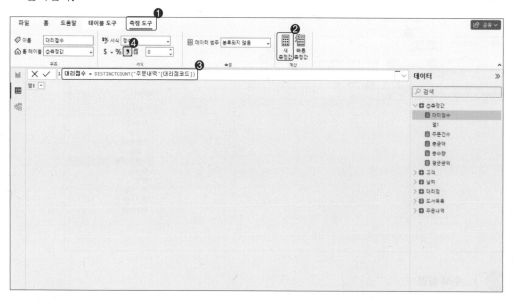

⑦ 보고서 보기(📊)를 클릭한다. 1페이지에서 [시각화] 창의 테이블(▦)을 추가한다. 시각적 개체 빌드의 [열]에 〈날짜〉 테이블의 [연도] 필드 추가, 〈◎측정값〉 테이블의 '총수량', '총금액', '평균금액', '주문건수', '대리점수' 측정값을 추가한다.

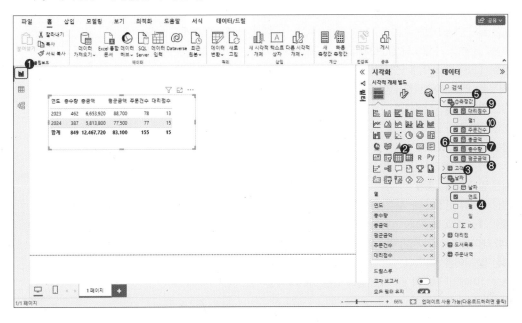

기적의 Tip

테이블에 숫자형 필드를 추가하면 합계로 요약된다. 데이터 값을 그대로 표시할 경우 [열]의 필드에서 마우스 오른쪽 버튼을 클릭하여 '요약 안 함'을 적용한다.

'출제유형2.pbix' 파일을 열고 지시사항에 따라 다음 과정을 수행하시오.

▶ 〈도서목록〉 테이블에서 [분류코드] 필드를 사용하여 새로운 분류코드 필드를 추가하시오.

　– 계산 필드 이름 : 신분류코드

　– 계산 : [분류코드] 필드의 영문(3자리)과 숫자(2자리) 데이터 사이에 하이픈(-) 표시

　– 함수 : LEFT, RIGHT, & 연산자

▶ 〈도서목록〉 테이블에서 [분류명] 필드를 사용하여 새로운 분류명 필드를 추가하시오.

　– 계산 필드 이름 : 신분류명

　– 계산 : [분류명] 필드의 'IT'를 '컴퓨터'로 변경

　– 함수 : SUBSTITUTE

▶ 〈도서목록〉 테이블에서 [분류명] 필드의 값을 수험서와 일반으로 구분하는 필드를 추가하시오.

　– 계산 필드 이름 : 종류

　– 계산 : [분류명] 필드에 '자격증'을 포함하면 '수험서', 나머지는 '일반'으로 표시

　– 함수 : IF, FIND, BLANK

▶ 〈고객〉 테이블에서 [이메일] 필드를 사용해 아이디를 표시하는 필드를 추가하시오.

　– 계산 필드 이름 : 아이디

　– 계산 : [이메일] 필드의 '@' 기호 앞에 있는 아이디 추출

　– 함수 : LEFT, SEARCH

① 테이블 뷰(▦)에서 〈도서목록〉 테이블을 선택한다. [테이블 도구]–[계산] 그룹의 [새 열]을 클릭한다.

② 수식 입력줄에 신분류코드=LEFT([분류코드],3) &"-"&RIGHT([분류코드],2)를 입력하고 [Enter]를 누른다.

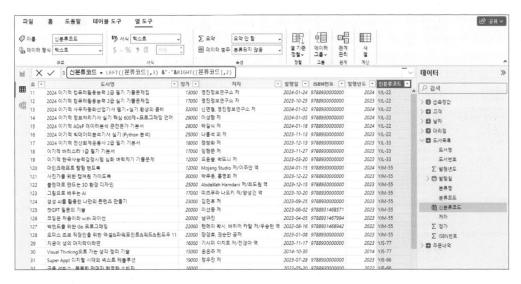

기적의 Tip 수식 설명

(1) LEFT([분류코드],3) : [분류코드] 필드에서 왼쪽 3글자 추출한다.

(2) RIGHT([분류코드],2) : [분류코드] 필드에서 오른쪽 2글자 추출한다.

(1)&"-"&(2) : (1)-(2) 형식으로 데이터를 표시한다.

③ [열 도구]-[계산] 그룹의 [새 열]을 클릭한다. 수식 입력줄에 신분류명=SUBSTITUTE([분류명], "IT","컴퓨터")를 입력하고 [Enter]를 누른다.

기적의 Tip 수식 설명

=SUBSTITUTE([분류명],"IT","컴퓨터") : '분류명' 필드에서 'IT' 값을 찾아 '컴퓨터'로 바꾼다.

④ [열 도구]–[계산] 그룹의 [새 열]을 클릭한다. 수식 입력줄에 종류=IF(FIND("자격증",[분류명],1, BLANK()),"수험서","일반")를 입력하고 Enter 를 누른다.

⑤ 〈고객〉 테이블에서 [테이블 도구]–[계산] 그룹의 [새 열]을 클릭한다.

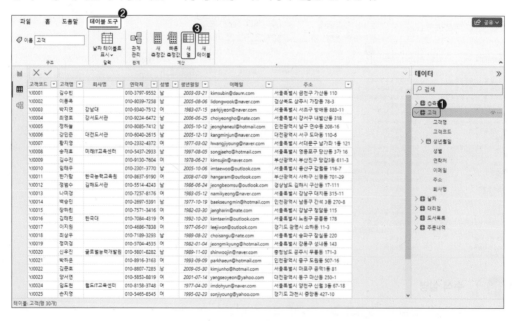

⑥ 수식 입력줄에 아이디=LEFT([이메일],SEARCH("@",[이메일],1)−1)을 입력하고 Enter 를 누른다.

> **기적의 Tip** 　**수식 설명**
>
> (1) SEARCH("@",[이메일],1) : [이메일] 필드에서 왼쪽부터 검색하여 '@'가 처음으로 발견된 위치를 반환한다. (대소문자 구분 안함)
>
> (2) LEFT([이메일],(1)−1) : [이메일] 필드에서 첫 번째부터 시작하여 (1)−1을 한 문자수만큼 추출한다.

출제유형 ❸　**조건 판단/필터 함수 활용**

'출제유형3.pbix' 파일을 열고 지시사항에 따라 다음 과정을 수행하시오.

▶ 〈대리점〉 테이블에 지역을 수도권과 지방권으로 구분하는 필드를 추가하시오.
- 계산 필드 이름 : 권역명
- 계산 : 〈담당자〉 테이블에 [대리점명] 필드 값이 '서울', '인천', '경기'이면 '수도권', 그 외는 '지방권'으로 표시
- 함수 : IF 함수, || 연산자

▶ 〈◎측정값〉 테이블에 '총수량' 측정값의 범위에 따라 구간을 반환하는 측정값을 생성하시오.
- 계산 필드 이름 : 수량구간
- 계산 : '총수량' 범위가 0이상이고 100미만이면 '100미만', 100이상이고 200미만이면 '200미만', 200이상이고 300미만이면 '300미만', 그 외는 '300이상'으로 반환
- 함수 : SWITCH, TRUE, && 연산자

▶ 〈◎측정값〉 테이블에 〈주문내역〉 테이블의 데이터가 증정본이 아닌 금액의 합계를 반환하는 측정값을 생성하시오.
- 계산 필드 이름 : 순금액
- 계산 : 〈주문내역〉 테이블의 [증정여부] 필드가 "O"이 아닌 [금액] 필드의 합계 반환
- 함수 : CALCULATE, SUM, ISBLANK
- 서식 : 천 단위 구분 기호

▶ 〈◎측정값〉 테이블에 총금액과 순금액의 차액을 반환하는 측정값을 생성하시오.
- 계산 필드 이름 : 금액차이
- 계산 : 총금액과 순금액의 차이 반환
- 서식 : 천 단위 구분 기호

① 테이블 뷰(▦)에서 〈대리점〉 테이블을 선택한다. [테이블 도구]-[계산] 그룹의 [새 열]을 클릭한다.

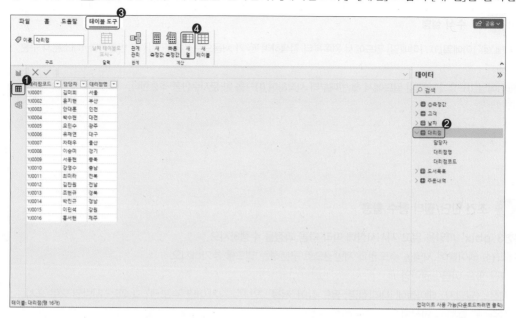

② 수식 입력줄에 권역명=IF([대리점명]="서울" || [대리점명]="인천" || [대리점명]="경기", "수도권", "지방권")을 입력하고 Enter 를 누른다.

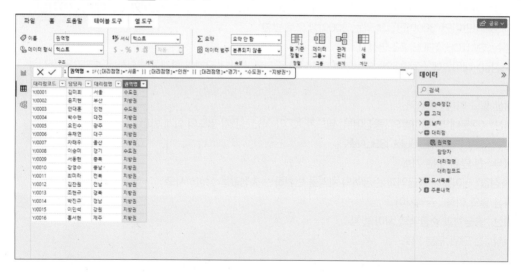

③ 〈@측정값〉 테이블에서 [테이블 도구]–[계산] 그룹의 [새 측정값]을 클릭한다.

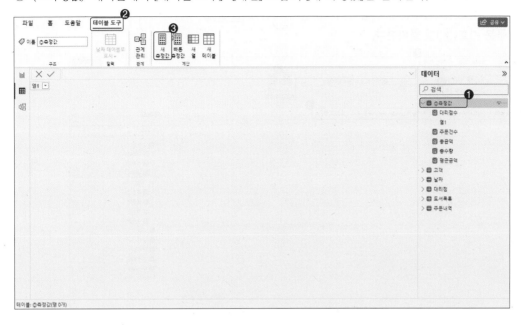

③ 수식 입력줄에 수량구간=SWITCH(TRUE(),[총수량]〉=0&&[총수량]〈100,"100미만",[총수량]〉=100&&
  [총수량]〈200,"200미만",[총수량]〉=200&&[총수량]〈300,"300미만","300이상")을 입력하고 [Enter]를
  누른다.

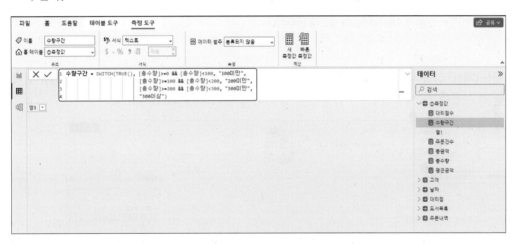

 수식 설명

(1) TRUE() : 조건식이 TRUE인지 판단한다.

(2) =SWITCH((1),[총수량]〉=0&&[총수량]〈100,"10미만",[총수량]〉=100&&[총수량]〈200,"200미만",[총수량]〉=200&&[총수
  량]〈300,"300미만","300이상") : 총수량이 0이상 100미만은 '100미만'. 총수량이 100이상 200미만은 '200미만', 총수량
  이 200이상 300미만은 '300미만', 그 외는 '300이상' 반환한다.

기적의 Tip

[Shift]+[Enter] : 수식 줄 바꿈

⑤ [측정 도구]–[계산] 그룹의 [새 측정값]을 클릭한다. 수식 입력줄에 순금액=CALCULATE(SUM('주문
내역'[금액]),ISBLANK('주문내역'[증정여부]))를 입력하고 **Enter**를 누른다. [측정 도구]–[서식] 그룹의
천 단위 구분 기호(**'**)를 클릭한다.

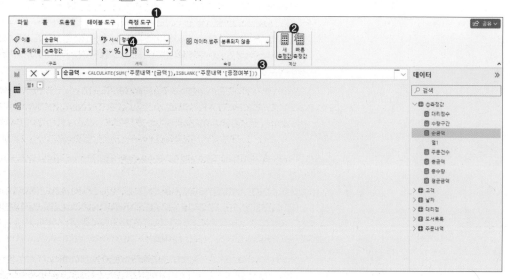

⑥ [측정 도구]–[계산] 그룹의 [새 측정값]을 클릭한다. 수식 입력줄에 금액차이=[총금액]-[순금액]을 입력
하고 **Enter**를 누른다. [측정 도구]–[서식] 그룹의 천 단위 구분 기호(**'**)를 클릭한다.

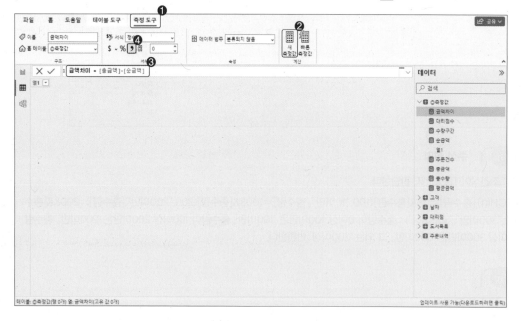

⑦ 보고서 보기(📊)를 클릭한다. 1페이지에서 [시각화] 창의 '테이블(▦)'을 추가한다. [시각적 개체 빌드]의 [열]에 〈도서목록〉 테이블의 [분류명] 필드 추가, 〈◎측정값〉 테이블의 '총수량', '수량구간' 측정값을 추가한다.

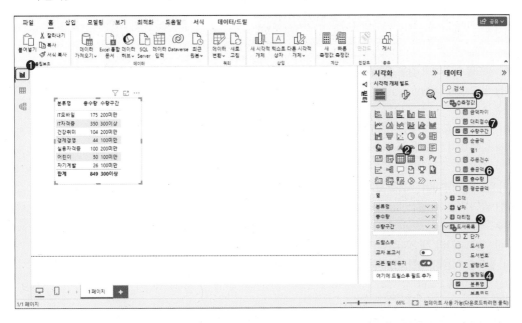

⑧ 페이지의 빈 영역을 클릭한 후 [시각화] 창의 '테이블(▦)'을 추가한다. [시각적 개체 빌드]의 [열]에 〈도서목록〉 테이블의 [분류명] 필드 추가, 〈◎측정값〉 테이블의 '총금액', '순금액', '금액차이' 측정값을 추가한다.

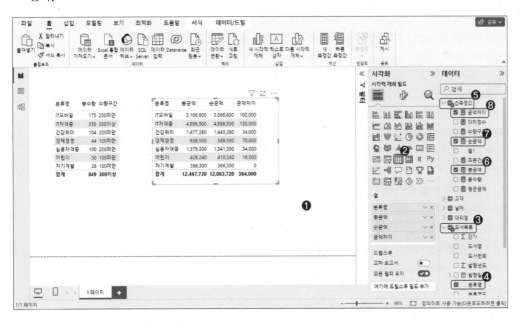

'출제유형4.pbix' 파일을 열고 〈날짜〉 테이블에서 다음 과정을 수행하시오.

▶ [날짜] 필드를 이용하여 연도를 표시하는 필드를 추가하시오.

   – 계산 필드 이름 : 연도(int)

   – 함수 : Year

▶ [날짜] 필드를 이용하여 월을 표시하는 필드를 추가하시오.

   – 계산 필드 이름 : 월(int)

   – 함수 : Month

▶ [날짜] 필드를 이용하여 일을 표시하는 필드를 추가하시오.

   – 계산 필드 이름 : 일(int)

   – 함수 : DAY

▶ [날짜] 필드를 이용하여 연월을 표시하는 필드를 추가하시오.

   – 계산 필드 이름 : 연월

   – 함수 : FORMAT

   – 서식 : 연도 4자리, 월 2자리(결과 → 2024–01)

▶ [날짜] 필드를 이용하여 한글요일을 표시하는 필드를 추가하시오.

   – 계산 필드 이름 : 요일

   – 함수 : FORMAT

   – 서식 : 요일 표시(월, 화, 수, 목, 금, 토, 일)

▶ [날짜] 필드를 이용하여 요일을 숫자로 표시하는 필드를 추가하시오.

   – 계산 필드 이름 : 요일NO

   – 함수 : WEEKDAY

   – 월요일을 1, 일요일을 7로 반환

▶ 〈공휴일〉 테이블을 사용하여 〈날짜〉 테이블에 휴일 정보를 표시하는 필드를 추가하시오.

   – 계산 필드 이름 : 구분

   – 계산 : 〈날짜〉 테이블의 [날짜] 필드에 〈공휴일〉 테이블의 [일자] 필드의 데이터를 포함하면 '공휴일'로 표시
[날짜] 필드 데이터가 '토', '일'은 '주말', 그 외는 '평일'로 표시

   – 함수 : IF, NOT, ISBLANK, RELATED, WEEKDAY, || 연산자

   – WEEKDAY 함수는 일요일 1, 토요일 7로 반환

▶ [날짜] 필드를 이용하여 '1주차'와 같이 표현하는 필드를 추가하시오.

   – 계산 필드 이름 : 주

   – 계산 : 시스템의 주를 표시하는 열로 1월 1일이 포함된 주를 1로 표현

   – 함수 : WEEKNUM, & 연산자

▶ [날짜] 필드를 이용하여 월의 시작 일자를 표시하는 필드를 추가하시오.

   – 계산 필드 이름 : 월시작일

   – 함수 : DATE, YEAR, MONTH

   – 서식 : 간단한 날짜(*2001–03–14(Short Date))

▶ [날짜] 필드를 이용하여 월의 마지막 일자를 표시하는 필드를 추가하시오.

   – 계산 필드 이름 : 월종료일

   – 함수 : DATE, YEAR, MONTH

   – 서식 : 간단한 날짜(*2001–03–14(Short Date))

① 테이블 뷰(▦)에서 〈날짜〉 테이블을 선택한다. [테이블 도구]-[계산] 그룹의 [새 열]을 클릭한다.

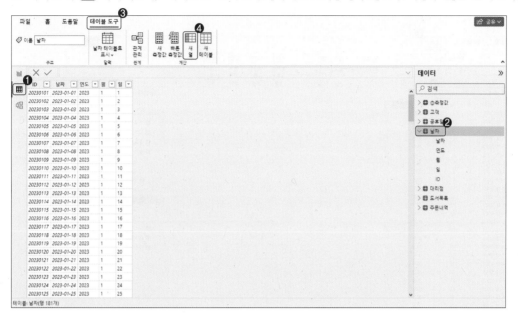

② 수식 입력줄에 연도(int)=YEAR([날짜])를 입력하고 [Enter]를 누른다.

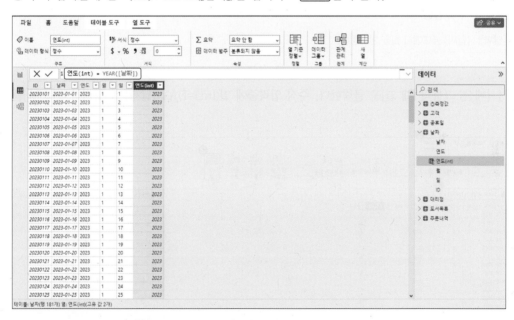

기적의 Tip   수식 설명

=YEAR([날짜]) : [날짜] 필드에서 연도를 반환한다.

③ [열 도구]–[계산] 그룹의 [새 열]을 클릭한다. 수식 입력줄에 월(int)=MONTH([날짜])를 입력하고 Enter를 누른다.

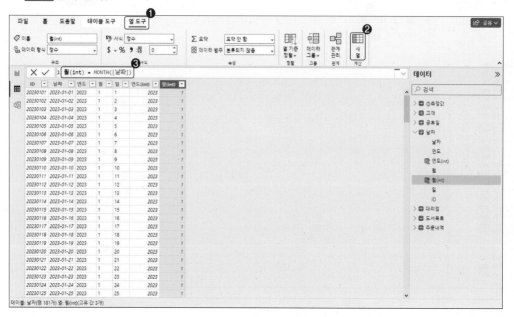

기적의 Tip 수식 설명

=MONTH([날짜]) : [날짜] 필드에서 월을 반환한다.

④ [열 도구]–[계산] 그룹의 [새 열]을 클릭한다. 수식 입력줄에 일(int)=DAY([날짜])를 입력하고 Enter를 누른다.

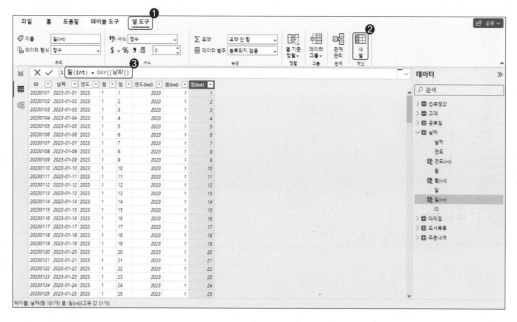

기적의 Tip 수식 설명

=DAY([날짜]) : [날짜] 필드에서 일을 반환한다.

⑤ [열 도구]–[계산] 그룹의 [새 열]을 클릭한다. 수식 입력줄에 연월=FORMAT([날짜], "yyyy-mm")를 입력하고 Enter 를 누른다.

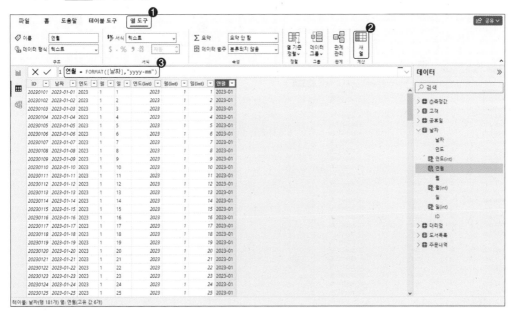

> **기적의 Tip** 수식 설명
>
> =FORMAT([날짜], "yyyy-mm") : [날짜] 필드에서 연도(4자리)–월(2자리)을 반환한다.

⑥ [열 도구]–[계산] 그룹의 [새 열]을 클릭한다. 수식 입력줄에 요일=FORMAT([날짜],"aaa")를 입력하고 Enter 를 누른다.

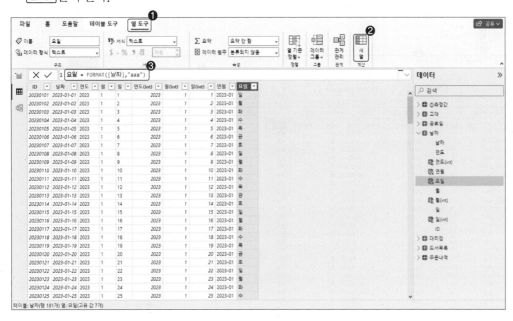

> **기적의 Tip** 수식 설명
>
> =FORMAT([날짜],"aaa") : [날짜] 필드에서 한글요일을 '월', '화'..'일'로 반환한다.

⑦ [열 도구]-[계산] 그룹의 [새 열]을 클릭한다. 수식 입력줄에 요일NO=WEEKDAY([날짜],2)를 입력하고 **Enter** 를 누른다.

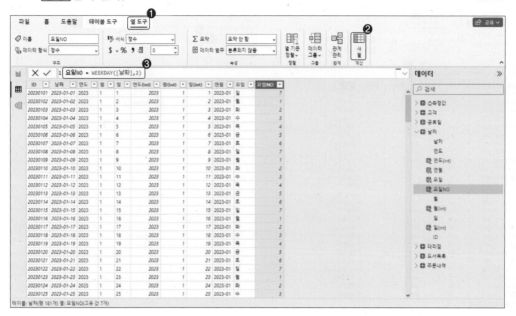

> **기적의 Tip**   **수식 설명**
>
> =WEEKDAY([날짜],2) : [날짜] 필드 값이 월요일은 1, 화요일 2, 수요일 3, 목요일 4, 금요일 5, 토요일 6, 일요일은 7을 반환한다.

⑧ [열 도구]-[계산] 그룹의 [새 열]을 클릭한다. 수식 입력줄에 구분=IF(NOT ISBLANK(RELATED('공휴일'[일자])),"공휴일", IF(WEEKDAY([날짜])=1 || WEEKDAY([날짜])=7,"주말","평일"))를 입력하고 **Enter** 를 누른다.

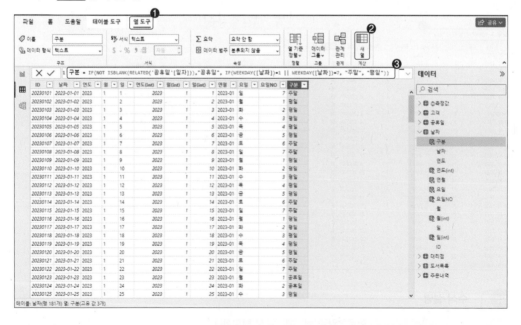

(1) NOT ISBLANK(RELATED('공휴일'[일자])) : 관계 설정된 〈공휴일〉 테이블의 [일자] 필드 값을 가져와 공백이 아닌지 검사

(2) WEEKDAY([날짜])=1 || WEEKDAY([날짜])=7 : [날짜] 필드 값이 1(일요일) 또는 7(토요일)인지 검사

(3) =IF((1), "공휴일", IF((2), "주말", "평일")) : 조건(1)이 TRUE면 '공휴일' 표시, 조건(2)가 TRUE면 '주말', 그 외는 '평일'을 반
    환한다.

WEEKDAY([날짜], 〈반환값〉)

– 〈반환값〉을 생략(또는 1)하면 일요일(1) 부터 시작해 토요일(7)로 끝

– 〈반환값〉을 2로 사용하면 월요일(1) 부터 시작해 일요일(7)로 끝

⑨ [열 도구]−[계산] 그룹의 [새 열]을 클릭한다. 수식 입력줄에 주=WEEKNUM([날짜])&"주차"를 입력하
고 Enter 를 누른다.

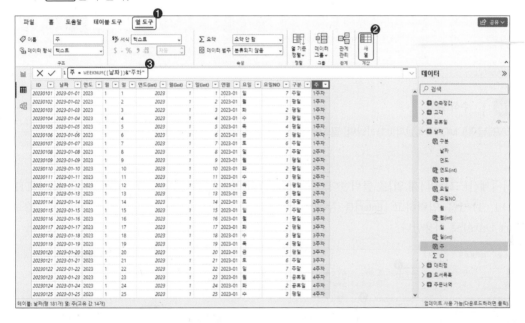

(1) WEEKNUM([날짜]) : [날짜] 필드 값의 주를 반환한다.

(2) =(1) &"주차" : 수식 결과에 "주차"를 연결하여 '1주차'와 같이 반환한다.

⑩ [열 도구]-[계산] 그룹의 [새 열]을 클릭한다. 수식 입력줄에 월시작일 = DATE(YEAR([날짜]), MONTH ([날짜]), 1)를 입력하고 [Enter]를 누른다. [열 도구]-[서식] 그룹에서 [서식]을 '*2001-03-14(Short Date)'로 적용한다.

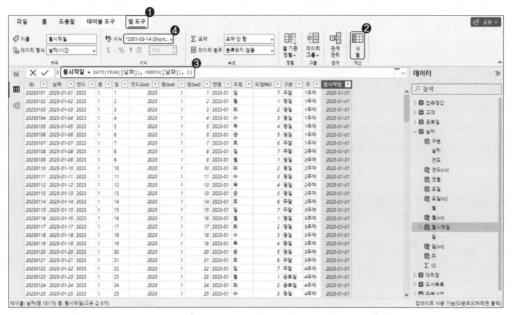

기적의 Tip 수식 설명

=DATE(YEAR([날짜]), MONTH([날짜]), 1) : [날짜] 필드에서 '년', '월', '1'을 반환하고 날짜 형식으로 변환한다.

⑪ [열 도구]-[계산] 그룹의 [새 열]을 클릭한다. 수식 입력줄에 월종료일 = DATE(YEAR([날짜]), MONTH ([날짜])+1, 1)-1을 입력하고 [Enter]를 누른다. [열 도구]-[서식] 그룹에서 [서식]을 '*2001-03-14(Short Date)'로 적용한다.

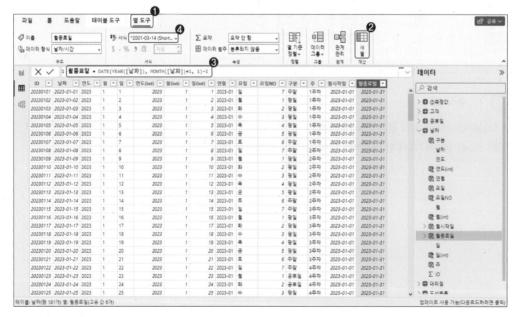

기적의 Tip 수식 설명

=DATE(YEAR([날짜]), MONTH([날짜])+1, 1)-1 : [날짜] 필드에서 '연도', '월+1', '1'을 반환하고 날짜 형식으로 변환 후 -1을 하여 월종료일을 반환한다.

더 알기 Tip FORMAT 함수

FORMAT(⟨value⟩, ⟨format-string⟩[, ⟨locale_name⟩])

인수	설명
⟨value⟩	단일 값으로 계산되는 값 또는 식
⟨format_string⟩	서식 지정 코드
⟨locale_name⟩	(선택 사항) 함수에서 사용할 로컬 이름

더 알기 Tip 사용자 지정 날짜 서식 문자

서식 문자	설명
yy	연도 2자리 표시(00~99)
yyyy	연도 4자리 표시(0000~9999)
m	월 표시(1~12)
mm	월 2자리 표시(01~12)
mmm	간단한 영문 월 표시(Jan~Dec)
mmmm	전체 영문 월 표시(January~December)
q	분기 표시(1~4)
d	일 표시(1~31)
dd	일 2자리 표시(01~31)
ddd	간단한 영문 요일 표시(Sun~Sat)
dddd	전체 영문 요일 표시(Sunday~Saturday)
aaa	한글 요일 표시(일~토)

더 알기 Tip 사용자 지정 숫자 서식 문자

서식 문자	설명
0	숫자 서식 문자로 숫자나 0을 표시(000)
#	숫자 서식 문자로 숫자나 공백으로 표시(#)
.	소수 자리 표시(0.0)
%	백분율 표시(0.0%)
,	천 단위 구분 기호(#,##0)
"원"	문자열을 큰따옴표(" ")로 묶어서 표시(#,##0"원")

'**출제유형5.pbix**' 파일을 열고 지시사항에 따라 다음 과정을 수행하시오.

▶ 〈사원〉 테이블에 [주민등록번호] 필드를 사용하여 생년월일 필드를 추가하시오.

– 계산 필드 이름 : 생년월일

– 계산 : 주민등록번호 앞 6자리를 년–월–일 형식으로 표시

– 함수 : IF, MID, DATE

– 서식 : 간단한 날짜(*2001–03–14(Short Date))

▶ 〈사원〉 테이블에서 [입사일자] 필드를 사용하여 근무기간 필드를 추가하시오.

– 계산 필드 이름 : 근무기간

– 계산 : 입사일자부터 현재 날짜까지의 경과된 연도와 개월 수 표현

– 함수 : DATEDIFF, TODAY, MOD, & 연산자

– 결과 : '13년 1개월'과 같이 표시

▶ '2024–01–01' 부터 '2024–01–31' 까지 연속되는 DATE 열을 포함하는 날짜 테이블을 추가하시오.

– 계산 테이블 이름 : DimDate

– 시작일 '2000–01–01' 부터 종료일 '2023–12–31' 사이의 [Date], [연도], [월] 필드 반환

– 함수 : ADDCOLUMNS, CALENDAR, DATE, YEAR, MONTH

– [DATE] 필드 : 간단한 날짜(*2001–03–14(Short Date))

– 〈사원〉 테이블의 [입사일자] 필드와 〈DimDate〉 테이블의 [Date] 필드를 관계 설정하고 관계 종류 '일대일 (1:1)', 크로스필터 '모두'로 설정하시오.

① 테이블 뷰(▦)에서 〈사원〉 테이블을 선택한다. [테이블 도구]–[계산] 그룹의 [새 열]을 클릭한다.

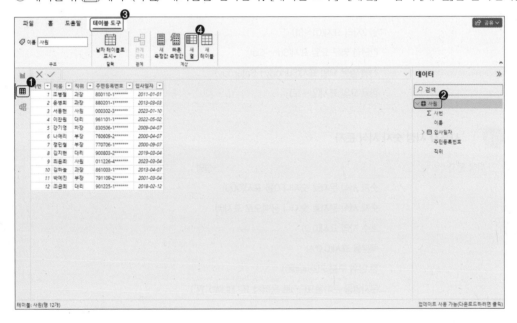

② 수식 입력줄에 생년월일=IF(MID([주민등록번호],8,1)<="2",Date(1900+MID([주민등록번호],1,2),
MID([주민등록번호],3,2),MID([주민등록번호],5,2)),IF(MID([주민등록번호],8,1)<="4",Date(2000+
MID([주민등록번호],1,2),MID([주민등록번호],3,2),MID([주민등록번호],5,2)),BLANK()))를 입력하고
Enter를 누른다. [열 도구]–[서식] 그룹에서 [서식]을 '*2001–03–14(Short Date)'로 설정한다.

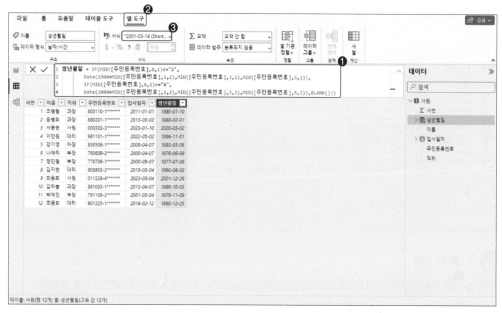

기적의 Tip 수식 설명

(1) MID([주민등록번호],8,1)<="2" : 주민등록번호에서 8번째 위치에서 1글자를 추출하여 2 이하인지 판단한다.

(2) 1900+MID([주민등록번호],1,2) : 1900에 주민등록번호에서 1번째 위치에서 2글자를 추출하여 더한다.

(3) MID([주민등록번호],3,2) : 주민등록번호에서 3번째 위치에서 2글자를 추출한다.

(4) MID([주민등록번호],5,2) : 주민등록번호에서 5번째 위치에서 2글자를 추출한다.

(5) MID([주민등록번호],8,1)<="4" : 주민등록번호에서 8번째 위치에서 1글자를 추출하여 4 이하인지 판단한다.

(6) 2000+MID([주민등록번호],1,2) : 2000에 주민등록번호에서 1번째 위치에서 2글자를 추출하여 더한다.

(7) =IF((1),DATE((2),(3),(4)),IF((5),DATE((6),(3),(4)),BLANK())) : 조건 (1)이 TRUE이면 (2),(3),(4)를 날짜 형식으로 반환, 조건(5)
가 TRUE이면 (6),(3),(4)를 날짜 형식으로 반환하고 그 외는 BLANK로 처리한다.

③ [열 도구]–[계산] 그룹의 [새 열]을 클릭한다. 수식 입력줄에 근속기간=DATEDIFF([입사일자],DATE (2024,03,14),YEAR)&"년 "&MOD(DATEDIFF([입사일자],DATE(2024,03,14),MONTH),12)&"개 월"를 입력하고 Enter 를 누른다.

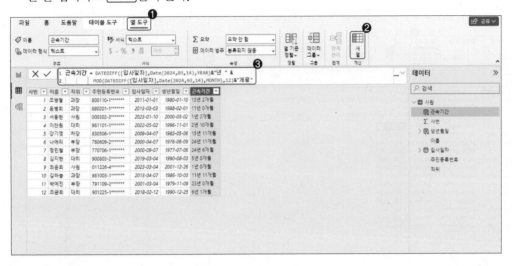

기적의 Tip **수식 설명**

(1) DATEDIFF([입사일자],DATE(2024,03,14),YEAR) : 입사일자와 기준일(2024-03-14) 사이의 경과된 년 수를 반환한다.

(2) MOD((1),12) : (1)의 값을 12로 나눈 나머지를 반환한다.

(3) =(1)&"년 "&(2)&"개월" : 결과를 (1)년 (2)개월로 표시한다.

④ [열 도구]–[계산] 그룹의 [새 테이블]을 클릭한다. 수식 입력줄에 DimDate=ADDCOLUMNS (CALENDAR(DATE(2000,01,01),DATE(2023,12,31)),"연도",YEAR([DATE]),"월",MONTH ([DATE]))를 입력하고 Enter 를 누른다. [DATE] 필드에 [열 도구]–[서식] 그룹에서 [서식]의 '*2004-03-14 (Short Date)'를 설정한다.

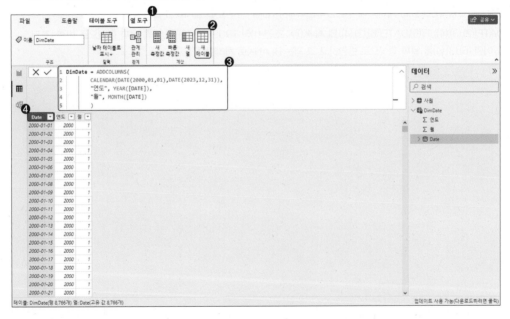

기적의 Tip 수식 설명

(1) CALENDAR(DATE(2020,01,01),DATE(2023,12,31)) : 2000-01-01~2023-12-31 사이의 [DATE] 필드를 반환한다.

(2) YEAR([DATE]) : [DATE] 필드에서 연도를 추출한다.

(3) MONTH([DATE]) : [DATE] 필드에서 월을 추출한다.

(4) =ADDCOULMNS((1), "연도", (2), "월", (3)) : (1) 테이블에 열 머리글 '연도'에 (2)값, 열 머리글 '월'에 (3)값을 추가한다.

기적의 Tip

수식을 이용해 테이블 작성할 때는 [테이블 도구]-[계산] 그룹에서 [새 테이블]을 클릭한다.

기적의 Tip

〈DimDate〉 테이블의 ['Date'] 필드는 〈사원〉 테이블의 ['입사일자'] 필드의 최소값과 최대값 범위로 다음과 같이 작성할 수 있다.

DimDate=ADDCOLUMNS(

CALENDAR(MIN('사원'[입사일자]),MAX('사원'[입사일자])),

"연도",YEAR([Date]),"월",MONTH([Date]))

⑤ 모델 보기(圖)에서 〈사원〉 테이블의 [입사일자] 필드와 〈DimDate〉 테이블의 [DATE] 필드를 관계 설
   정한다. 관계 종류는 '일대일(1:1)', 크로스필터는 '모두'로 설정된다.

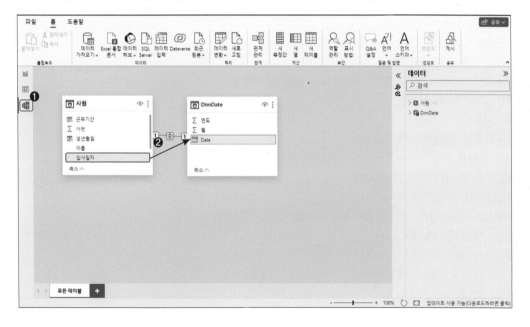

'출제유형6.pbix' 파일을 열고 〈◎측정값〉 테이블에서 다음 과정을 수행하시오.

▶ 수도권의 금액 합계를 반환하는 측정값을 생성하시오.
  – 측정값 이름 : 수도권매출
  – 활용 필드 : 〈대리점〉 테이블의 [권역명] 필드
  – 함수 : CALCULATE, SUM
  – 계산 : 권역명이 '수도권'인 금액의 합계
  – 서식 : 천 단위 구분 기호

▶ 지방권의 금액 합계를 반환하는 측정값을 생성하시오.
  – 측정값 이름 : 지방권매출
  – 활용 필드 : 〈대리점〉 테이블의 [권역명] 필드
  – 함수 : CALCULATE, SUM
  – 계산 : 권역명이 '지방권'인 금액의 합계
  – 서식 : 천 단위 구분 기호

▶ 수도권매출의 비율을 반환하는 측정값을 생성하시오.
  – 측정값 이름 : 수도권구성비
  – 활용 필드 : 〈◎측정값〉 테이블의 [수도권매출], [총금액] 측정값
  – 계산 : 수도권매출/총금액
  – 함수 : DIVIDE
  – 나누기 결과가 오류인 경우 0값 반환
  – 서식 : 백분율, 소수 자릿수 '2'

▶ 지방권매출의 비율을 반환하는 측정값을 생성하시오.
  – 측정값 이름 : 지방권구성비
  – 활용 필드 : 〈◎측정값〉 테이블의 [지방권매출], [총금액] 측정값
  – 계산 : 지방권매출/총금액
  – 함수 : DIVIDE
  – 나누기 결과가 오류인 경우 0값 반환
  – 서식 : 백분율, 소수 자릿수 '2'

▶ 비율을 반환하는 측정값을 추가하시오.
  – 측정값 이름 : 비율
  – 활용 필드 : 〈주문내역〉 테이블, 〈◎측정값〉 테이블의 [총금액] 측정값
  – 계산 : 총금액/전체총금액
  – 함수 : DIVIDE, CALCULATE, ALLSELECTED
  – 나누기 결과가 오류인 경우 0값 반환
  – 서식 : 백분율, 소수 자릿수 '2'

① 테이블 뷰(▦)에서 〈◎측정값〉 테이블을 선택한다. [테이블 도구]-[계산] 그룹의 [새 측정값]을 클릭한다.

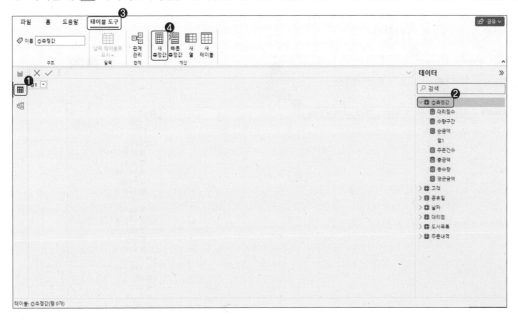

② 수식 입력줄에 수도권매출=CALCULATE(SUM('주문내역'[금액]),'대리점'[권역명]="수도권")을 입력하고 Enter 를 누른다. [측정 도구]-[서식] 그룹에서 천 단위 구분 기호(⑨)를 클릭한다.

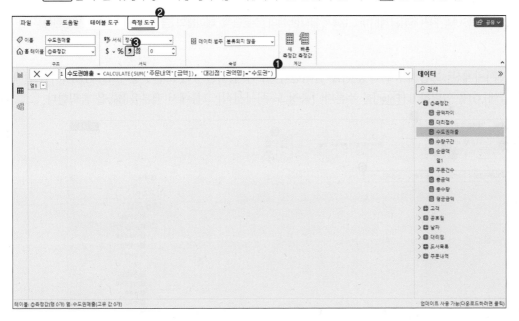

> **기적의 Tip**   **수식 설명**
>
> (1) '대리점'[권역명]="수도권" : 〈대리점〉 테이블의 [권역명] 필드에서 '수도권'을 필터한다.
>
> (2) =CALCULATE(SUM('주문내역'[금액]),(1)) : (1)에서 필터한 행의 〈주문금액〉 테이블의 [금액] 필드의 합계를 반환한다.

③ [측정 도구]-[계산] 그룹의 [새 측정값]을 클릭한다. 수식 입력줄에 지방권매출=CALCULATE(SUM ('주문내역'[금액]),'대리점'[권역명]="지방권")을 입력하고 Enter 를 누른다. [측정 도구]-[서식] 그룹에서 천 단위 구분 기호(,)를 클릭한다.

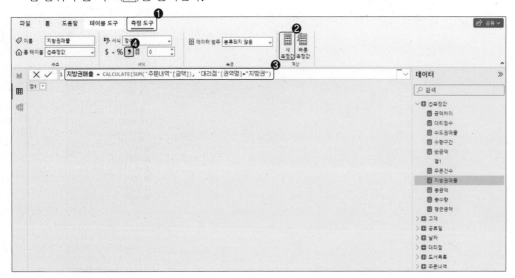

기적의 Tip   수식 설명

(1) '대리점'[권역명]="지방권" : 〈대리점〉 테이블의 [권역명] 필드에서 '지방권'을 필터한다.

(2) =CALCULATE(SUM('주문내역'[금액]),(1)) : (1)에서 필터한 행의 〈주문금액〉 테이블의 [금액] 필드의 합계를 반환한다.

④ [측정 도구]-[계산] 그룹의 [새 측정값]을 클릭한다. 수식 입력줄에 수도권구성비=DIVIDE([수도권매출],[총금액],0)을 입력하고 Enter 를 누른다. [측정 도구]-[서식] 그룹에서 백분율(%)을 클릭한다.

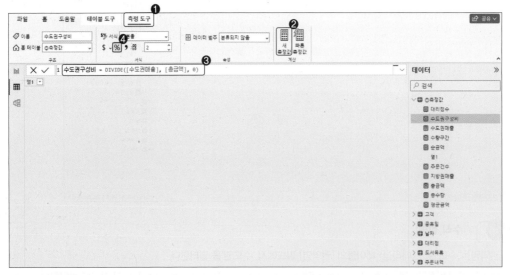

기적의 Tip   수식 설명

=DIVIDE([수도권매출],[총금액],0) : 수도권매출을 총금액으로 나눈 값을 반환한다.

⑤ [측정 도구]-[계산] 그룹의 [새 측정값]을 클릭한다. 수식 입력줄에 지방권구성비 = DIVIDE([지방권매출], [총금액], 0)을 입력하고 Enter를 누른다. [측정 도구]-[서식] 그룹에서 백분율(%)을 클릭한다.

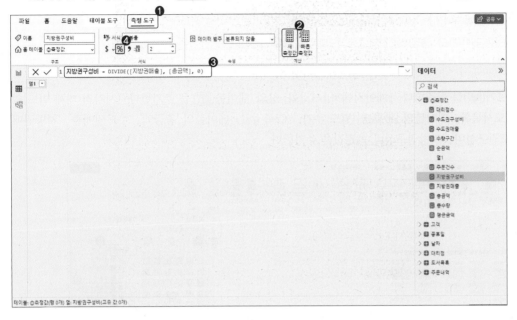

기적의 Tip **수식 설명**

=DIVIDE([지방권매출], [총금액], 0) : 지방권매출을 총금액으로 나눈 값을 반환한다.

⑥ [측정 도구]-[계산] 그룹의 [새 측정값]을 클릭하고 수식 입력줄에 비율=DIVIDE([총금액], CALCULATE([총금액],ALLSELECTED('주문내역')),0)을 입력하고 Enter를 누른다. [측정 도구]-[서식] 그룹에서 백분율(%)을 클릭한다.

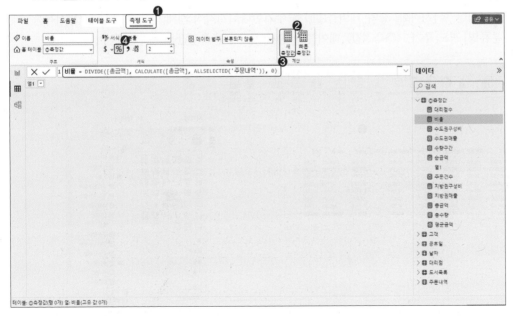

⑦ 보고서 보기(📊)를 클릭한다. 1페이지에서 [시각화] 창의 '테이블(▦)'을 추가한다. [시각적 개체 빌드]의
   [열]에 〈도서목록〉 테이블의 [분류명] 필드 추가, 〈◎측정값〉 테이블의 '총금액', '수도권매출', '지방권매
   출', '수도권구성비', '지방권구성비' 측정값을 추가한다.

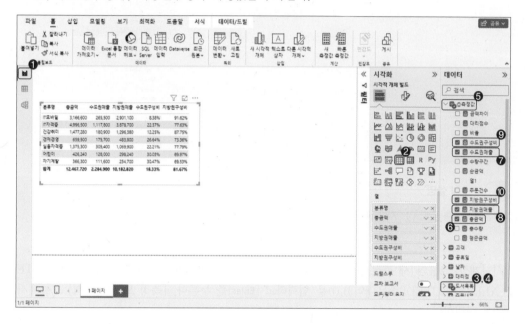

⑧ 빈 영역을 클릭한 후 [시각화] 창의 '테이블(▦)'을 추가한다. [시각적 개체 빌드]의 [열]에 〈도서목록〉 테
   이블의 [분류명] 필드 추가, 〈◎측정값〉 테이블의 '총금액', '비율' 측정값을 추가한다.

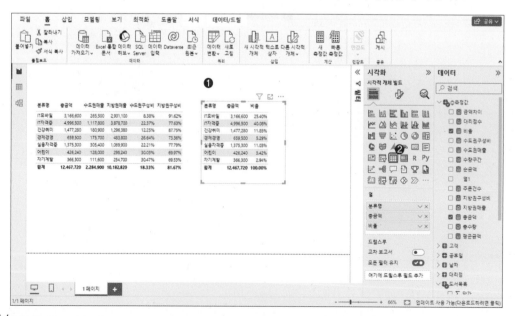

출제유형 ❼ **시간인텔리전스 함수 활용**

'출제유형7.pbix' 파일을 열고 〈◎측정값〉 테이블에서 다음 과정을 수행하시오.

▶ 전월의 매출을 반환하는 측정값을 생성하시오.
  – 측정값 이름 : 전월매출
  – 활용 필드 : 〈날짜〉 테이블의 [날짜] 필드, 〈◎측정값〉 테이블의 [총금액] 측정값
  – 계산 : 전월의 합계 반환, 전월 금액이 0 또는 공백이면 1로 표시
  – 함수 : CALCULATE, DATEADD
  – 서식 : 천 단위 구분 기호
▶ 전월 대비 현재 월의 성장률을 반환하는 측정값을 생성하시오.
  – 측정값 이름 : 전월대비성장률
  – 활용 필드 : 〈◎측정값〉 테이블의 [총금액], [전월매출] 측정값
  – 계산 : (현재 월 매출—전월 매출)/전월 매출, 전월 매출이 공백인 경우 1로 표시
  – 함수 : DIVIDE
  – 서식 : 백분율, 소수 자릿수 '2'
▶ 연간 누적 금액을 반환하는 측정값을 생성하시오.
  – 측정값 이름 : 연누계
  – 활용 필드 : 〈날짜〉 테이블의 [날짜] 필드, 〈◎측정값〉 테이블의 [총금액] 측정값
  – 계산 : 연간 총금액의 누계 반환
  – 함수 : CALCULATE, DATESYTD
  – 서식 : 천 단위 구분 기호
▶ 전년동시점 대비 매출 성장률을 반환하는 측정값을 생성하시오.
  – 측정값 이름 : 전년대비성장률
  – 활용 필드 : 〈주문내역〉 테이블의 [금액] 필드, 〈날짜〉테이블의 [날짜] 필드
  – 함수 : VAR, RETURN, SUM, CALCULATE, SAMEPERIODLASTYEAR, DIVIDE
  – 금액의 합계는 'Total_Price', 전년도매출은 'Last_Price'로 변수명 작성
  – 서식 : 백분율

① 테이블 뷰(▦)에서 〈◎측정값〉 테이블을 선택한다. [테이블 도구]–[계산] 그룹의 [새 측정값]을 클릭한다.

② 수식 입력줄에 전월매출=CALCULATE([총금액],DATEADD('날짜'[날짜],−1,MONTH))를 입력하고 Enter 를 누른다. [측정 도구]−[서식] 그룹에서 천 단위 구분 기호(**,**)를 클릭한다.

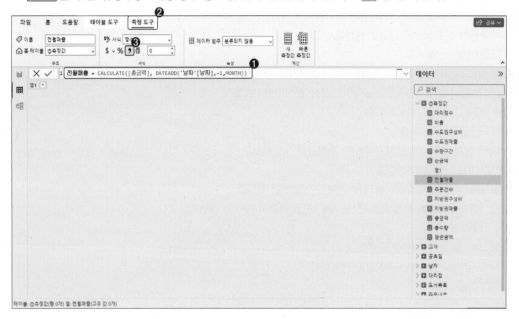

> **기적의 Tip** **수식 설명**
>
> (1) DATEADD('날짜'[날짜],−1,MONTH) : 〈날짜〉 테이블의 [날짜] 필드에서 1개월 전의 날짜를 반환한다.
> (2) =CALCULATE([총금액],(1)) : 필터링한 (1) 기간의 '총금액'을 반환한다.

③ [측정 도구]−[계산] 그룹의 [새 측정값]을 클릭한다. 수식 입력줄에 전월대비성장률=DIVIDE([총금액]−[전월매출],[전월매출],1)을 입력하고 Enter 를 누른다. [측정 도구]−[서식] 그룹에서 백분율(**%**)을 클릭한다.

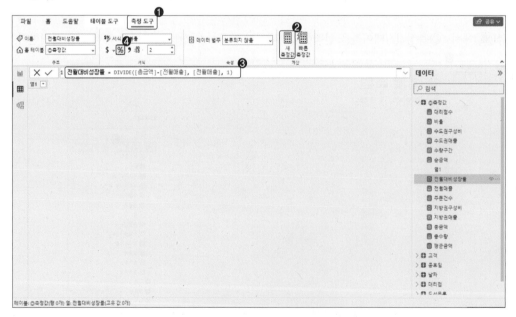

=DIVIDE([총금액]-[전월매출],[전월매출],1) : 총금액과 전월매출 차이를 전월매출로 나누기한 값을 반환하고 전월매출이 공백인 경우 1을 반환한다.

④ [측정 도구]-[계산] 그룹의 [새 측정값]을 클릭한다. 수식 입력줄에 연누계=CALCULATE([총금액], DATESYTD('날짜'[날짜]))를 입력하고 Enter 를 누른다. [측정 도구]-[서식] 그룹에서 천 단위 구분 기호(9)를 클릭한다.

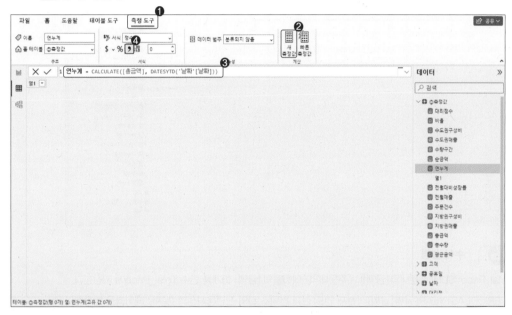

(1) DATESYTD('날짜'[날짜]) : 날짜 열이 포함된 테이블을 반환한다.

(2) =CALCULATE([총금액],(1)) : 필터링된 (1) 테이블의 1월 1일부터 총금액의 누계를 반환한다.

⑤ [측정 도구]–[계산] 그룹의 [새 측정값]을 클릭한다. 수식 입력줄에 전년대비성장률= VAR Total_Price=SUM('주문내역'[금액]) VAR Last_Price=CALCULATE(SUM('주문내역'[금액]), SAMEPERIODLASTYEAR('날짜'[날짜])) RETURN DIVIDE(Total_Price − Last_Price, Last_Price)를 입력하고 Enter 를 클릭한다. [측정 도구]–[서식] 그룹에서 백분율(%)을 클릭한다.

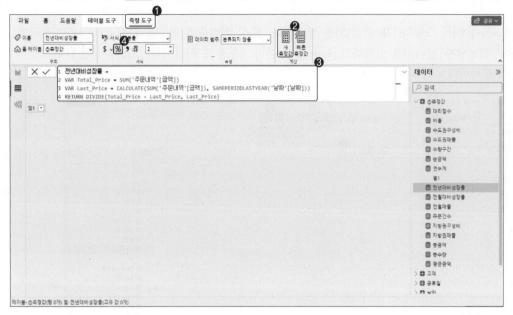

기적의 Tip **수식 설명**

(1) VAR Total_Price=SUM('주문내역'[금액]) : 〈주문내역〉 테이블의 [금액] 합계를 변수 Total_Price에 저장한다.

(2) SAMEPERIODLASTYEAR('날짜'[날짜]) : 현재 연도(현재 컨텍스트)의 전년동시점의 〈날짜〉 테이블을 반환한다.

(3) VAR Last_Price=CALCULATE(SUM('주문내역'[금액]),(1)) : (1) 기간의 〈주문내역〉 테이블의 금액 합계를 변수 Last_Price에 저장한다.

(4) DIVIDE(Total_Price − Last_Price,Last_Price) : Total_Price와 Last_Price의 차이를 Last_Price로 나누기한다.

(5) RETURN (4) : (4) 결과를 '전년대비성장률' 측정값에 반환한다.

기적의 Tip

변수 이름은 영문으로 작성하며 중복되지 않는 이름으로 정의한다.

⑥ 보고서 보기(📊)를 클릭한다. 1페이지에서 [시각화] 창의 '테이블(📊)'을 추가한다. [시각적 개체 빌드]의
  [열]에 〈날짜〉 테이블의 [연월] 필드 추가, 〈◎측정값〉 테이블의 '총금액', '전월매출', '전월대비성장률',
  '전년대비성장률', '연누계' 측정값을 추가한다.

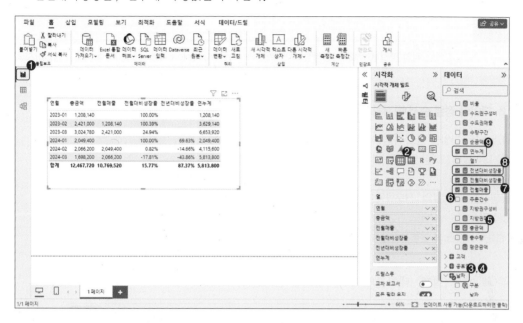

더 알기 Tip 빠른 측정값 활용

[테이블 도구]–[계산] 그룹에서 [빠른 새 측정값]을 선택하여 범주별 합계, 누계, 상관 계수와 같은 수식을 빠르게 작성할 수
있다.

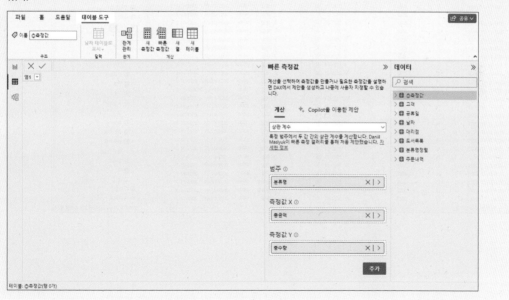

SECTION 05 데이터 정렬과 그룹 설정

작업 파일 [C:₩2024경영정보시각화₩핵심이론₩Chapter01₩Section05] 폴더에서 작업하시오.

출제유형 ① **데이터 정렬 순서 변경하기**

'출제유형1.pbix' 파일을 열고 다음 지시사항에 따라 작업을 수행하시오.

▶ 〈날짜〉 테이블의 [요일] 필드를 '월,화,수,목,금,토,일' 순서로 정렬하시오.
- 정렬 기준 : [요일NO] 필드
▶ 〈분류명정렬〉 테이블의 [신분류명] 필드를 다음 순서로 정렬하시오.
- 정렬 기준 : [순서] 필드
- 1 컴퓨터자격증, 2 실용자격증, 3 컴퓨터모바일, 4 자기계발, 5 경제경영, 6 건강취미, 7 어린이 순서로 정렬

① 테이블 뷰(▦)에서 〈날짜〉 테이블의 [요일] 필드를 선택한다.

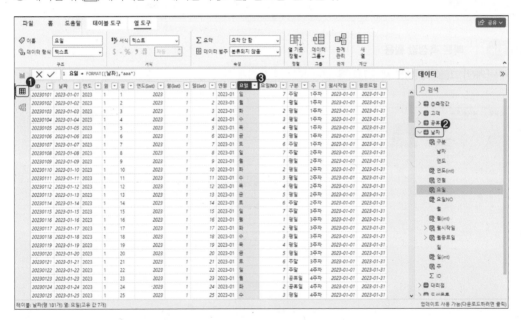

② [열 도구]–[정렬] 그룹에서 [열 기준 정렬]의 '요일NO'를 클릭한다.

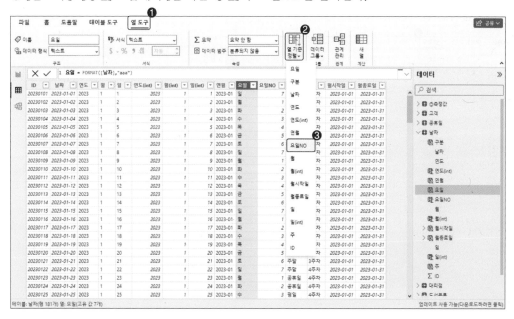

기적의 Tip

[요일NO] 필드에는 WEEKDAY함수를 사용하여 월요일을 1, 일요일을 7로 반환한다. 요일을 월요일~일요일 순서로 정렬하기 위해 일련번호 형식의 열을 기준으로 정렬할 수 있다.

③ 보고서 보기(📊)에서 1페이지의 '막대형 차트'의 [추가 옵션](⋯)에서 [축 정렬]–[요일]을 클릭하고 다시 [축 정렬]–[오름차순 정렬]을 클릭한다.

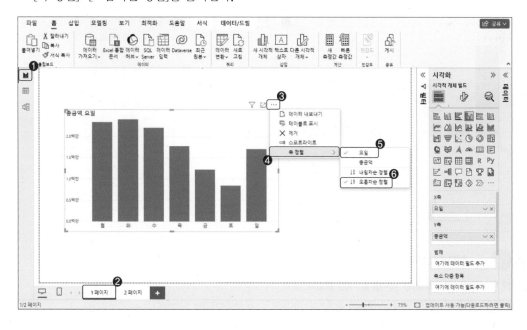

④ 테이블 뷰(圃)에서 〈분류명정렬〉 테이블의 [신분류명] 필드를 선택한다. [열 도구]–[정렬] 그룹에서 [열 기준 정렬]의 '순서'를 클릭한다.

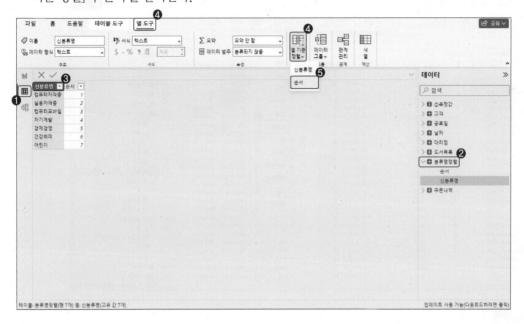

⑤ 보고서 보기(📊)에서 2페이지의 '막대형 차트'의 [추가 옵션](⋯)에서 [축 정렬]–[신분류명]을 클릭하고 다시 [축 정렬]–[오름차순 정렬]을 클릭한다.

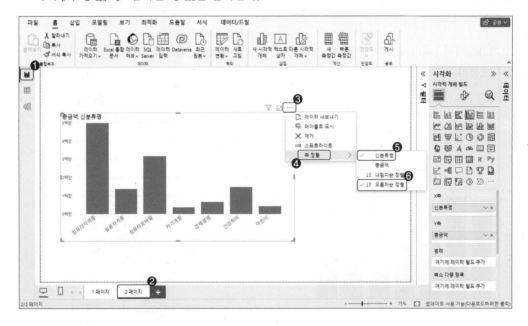

더 알기 Tip 정렬 대상 테이블 만들기

① 정렬 대상 테이블인 〈분류명정렬〉 테이블을 직접 생성할 경우

② [홈]–[데이터]그룹에서 [데이터 입력]을 클릭한 후 필드(신분류명, 순서)와 데이터를 입력한다.

③ 〈분류명정렬〉 테이블과 〈도서목록〉 테이블을 관계 설정 후 [신분류명] 필드에 [순서] 필드로 열 기준 정렬을 적용한다.

④ 〈분류명정렬〉 테이블 편집이 필요한 경우 파워 쿼리 편집기 창에서 '원본' 단계에서 편집할 수 있다.

출제유형 ② 데이터 그룹 설정하기

'출제유형2.pbix' 파일을 열고 다음 지시사항에 따라 작업을 수행하시오.
  ▶ 〈주문내역〉 테이블의 [배송지역] 필드를 사용하여 데이터 그룹을 설정하시오.
    – 조건 : '서울', '경기', '인천' → '수도권', 그 외는 '지방권'
    – 필드 이름 : 배송지역(그룹)
  ▶ 〈주문내역〉 테이블의 [수량] 필드를 사용하여 데이터 그룹 설정하시오.
    – 필드 이름 : 수량(그룹)
    – 그룹 유형은 'Bin', bin 크기 '10' 설정

① 테이블 뷰(▦)에서 〈주문내역〉 테이블을 선택한다. [배송지역] 필드를 선택하고, [열 도구]–[그룹] 그룹
에서 [데이터 그룹]–[새 데이터 그룹]을 선택한다.

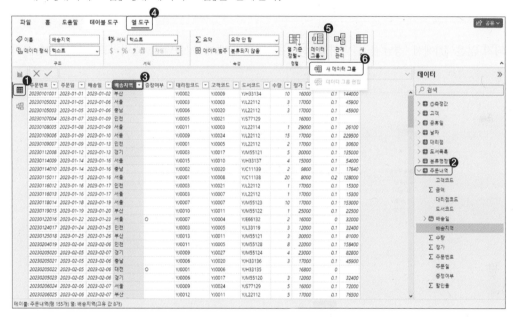

② [그룹] 대화상자에서 [이름]은 '배송지역(그룹)'으로 구성한다. [그룹화되지 않은 값]에서 Ctrl과 함께 '경
기', '서울', '인천'을 클릭하고 [그룹화]를 클릭한다.

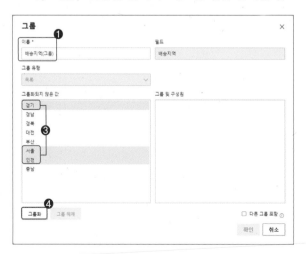

③ [그룹 및 구성원]에서 '경기 & 서울 & 인천'을 더블클릭하여 '수도권'으로 변경한다.

④ [그룹화되지 않은 값]에서 '경남'을 클릭하고 Shift 를 누른 상태에서 '충남'을 클릭하고 [그룹화]를 클릭한다.

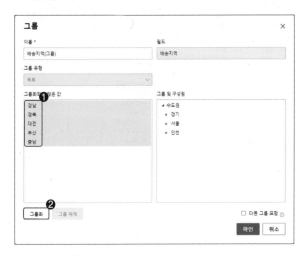

⑤ [그룹 및 구성원]에서 '경남 & 경북 & …'을 더블클릭하여 '지방권'으로 변경하고 [확인]을 클릭한다.

⑥ 〈주문내역〉 테이블의 [수량] 필드를 선택하고, [열 도구]–[그룹] 그룹에서 [데이터 그룹]–[새 데이터 그룹]을 선택한다.

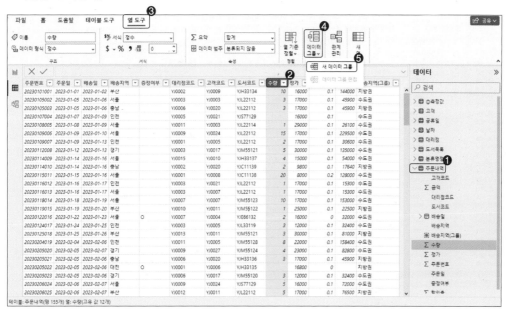

⑦ [그룹] 대화상자에서 [이름]은 '수량(그룹)'으로 변경한다. [그룹 유형]은 'Bin', [bin 크기]는 '10'을 입력하고 [확인]을 클릭한다.

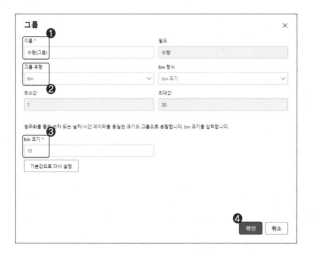

⑧ 테이블에 [배송지역(그룹)], [수량(그룹)] 필드를 확인한다.

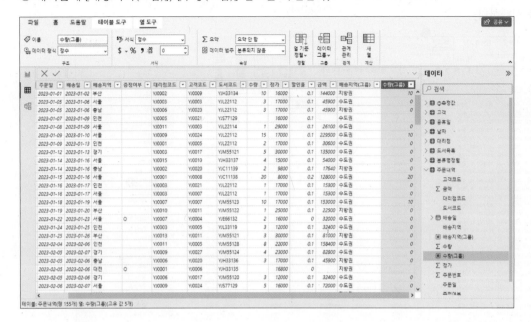

기적의 Tip

[열 도구]-[그룹] 그룹에서 [데이터 그룹]-[데이터 그룹 편집]을 선택하여 데이터 그룹을 편집할 수 있다.

디자인 시각화 요소 구현

학습 방향

보고서 작성을 위해 페이지 레이아웃과 시각적 개체를 작성하는 작업이다. 다양한 시각적 개체에 데이터를 추가하고 축 서식, 제목, 데이터 레이블, 색, 추세선 등의 서식을 변경해 디자인할 수 있어야 한다. 또한 시각적 개체에 배경색, 글꼴색, 데이터 막대나 아이콘 등의 조건부 서식을 적용해 데이터를 강조하는 부분도 필수로 학습해 두어야 하며 많은 시각적 개체를 다뤄보고 어떤 속성들이 있는지 파악하는 것이 필요하다.

보고서 레이아웃 구성하기

작업 파일 [C:₩2024경영정보시각화₩핵심이론₩Chapter02₩Section01] 폴더에서 작업하시오.

 테마 종류

리본 메뉴의 [보기]–[테마] 그룹에서 [테마]를 선택하여 다양한 종류의 테마를 적용할 수 있다.

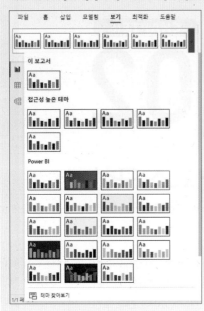

 테마 사용자 지정 옵션

종류	설명
이름 및 색	테마 색 8가지 색상과 부정, 긍정, 중립, 최대값, 중간, 최소값 색상 정의
텍스트	데이터 및 축 레이블 등의 글꼴 서식과 시각적 개체의 제목 서식 지정 카드와 KPI 시각적 개체의 값 서식 지정
시각적 개체	시각적 개체 배경색, 테두리, 머리글, 도구 설명 지정
페이지	보고서 페이지의 배경 화면, 페이지 배경 색 지정
필터 창	필터 창의 배경색, 글꼴, 아이콘 색을 변경하거나 필터 카드의 서식 지정

 개체 삽입

리본 메뉴 [삽입]–[요소] 그룹에서 텍스트 상자, 단추, 셰이프, 이미지를 추가한다.

더 알기 Tip 　텍스트 서식

텍스트 상자의 텍스트 범위를 선택 후 [텍스트 상자 서식] 도구 상자에서 글꼴 스타일(글꼴 종류, 색, 크기 등), 텍스트 맞춤 등의 서식을 지정할 수 있다.

더 알기 Tip 　텍스트 상자 서식 옵션

선택한 텍스트 상자의 [서식] 창에서 개체 속성(크기, 여백), 효과(배경색, 테두리) 등의 서식을 지정할 수 있다.

① 속성 : 시각화 요소의 크기, 위치, 안쪽 여백, 반응형 등의 옵션을 설정한다.

② 제목 : 제목 서식, 제목 아래 간격을 조정한다.

③ 효과 : 배경, 테두리, 그림자 등의 효과를 적용한다.

④ 머리글 아이콘 : 시각화 헤더의 아이콘(필터, 포커스모드, 추가옵션 등)의 배경, 테두리 등의 서식을 적용한다.

⑤ 대체 텍스트 : 시각적 개체를 선택할 때 화면 판독에서 읽을 설명을 입력한다.

더 알기 Tip 　도형 추가

리본 메뉴 [삽입]-[요소] 그룹에서 [셰이프]의 사각형, 타원형, 선, 화살표 등의 개체를 추가할 수 있다.

더 알기 Tip 　도형 서식 옵션

도형의 [서식] 창에서 도형 종류, 회전, 스타일, 작업 등의 서식을 지정할 수 있다.

① 도형 : 도형 종류 변경, 둥근 모서리를 설정한다.

② 회전 : 도형이나 텍스트를 회전한다.

③ 스타일 : 채우기 색, 테두리, 텍스트, 그림자를 설정한다.

④ 작업 : 책갈피, 드릴스루, 페이지 탐색 등의 작업 연결, 도구 설명을 표시한다.

더 알기 Tip **개체 정렬**

리본 메뉴 [서식]─[정렬] 그룹─[맞춤]에서 왼쪽 맞춤, 위쪽 맞춤, 가로 균등 맞춤 등의 정렬 방식을 적용할 수 있다.

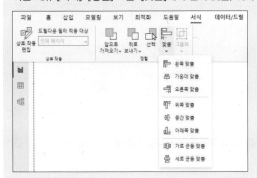

더 알기 Tip **개체 순서 바꾸기**

리본 메뉴 [서식]─[정렬] 그룹에서 [앞으로 가져오기]나 [뒤로 보내기]를 이용해 개체 순서를 변경할 수 있다.

더 알기 Tip **페이지 서식 옵션**

[시각화] 창의 [보고서 페이지 서식 지정]에서 페이지 크기, 배경색 등의 서식을 지정할 수 있다.

서식 옵션	설명
페이지 정보	페이지 이름 변경, 도구 설명 사용 옵션 지정
캔버스 설정	캔버스 크기 조정, 맞춤 설정 지정
캔버스 배경	캔버스 배경 색 설정(투명도 설정), 배경 이미지 설정
배경 화면	전체 캔버스 배경 색 설정(투명도 설정), 배경 이미지 설정
필터 창	필터 창의 글꼴 서식, 입력 상자 색, 테두리, 배경 색 등의 서식 변경
필터 카드	시각화 필터, 페이지 필터, 모든 페이지 필터에 추가된 카드의 서식 옵션 변경

출제유형 ❶ **텍스트 상자와 도형 활용**

'출제유형1.pbix' 파일을 열고 다음의 지시사항에 따라 보고서를 디자인하시오.

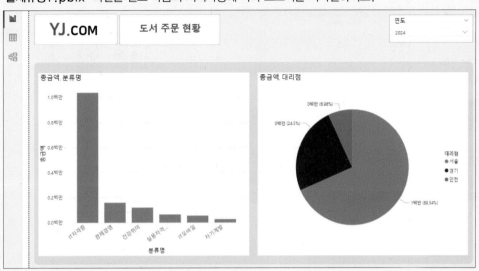

▶ '주문현황' 페이지에 보고서 제목을 표현하시오.

   – 도형 : 텍스트 상자

   – 텍스트 : 도서 주문 현황

   – 서식 : 글꼴 'Segoe UI', 크기 '20', '굵게', '가운데', 글꼴색 '#096600'

   – 텍스트 상자를 도형 ①에 배치

   – 텍스트 상자와 도형 ①에 가운데 맞춤과 중간 맞춤 적용

▶ '주문현황' 페이지에 이미지를 추가하시오.

   – 이미지 : Logo.png

   – 스타일 : 맞춤

   – 이미지를 도형 ②에 배치

▶ '주문현황' 페이지의 막대형 차트와 원형 차트 뒤에 도형을 추가하시오.

   – 도형 : 사각형

   – 서식 : 둥근 모서리 '10', 채우기 색 '#096600', 투명도 '90'

   – 막대형 차트와 원형 차트 뒤쪽에 배치

▶ 캔버스에 다음과 같이 서식을 적용하시오.

   – 배경색 : '흰색, 20% 더 어둡게', 투명도 '80'

   – 캔버스 세로 맞춤 : 중간

① 주문현황 페이지에서 [삽입]-[요소] 그룹의 [텍스트 상자]를 클릭한다.

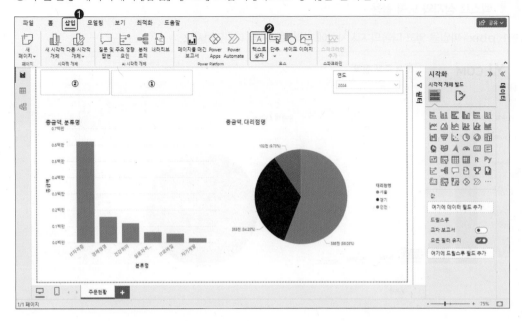

② 텍스트 상자에 '도서 주문 현황'이라고 입력한 후 도형 ①에 이동하고 크기를 조정한다.

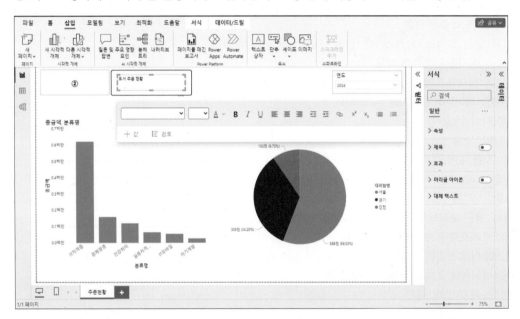

기적의 Tip

시각적 개체의 추가 옵션(⋯)을 클릭해서 이동하면 쉽게 이동이 가능하다.

③ 텍스트 범위를 선택하고 [텍스트 상자 서식]에서 글꼴은 'Segoe UI', 크기는 '20', '굵게', '가운데'를 설정한다.

④ [글꼴 색상 메뉴]-[다른 색]-[헥스]에 '#096600'을 입력한다.

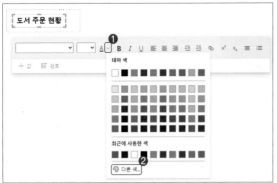

⑤ 도형 ①과 텍스트 상자를 선택하여 [서식]-[정렬] 그룹에서 [맞춤]의 '가운데 맞춤', '중간 맞춤'을 차례로 선택한다.

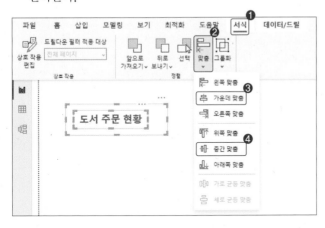

⑥ [삽입]-[요소] 그룹에서 [이미지]를 클릭한다. 'Logo.png' 파일을 추가하고 도형 ② 안에 표시하도록 크기와 위치를 조정한다.

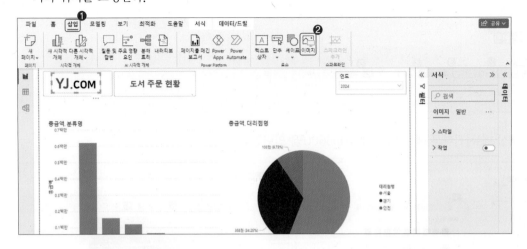

⑦ 이미지를 선택하고 [서식] 창의 [이미지]-[스타일]에서 크기 조정을 '맞춤'으로 설정한다.

⑧ [삽입]-[요소] 그룹에서 [셰이프]의 '(사각형) 사각형'을 추가하고 그림과 같이 크기와 위치를 조정한다.

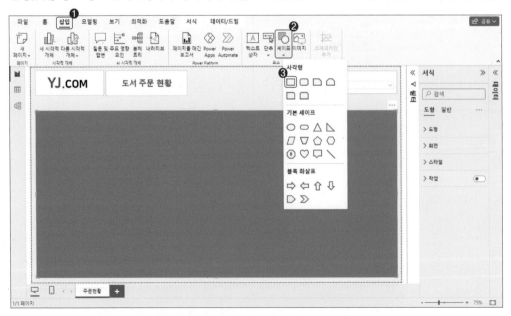

⑨ 사각형을 선택하고 [서식] 창의 [도형]–[도형]에서 둥근 모서리를 '10', [스타일]에서 채우기 [색]–[다른
색]–[헥스]에 '#096600', 투명도는 '90'을 입력하고 [테두리]는 해제한다.

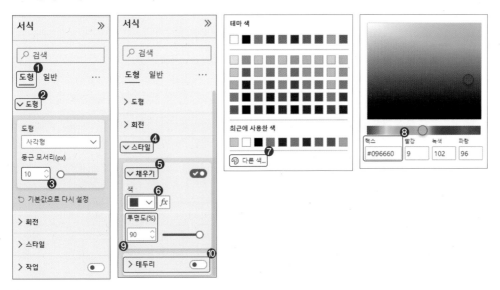

⑩ [서식]–[정렬] 그룹에서 [뒤로 보내기]–[맨 뒤로 보내기]를 클릭한다.

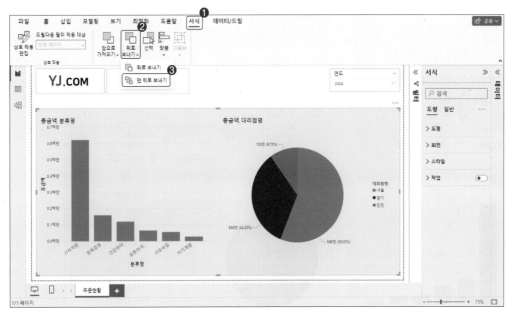

⑪ 주문현황 페이지의 빈 영역을 클릭 후 [시각화] 창의 [보고서 페이지 서식 지정]을 클릭한다. [캔버스 배경]에서 색은 '흰색, 20% 더 어둡게', 투명도는 '80'을 입력하고, [캔버스 설정]에서 세로 맞춤을 '중간'으로 설정한다.

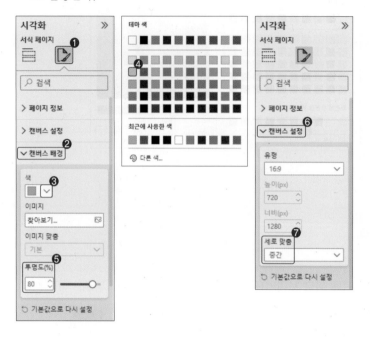

⑫ 페이지에 적용된 서식을 확인한다.

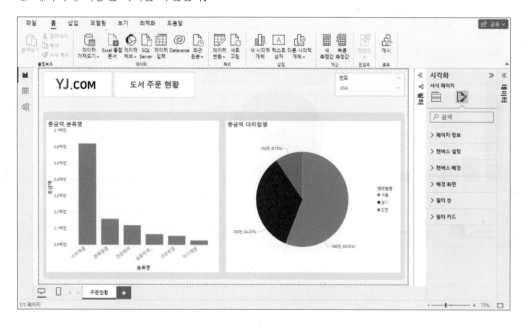

출제유형 ❷ **보고서에 배경 이미지 추가하고 테마 적용하기**

'**출제유형2.pbix**' 파일의 '도서관현황' 페이지에서 다음의 지시사항에 따라 보고서를 디자인하시오.

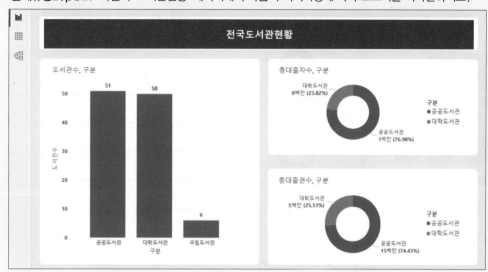

▶ 페이지 배경에 '배경.png' 이미지를 추가하고 이미지 맞춤을 '맞춤', 페이지의 세로 맞춤을 '중간'으로 설정하시오.

▶ 전체 보고서의 텍스트와 시각적 개체의 서식을 변경하는 테마를 작성하시오
  – 테마 종류 : 기본값
  – 테마 색 : 색1 '#6868AC', 색2 '#D67D70', 색3 '6EA2D4'
  – 텍스트의 일반 글꼴 패밀리 'Segoe UI Bold', 제목 글꼴 패밀리 'Segoe UI Bold', 제목 글꼴 색 '#6868AC'

▶ 제목 상자를 추가하고 도형 ①에 배치하시오.
  – 도형 : 사각형
  – 텍스트 : 전국도서관현황
  – 서식 : 글꼴 크기 '20', '굵게', 가로 맞춤 '가운데', 세로 맞춤 '중간'
  – 채우기 색 : '#4B4B90'

① 도서관현황 페이지의 빈 영역을 클릭 후 [시각화] 창의 [보고서 페이지 서식 지정]을 클릭한다.

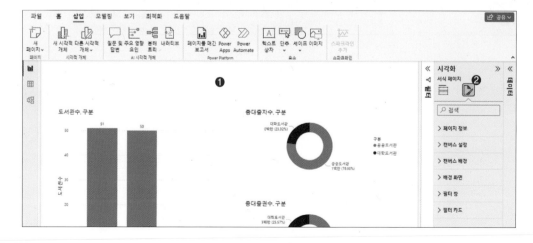

② [캔버스 배경]에서 이미지의 찾아보기를 클릭하여 '배경.png'를 추가하고, 이미지 맞춤을 '맞춤'으로 설정한 후, [캔버스 설정]에서 세로 맞춤을 '중간'으로 설정한다.

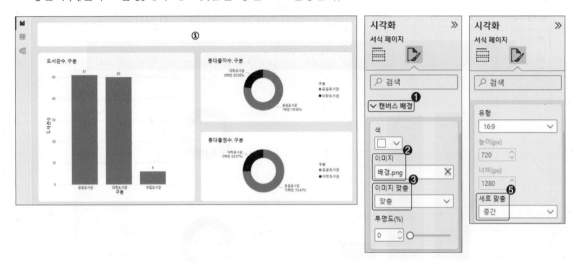

③ [보기]-[테마] 그룹에서 [테마]의 '기본값'을 선택한 후 다시 [현재 테마 사용자 지정]을 선택한다.

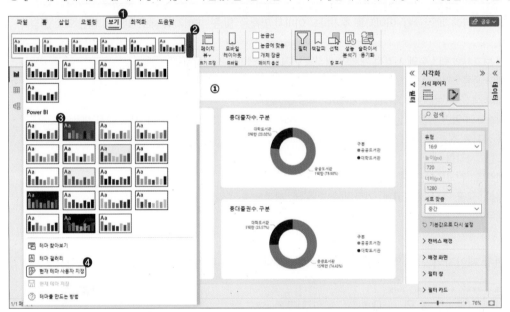

④ [테마 사용자 지정] 대화상자에서 [이름 및 색]–[이름 및 색]에서 테마 색의 색1은 '#6868AC', 색2는 '#D67D70', 색3은 '6EA2D4'로 헥스 코드를 변경한다.

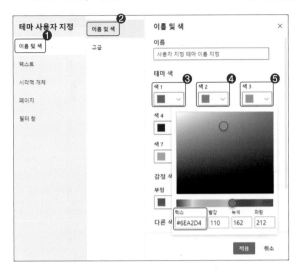

⑤ [텍스트]–[일반]에서 글꼴 패밀리는 'Segoe UI Bold', 글꼴 크기는 '12', [제목]에서 글꼴 패밀리는 'Segoe UI Bold', 글꼴 색은 '#6868AC'로 설정하고 [적용]을 클릭한다.

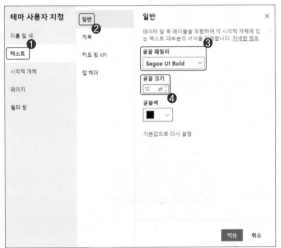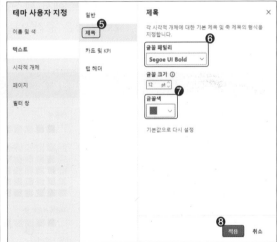

⑥ [삽입]–[요소] 그룹에서 [셰이프]의 '(사각형) 사각형'을 클릭한다. 크기와 위치를 조정하여 도형 ①에 배치한다.

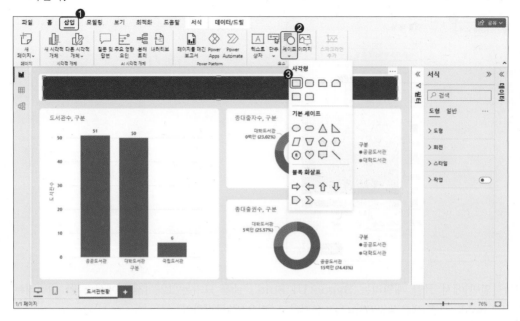

⑦ [서식] 창의 [도형]–[스타일]–[텍스트]에서 텍스트에 '전국도서관현황' 입력하고, 글꼴 크기는 '20', '굵게', 가로 맞춤은 '가운데', 세로 맞춤은 '중간'으로 설정한다. [스타일]–[채우기]에서 [색]–[다른 색]–[헥스]에 '#4B4B90'을 입력한다.

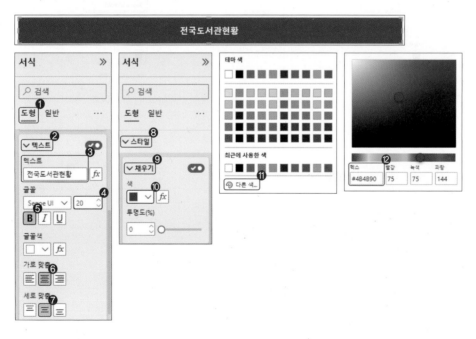

SECTION 02 차트 추가 및 서식 변경하기

난이도 상 중 하

작업 파일 [C:₩2024경영정보시각화₩핵심이론₩Chapter02₩Section02] 폴더에서 작업하시오.

더 알기 Tip 시각적 개체

종류		설명
누적 가로 막대형 차트		여러 범주의 특정 값을 가로로 누적한 차트로 범주별 기여도를 파악하기에 용이
누적 세로 막대형 차트		여러 범주의 특정 값을 세로로 누적한 차트로 범주별 기여도를 파악하기에 용이
묶은 가로 막대형 차트		여러 범주의 특정 값을 가로 막대로 비교
묶은 세로 막대형 차트		여러 범주의 특정 값을 세로 막대로 비교
100% 누적 가로 막대형 차트		범주별 데이터의 합을 100%로 환산하여 데이터요소별 비중을 가로 막대로 비교
100% 누적 세로 막대형 차트		범주별 데이터의 합을 100%로 환산하여 데이터요소별 비중을 세로 막대로 비교
꺾은선형 차트		시간 흐름에 따른 데이터 추세 파악
영역형 차트		축과 선 사이의 영역이 채워진 차트로 시간 흐름에 따른 데이터 변화의 크기 강조
누적 영역형 차트		데이터 요소 간의 추세와 기여도를 파악하기에 용이
꺾은선형 및 누적 세로 막대형 차트		꺾은선형과 누적 세로 막대형 차트가 결합된 차트로 여러 값 범위와 여러 측정값을 비교
꺾은선형 및 묶은 세로 막대형 차트		꺾은선형과 묶은 세로 막대형 차트가 결합된 차트로 여러 값 범위와 여러 측정값을 비교
리본 차트		연속된 시간에 걸쳐 범주 값을 연결하여 증가/감소 표시. 가장 높은 순위를 가진 범주를 쉽게 검색하고 기간에 따라 특정 범주의 순위를 확인할 수 있음
폭포 차트		초기값에 값을 더하거나 뺐을 때 누적 값이 어떤 영향을 받는지 비교
깔때기형 차트		순차적으로 연결된 단계가 있는 선형 프로세스 시각화
분산형 차트		X축, Y축에 추가한 두 숫자 사이의 관계 표시. 세 번째 데이터 차원(크기)을 이용하여 거품형 차트로 확장
원형 차트		전체에서 데이터들이 차지하는 비중 표시
도넛형 차트		전체에 대한 부분의 관계를 표시하며 가운데가 비어 있음
트리맵(Treemap)		계층 구조 데이터를 사각형 집합으로 표시. 전체 중에서 범주들의 상대적 크기를 비교하는데 용이

맵		지리 정보 데이터를 지도에 연결하여 데이터 크기 비교
등치 지역도		지리 정보 데이터를 지도에 연결하여 음영이나 색조로 구분하여 지역별로 상대적 차이 비교
도형 맵		TOPOJSON 형식의 도형 맵으로 색을 다르게 지정하여 지역 비교
계기		목표 또는 KPI에 대한 진행률 표시
카드		카드에 하나의 데이터 요소를 강조
여러 행 카드		카드에 여러 데이터 요소를 큰 숫자로 표시
KPI		목표에 대한 진행률 표시
슬라이서		자주 사용되는 필터를 표시하며 세로 목록, 드롭다운, 타일 등 유형 제공
테이블		데이터를 테이블에 항목별로 나열하여 표시
행렬		데이터를 행과 열을 교차하여 표시, 계단형 레이아웃을 지원하는 테이블 유형
R 스크립트 시각적 개체		R 스크립트를 사용하여 시각적 개체 작성
Python 스크립트 시각적 개체		Python 스크립트를 사용하여 시각적 개체 작성
주요 영향 요인		데이터를 분석해서 중요한 요소의 순위를 정하여 표시
분해 트리		데이터 집계 결과를 임의의 순서로 차원을 드릴 다운하여 여러 차원에서 데이터를 탐색
질문 및 답변		자연어 기능을 사용하여 데이터를 탐색하고 차트 형태로 답변 받음
내러티브		시각적 개체나 보고서의 주요 내용을 요약 및 추세 파악하여 제공
카드(신규)		하나의 카드에 여러 데이터를 그룹화하여 표시
슬라이서(신규)		타일 슬라이서로 시각화하며 도형 모양이나 이미지 추가, 레이아웃을 변경할 수 있음

출제유형 ① **묶은 세로 막대형 차트**

'**출제유형1.pbix**' 파일을 열고 다음 지시사항에 따라 차트를 구현하시오.

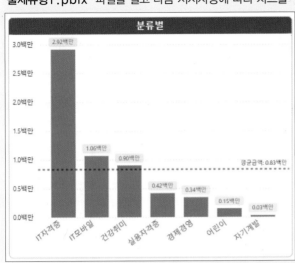

▶ '주문현황' 페이지에 분류별 금액을 '묶은 세로 막대형 차트'로 표현하시오.
  – 활용 필드 : 〈도서목록〉 테이블의 [분류명] 필드, 〈◎측정값〉 테이블의 [총수량], [총금액] 측정값
  – 도구 설명에 [총수량] 표시
▶ 차트에 다음과 같이 서식을 설정하시오.
  – X축 : 글꼴 크기 '12', 축 제목 제거
  – Y축 : 글꼴 크기 '10', 축 제목 제거, 열 색 '#099668', 범주 사이의 간격은 '25'로 설정
  – 데이터 레이블 : '바깥쪽 끝에', 표시 단위 '백만'
▶ 차트 제목을 다음과 같이 변경하시오.
  – 텍스트 : 분류별
  – 서식 : 글꼴 'Segoe UI Bold', 크기 '15', '굵게', 텍스트 색상 '흰색', 배경색 '#096660', 가로 맞춤 '가운데'
▶ 차트에 테두리를 설정하시오.
  – 테두리 색 : '흰색, 30% 더 어둡게', 둥근 모서리 '10'
▶ 차트에 '평균 선'을 표시하고 서식을 변경하시오.
  – 평균선 이름 : "평균금액"
  – 선 색 : 검정
  – 데이터 레이블 : 가로 위치 '오른쪽', 색 '검정', 표시 단위 '없음'
▶ 차트를 도형 ①에 배치하시오.

① 주문현황 페이지에서 [시각화] 창의 '묶은 세로 막대형 차트(📊)'를 추가한다. [시각화] 창의 [시각적 개체 빌드]에서 [X축]에 〈도서목록〉 테이블의 [분류명] 필드, [Y축]에 〈◎측정값〉 테이블의 '총금액' 측정값, 도구 설명에 〈@측정값〉 테이블의 '총수량' 측정값을 추가한다.

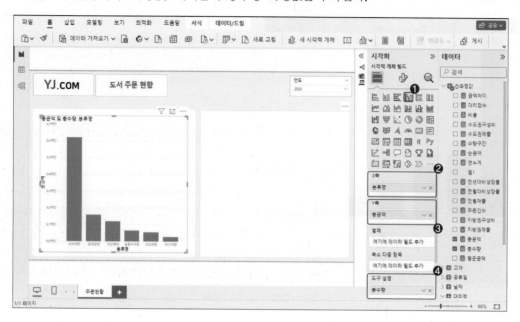

기적의 Tip

연도 슬라이서에 '2024' 값으로 필터가 적용되어 있다.

② [시각화] 창의 [시각적 개체 서식 지정]을 클릭한다. [시각적 개체]에서 [X축]-[값]의 글꼴 크기는 '12', [제목]을 해제하고, [Y축]-[값]의 글꼴 크기는 '10', [제목]을 해제한다.

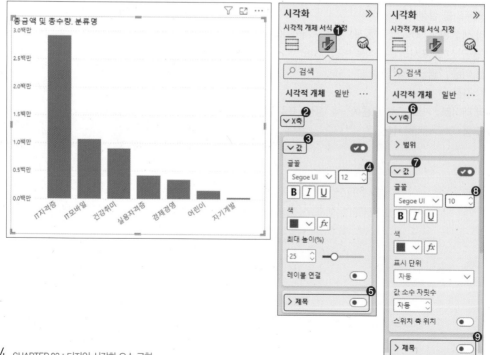

③ [열]의 [색]-[다른 색]-[헥스]에 '#099668'을 입력하고, [레이아웃]의 범주 사이의 간격에 '25'를 입력한
다.

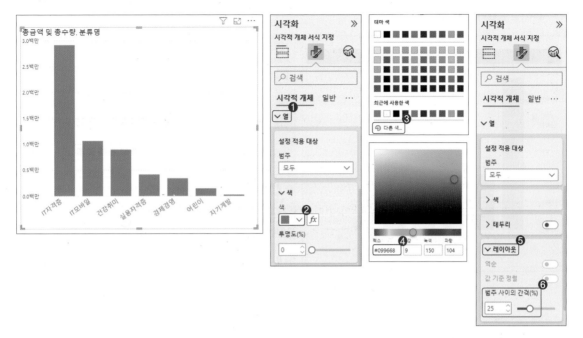

④ [데이터 레이블]을 설정하고 [옵션]에서 위치는 '바깥쪽 끝에', [값]에서 표시 단위는 '백만'으로 설정한다.

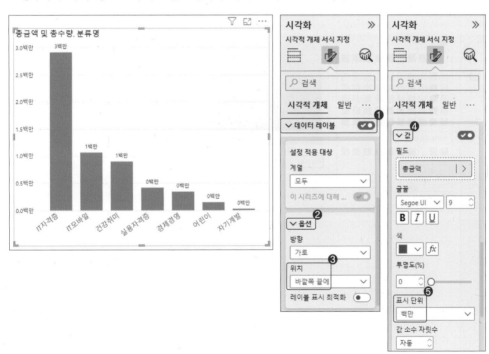

⑤ [일반]–[제목]에서 텍스트에 '분류별'을 입력하고, 글꼴은 'Segoe UI Bold', 크기는 '15', '굵게', 텍스트
색상은 '흰색'으로 설정한다. 배경색에서 [다른 색]–[헥스]에 '#096660'을 입력하고, 가로 맞춤을 '가운
데'로 설정한다.

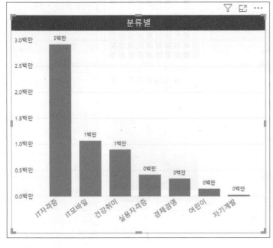

⑥ [효과]에서 [시각적 테두리]를 설정하고, 색은 '흰색, 30% 더 어둡게', 둥근 모서리에 '10'을 입력한다.

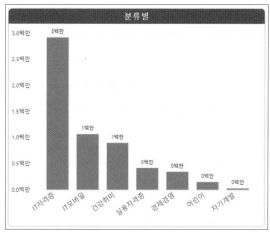

⑦ [시각화] 창에서 [시각적 개체에 추가 분석 추가]를 클릭한다. [평균 선]에서 [선 추가]를 클릭하여 '평균 금액'을 입력하고, [선]의 색을 '검정'으로 설정한다. [데이터 레이블]을 설정하고 가로 위치는 '오른쪽', 스타일은 '모두', 표시 단위는 '없음'을 설정한다.

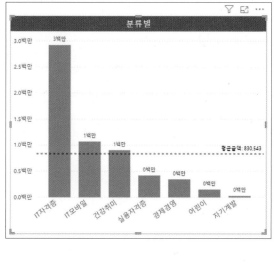

⑧ 차트의 크기와 위치를 조정하여 도형 ①에 배치한다.

'**출제유형2.pbix**' 파일을 열고 다음 지시사항에 따라 차트를 구현하시오.

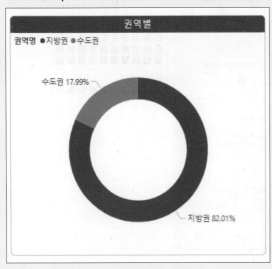

▶ '주문현황' 페이지에 권역별 금액을 '도넛형 차트'로 표현하시오.
 – 활용 필드 : 〈대리점〉 테이블의 [권역명] 필드, 〈◎측정값〉 테이블의 [총금액] 측정값
▶ 차트에 다음과 같은 서식을 설정하시오.
 – 차트 범례 : 위치 '왼쪽 위'
 – 조각 색 : 수도권 '#099668', 지방권 '#4A588A', 내부 반경 '70'
 – 데이터 레이블 : 위치 '바깥쪽 우선', 레이블 내용 '범주, 총퍼센트', 글꼴 크기 '12'
▶ 차트 제목을 다음과 같이 변경하시오.
 – 텍스트 : 권역별
 – 서식 : 글꼴 'Segoe UI Bold', 크기 '15', '굵게', 텍스트 색상 '흰색', 배경색 '#096660', 가로 맞춤 '가운데'
▶ 차트에 테두리를 설정하시오.
 – 테두리 색 : '흰색, 30% 더 어둡게', 둥근 모서리 '10'
▶ 차트를 도형 ①에 배치하시오.

① 주문현황 페이지에서 [시각화] 창의 '도넛형 차트(⊙)'를 추가한다. [시각화] 창의 [시각적 개체 빌드]에서 [범례]에 〈대리점〉 테이블의 [권역명] 필드, [값]에 〈◎측정값〉 테이블의 '총금액' 측정값을 추가한다.

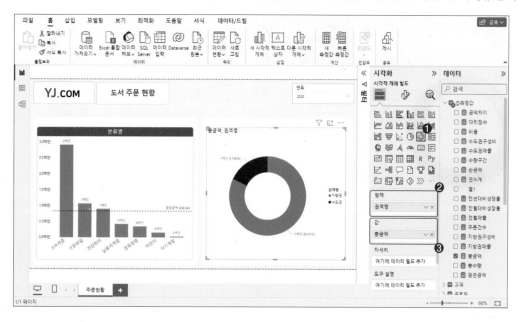

기적의 Tip

페이지의 연도 슬라이서에 '2024' 값으로 필터가 적용되어 있다.

② [시각화] 창의 [시각적 개체 서식 지정]을 클릭한다. [시각적 개체]에서 [범례]–[옵션]에서 위치를 '왼쪽위', [텍스트]의 글꼴 크기를 '12'로 설정한다.

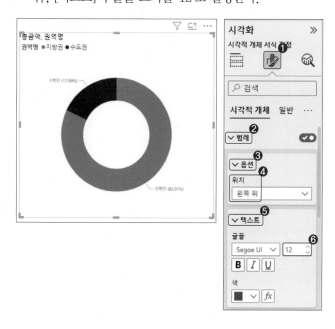

③ [조각]-[색]에서 지방권의 [다른 색]-[헥스]에 '#4A588A'를 입력하고, 수도권의 [다른 색]-[헥스]에
 '#099668'를 입력한다. [간격]의 내부 반경에 '70'을 입력한다.

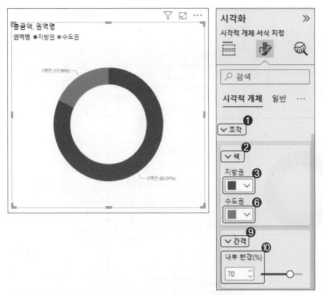

④ [세부 정보 레이블]-[옵션]에서 위치는 '바깥쪽 우선', 레이블 내용은 '범주, 총 퍼센트', [값]에서 글꼴 크기를 '12'로 설정한다.

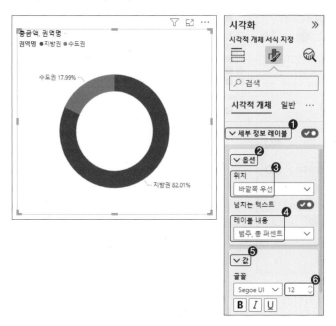

⑤ [일반]-[제목]-[제목]에서 텍스트에 '권역별'을 입력하고, 글꼴은 'Segoe UI Bold', 크기는 '15', '굵게', 텍스트 색상은 '흰색'으로 설정한다. 배경색에서 [다른 색]-[헥스]에 '#096660'을 입력하고, 가로 맞춤을 '가운데'로 설정한다.

⑥ [효과]에서 [시각적 테두리]를 설정하고 색은 '흰색, 30% 더 어둡게', 둥근 모서리는 '10'을 입력한다.

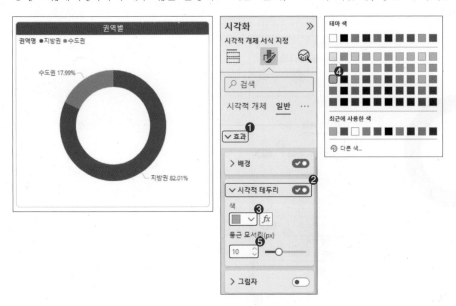

⑦ 차트의 크기와 위치를 조정하여 도형 ①에 배치한다.

더 알기 Tip | 데이터 정렬

차트의 추가 옵션(⋯)에서 [축 정렬]의 범례나 값을 기준으로 정렬 기준을 변경할 수 있다.

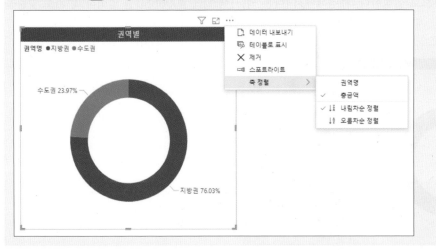

출제유형 ③   꺾은선형 차트

'**출제유형3.pbix**' 파일을 열고 다음 지시사항에 따라 차트를 구현하시오.

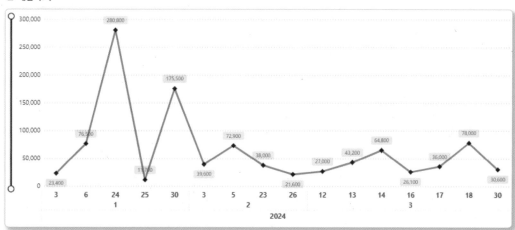

■ 매출 추이

▶ '기간별' 페이지에 날짜별 금액을 '꺾은선형 차트'로 표현하시오.
  – 활용 필드 : 〈날짜〉테이블의 [연도(int)], [월(int)], [일(int)] 필드, 〈◎측정값〉 테이블의 [총금액] 측정값
  – 차트는 '연도(int) 월(int) 일(int)'로 오름차순 정렬을 적용하시오.
▶ 차트에 다음과 같이 서식을 설정하시오.
  – X축 : 글꼴 크기 '12', 제목 해제
  – Y축 : 글꼴 크기 '11', 제목 해제, 표시 단위 '없음'
  – 눈금선 : 가로 선 너비 '3'
  – 확대/축소 슬라이더 표시
  – 선 굵기 '4', 선 색 '#099668', 표식 유형 '◆', 표식 크기 '7', 표식 색 '#80242B'
  – 데이터 레이블 표시, 표시 단위 '없음', 배경색 설정
▶ 차트 제목은 해제하시오.
▶ 차트에 테두리를 설정하시오.
  – 테두리 색 : '흰색, 30% 더 어둡게', 둥근 모서리 '10', 그림자 설정
▶ 차트를 도형 ①에 배치하시오.
▶ 기간별 페이지에 [권역명] 필드를 기준으로 '수도권'으로 필터를 적용하시오.

① 기간별 페이지에서 [시각화] 창의 '꺾은선형 차트(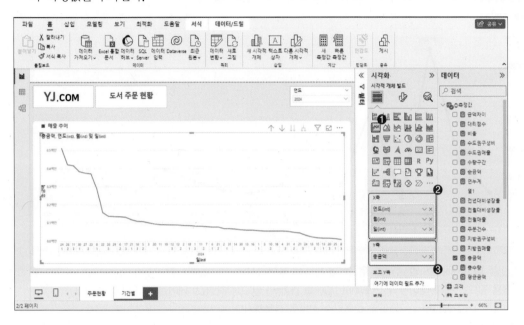)'를 추가한다. [시각화] 창의 [시각적 개체 빌드]에서 [X축]에 〈날짜〉 테이블의 [연도(int)], [월(int)], [일(int)] 필드, [Y축]에 〈◎측정값〉 테이블의 '총금액' 측정값을 추가한다.

기적의 Tip

페이지의 연도 슬라이서에 '2024' 값으로 필터가 적용되어 있다.

② 꺾은선형 차트의 추가 옵션(⋯)을 클릭한다. [축 정렬]에서 '연도(int) 월(int) 일(int)'를 클릭하고 다시 [축 정렬]에서 '오름차순 정렬'을 클릭한다.

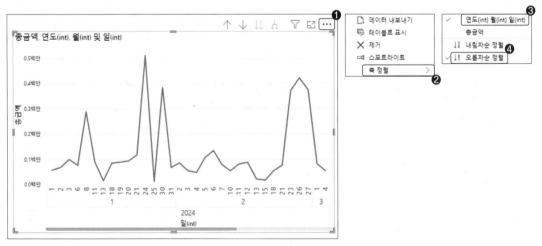

③ [시각화] 창의 [시각적 개체 서식 지정]을 클릭한다. [시각적 개체]에서 [X축]-[값]의 글꼴 크기는 '12', '굵게', [제목]을 해제한다. [Y축]-[값]의 글꼴 크기는 '11', [제목]을 해제한다.

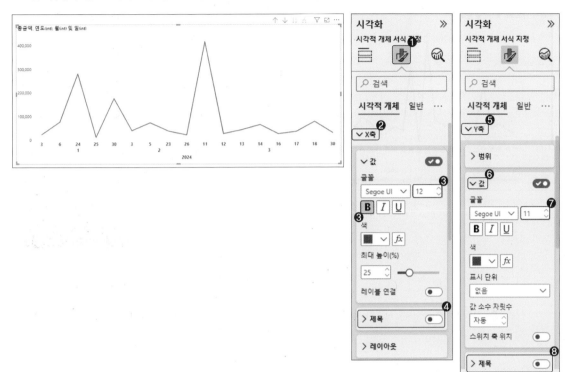

④ [눈금선]-[가로]의 너비를 '3'으로 변경하고 [확대/축소 슬라이더]를 설정한다.

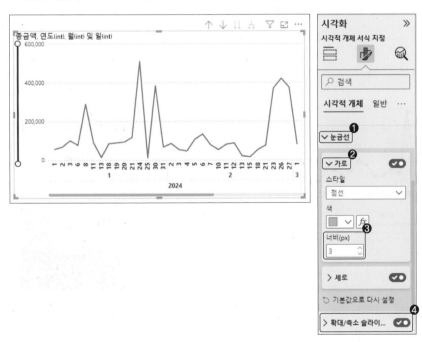

⑤ [선]-[도형]의 스트로크 너비를 '4', [색]의 총금액에서 [다른 색]-[헥스]에 '#099668'을 입력한다.

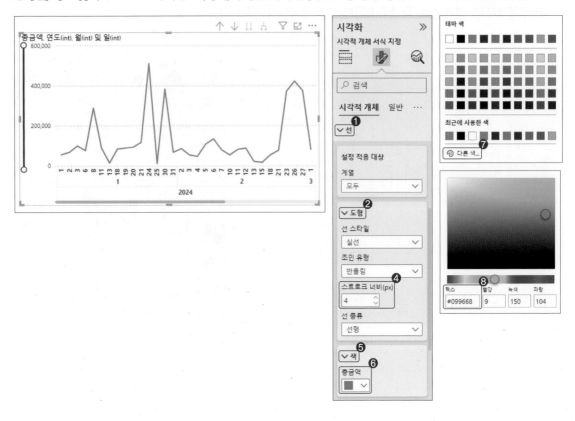

⑥ [표식]을 설정하고 [도형]의 유형을 '◆', 크기는 '7', [색]의 기본값에서 [다른 색]-[헥스]에 '#80242B'를 입력한다.

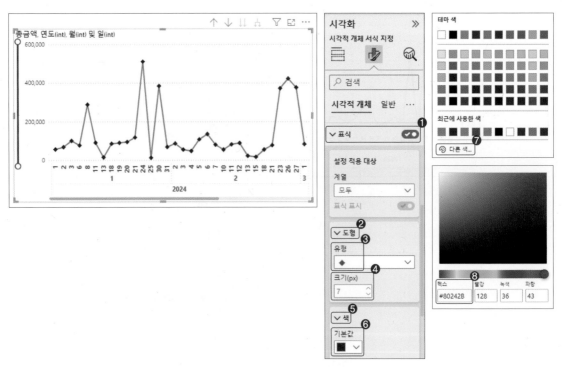

⑦ [데이터 레이블]을 설정하고 [값]에서 표시 단위는 '없음', [배경]을 적용한다.

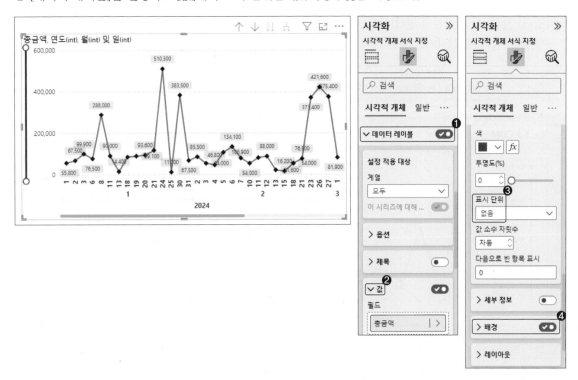

⑧ [일반]−[제목]을 해제한다. [효과]−[시각적 테두리]를 설정하고 색은 '흰색, 30% 더 어둡게', 둥근 모서리는 '10', [그림자]를 적용한다.

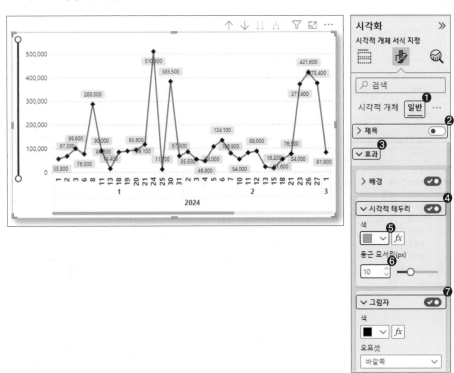

⑨ 차트의 크기와 위치를 조정하여 도형 ①에 배치한다.

⑩ [필터] 창의 [이 페이지의 필터]에서 '여기에 데이터 필드 추가'에 〈대리점〉 테이블의 [권역명] 필드를 추가한다. [필터 형식]-[기본 필터링]에서 '수도권'으로 필터를 적용한다.

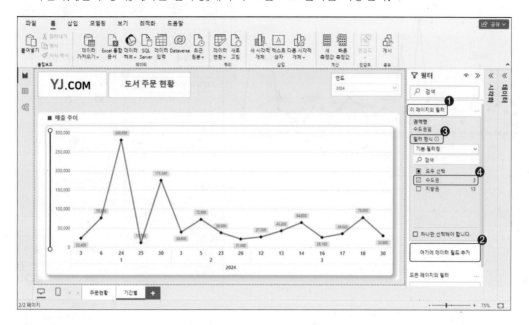

기적의 Tip 고급 필터링 적용하기

[필터] 창에서 필터 형식을 '고급 필터링'으로 변경하여 '포함', '포함하지 않음', '다음임', '다음이 아님', '공백임', '공백이 아님' 등과 같은 다양한 필터 형식을 적용할 수 있다.

출제유형 ④ **꺾은선형 차트에 추세선 추가하기**

'**출제유형4.pbix**' 파일을 열고 다음 지시사항에 따라 차트를 구현하시오.

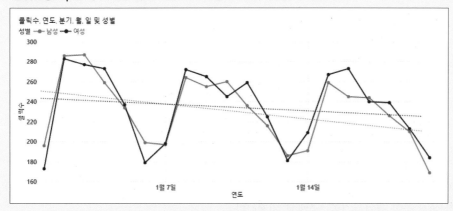

▶ '도서클릭량' 페이지에 기간별 도서클릭수를 '꺾은선형 차트'로 표현하시오.
   – 활용 필드 : 〈DimDate〉 테이블의 [DATE] 필드, 〈도서클릭수〉 테이블의 [성별] 필드, [클릭수] 측정값
   – [Date] 필드는 일 단위까지 계층 확장
▶ 차트에 다음과 같이 서식을 설정하시오.
   – X축 : 값 글꼴 크기 '12', '굵게'
   – Y축 : 값 글꼴 크기 '12', '굵게'
   – 범례 : 선 및 마커, 글꼴 크기 '12', 표식 설정
▶ 차트에 계열별로 추세선을 표시하고 선 스타일은 점선으로 설정하시오.
▶ 차트를 도형 ①에 배치하시오.

① 도서클릭량 페이지에서 [시각화] 창의 '꺾은선형 차트(📈)'를 추가한다. [시각화] 창의 [시각적 개체 빌드]에서 [X축]에 〈DimDate〉 테이블의 [DATE] 필드 추가, [Y축]에 〈도서클릭수〉 테이블의 '클릭수' 측정값 추가, [범례]에 〈도서클릭수〉 테이블의 [성별] 필드를 추가한다.

② 차트의 '계층 구조에서 한 수준 아래로 모두 확장(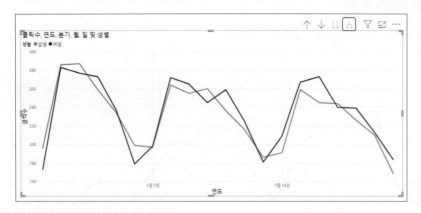)'을 세 번 클릭하여 일 단위까지 표시한다.

③ [시각화] 창의 [시각적 개체 서식 지정]을 클릭한다. [시각적 개체]에서 [X축]-[값]에서 글꼴 크기는 '12', '굵게', [Y축]-[값]에서 글꼴 크기는 '12', '굵게'로 지정한다.

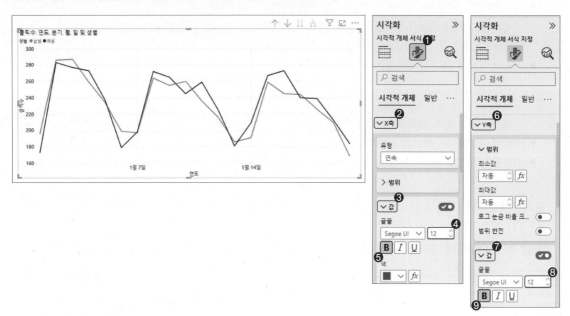

④ [범례]–[옵션]에서 스타일을 '선 및 마커'로 표시하고 [표식]을 설정한다.

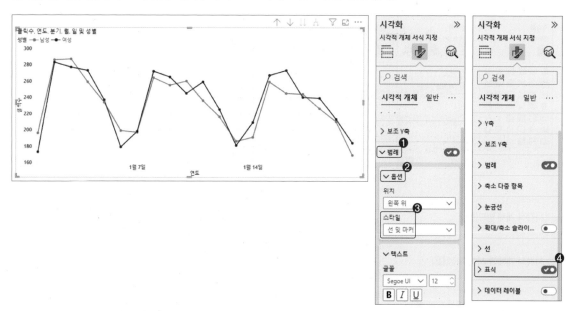

⑤ [시각화] 창의 [시각적 개체에 추가 분석 추가]를 클릭한다. [추세선]을 설정하고 '계열 결합'을 해제한 후
선 스타일은 '점선'으로 변경한다.

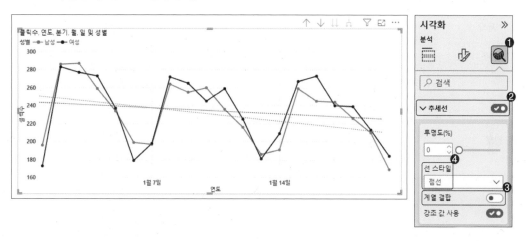

⑥ 차트의 크기와 위치를 조정하여 도형 ①에 배치한다.

더 알기 Tip [시각화] 창 구성 요소

서식	설명
시각적 개체 빌드(▦)	시각적 개체의 X축, Y축, 값, 범례, 축소 다중 항목, 도구 설명 등의 영역에 데이터 필드를 추가하여 시각화
시각적 개체에 서식 지정(▷)	[시각적 개체]와 [일반] 탭으로 구성 [시각적 개체] 탭은 X축, Y축, 눈금선, 데이터 레이블 등의 서식 설정 [일반] 탭은 개체 속성, 제목, 효과, 도구 설명 등의 서식 지정
시각적 개체에 추가 분석 추가(🔍)	묶은 세로 막대형 차트, 꺾은선형 차트 등에 상수선, 평균선, 최소선, 최대선, 참조선, 추세선 등을 표시

더 알기 Tip 시각적 개체 빌드 옵션

서식	설명
X축	가로 또는 세로 축에 필드를 추가하며 여러 필드를 추가하여 계층 구조로 데이터 탐색할 수 있음 데이터 형식에 따라 표기 텍스트 데이터 → 범주별, 숫자 데이터 → 연속, 날짜 데이터 → 계층 구조로 표시
Y축(값)	숫자 크기 표현
범례	범주별 데이터를 추가하여 여러 계열을 비교
축소 다중 항목	시각적 개체를 여러 시각적 개체로 분할
도구 설명	시각적 개체에 마우스를 이동시켰을 때 자세한 정보를 확인할 수 있도록 말풍선 표시

시각적 개체 서식 옵션

서식	설명
X축	X축의 글꼴, 제목 서식 옵션을 설정하고 막대형 차트의 경우 '최소 범주 너비'를 조정하여 막대 너비를 조정할 수 있음
Y축	Y축 눈금의 최소값, 최대값을 변경하거나 값의 글꼴 서식, 표시 단위, 제목 표시 여부, 제목 서식을 변경
범례	시각적 개체의 범례에 데이터를 추가한 경우 활성화되며 범례 위치를 변경하거나 제목 설정
축소 다중 항목	시각적 개체의 '축소 다중 항목'에 데이터를 추가한 경우 레이아웃(행 개수, 열 개수, 여백) 설정, 테두리, 제목, 배경 서식 설정
눈금선	차트의 눈금선 스타일, 색, 너비 설정
확대/축소 슬라이더	Y축에 슬라이더와 레이블, 도구 설명 표시하여 Y축의 최대값을 조정함
열(막대)	– 세로 막대형(열), 가로 막대형(막대)의 범주별 색상이나 테두리 서식 변경 – '레이아웃'에서 '범주 사이의 간격'을 입력하여 막대 간격 조정 – '범례'에 데이터를 추가한 경우 레이아웃의 '역순', '값 기준 정렬' 옵션 적용 – 역순 : 범례 나열 순서를 역순(오름차순, 내림차순 정렬)으로 표시 – 값 기준 정렬 : 범례 나열 순서를 값 기준으로 내림차순 정렬
데이터 레이블	데이터 레이블 방향, 위치, 표시 단위 조정, 글꼴 서식 등을 변경할 수 있으며 '세부정보'의 '데이터'에 필드를 추가하여 두 개의 레이블을 표시할 수 있음
그림 영역 배경	이미지 추가하여 투명도 설정

X축 유형 변경

- [X축]에 숫자 형식 필드를 추가한 경우 유형이 '연속'으로 설정되어 그룹(0,5,10..)으로 표시된다.

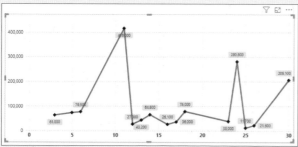 

- [X축]의 유형을 '범주별'로 설정하면 모든 데이터 요소가 표시된다. X축 유형이 범주별인 경우 시각적 개체의 추가 옵션에서 축 정렬을 '일(int)'기준으로 '오름차순 정렬'을 적용한다.

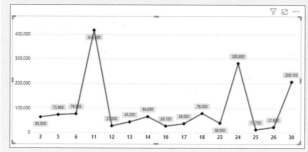 

더 알기 Tip · 데이터가 없는 항목 표시

시각적 개체의 X축은 매칭되는 데이터 요소를 표시한다. 모든 데이터 요소를 표시할 경우 [X축] 영역의 필드에서 마우스 오른쪽 버튼을 클릭한 후 '데이터가 없는 항목 표시'를 적용한다.

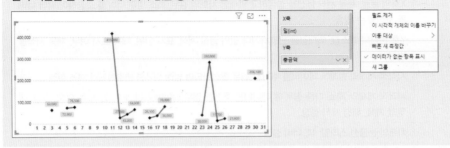

더 알기 Tip · [분석] 옵션에서 제공되는 참조 선 종류

차트 종류	상수선	Y축 상수선	최소 선	최대 선	평균 선	참조 선	백분위선	추세선 (X축 숫자형)
묶은 세로 막대형 차트	○		○	○	○	○	○	
묶은 가로 막대형 차트	○		○	○	○	○	○	
꺾은선형 차트		○	○	○	○	○	○	○
영역형 차트		○	○	○	○	○	○	
누적 영역형 차트		○						
누적 세로 막대형 차트	○							
누적 가로 막대형 차트	○							
100% 누적 세로 막대형 차트	○							
100% 누적 가로 막대형 차트	○							

SECTION 03 다양한 시각적 개체 다루기

작업 파일 [C:\2024경영정보시각화\핵심이론\Chapter02\Section03] 폴더에서 작업하시오.

출제유형 ❶ 슬라이서 활용

'출제유형1.pbix' 파일을 열고 다음 지시사항에 따라 슬라이서를 구현하시오.

- ▶ '주문현황' 페이지에 연도 슬라이서를 표현하시오.
  - 활용 필드 : 〈날짜〉 테이블의 [연도] 필드
- ▶ 연도 슬라이서에 다음과 같이 서식을 설정하시오.
  - 슬라이서 유형 : 드롭다운, '모두 선택' 표시
  - 슬라이서 머리글과 값의 글꼴 'Segoe UI', 크기 '14', '굵게'
- ▶ 연도 슬라이서에서 '2024'로 필터를 적용하고 '주문현황' 페이지의 도형 ①에 배치하시오.
- ▶ 연도 슬라이서를 '기간별' 페이지의 도형 ①에 배치하고 주문현황 페이지와 동기화하시오.
- ▶ 연도 슬라이서를 '주문실적' 페이지의 도형 ①에 배치하고 주문현황, 기간별 페이지와 동기화해제하시오.
- ▶ '기간별' 페이지에 권역명 슬라이서를 표현하시오.
  - 활용 필드 : 〈대리점〉 테이블의 [권역명] 필드
- ▶ 권역명 슬라이서에 다음과 같이 서식을 설정하시오.
  - 슬라이서 유형 : 타일, '모두 선택' 표시   – 슬라이서 머리글 해제
  - 슬라이서 값 : 글꼴 'Segoe UI', 크기 '14', '굵게'   – 크기 : 높이 '80', 너비 '180' 설정
- ▶ 권역명 슬라이서에 '수도권'으로 필터를 적용하고 '기간별' 페이지의 도형 ②에 배치하시오.

① 주문현황 페이지에서 [시각화] 창의 '슬라이서(▤)'를 추가한다. [시각화] 창의 [시각적 개체 빌드]에서 [값]에 〈날짜〉 테이블의 [연도] 필드를 추가한다.

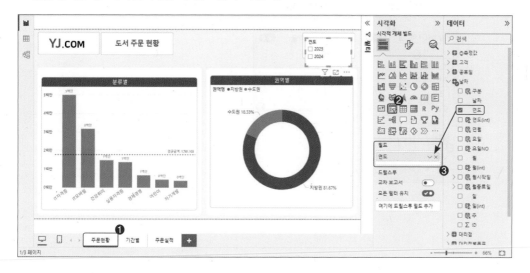

② [시각화] 창의 [시각적 개체 서식 지정]을 클릭한다. [시각적 개체]에서 [슬라이서 설정]−[옵션]의 스타일을 '드롭다운'으로 지정하고 [선택]에서 '"모두 선택"옵션'을 적용한다.

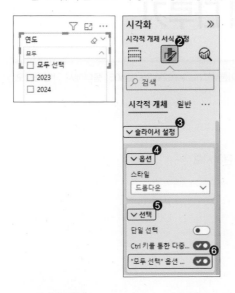

기적의 **Tip**

슬라이서 선택에서 '단일 선택'을 적용하면 하나의 데이터를 필터한다. 'Ctrl 키를 통한 다중 선택'을 해제하면 Ctrl을 누르지 않아도 다중 선택을 할 수 있다.

③ [슬라이서 머리글]−[텍스트]에서 글꼴은 'Segoe UI', 크기는 '14', '굵게'로 설정한다. [값]−[값]에서 글꼴은 'Segoe UI', 크기는 '14', '굵게'로 설정한다. 슬라이서에 '2024'로 필터링하고 크기와 위치를 조정하여 도형 ①에 배치한다.

④ '연도' 슬라이서를 선택 후 [보기]-[창 표시] 그룹에서 [슬라이서 동기화]를 클릭한다. [슬라이서 동기화] 창에서 주문현황 페이지의 '동기화(🔁)'에 체크 표시한다. 이 작업은 다른 페이지에서 적용한 연도 슬라이서 값이 주문현황 페이지에도 적용된다.

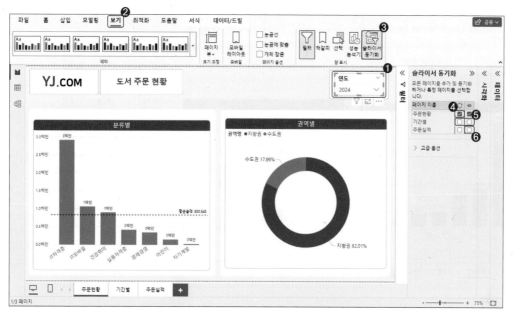

⑤ 기간별 페이지의 '동기화(🔁)'와 '표시(👁)'에 모두 체크 표시한다. 이 작업은 기간별 페이지에 연도 슬라이서가 표시되고 주문현황 페이지와 동기화되어 동일한 필터를 적용한다.

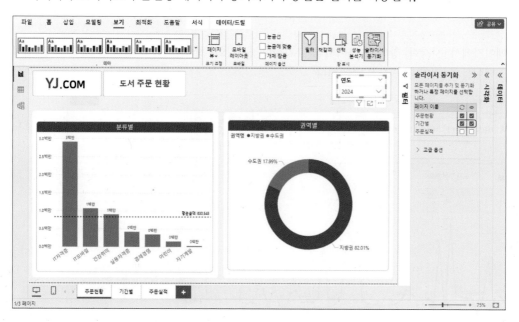

⑥ 주문실적 페이지의 '표시( )'에 체크 표시한다. 이 작업은 주문실적 페이지에 연도 슬라이서가 표시되지만 주문현황 페이지와는 동기화되지 않는다.

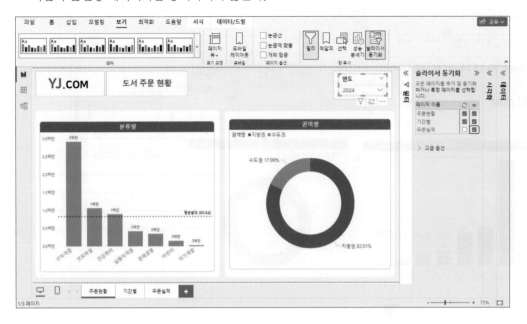

기적의 Tip

슬라이서를 동기화할 때 슬라이서를 복사(Ctrl+C) 후 다른 페이지에 붙여넣기(Ctrl+V) 하여 [시각적 개체 동기화] 대화상자에서 [동기화]를 클릭해도 된다.

⑦ 기간별 페이지에서 [시각화] 창의 '슬라이서'를 추가한다. [시각화] 창의 [시각적 개체 빌드]에서 [필드]에 〈대리점〉 테이블의 [권역명] 필드를 추가한다.

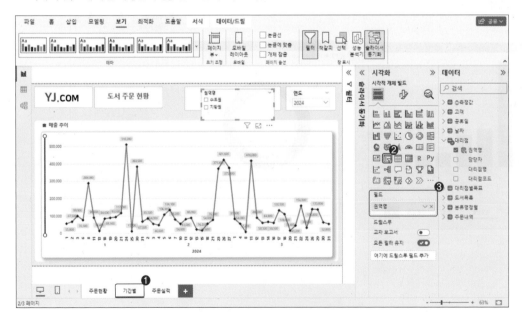

⑧ [시각화] 창의 [시각적 개체 서식 지정]을 클릭한다. [시각적 개체]에서 [슬라이서 설정]-[옵션]의 스타일
을 '타일'로 지정하고 [선택]에서 ["모두 선택" 옵션]을 설정한다.

⑨ [슬라이서 머리글]의 설정을 해제하고 [값]-[값]에서 글꼴은 'Segoe UI', 크기는 '14', '굵게'로 설정한다.
[일반]-[속성]-[크기]의 높이는 '80', 너비는 '180'으로 설정한다.

⑩ 슬라이서에서 '수도권'을 필터링하고 크기와 위치를 조정하여 도형 ②에 배치한다.

종류	설명
세로 목록	데이터를 목록으로 나열하여 표현
타일	단추 모양으로 표현, 슬라이서 크기에 따라 데이터 배열이 달라짐
드롭다운	목록을 확장/축소하여 표시
사이	날짜(숫자)의 시작일(값)부터 종료일(값) 사이 표현
크거나 같음(이상)	슬라이서에 입력한 값보다 크거나 같은(이상) 값 필터
작거나 같음(이하)	슬라이서에 입력한 값보다 작거나 같은(이하) 값 필터

상대 날짜	마지막 3개월, 이번 달, 다음 3개월 등으로 날짜 검색
	마지막, 다음, 이번, 일, 주, 주(달력), 개월, 개월(달력), 년, 년(달력) 옵션
	예) 마지막 3개월 : 현재 시점(2024-04-05)부터 3개월 전의 날짜부터 조회
	  (조회기간 2024-01-05 ~ 2024-04-05)
	예) 마지막 3개월(달력) : 현재 시점(2024-04-05)에서 3개월 전의 1일부터 이전달 마지막날까지
	  조회(조회기간 2024-01-01 ~ 2024-03-31)

상대 시간	지난 2시간, 지난 30분 등으로 시간 검색 예) 마지막 3시간 : 현재 시점(4:20:30)부터 지난 3시간 전의 시간부터 조회

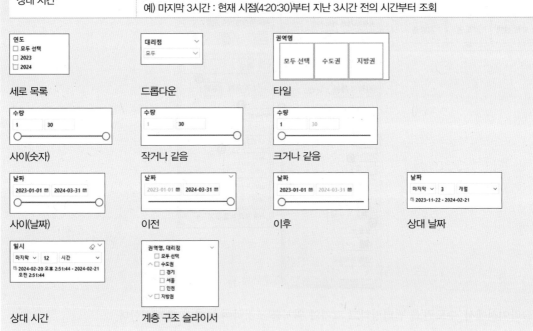

세로 목록   드롭다운   타일

사이(숫자)   작거나 같음   크거나 같음

사이(날짜)   이전   이후   상대 날짜

상대 시간   계층 구조 슬라이서

출제유형 ❷ 카드 활용

'출제유형2.pbix' 파일을 열고 다음 지시사항에 따라 구현하시오.

579	387	66.84%
목표실적	실적	달성률

▶ '주문실적' 페이지에 목표실적 카드를 표현하시오.
  – 활용 필드 : 〈◎측정값〉 테이블의 [목표수량] 측정값
  – 이름 : "목표실적"
  – 도형 ①에 배치
▶ '주문실적' 페이지에 실적 카드를 표현하시오.
  – 활용 필드 : 〈◎측정값〉 테이블의 [총수량] 측정값
  – 이름 : "실적"
  – 도형 ②에 배치
▶ '주문실적' 페이지에 달성률 카드를 표현하시오.
  – 활용 필드 : 〈◎측정값〉 테이블의 [목표달성률] 측정값
  – 이름 : "달성률"
  – 도형 ③에 배치
▶ 모든 카드에 다음 서식을 적용하시오.
  – 설명 값 : 글꼴 'Segoe UI Bold', 크기 '24', 표시 단위 '없음'
  – 범주 레이블 : 글꼴 크기 '14'
  – 카드 크기 : 높이 '120', 너비 '170'
  – 테두리 : '흰색, 30% 더 어둡게', 둥근 모서리 '10'
▶ 모든 카드(목표수량, 실적, 달성률)에 위쪽 맞춤, 가로 간격을 동일하게 설정하시오.

① 주문실적 페이지에서 도형 ①에 [시각화] 창의 '카드(▦)'를 추가하고 크기와 위치를 조정한다. [시각화]
창의 [시각적 개체 빌드]에서 [필드]에 〈◎측정값〉 테이블의 '목표수량' 측정값을 추가하고 이름을 더블
클릭하여 '목표실적'으로 입력하고 [Enter]를 누른다.

② 도형 ②에 [시각화] 창의 '카드(□)'를 추가하고 크기와 위치를 조정한다. [시각화] 창의 [시각적 개체 빌드]에서 [필드]에 〈◎측정값〉 테이블의 '총수량' 측정값을 추가하고 필드를 더블클릭하여 '실적'으로 입력하고 Enter 를 누른다.

③ 도형 ③에 [시각화] 창의 '카드(□)'를 추가하고 크기와 위치를 조정한다. [시각화] 창의 [시각적 개체 빌드]에서 [필드]에 〈◎측정값〉 테이블의 '목표달성률' 측정값을 추가하고 이름을 더블클릭하여 '달성률'로 입력하고 Enter 를 누른다.

④ '목표실적' 카드를 선택한 후 Ctrl 을 누른 상태에서 '실적', '달성률' 카드를 차례로 선택하고 [시각화] 창의 [시각적 개체 서식 지정]을 클릭한다. [시각적 개체]−[설명 값]에서 글꼴 종류는 'Segoe UI Bold', 크기는 '24', 표시 단위는 '없음', [범주 레이블]의 글꼴 크기는 '14'로 설정한다.

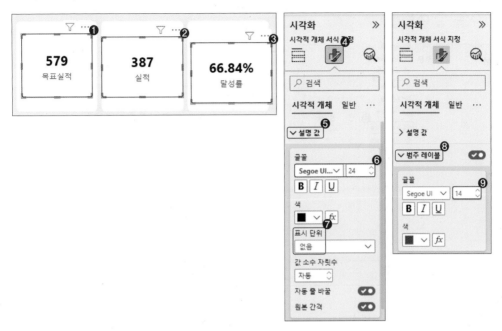

⑤ [일반]−[속성]에서 크기의 높이는 '120', 너비는 '170'을 입력하여 크기를 조절한다. [효과]에서 시각적 테두리를 설정으로 변경한 후 색은 '흰색, 30% 더 어둡게', 둥근 모서리는 '10'으로 설정한다.

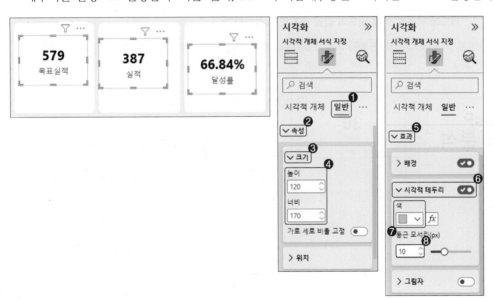

⑥ 리본 메뉴 [서식]–[정렬] 그룹에서 [맞춤]의 [위쪽 맞춤], [가로 균등 맞춤]를 차례로 선택하여 개체를 정렬한다.

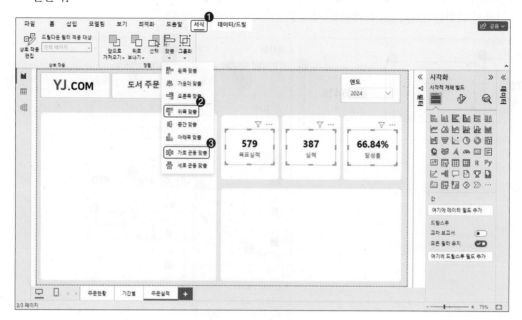

기적의 Tip

3개 이상의 시각적 개체를 정렬할 때 첫 번째 개체와 마지막 개체의 위치를 조정한 후 [서식]–[맞춤]–[가로 균등 맞춤]이나 [세로 균등 맞춤]을 적용한다.

더 알기 Tip 카드에 텍스트 형식 필드의 값을 숫자로 시각화하기

텍스트 형식의 필드를 '카드'로 시각화하면 처음 이름이 표시된다. 필드에서 마우스 오른쪽 버튼을 클릭하여 개수로 변경하면 숫자로 표현할 수 있다.

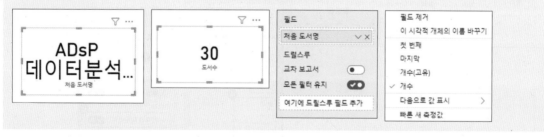

출제유형 ❸ **계기 차트**

'출제유형3.pbix' 파일을 열고 다음 지시사항에 따라 차트를 구현하시오.

▶ '주문실적' 페이지에 목표대비 실적을 계기 차트로 표현하시오.
- 활용 필드 : 〈◎측정값〉 테이블의 [총수량], [목표수량] 측정값
▶ 계기 차트에 다음 서식을 적용하시오.
- 게이지 축 : 최소값 '0', 최대값 '1000'
- 채우기 색 '#099668', 대상 색 '#E66C37'
- 목표 레이블 : 글꼴 종류 'Segoe UI Bold', 크기 '14', 색 '#E66C37', 표시 단위 '없음'
- 설명 값 : 글꼴 종류 'Segoe UI', 색 '#099668' 설정, 표시 단위 '없음'
▶ 계기 차트 제목을 다음과 같이 변경하시오.
- 제목 : "목표대비실적"
- 서식 : 글꼴 종류 'Segoe UI Bold', 크기 '15', '굵게', 텍스트 색상 '흰색'
  배경색 '#096660', 가로 맞춤 '가운데'
▶ 계기 차트에 테두리를 설정하시오.
- 색 '흰색, 30% 더 어둡게', 둥근 모서리 '10'
▶ 계기 차트를 도형 ①에 배치하시오.

① 주문실적 페이지에서 [시각화] 창의 '계기(📟)'를 추가한다. [시각화] 창의 [시각적 개체 빌드]에서 [값]에
〈◎측정값〉 테이블의 '총수량' 측정값 추가, [대상 값]에 〈◎측정값〉 테이블의 '목표수량' 측정값을 추가
한다.

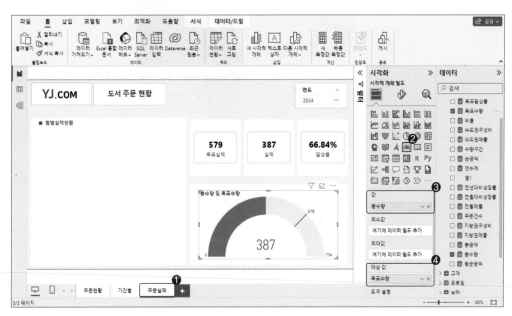

② [시각화] 창의 [시각적 개체 서식 지정]을 클릭하고 [시각적 개체]-[게이지 축]에서 최소값은 '0', 최대값
은 '1000'을 입력한다.

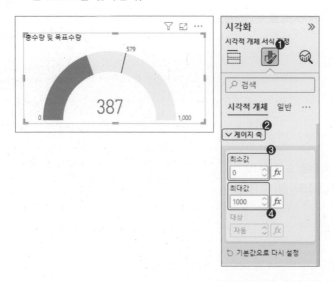

③ [색]에서 [채우기 색]-[다른 색]-[헥스]에 '#099668'을 입력하고, [대상 색상]-[다른 색]-[헥스]에
'#E66C37'을 입력한다.

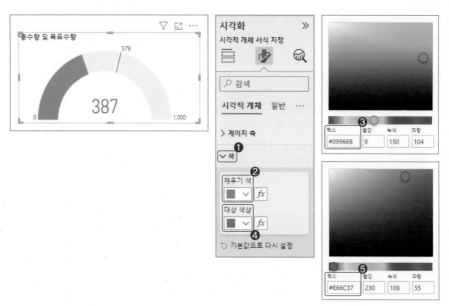

④ [목표 레이블]-[값]에서 글꼴 종류는 'Segoe UI Bold', 크기는 '14', 색은 '#E66C37', 표시 단위는 '없음'
으로 설정한다.

⑤ [설명 값]-[값]에서 글꼴 종류는 'Segoe UI', 색은 '#099668', 표시 단위는 '없음'으로 설정한다.

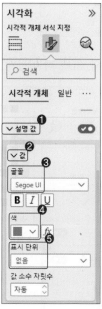

⑥ [일반]−[제목]−[제목]에서 텍스트에 '목표대비실적'을 입력하고, 글꼴은 'Segoe UI Bold', 글꼴 크기는 '15', '굵게', 텍스트 색상은 '흰색', 배경색에서 [다른 색]−[헥스]에 '#096660'을 입력하고, 가로 맞춤을 '가운데'로 설정한다.

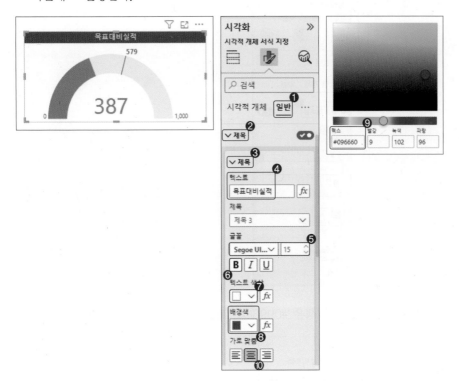

⑦ [효과]−[시각적 테두리]를 설정하고 색은 '흰색, 30% 더 어둡게', 둥근 모서리는 '10'을 입력한다.

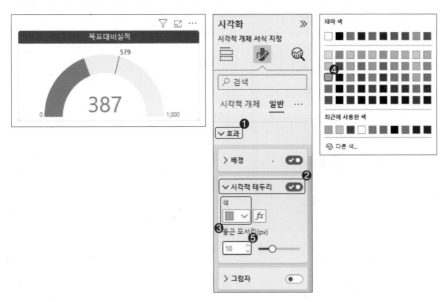

⑧ 차트의 크기와 위치를 조정하여 도형 ① 위에 배치한다.

출제유형 ④   꺾은선형 및 묶은 세로 막대형 차트

'**출제유형4.pbix**' 파일을 열고 다음 지시사항에 따라 꺾은선형 및 묶은 세로 막대형 차트를 구현하시오.

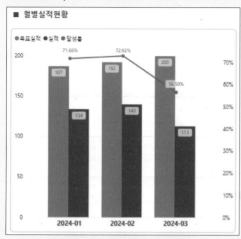

▶ '주문실적' 페이지에 기간별 목표대비 실적과 달성률을 차트로 표현하시오.

　– 활용 필드 : 〈날짜〉 테이블의 [연월] 필드, 〈◎측정값〉 테이블의 [목표수량], [총수량], [목표달성률] 측정값

　– 이름 : '목표수량' → '목표실적', '총수량' → '실적', '목표달성률' → '달성률'

　– 날짜 순서로 오름차순 정렬

▶ 다음 서식을 적용하시오.

　– X축 : 글꼴 'Segoe UI', 크기 '12', '굵게', 제목 해제

　– Y축 : 글꼴 크기 '10', 제목 해제

　– 보조Y축 : 0부터 시작, 글꼴 크기 '10', 제목 해제

　– 열 색 : 목표실적 '#099668', 실적 '#4A588A'

　– 표식 설정

　– 데이터 레이블 : 목표실적과 실적은 막대의 '안쪽 끝에', 달성률은 선의 '위'에 설정

▶ 차트의 제목과 테두리를 다음과 같이 적용하시오.

　– 차트 제목 해제

　– 테두리 색 '흰색, 30% 더 어둡게', 둥근 모서리 '10'

▶ 차트를 도형 ①에 배치하시오.

① 주문실적 페이지에서 [시각화] 창의 '꺾은선형 및 묶은 세로 막대형 차트(📊)'를 추가한다. [시각화] 창의 [시각적 개체 빌드]에서 [X축]에 〈날짜〉 테이블의 [연월] 필드, [열y축]에 〈◎측정값〉 테이블의 '목표수량' 측정값, '총수량' 측정값, [선y축]에 〈◎측정값〉 테이블의 '목표달성률' 측정값을 추가한다.

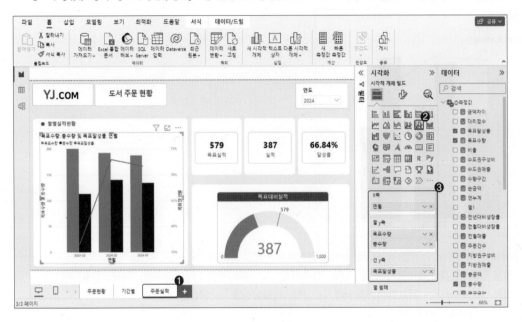

② [시각적 개체 빌드]의 [열y축]의 이름을 더블클릭하여 목표수량을 '목표실적', 총수량을 '실적', [선y축]의 이름을 더블 클릭하여 목표달성률을 '달성률'로 변경한다.

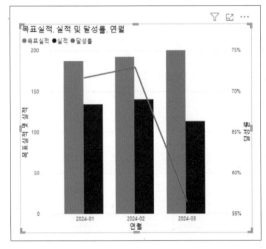

③ 시각적 개체의 추가 옵션(···)을 클릭하고 [축 정렬]에서 '연월', '오름차순 정렬'을 차례로 클릭한다.

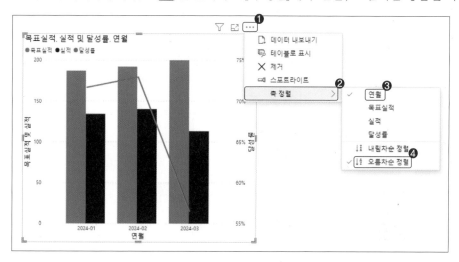

④ [시각화] 창의 [시각적 개체 서식 지정]을 클릭한다. [시각적 개체]−[X축]의 [값]에서 글꼴 종류는 'Segoe UI', 크기는 '12', '굵게', [제목]을 해제한다. [Y축]의 [값]에서 글꼴 크기는 '10', [제목]을 해제한다. [보조Y축]의 [범위]에서 [0정렬]을 설정하고, [값]에서 글꼴 크기는 '10', [제목]을 해제한다.

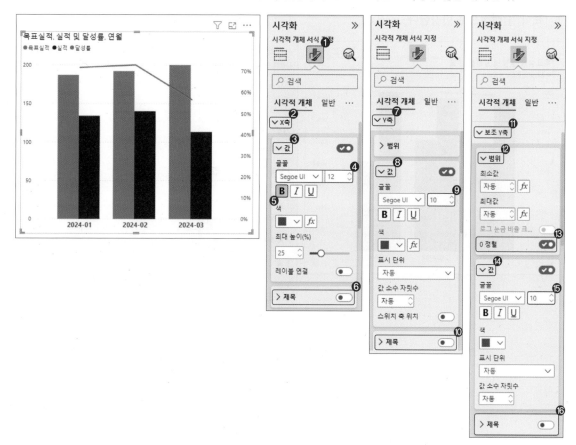

기적의 Tip

[보조 Y축]의 '0정렬'은 Y축, 보조 Y축 모두 0으로 시작한다.

⑤ [열]의 계열을 '목표실적'으로 변경하고 [색]-[다른 색]-[헥스]에 '#099668'을 입력한다. [계열]을 '실적'
으로 변경하고 [색]-[다른 색]-[헥스]에 '#4A588A'를 입력한다.

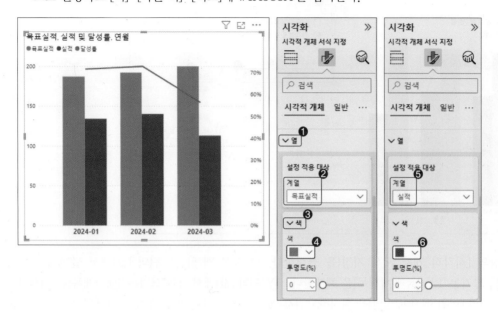

⑥ [표식]을 설정으로 변경한다.

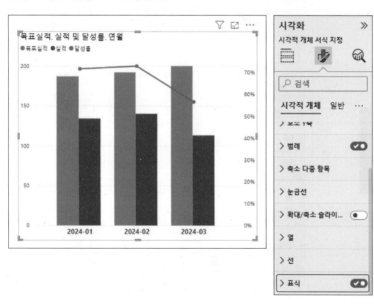

⑦ [데이터 레이블]을 설정하고 계열에서 '목표실적'을 선택, [옵션]의 위치(열)을 '안쪽 끝에'로 변경한다. 계열에서 '실적'을 선택하고 [옵션]의 위치(열)을 '안쪽 끝에'로 변경, 계열에서 '달성률'을 선택하고 [옵션]의 위치(줄)을 '위'로 변경한다.

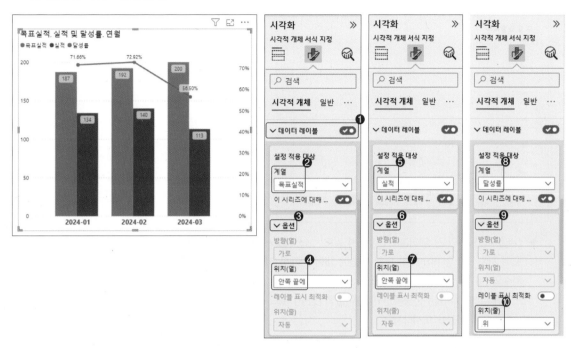

⑧ [일반]−[제목]을 해제한다. [효과]의 [시각적 테두리]를 설정하고 색을 '흰색, 30% 더 어둡게', 둥근 모서리에 '10'을 입력한다.

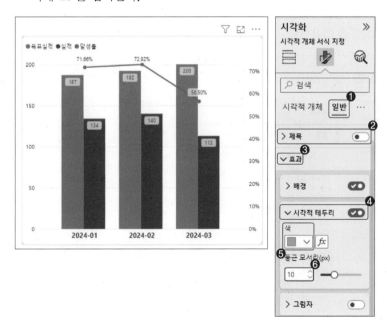

⑨ 차트의 크기와 위치를 조정한 후 도형 ①에 배치한다.

'출제유형5.pbix' 파일을 열고 다음 지시사항에 따라 분산형 차트를 구현하시오.

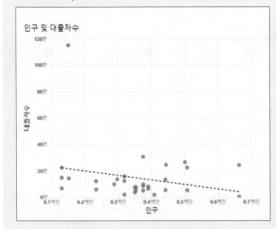

▶ 〈서울주민등록인구〉 테이블의 [자치구] 필드는 〈전체도서관현황〉 테이블의 [시군구] 필드와 관계 설정되어 있
  으며 자치구별 인구에 따라 도서 대출에 대한 관계를 파악하려고 한다. '도서관현황' 페이지에서 인구와 대출
  자수의 관계를 차트로 표현하시오.
  – 활용 필드 : 〈서울주민등록인구〉 테이블의 [인구] 필드, 〈전체도서관현황〉 테이블의 [대출자수] 필드
  – 차트에 추세선을 표시하시오.
  – 차트를 도형 ①에 배치하시오.

① 도서관현황 페이지에서 [시각화] 창의 '분산형 차트(▦)'를 추가한다. [시각화] 창의 [시각적 개체 빌드]
  에서 [X축]에 〈서울주민등록인구〉 테이블의 [인구] 필드를 추가한다. X축 필드(합계 인구개)에서 마우
  스 오른쪽 버튼을 클릭하여 '요약 안 함'을 적용한다.

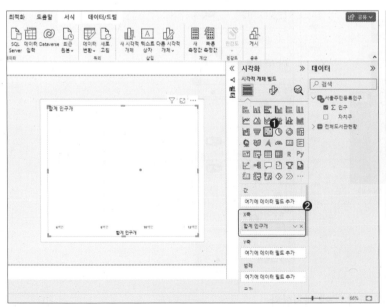

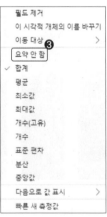

② [Y축]에 〈전체도서관현황〉 테이블의 [대출자수] 필드를 추가하고 Y축 필드(합계 대출자수)에서 마우스 오른쪽 버튼을 클릭하여 '요약 안 함'으로 적용한다.

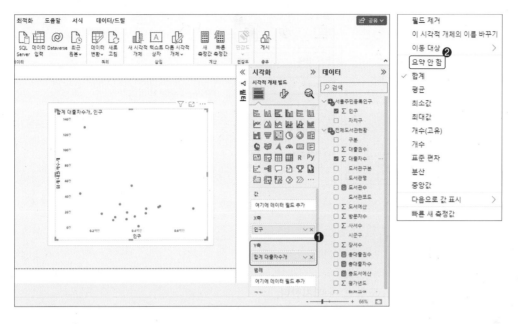

기적의 Tip

분산형 차트의 X축이나 Y축에 숫자형 필드를 추가하면 합계로 표시된다. 전체 데이터 분포로 비교하기 위해 필드에서 마우스 오른쪽 버튼을 클릭하여 '데이터 요약 안 함'을 적용한다.

③ 인구와 대출자수의 관계를 파악할 수 있다.

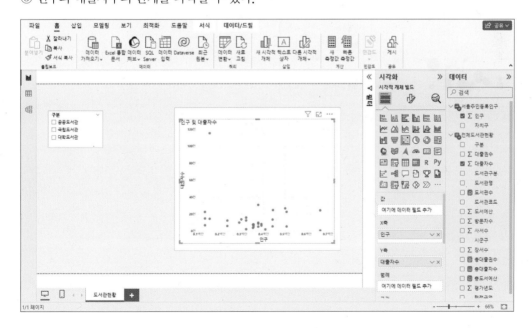

④ [시각화] 창의 [시각적 개체 추가 분석 추가]에서 [추세선]을 적용한다.

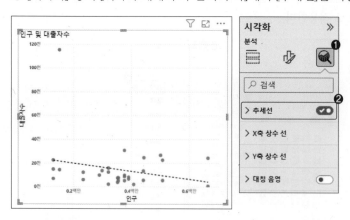

기적의 Tip

인구와 대출자수는 음의 관계를 표시한다.

⑤ 차트의 크기와 위치를 조정한 후 도형 ①에 배치한다.

더 알기 Tip   거품형 차트

분산형 차트의 [X축], [Y축], [크기] 영역에 데이터를 추가하면 거품 크기로 3개의 데이터 계열에 대한 관계를 표시한다. 다음은 인구와 대출자수, 장서수(합계)에 대한 관계를 시각화한 결과이다.

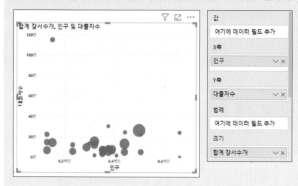

SECTION
04

테이블 구성하기

작업 파일 [C:₩2024경영정보시각화₩핵심이론₩Chapter02₩Section04] 폴더에서 작업하시오.

출제유형 ❶ 테이블

'**출제유형1.pbix**' 파일을 열고 다음 지시사항에 따라 테이블을 구현하시오.

분류명	총수량	총금액 ▼	비율
IT자격증	197	2,915,500	50.15%
IT모바일	62	1,064,800	18.32%
건강취미	65	898,400	15.45%
실용자격증	27	416,500	7.16%
경제경영	23	343,100	5.90%
어린이	11	148,500	2.55%
자기계발	2	27,000	0.46%
합계	387	5,813,800	100.00%

▶ '분야별' 페이지에 분류별 비율을 테이블로 표현하시오.
- 활용 필드 : 〈도서목록〉 테이블의 [분류명] 필드, 〈◎측정값〉 테이블의 [총수량], [총금액] 측정값
- 비율은 총금액의 백분율 표시
▶ 테이블에 다음 서식을 적용하시오.
- 스타일 '굵은 헤더', 테두리 색 '#096660', 너비 '2', 행 안쪽 여백 '5', 전역 글꼴 크기 '14'
- 글꼴 '굵게', 배경색 '#096660', 머리글 맞춤 '가운데', 열 너비의 '자동 크기 너비' 옵션 해제
- '총수량' 텍스트 색 '#096660', 맞춤 '가운데'
▶ 테이블에 조건부 서식을 설정하시오.
- 계열 : 총금액
- 조건부 서식 : 데이터 막대, 양수 막대 색상 '테마 색3, 60% 더 밝게'로 설정
▶ [총금액]을 기준으로 내림차순 정렬을 적용하시오.
▶ 테이블을 도형 ①에 배치하시오.

① 분야별 페이지에서 [시각화] 창의 '테이블(▦)'을 추가한다. [시각화] 창의 [시각적 개체 빌드]에서 [열]에
〈도서목록〉 테이블의 [분류명] 필드, 〈◎측정값〉 테이블의 '총수량', '총금액', '총금액'을 추가한다.

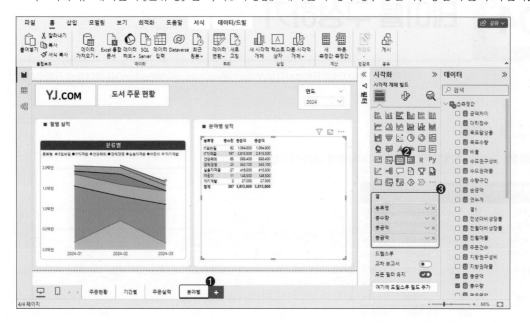

② [열] 영역의 두 번째 '총금액' 측정값에서 마우스 오른쪽 버튼을 클릭하여 [다음으로 값 표시]-[총합계의
백분율]을 클릭한다. '%GT 총금액'을 더블클릭하여 이름을 '비율'로 변경한다.

③ [시각화] 창의 [시각적 개체 서식 지정]을 클릭한다. [시각적 개체]의 [스타일 사전 설정]에서 '굵은 헤더'
로 지정한다.

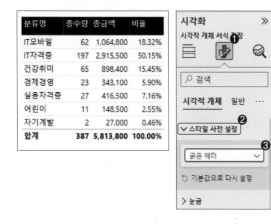

④ [눈금]–[테두리]에서 [색]–[다른 색]–[헥스]에 '#096660'을 입력하고, 너비는 '2'로 설정한다. [옵션]에
서 행 안쪽 여백은 '5', 전역 글꼴 크기를 '14'로 지정한다.

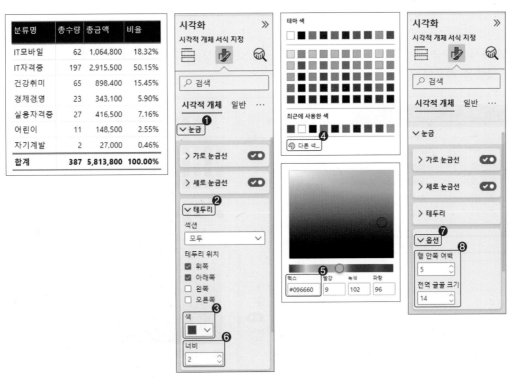

⑤ [열 머리글]–[텍스트]에서 '굵게', [배경색]–[다른 색]–[헥스]에 '#096660'을 입력하고, 머리글 맞춤은
'가운데', [옵션]에서 '자동 크기 너비'의 설정을 해제한다.

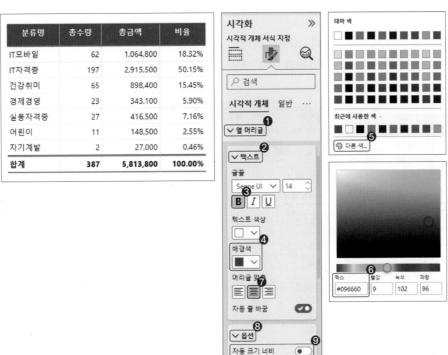

⑥ [특정 열]에서 계열을 '총수량'으로 변경하고, [값]의 [텍스트 색상]-[다른 색]-[헥스]에 '#096660'을 입력하고, 맞춤을 '가운데'로 설정한다.

⑦ [셀 요소]에서 계열을 '총금액'으로 변경한다. 데이터 막대를 설정으로 변경하고 조건부 서식(𝑓x)을 클릭한다. [데이터 막대] 대화상자에서 [양수 막대]의 색을 '테마 색3, 60% 더 밝게'로 적용하고 [확인]을 클릭한다.

⑧ 테이블의 추가 옵션(⋯)을 클릭하여 [정렬 기준]–[총금액]을 클릭하고 다시 [내림차순 정렬]을 클릭한다.

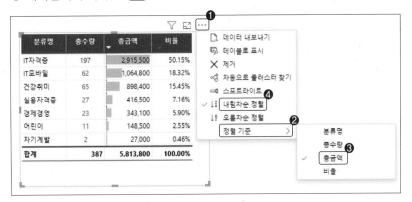

⑨ 테이블의 크기와 위치를 조정하고 도형 ①에 배치한다.

출제유형 ② 행렬

'출제유형2.pbix' 파일을 열고 다음 지시사항에 따라 행렬을 구현하시오.
전월대비 페이지의 연도 슬라이서에 '2024', 분류명 슬라이서에 'IT모바일'로 필터가 적용된 상태에서 작업하시오.

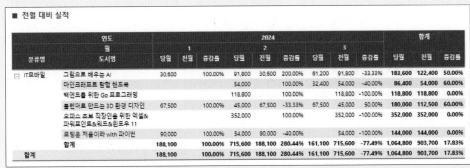

▶ '전월대비' 페이지에 제품별, 기간별 실적을 행렬 차트로 표현하시오.
  – 활용 필드 : 〈도서목록〉 테이블 [분류명], [도서명] 필드, 〈날짜〉 테이블의 [연도], [월] 필드, 〈◎측정값〉 테이블의 [총금액], [전월매출], [전월대비성장률]
  – 이름 : '총금액' → '당월', '전월매출' → '전월', '전월대비성장률' → '전월비'로 변경
▶ 행렬 차트에 다음 서식을 적용하시오.
  – 행 머리글은 계층 구조를 모두 확장하여 도서명까지 표시
  – 열 머리글은 계층 구조를 모두 확장하여 월까지 표시
  – 테두리 색 : 위/아래 '#096660', 너비 '2', 행 안쪽 여백 '3', 전역 글꼴 크기 '11'
  – 열 머리글 : 글꼴 '굵게', 배경색 '#096660', 머리글 맞춤 '가운데', 열 너비의 '자동 크기 너비 옵션' 해제
  – 행 머리글 : 계단형 레이아웃 해제
  – 월의 부분합 표시 해제
▶ 차트를 도형 ①에 배치하시오.

① 전월대비 페이지에서 [시각화] 창의 '행렬(▦)'을 추가한다. [시각화] 창의 [시각적 개체 빌드]에서 [행]에 〈도서목록〉 테이블의 [분류명], [도서명] 필드, [열]에 〈날짜〉 테이블의 [연도], [월] 필드, [값]에 〈◎측정 값〉 테이블의 '총금액', '전월매출', '전월대비성장률' 측정값을 추가한다.

② [값]의 이름을 더블클릭하여 '총금액'은 '당월', '전월매출'은 '전월', '전월대비성장률'은 '증감률'로 이름을 변경한다.

③ 행렬의 [드릴온]이 '행'인 상태에서 계층 구조에서 한 수준 아래로 모두 확장(🔼)을 클릭하여 도서명까지 표시한다.

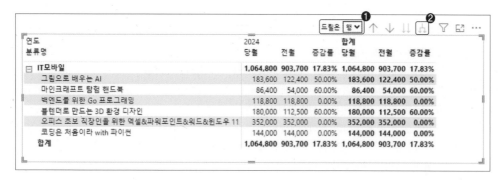

④ [드릴온]을 '열'로 변경하고 계층 구조에서 한 수준 아래로 모두 확장(◫)을 클릭하여 월까지 표시한다.

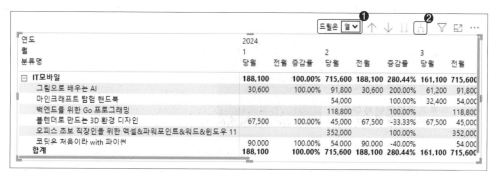

┌─────────────────┐
│ 기적의 Tip │ 행렬 시각화
└─────────────────┘

행렬의 행이나 열 영역에 여러 개의 필드를 추가하면 계층 구조로 표시되며 시각화 드릴 모드를 이용하여 데이터를 탐색한다.

⑤ [시각화] 창의 [시각적 개체 서식 지정]을 클릭한다. [시각적 개체]의 [눈금]-[테두리]에서 섹션이 '모두'인 상태에서 위쪽, 아래쪽을 체크 표시하고 [색]-[다른 색]-[헥스]에 '#096660'을 입력하고, 너비는 '2'로 설정한다. [옵션]에서 행 안쪽 여백은 '3', 전역 글꼴 크기를 '11'로 설정한다.

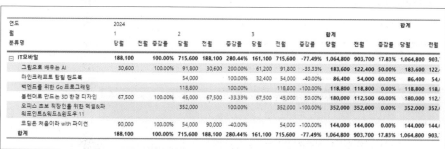

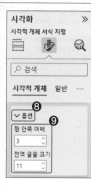

⑥ [열 머리글]-[텍스트]에서 '굵게', 텍스트 색상 '흰색', 배경색 '#096660', 머리글 맞춤 '가운데'로 설정,
[옵션]에서 [자동 크기 너비]를 해제한다.

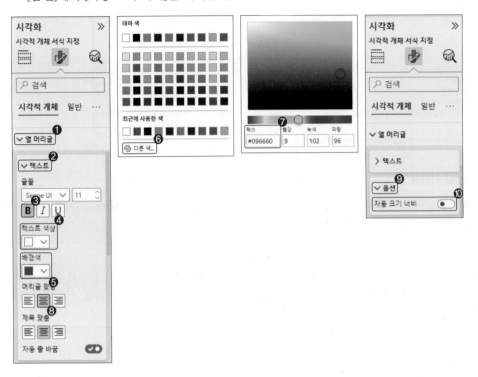

⑦ [행 머리글]-[옵션]에서 [계단형 레이아웃]을 해제한다.

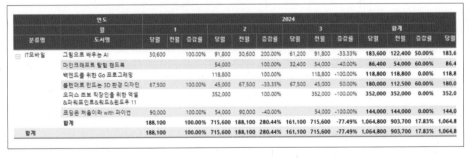

기적의 Tip

- 계단형 레이아웃 옵션을 해제하면 행 머리글의 필드는 분리하고 행 합계를 표시한다.
- 계단형 레이아웃 들여쓰기 간격을 조정하여 계층별 들여쓰기 간격을 조정한다.

⑧ [열 소계]-[열 수준별] 옵션을 설정한다. 열 수준을 '월'로 선택하고 '부분합 표시'의 설정을 해제한다. 행렬 개체의 열 너비를 적절히 조정하고 도형 ①에 배치한다.

더 알기 Tip · 테이블(행렬) 기본 서식 옵션

속성	설명
스타일 사전 설정	테이블에 굵은 헤더, 대체 행, 스파스 등과 같은 스타일 설정
눈금	– 테이블에 가로와 세로 눈금선을 설정하고 테두리를 설정할 수 있음 – 옵션에서 '행 안쪽 여백'을 조정하여 행 높이를 조정하고, '전역 글꼴 크기'에서 테이블의 전체 글꼴 크기 설정
값	값의 글꼴 서식, 색상, 배경색 등 서식 설정
열 머리글	열 머리글의 텍스트 서식 설정, 옵션의 '자동 크기 너비'를 해제하면 고정된 열 너비를 사용하게 됨
합계	테이블의 합계 행에 값 표시 여부와 서식 설정
특정 열	테이블에 추가된 계열을 선택하여 색상, 표시 단위 등 서식 설정
셀 요소	계열별로 배경색, 글꼴 색, 데이터 막대, 아이콘, 웹 URL의 서식을 적용하고 조건부 서식 설정 변경
URL 아이콘	웹 URL을 아이콘(🖼)으로 표시
이미지 크기	셀 안의 이미지 크기 조정

더 알기 Tip · 행렬 주요 서식 옵션

속성	설명
행 머리글	텍스트 서식이나 +/- 아이콘 서식 설정, '옵션'의 '계단형 레이아웃'을 해제하면 여러 행 머리글을 분리하여 표시할 수 있음
열 머리글	열 머리글의 텍스트 서식 설정, 옵션의 '자동 크기 너비'를 해제하면 고정된 열 너비를 사용하게 됨
열 소계	열 수준별을 설정하여 부분합 표시
행 소계	행 수준별을 설정하여 부분합 표시, 위치 설정
열 총합계	열 총합계의 텍스트 서식 적용
행 총합계	행 총합계의 텍스트 서식 적용

계층 구조: 연도, 분기, 월, 일

속성	설명
드릴온(▦)	행과 열 영역에 여러 개의 필드를 추가하면 표시되고 계층 구조를 확장할 행과 열을 선택 후 시각화 드릴 모드로 데이터 탐색
드릴업(↑)	낮은 수준에서 높은 수준으로 계층 이동 예) 일 → 월 → 분기 → 연도 순으로 한 수준씩 이전 수준으로 이동
드릴다운(↓)	드릴다운을 켠 상태에서 테이블의 데이터 요소를 클릭하면 선택한 요소를 집중 탐색 예) 연도(2024)→ 연도, 분기(2024 Q1) → 연도, 분기, 월(2024 Q1 JAN) → 연도, 분기, 월, 일 (2024 Q1 JAN 1) 순으로 한 수준씩 다음 수준으로 이동
계층 구조에서 다음 수준으로 이동(▥)	계층별 수준 탐색 예) 연도 → 분기 → 월 → 일 순으로 다음 수준으로 이동
계층 구조에서 한 수준 아래로 모두 확장(⬡)	이전 계층 수준과 함께 다음 계층 수준으로 데이터를 탐색 연도 → 연도, 분기 → 연도, 분기, 월 → 연도, 분기, 월, 일

난이도 상 중 하

SECTION 05

조건부 서식 활용

작업 파일 [C:₩2024경영정보시각화₩핵심이론₩Chapter02₩Section05] 폴더에서 작업하시오.

출제유형 ① 조건부 서식 적용하기

'출제유형1.pbix' 파일을 열고 다음 지시사항에 따라 조건부 서식을 적용하시오.

■ 전월 대비 실적

연도		2024									합계		
월		1			2			3					
분류명	도서명	당월	전월	증감률	당월	전월	증감률	당월	전월	증감률	당월	전월	증감률
IT모바일	그림으로 배우는 AI	30,600		▲ 100.00%	91,800	30,600	▲ 200.00%	61,200	91,800	▼ -33.33%	183,600	122,400	▲ 50.00%
	마인크래프트 탐험 핸드북				54,000		▲ 100.00%	32,400	54,000	▼ -40.00%	86,400	54,000	▲ 60.00%
	백엔드를 위한 Go 프로그래밍				118,800		▲ 100.00%		118,800	▼ -100.00%	118,800	118,800	0.00%
	블렌더로 만드는 3D 환경 디자인	67,500		▲ 100.00%	45,000	67,500	▼ -33.33%	67,500	45,000	▲ 50.00%	180,000	112,500	▲ 60.00%
	오피스 초보 직장인을 위한 엑셀&파워포인트&워드&윈도우 11				352,000		▲ 100.00%		352,000	▼ -100.00%	352,000	352,000	0.00%
	코딩은 처음이라 with 파이썬	90,000		▲ 100.00%	54,000	90,000	▼ -40.00%		54,000	▼ -100.00%	144,000	144,000	0.00%
	합계	188,100		▲ 100.00%	715,600	188,100	▲ 280.44%	161,100	715,600	▼ -77.49%	1,064,800	903,700	▲ 17.83%
합계		188,100		▲ 100.00%	715,600	188,100	▲ 280.44%	161,100	715,600	▼ -77.49%	1,064,800	903,700	▲ 17.83%

▶ '전월대비' 페이지의 행렬 차트에 조건부 서식을 적용하시오.
- 계열 : 증감률
- 조건부 서식 종류 : 아이콘
- 서식 스타일 : 규칙, 적용 대상 : 값 및 합계
- 규칙 : 숫자 범위로 0보다 크고 최대값보다 작거나 같은 경우 위쪽 삼각형(▲), 최소값보다 크거나 같고 0보다 작은 경우 아래쪽 삼각형(▼) 표시

① 전월대비 페이지의 '전월대비실적' 테이블을 선택한 후 [시각화] 창의 [시각적 개체 서식 지정]을 클릭한다. [시각적 개체]–[셀 요소]에서 계열을 '증감률'로 선택, [아이콘]을 설정하고 '조건부 서식(fx)'을 클릭한다.

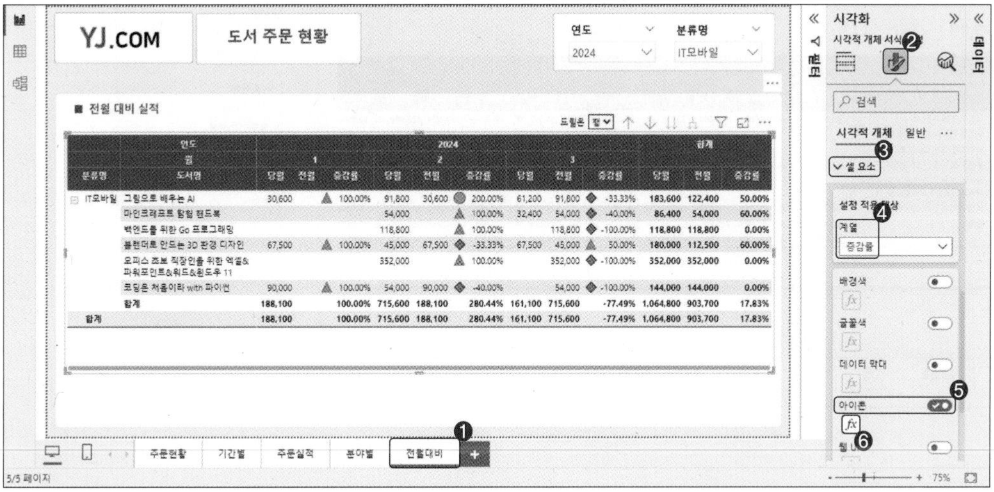

② [아이콘] 대화상자에서 서식 스타일은 '규칙', '전월대비성장률' 필드를 기반으로, 규칙1은 '>, 0, 숫자, <=, 최대값, 숫자, 녹색 위쪽 삼각형(▲)', 규칙2는 '>=, 최소값, 숫자, <, 0, 숫자, 빨간색 아래쪽 삼각형(▼)' 규칙을 작성한다. 적용 대상을 '값 및 합계'로 변경하고 [확인]을 클릭한다.

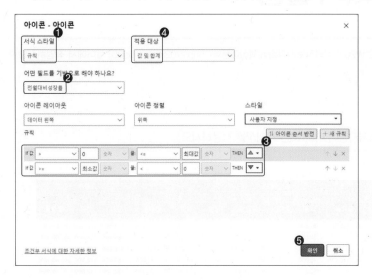

> **기적의 Tip**
>
> 규칙을 추가한 후 적용 대상을 '값 및 합계'로 변경한다.

> **기적의 Tip**
>
> 규칙 입력란의 숫자를 지우면 최소값, 최대값이 자동 표시된다.

③ 테이블 증감률에 조건부 서식이 적용된다.

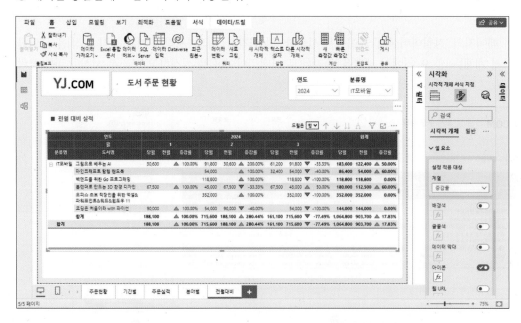

기적의 Tip

[값] 영역의 필드에서 마우스 오른쪽 버튼을 클릭하여 조건부 서식을 빠르게 적용할 수 있다.

기적의 Tip **조건부 서식 제거하기**

[값] 영역의 필드에서 마우스 오른쪽 버튼을 클릭하여 [조건부 서식 제거]에서 적용된 서식을 빠르게 제거할 수 있다.

출제유형 ❷ **동적인 조건부 서식 설정**

'출제유형2.pbix' 파일을 열고 다음 지시사항에 따라 조건부 서식을 적용하시오.

▶ '주문실적' 페이지의 연도 슬라이서에 '2024', 담당자 슬라이서에 '강영수'로 필터가 적용된 상태에서 작업하시오.
▶ 담당자 슬라이서에서 선택한 값을 반환하는 측정값을 생성하시오.
 – 측정값 이름 : 담당자제목
 – 활용 필드 : 〈대리점〉 테이블의 [담당자] 필드
 – 계산 : 담당자 슬라이서에서 선택한 값을 반환하고 그 외는 공백 반환
 – 사용 함수 : SELECTEDVALUE, BLANK, & 연산자
 – 결과 : 담당자 이름과 텍스트 반환(예 : 강영수 목표대비실적)
▶ '주문실적' 페이지의 계기 차트(목표대비실적) 제목에 '담당자제목' 측정값을 표현하시오.

① 보고서 보기(📊)에서 〈◎측정값〉 테이블을 선택하고 [테이블 도구]-[계산] 그룹에서 [새 측정값]을 선택한다.

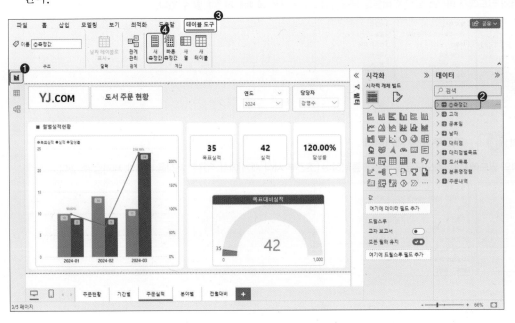

② 수식 입력줄에 담당자제목=SELECTEDVALUE('대리점'[담당자],BLANK())&" 목표대비실적"을 입력하고 Enter 를 누른다.

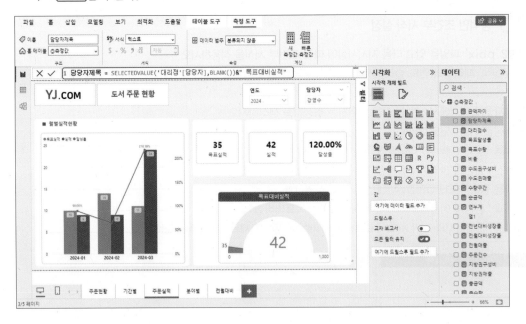

> **기적의 Tip** **수식 설명**
>
> (1) SELECTEDVALUE('대리점'[담당자],BLANK()) : 담당자 슬라이서에서 필터링한 담당자 값을 반환하고 필터 값이 없거나 다른 값을 필터링하면 공백을 반환한다.
>
> (2) =(1)&" 목표대비실적" : (1)의 값에 '목표대비실적'을 연결하여 반환한다.

③ 주문실적 페이지의 계기 차트(목표대비실적)를 선택한 후 [시각화]창의 [시각적 개체 서식 지정]을 클릭한다. [일반]-[제목]-[제목]의 텍스트의 '조건부 서식(𝑓𝑥)'을 클릭한다.

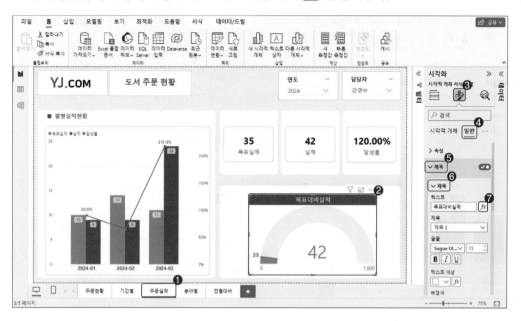

④ [제목 텍스트] 대화상자에서 서식 스타일 '필드 값', '어떤 필드를 기반으로 해야 하나요?'에서 측정값 '담당자제목'을 선택하고 [확인]을 클릭한다.

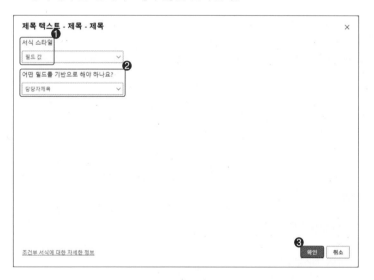

⑤ 계기 차트 제목에 담당자 이름과 목표대비실적 텍스트가 표시된다. 담당자 슬라이서에서 값을 변경하면
   계기 차트의 제목이 변경된다.

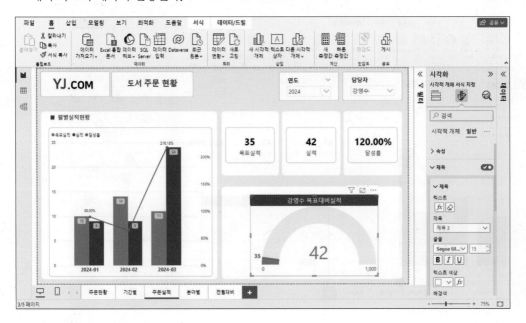

더 알기 Tip   조건부 서식 종류

종류	설명
배경색	값을 기준으로 셀에 배경색 설정, 최소값, 최대값이나 입력 값으로 서식은 설정하거나 중간 색을 추가하여 3가지 색상으로 설정할 수 있음
글꼴색	– 값을 기준으로 글꼴에 색 설정, 최소값, 최대값이나 입력 값으로 서식을 설정하거나 중간 색을 추가하여 3가지 색상으로 설정할 수 있음 – 배경색과 글꼴색을 동일한 색으로 적용하면 테이블 열에 색만 표시
데이터 막대	값을 기준으로 막대를 사용하여 서식 설정, 양수, 음수 색상을 변경하거나 막대 방향 변경 가능
아이콘	규칙이나 필드 값의 숫자나 백분율 구간을 설정하여 다양한 아이콘 스타일로 서식 지정
웹 URL	웹 사이트 URL이 포함된 열의 URL을 활성 링크로 적용

더 알기 Tip   조건부 서식의 서식 스타일

대화상자의 서식 스타일 기준	
서식 스타일 그라데이션 그라데이션 규칙 필드 값	– 그라데이션 : 최소값, 최대값을 기준으로 색 설정 – 규칙 : 사용자가 설정한 규칙에 맞추어 서식 설정 – 필드 값 : 필드의 값 또는 측정값을 기준으로 서식 설정
적용 대상 값만 값만 값 및 합계 합계만	– 값만 : 테이블의 값에만 서식 설정 – 값 및 합계 : 테이블의 값과 부분합, 합계에 서식 설정 – 합계만 : 테이블의 합계만 서식 설정

대화식 화면 구성하기

학습 방향

대화형 보고서 작성을 위해 필터, 상호 작용 편집, 책갈피, 매개 변수와 같은 도구를 활용하여 시각적 개체에 필터를 적용하거나 개체간 상호 작용 동작 방식을 편집할 수 있어야 한다. 또한 페이지 탐색기, 매개 변수를 활용해 데이터를 탐색하는 방법은 반드시 학습해 두어야 한다.

SECTION 01 필터 적용

작업 파일 [C:₩2024경영정보시각화₩핵심이론₩Chapter03₩Section01] 폴더에서 작업하시오.

출제유형 ① **주문현황 보고서에 필터 적용**

'**출제유형1.pbix**' 파일을 열고 다음 지시사항에 따라 필터를 적용하시오.

▶ 보고서의 전체 페이지에 [수량] 필드 값이 공백인 경우는 제외하시오.
▶ '주문현황' 페이지의 묶은 세로 막대형 차트에 총금액이 가장 높은 상위 5개의 분류명만 표시하시오.

① 주문현황 페이지에서 [필터] 창을 확장한다. [모든 페이지의 필터]의 [여기에 데이터 필드 추가] 영역에 〈주문내역〉 테이블의 [수량] 필드를 추가한다.

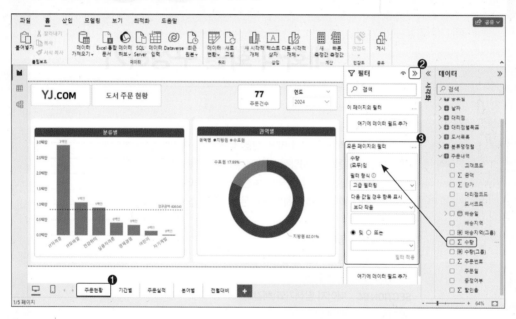

② 수량의 필터 형식은 '고급 필터링', 다음 값일 경우 항목 표시에서 '공백이 아님'을 선택하고 [필터 적용]을 클릭한다. [수량] 필드가 공백인 데이터는 모든 페이지의 시각화에 포함되지 않는다. 카드(주문건수)의 값이 77개에서 75개로 변경된 걸 확인할 수 있다.

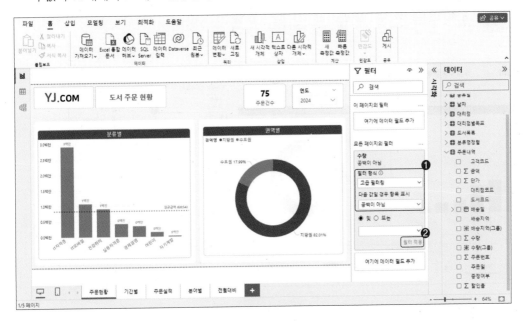

③ 주문현황 페이지에서 묶은 세로 막대형 차트를 선택 후 [필터] 창의 [이 시각적 개체의 필터]의 '분류명'의 필터 카드를 확장한다.

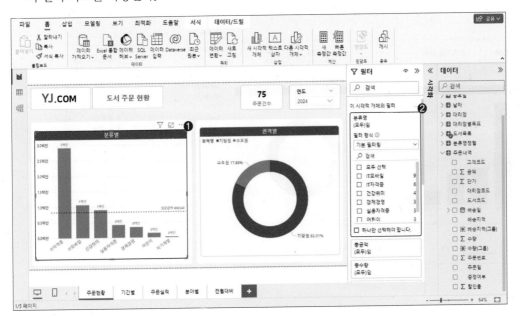

④ 필터 형식에서 '상위N'을 선택한다. 항목 표시는 '위쪽', '5'를 입력하고, 값에 〈◎측정값〉 테이블의 '총금액' 측정값을 추가한 후 [필터 적용]을 클릭한다.

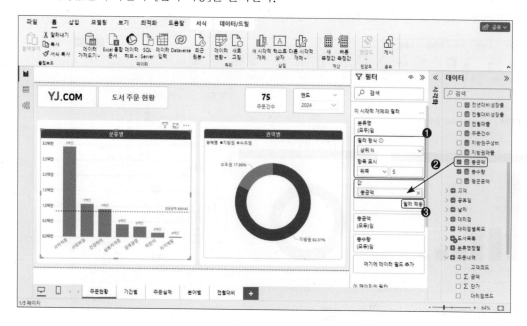

⑤ 차트에 총금액이 높은 순서대로 분류명 5개의 분류명이 표시된다.

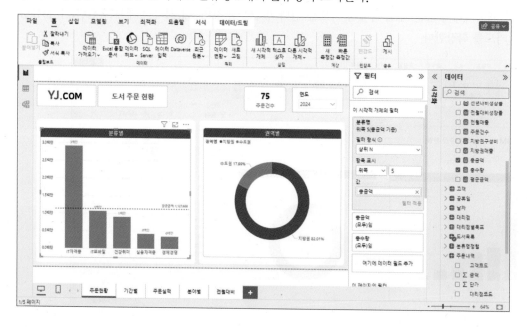

출제유형 ② **도서관현황 보고서에 필터 적용**

'출제유형2.pbix' 파일을 열고 다음 지시사항에 따라 필터를 적용하시오.

▶ '도서관현황' 페이지에 필터를 적용하시오.

– 활용 필드 : 〈전체도서관현황〉 테이블의 [구분], [행정구역] 필드

– 조건 : [구분] 필드 값이 '공공도서관' 또는 '대학도서관' 중에서 행정구역이 '서울'인 경우

▶ 누적 가로 막대형 차트에 대출권수가 가장 많은 상위 10개의 도서관명을 표시하시오.

– 활용 필드 : 〈전체도서관현황〉 테이블의 [총대출권수] 측정값

① 도서관현황 페이지에서 [필터] 창을 확장한다. [이 페이지의 필터]의 [여기에 데이터 필드 추가] 영역에 〈전체도서관현황〉 테이블의 [구분] 필드를 추가한다.

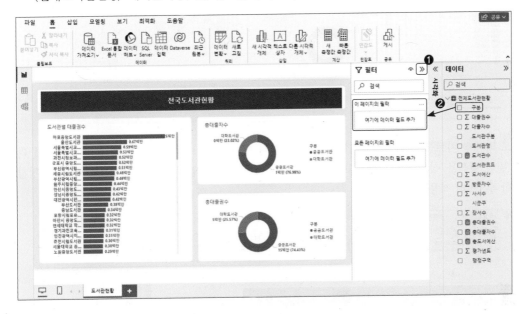

② 필터 형식이 '기본 필터링'에서 '공공도서관', '대학도서관'에 체크 표시한다.

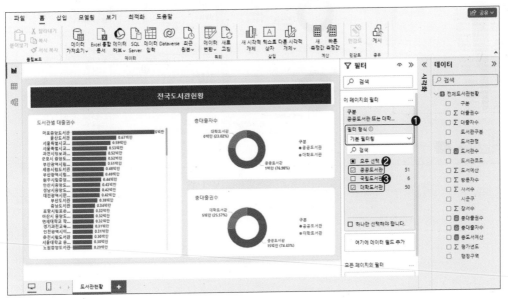

③ [이 페이지의 필터]의 [여기에 데이터 필드 추가] 영역에 〈전체도서관현황〉 테이블의 [행정구역] 필드를 추가하고 필터 형식이 '기본 필터링'에서 '서울'에 체크 표시한다.

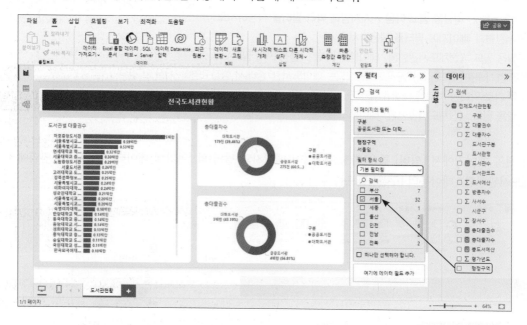

④ 누적 가로 막대형 차트를 선택 후 [필터] 창의 [이 시각적 개체의 필터]에서 '도서관명'의 필터 카드를 확장한다. 필터 형식을 '상위N'을 선택하고, 항목 표시는 '위쪽', '10'을 입력하고, 값에 '총대출권수' 측정값을 추가한 후 [필터 적용]을 클릭한다.

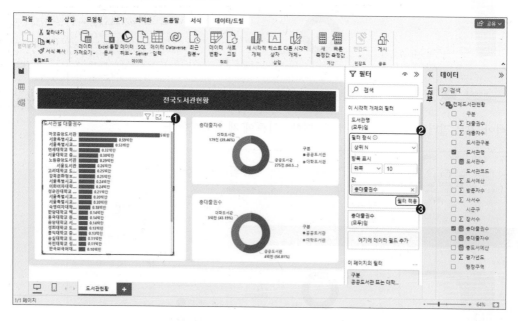

⑤ 차트에 총대출권수가 높은 순서대로 상위 10개의 도서관명이 표시된다.

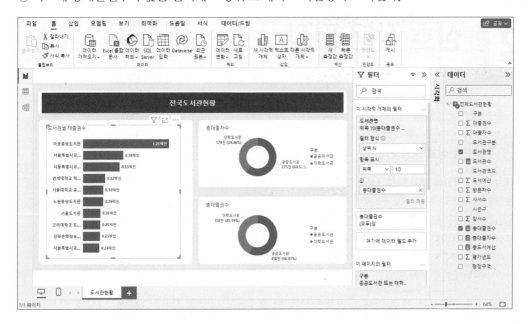

> **더 알기 Tip** **필터 종류**

종류	설명
이 시각적 개체 필터	선택한 시각적 개체에 필터 적용
이 페이지 필터	현재 페이지에 필터 적용
모든 페이지의 필터	보고서 전체에 필터 적용
드릴스루 필터	드릴스루 페이지를 구성하여 필터 적용

필터 형식	설명
기본 필터링	목록에서 필터 값 선택하여 적용
고급 필터링	보다 큼, 보다 작음, 포함, 포함하지 않음 등의 조건으로 필터
상위 N	선택한 시각적 개체에만 적용하며 상위(하위) N개 필터
상대 날짜	특정 시점에서 지난, 현재, 다음 기준으로 일, 주, 주(달력), 개월, 개월(달력), 년, 년(달력) 기준으로 필터
상대 시간	특정 시점에서 지난, 현재, 다음 기준으로 분, 시간 단위 필터
비교 연산자	보다 작음, 보다 작거나 같음, 보다 큼, 보다 크거나 같음, 다음임, 다음이 아님, 공백임, 공백이 아님 필터(비어 있음, 비어 있지 않음) 적용

SECTION
02

상호 작용 편집

작업 파일 [C:₩2024경영정보시각화₩핵심이론₩Chapter03₩Section02] 폴더에서 작업하시오.

출제유형 ① **주문현황 상호 작용 편집**

'**출제유형1.pbix**' 파일을 열고 다음 지시사항에 따라 상호 작용 편집을 변경하시오.

▶ '주문현황' 페이지의 묶은 세로 막대형 차트에서 선택한 값이 도넛형 차트에 필터되도록 설정하시오.

▶ '주문현황' 페이지의 도넛형 차트에서 선택한 값이 묶은 세로 막대형 차트에 필터되도록 설정하시오.

▶ '주문실적' 페이지의 꺾은선형 및 묶은 세로 막대형 차트에서 선택한 값이 계기 차트에는 적용되지 않도록 설정하시오.

① 주문현황 페이지에서 묶은 세로 막대형 차트를 선택한 후 [서식]–[상호 작용] 그룹에서 [상호 작용 편집]을 클릭한다.

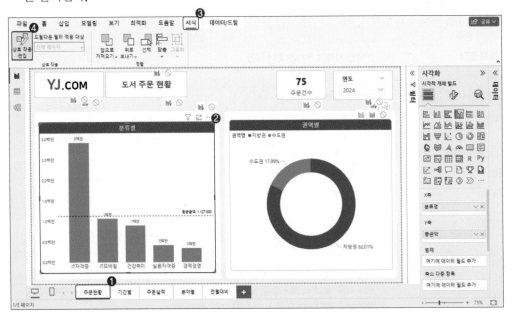

② 도넛형 차트의 필터(📊)를 클릭한다. 묶은 세로 막대형 차트에서 데이터 요소를 클릭하면 도넛형 차트에 필터가 적용된다.

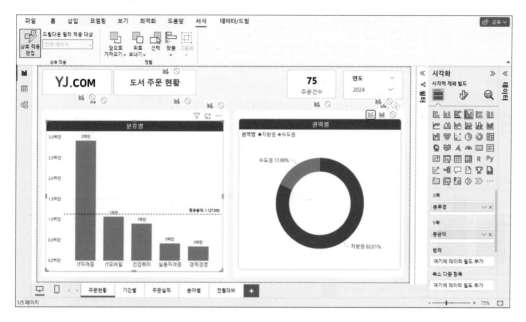

③ 도넛형 차트를 선택한 후 묶은 세로 막대형 차트의 필터(📊)를 클릭한다. 도넛형 차트에서 데이터 요소를 클릭하면 묶은 세로 막대형 차트에 필터가 적용된다.

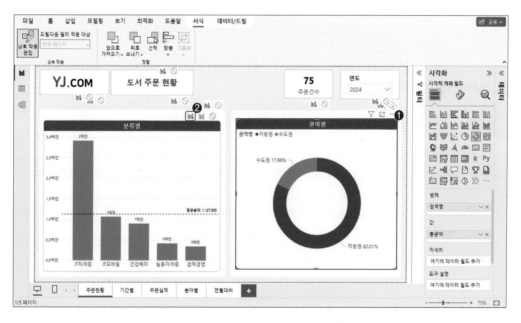

④ 주문실적 페이지에서 꺾은선형 및 묶은 세로 막대형 차트를 선택한다. 계기 차트의 없음(⊘)을 클릭한다.

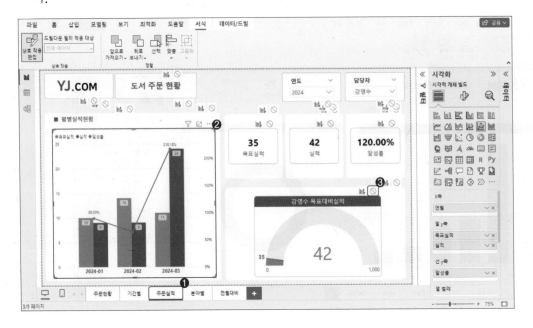

⑤ 꺾은선형 및 묶은 세로 막대형 차트에서 데이터 요소를 클릭하면 계기 차트에는 필터가 적용되지 않는다. [서식]-[상호 작용] 그룹에서 [상호 작용 편집]을 클릭하여 편집 모드를 해제한다.

출제유형 ❷ 도서관현황 상호 작용 편집

'출제유형2.pbix' 파일을 열고 다음 지시사항에 따라 상호 작용 편집을 변경하시오.

▶ '도서관현황' 페이지의 누적 가로 막대형 차트에서 선택한 값이 도넛형 차트(총대출자수)와 도넛형 차트(총대출권수)에 필터되도록 설정하시오.

▶ '도서관현황' 페이지의 도넛형 차트(총대출자수)에서 선택한 값이 누적 가로 막대형 차트에 필터되도록 설정하시오.

▶ '도서관현황' 페이지의 도넛형 차트(총대출권수)에서 선택한 값이 누적 가로 막대형 차트에 필터되도록 설정하시오.

① 도서관현황 페이지에서 누적 가로 막대형 차트를 선택한 후 [서식]–[상호 작용] 그룹에서 [상호 작용 편집]을 클릭한다.

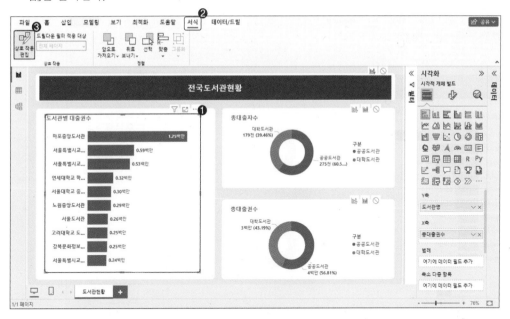

② 도넛형 차트(총대출자수)의 필터(📊)를 클릭하고 도넛형 차트(총대출권수)의 필터(📊)를 클릭한다. 누적 가로 막대형 차트에서 데이터 요소를 클릭하면 도넛형 차트(총대출자수)와 도넛형 차트(총대출권수)에 필터가 적용된다.

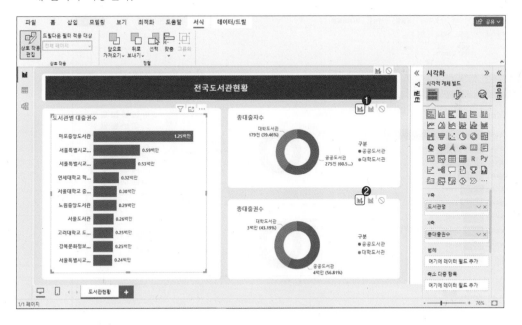

③ 도넛형 차트(총대출자수)를 선택한 후 누적 가로 막대형 차트의 필터(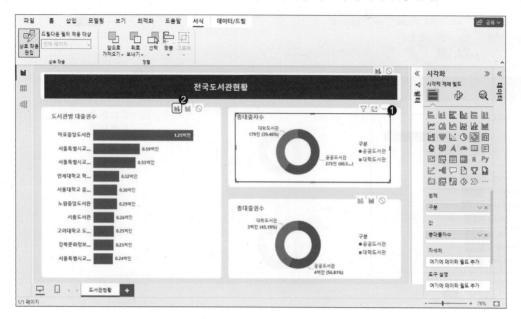)를 클릭한다. 도넛형 차트(총대출자수)에서 데이터 요소를 클릭하면 누적 가로 막대형 차트에 필터가 적용된다.

④ 도넛형 차트(총대출권수)를 선택한 후 누적 가로 막대형 차트의 필터(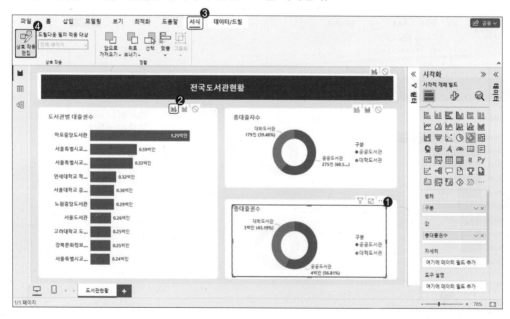)를 클릭한다. 도넛형 차트(총대출권수)에서 데이터 요소를 클릭하면 누적 가로 막대형 차트에 필터가 적용된다. [서식]-[상호 작용] 그룹에서 [상호 작용 편집]을 클릭하여 편집 모드를 해제한다.

더 알기 Tip   상호 작용 편집

❶ 시각적 개체 선택 후 ❷ [서식]–[상호 작용 편집] 클릭하여 다른 시각적 개체의 상호 작용을 ❸ '필터', '강조 표시', '없음'으로 동작 방식을 변경한다.

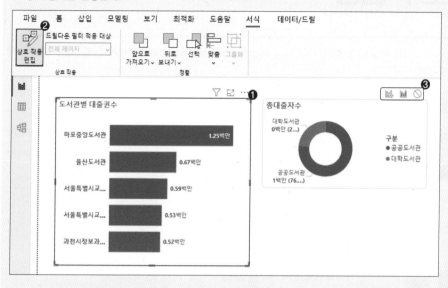

컨트롤	설명
필터(▨)	선택한 값으로 페이지의 다른 시각화에 교차 필터
강조 표시(▨)	선택한 값으로 페이지의 다른 시각화에 교차 강조
없음(◌)	상호 동작 해제

기적의 Tip

막대형 차트에서 데이터 요소를 클릭하면 원형 차트나 도넛형 차트, 막대형 차트는 데이터가 강조로 표시된다. [상호 작용 편집]을 이용해 시각적 개체가 동작하는 방식을 편집할 수 있다.

SECTION 03 도구 설명

작업 파일 [C:₩2024경영정보시각화₩핵심이론₩Chapter03₩Section03] 폴더에서 작업하시오.

출제유형 ① 주문현황 보고서에 도구 설명 페이지 구성하기

'출제유형1.pbix' 파일을 열고 다음 지시사항에 따라 도구설명을 구현하시오.

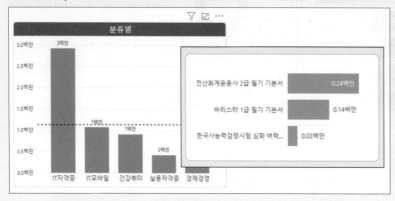

▶ '도구설명' 페이지를 도구 설명 페이지로 설정하시오.
 – 캔버스 유형 : 사용자 지정
 – 캔버스 크기 : 높이 '230', 너비 '400', 세로 맞춤 '중간'
 – 〈◎측정값〉 테이블의 [총금액] 측정값을 사용하는 시각적 개체에 표시

▶ '주문현황' 페이지의 묶은 세로 막대형 차트는 '도구설명' 페이지를 표시하시오.

▶ '주문현황' 페이지의 도넛형 차트는 기본값으로 표시하시오.

① 도구설명 페이지에서 [시각화] 창의 [보고서 페이지 서식 지정]을 클릭한다. [페이지 정보]에서 '도구 설명으로 사용' 옵션을 설정한다.

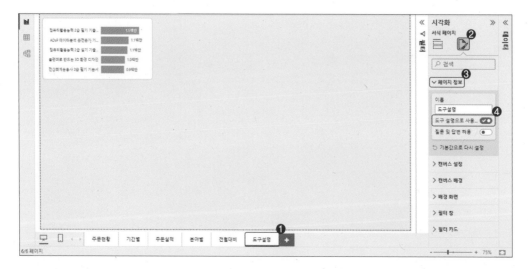

② [캔버스 설정]의 유형을 '사용자 지정'으로 변경하고 높이 '230', 너비 '400', 세로 맞춤 '중간'으로 설정한다.

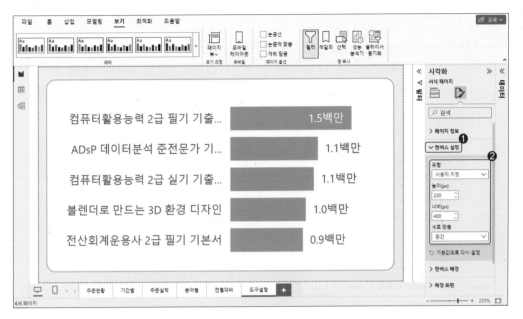

③ [보기]-[크기 조정] 그룹에서 [페이지 뷰]-[실제 크기]를 적용한다.

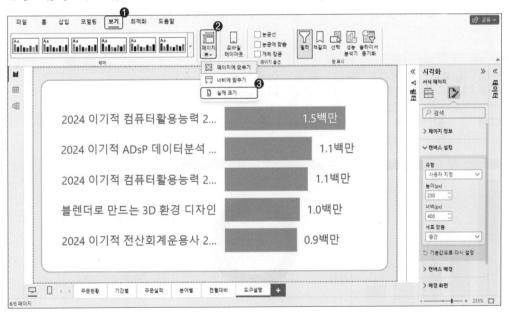

④ [시각화] 창의 [시각적 개체에 데이터 추가]를 클릭한다. [도구 설명] 영역의 [여기에 도구 설명 필드]에 〈◎측정값〉 테이블의 '총금액' 측정값을 추가한다.

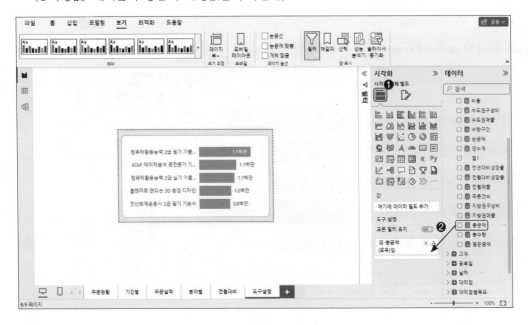

⑤ 주문현황 페이지에서 묶은 세로 막대형 차트를 선택하고 [시각화] 창의 [시각적 개체 서식 지정]을 클릭한다. [일반]-[도구 설명]-[옵션]에서 유형을 '보고서 페이지'로 지정, 페이지를 '도구설명'으로 설정한다.

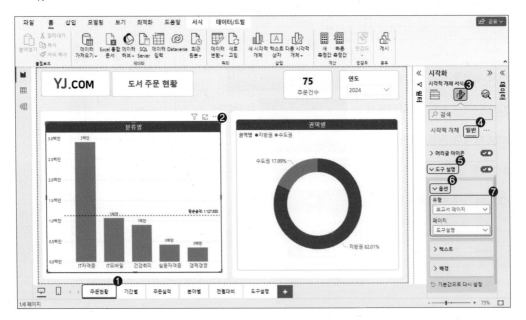

기적의 Tip

도구 설명 페이지를 구성하면 도구 설명 영역에 추가된 필드나 측정값을 사용하는 전체 페이지의 시각적 개체에 자동으로 도구 설명 페이지가 표시된다.

⑥ 도넛형 차트를 선택하고 [시각화] 창의 [시각적 개체 서식 지정]을 클릭한다. [일반]−[도구 설명]−[옵션]
의 유형을 '기본값'으로 지정한다.

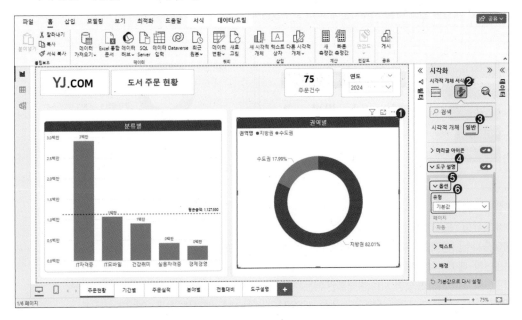

⑦ 묶은 세로 막대형 차트의 데이터 요소(IT모바일)에 마우스를 이동하면 도구 설명에 IT모바일 분야의 도
서명이 표시된다. 도넛형 차트의 데이터 요소(수도권)에 마우스를 이동시키면 기본 도구 설명이 표시된
다.

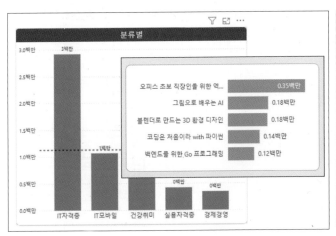

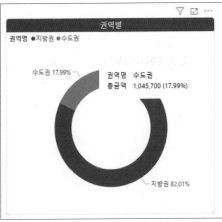

'출제유형2.pbix' 파일을 열고 다음 지시사항에 따라 도구설명 페이지를 구현하시오.

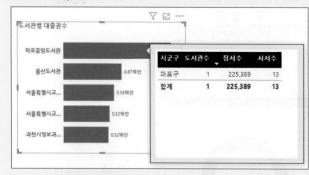
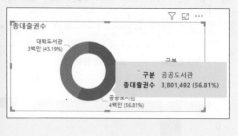

▶ '도구설명' 페이지를 도구 설명 페이지로 설정하시오.
　　– 캔버스 유형 : 도구 설명
　　– [총대출자수], [총대출권수] 측정값을 사용하는 시각적 개체에 표시
▶ '도서관현황' 페이지의 누적 가로 막대형 차트, 도넛형 차트(총대출자수)는 '도구설명' 페이지를 표시하시오.
▶ '도서관현황' 페이지의 도넛형 차트(총대출권수)는 기본값으로 표시하시오.
　　– 기본값 서식 : 글꼴 크기 '12', '굵게', 값 색상 '#6868AC', 테마 색 1', 배경색 '흰색, 10% 더 어둡게'

① 도구설명 페이지에서 [시각화] 창의 [보고서 페이지 서식 지정]을 클릭한다. [페이지 정보]에서 [도구 설명으로 사용]을 설정한다.

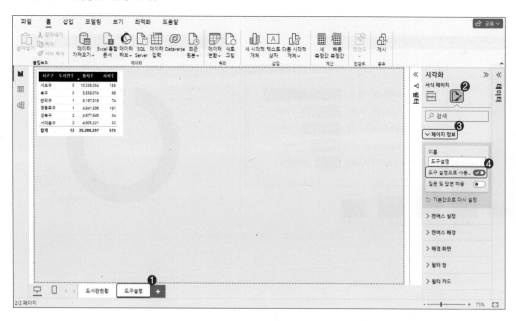

② [캔버스 설정]의 유형을 '도구 설명'으로 변경하고 세로 맞춤 '중간'으로 설정한다.

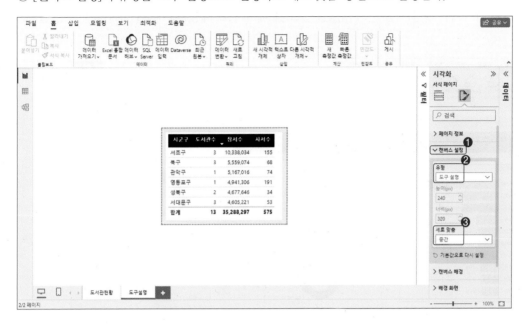

기적의 Tip

[보기]-[페이지 뷰]-[실제 크기]를 적용하면 설정된 도구 설명의 크기로 표시된다.

③ [시각화] 창의 [시각적 개체에 데이터 추가]를 클릭한다. [도구 설명] 영역의 [여기에 도구 설명 필드]에 〈전체도서관현황〉 테이블의 '총대출자수', '총대출권수' 측정값을 추가한다.

④ 도서관현황 페이지에서 누적 가로 막대형 차트를 선택하고 [시각화] 창의 [시각적 개체 서식 지정]을 클릭한다. [일반]–[도구 설명]–[옵션]의 유형을 '보고서 페이지'로 지정, 페이지를 '도구설명'으로 설정한다.

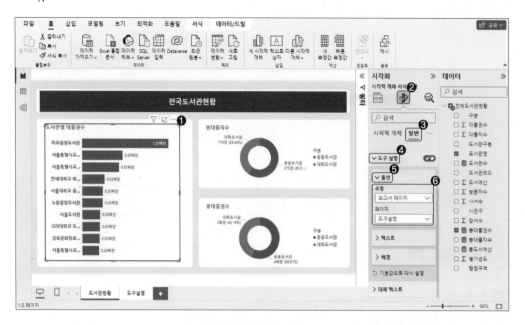

⑤ 도넛형 차트(총대출자수)를 선택하고 [시각화] 창의 [시각적 개체 서식 지정]을 클릭한다. [일반]–[도구 설명]–[옵션]의 유형을 '보고서 페이지'로 지정하고, 페이지를 '도구설명'으로 설정한다.

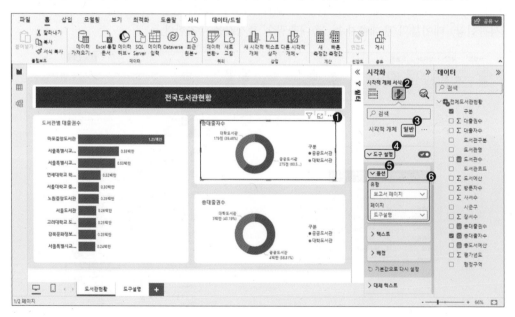

⑥ 도넛형 차트(총대출권수)를 선택하고 [시각화] 창의 [시각적 개체 서식 지정]을 클릭한다. [일반]–[도구 설명]–[옵션]의 유형을 '기본값'으로 변경한다. [텍스트]에서 글꼴 크기는 '12', '굵게', 값 색상은 '#6868AC, 테마 색 1', [배경]의 색은 '흰색, 10% 더 어둡게'로 설정한다.

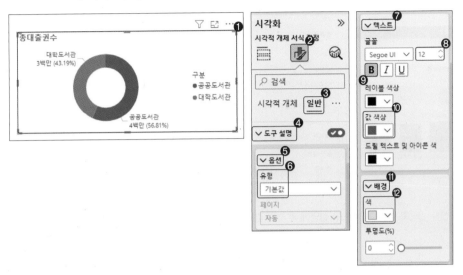

⑦ 누적 가로 막대형 차트나 도넛형 차트(총대출자수)의 데이터 요소에 마우스를 이동시키면 도구설명 페이지가 표시된다. 도넛형 차트(총대출권수)의 데이터 요소에 마우스를 이동시키면 기본 도구 설명이 표시된다.

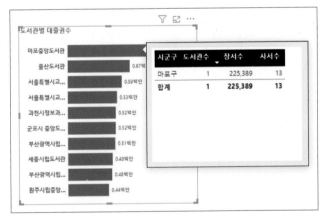

더 알기 **Tip** **도구 설명**

시각적 개체의 [도구 설명]에 '총수량' 측정값, [주문건수] 필드를 추가 후, 시각적 개체의 데이터 요소에 마우스를 이동시키면 도구 설명에 표시된다.

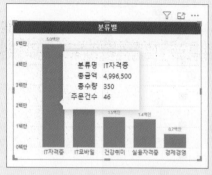 

시각적 개체의 [추가 옵션]([⋯])-[축 정렬]에서 도구 설명에 추가된 값(총수량, 주문건수)로 오름차순 정렬이나 내림차순 정렬 기준을 설정할 수 있다.

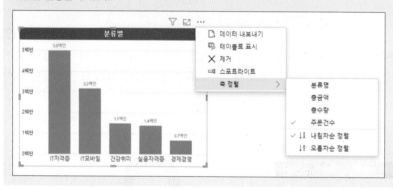

SECTION
04

페이지 탐색기와 책갈피

작업 파일 [C:₩2024경영정보시각화₩핵심이론₩Chapter03₩Section04] 폴더에서 작업하시오.

출제유형 ① 페이지 탐색기

'출제유형1.pbix' 파일을 열고 지시사항에 따라 페이지 탐색기를 구현하시오.

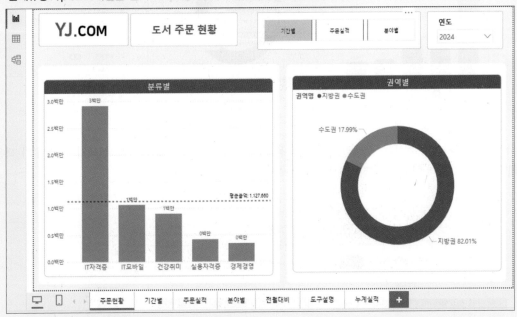

▶ '주문현황' 페이지에 페이지 탐색기를 추가하시오.
- 표시 : '기간별', '주문실적', '분야별' 페이지 표시
- 스타일 상태 : 가리키기
- 스타일 채우기 색 : '#a0d1ff, 테마 색 1, 60% 더 밝게'
- 표시 : '기간별', '주문실적', '분야별' 페이지 표시

▶ 페이지 탐색기의 크기와 위치를 조정하여 도형 ①에 배치하시오.
▶ 분야별 페이지의 '주문현황' 도형에 '주문현황' 페이지로 이동하도록 구현하시오.

① 주문현황 페이지의 [삽입]-[요소] 그룹에서 [단추]-[탐색기]-[페이지 탐색기]를 클릭한다.

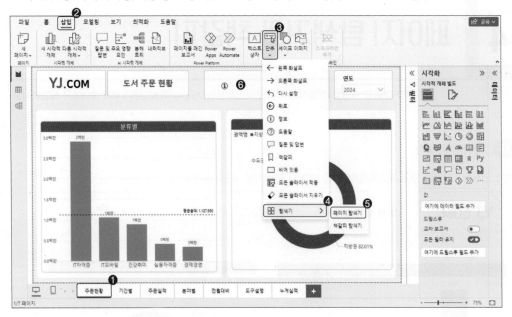

② [서식] 창의 [시각적 개체]-[스타일]-[설정 적용 대상]에서 상태를 '가리키기'로 선택하고, 채우기 색은 '테마 색 1, 60% 더 밝게'로 설정한다.

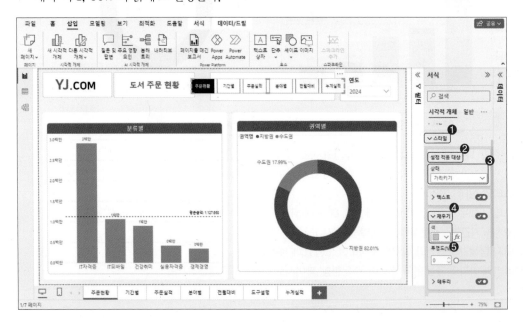

기적의 Tip

[스타일]의 설정 적용 대상을 '가리키기'로 적용하면 페이지 탐색기 단추에 마우스를 이동했을 때 색상이 변경된다.

③ [페이지]–[표시]에서 '기간별', '주문실적', '분야별' 페이지만 설정을 유지하고 다른 페이지는 해제한다. 페이지 탐색기의 크기와 위치를 조정하여 도형 ①에 배치한다. Ctrl과 함께 페이지 탐색기 단추를 클릭하면 해당 페이지로 이동한다.

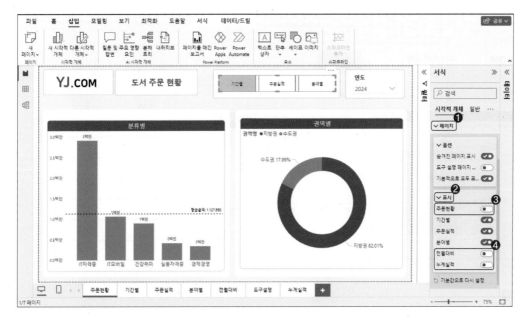

④ 분야별 페이지에서 '주문현황' 도형을 클릭한다.

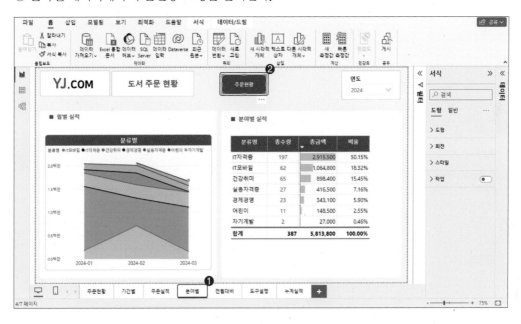

⑤ [서식] 창에서 [도형]-[작업]을 설정하고 [작업]의 유형을 '페이지 탐색', 대상을 '주문현황'으로 변경한다.
　Ctrl과 함께 '주문현황' 도형을 클릭하면 주문현황 페이지로 이동한다.

출제유형 ❷ **책갈피 탐색기**

'**출제유형2.pbix**' 파일을 열고 다음 지시사항에 따라 책갈피를 구현하시오.

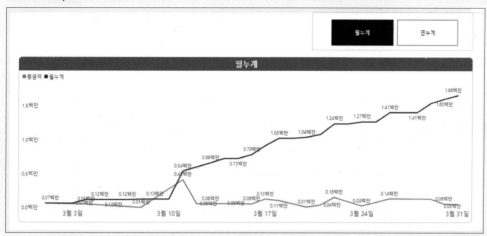

▶ '누계실적' 페이지의 '월누계' 차트와 '연누계' 차트의 서식을 다음과 같이 적용하시오.
 – 차트 크기 : 높이 '425', 너비 '1200'
 – 차트 정렬 : 위쪽 맞춤, 왼쪽 맞춤 적용
▶ '누계실적' 페이지에 월누계 차트를 표시하는 책갈피를 작성하시오.
 – 책갈피 이름 : "월누계"
 – 작업 : 월누계 차트 표시, 연누계 차트 숨기기
▶ '누계실적' 페이지에 연누계 차트를 표시하는 책갈피를 작성하시오.
 – 책갈피 이름 : "연누계"
 – 작업 : 연누계 차트 표시, 월누계 차트 숨기기
▶ '누계실적' 페이지에 책갈피 탐색기를 추가하시오.
 – 스타일 : 기본값, 방향 '가로'
 – 월누계 책갈피 선택
▶ 책갈피 탐색기를 도형 ①에 배치하시오.

① 누계실적 페이지에서 월누계 차트를 선택하고 Ctrl 를 눌러 연누계 차트를 선택한 후, [시각화] 창의 [시각적 개체 서식 지정]을 클릭한다. [일반]-[속성]에서 크기의 높이는 '425', 너비는 '1200'을 입력한다.

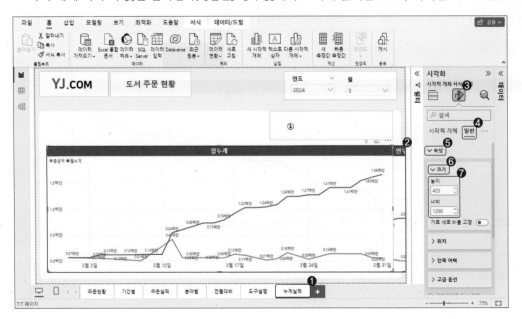

② 리본 메뉴 [서식]-[정렬] 그룹에서 [맞춤]-[왼쪽 맞춤], [위쪽 맞춤]을 차례로 클릭한다.

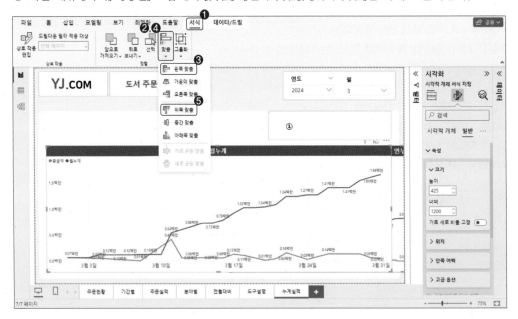

기적의 Tip

보고서의 월 슬라이서는 연누계 차트와 상호 작용 편집이 '없음'으로 적용되어 있어 연누계 차트의 X축은 1월1일부터 시작한다.

③ [보기]-[창 표시] 그룹에서 [책갈피], [선택]을 차례로 클릭하여 창을 표시한다.

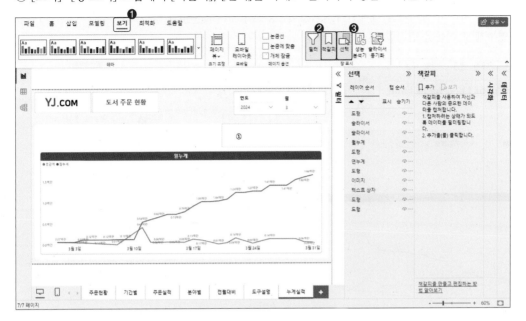

④ [선택] 창에서 '연누계'의 숨기기(👁)를 클릭하여 연누계 차트를 숨기기한다. [책갈피] 창에서 추가(📑 추가)
를 클릭하고 '책갈피1'을 더블클릭하여 '월누계'로 이름을 변경한다.

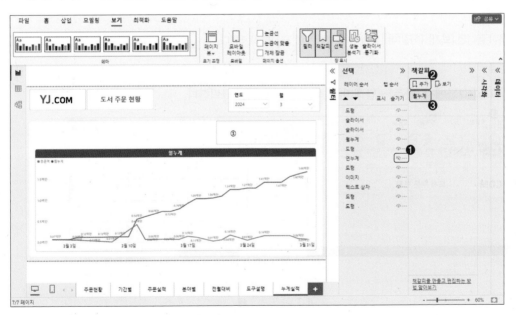

⑤ [선택] 창에서 '월누계'의 숨기기(👁)를 클릭하여 월누계 차트를 숨기기한다. '연누계'의 숨기기(👁)를 클릭하여 연누계 차트의 숨기기를 해제한다. [책갈피] 창에서 추가(📖 추가)를 클릭하고 '책갈피2'를 더블클릭하여 '연누계'로 이름을 변경한다.

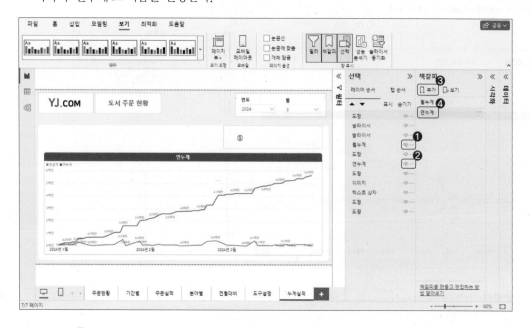

기적의 Tip

책갈피 등록이 끝나면 [보기]-[책갈피], [선택]을 클릭하여 창 표시를 해제한다.

⑥ [삽입]-[요소] 그룹에서 [단추]-[탐색기]-[책갈피 탐색기]를 클릭한다.

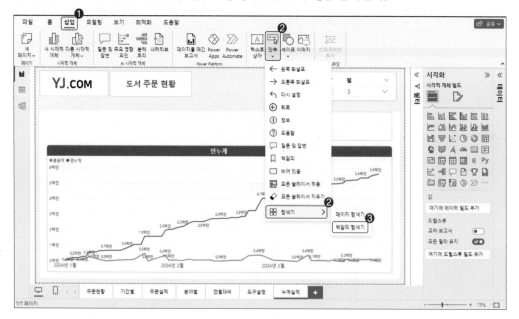

⑦ [서식] 창의 [시각적 개체]-[스타일]에서 설정 적용 대상의 상태를 '기본값', [그리드 레이아웃]에서 방향을 '가로'로 설정한다.

⑧ 책갈피 탐색기의 크기와 위치를 조정하여 도형 ①에 배치한다. Ctrl 과 함께 책갈피 탐색기의 '월누계'를 클릭하여 월누계 차트를 표시한다.

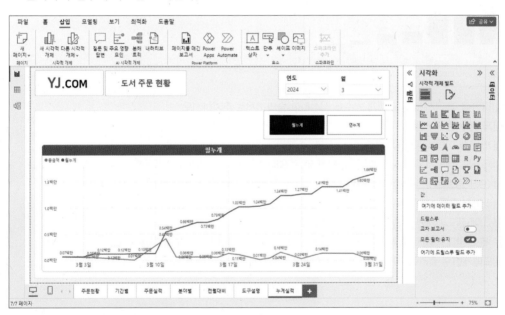

더 알기 Tip **책갈피 업데이트**

시각적 개체가 업데이트 되거나 페이지의 필터 값이 변경된 경우 [책갈피]의 추가 옵션(⋯)을 클릭하여 업데이트한다.

SECTION 05 매개 변수 활용

작업 파일 [C:₩2024경영정보시각화₩핵심이론₩Chapter03₩Section05] 폴더에서 작업하시오.

출제유형 ❶ 필드 매개 변수

'출제유형1.pbix' 파일을 열고 다음 지시사항에 따라 매개 변수를 구현하시오.

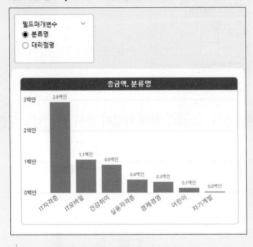

▶ '데이터탐색' 페이지에 필드 매개 변수를 작성하고 슬라이서로 추가하시오.
  – 매개 변수 종류 : 필드
  – 매개 변수 이름 : 필드매개변수
  – 활용 필드 : 〈도서목록〉 테이블의 [분류명] 필드, 〈대리점〉 테이블의 [대리점명] 필드
▶ 도형 ①에 필드매개변수 슬라이서를 배치하고 다음 조건으로 서식을 적용하시오.
  – 슬라이서 종류 : 세로 목록, 단일 선택
▶ 도형 ①에 필드매개변수 슬라이서를 배치하시오.
▶ 묶은 세로 막대형 차트의 가로축이 필드매개변수 슬라이서에 따라 변경되도록 적용하시오.
  – 필드매개변수 슬라이서에 '분류명' 값으로 필터 적용

① 데이터탐색 페이지에서 [모델링]-[매개 변수] 그룹에서 [새 매개 변수]-[필드]를 클릭한다.

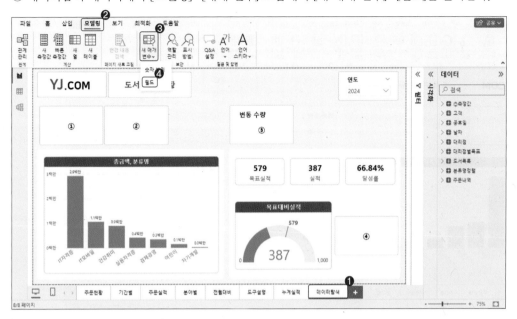

② [매개 변수] 대화상자에서 이름에 '필드매개변수'를 입력하고, 필드 추가 및 순서 변경에 〈도서목록〉 테이블의 [분류명] 필드, 〈대리점〉 테이블의 [대리점명] 필드를 추가한다. '이 페이지에 슬라이서 추가'가 체크 표시된 상태에서 [만들기]를 클릭한다.

③ 필드매개변수 테이블과 슬라이서가 추가된다.

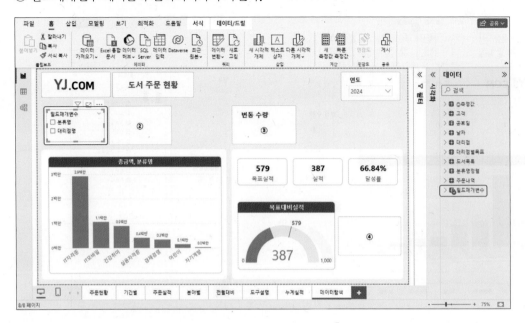

④ 슬라이서의 크기와 위치를 조정하고 도형 ①에 배치한다. 슬라이서에 '분류명' 값으로 필터를 적용한다.

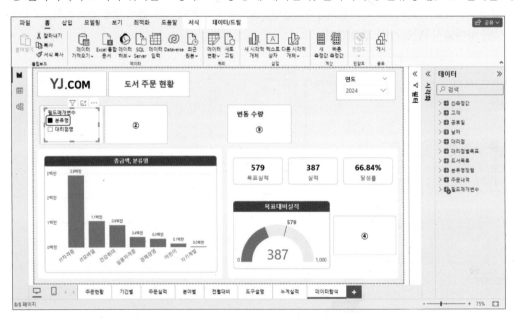

⑤ 필드매개변수 슬라이서를 선택하고 [시각화] 창에서 [시각적 개체 서식 지정]을 클릭한다. [시각적 개체]−[슬라이서 설정]−[옵션]에서 스타일은 '세로 목록', [선택]의 '단일 선택'을 설정한다.

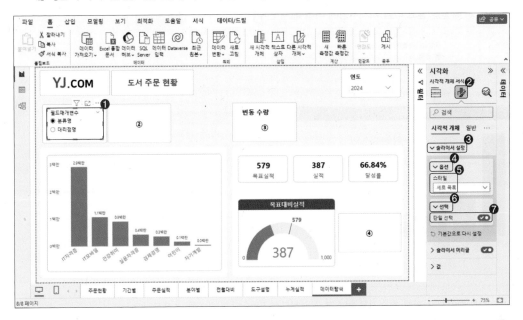

⑥ 묶은 세로 막대형 차트를 선택한 후 [시각화] 창의 [시각적 개체 빌드]을 클릭한다. [X축]의 값을 제거하고 〈필드매개변수〉 테이블의 '필드매개변수' 필드를 추가한다. '필드매개변수' 슬라이서에서 '분류명'을 클릭하여 막대형 차트에 적용한다.

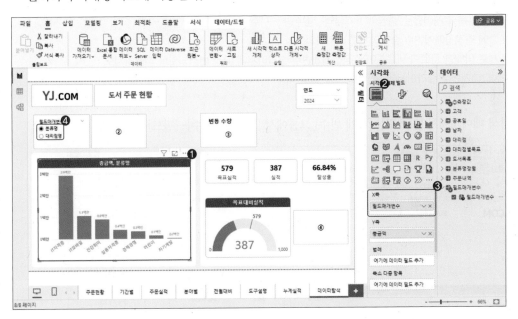

'출제유형2.pbix' 파일을 열고 다음 지시사항에 따라 매개 변수를 구현하시오.

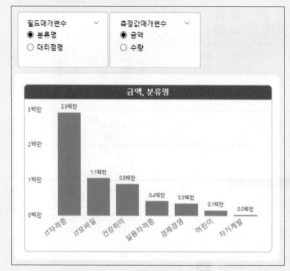

▶ '데이터탐색' 페이지에 필드 측정값을 변수로 입력하도록 필드 매개 변수를 추가하시오.
 – 매개 변수 종류 : 필드   – 매개 변수 이름 : 측정값매개변수
 – 활용 필드 : 〈◎측정값〉 테이블의 [총금액], [총수량] 측정값
▶ 측정값매개변수를 슬라이서로 구현하시오.
 – 슬라이서 종류 : 세로 목록, 단일 선택
 – 슬라이서 목록 레이블은 '총금액' → '금액', '총수량' → '수량'으로 변경
▶ 도형 ②에 측정값매개변수 슬라이서를 배치하시오.
▶ 묶은 세로 막대형 차트의 세로축이 측정값매개변수 슬라이서에 따라 변경되도록 적용하시오.
 – 측정값매개변수 슬라이서에 '금액' 값으로 필터 적용

① 데이터탐색 페이지에서 [모델링]–[매개 변수] 그룹에서 [새 매개 변수]–[필드]를 클릭한다.

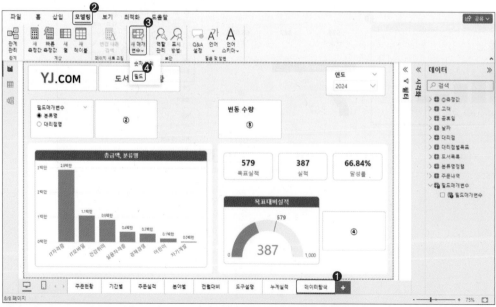

② [매개 변수] 대화상자에서 이름에 '측정값매개변수' 입력, 필드 추가 및 순서 변경에 〈◎측정값〉 테이블의 '총금액', '총수량' 측정값을 추가한다. '이 페이지에 슬라이서 추가'가 체크 표시된 상태에서 [만들기]를 클릭한다.

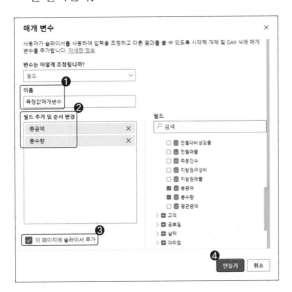

③ 측정값매개변수 테이블과 슬라이서가 추가된다.

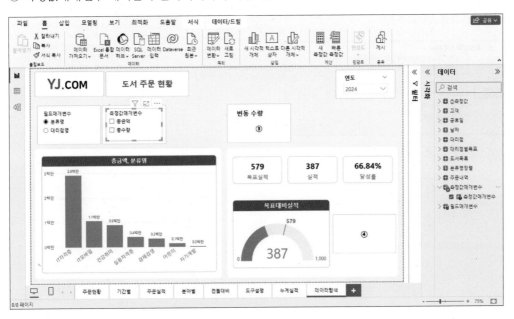

④ 측정값매개변수 슬라이서를 선택하고 [시각화] 창에서 [시각적 개체 서식 지정]을 클릭한다. [시각적 개체]-[슬라이서 설정]-[옵션]에서 스타일 '세로 목록', [선택]의 '단일 선택'을 설정한다.

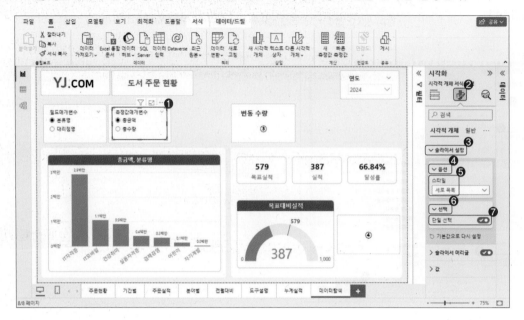

⑤ 테이블 뷰(▦)에서 〈측정값매개변수〉 테이블을 클릭하고 수식 입력줄에서 '총금액'을 '금액', '총수량'을 '수량'으로 목록 값을 변경한다.

⑥ 보고서 보기(📊)에서 측정값매개변수 슬라이서의 변경된 목록 이름을 확인한다. 측정값매개변수 슬라이서의 크기와 위치를 조정하고 도형 ②에 배치한다.

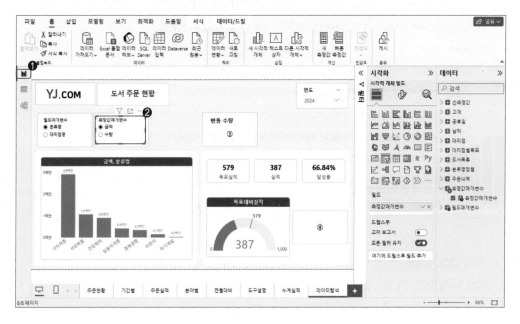

⑦ 묶은 세로 막대형 차트를 선택한 후 [시각화] 창의 [시각적 개체 빌드]을 클릭한다. [Y축]의 값을 제거하고 〈측정값매개변수〉 테이블의 '측정값매개변수' 필드를 추가한다. '측정값매개변수' 슬라이서에서 '총금액'을 클릭하여 차트에 적용한다.

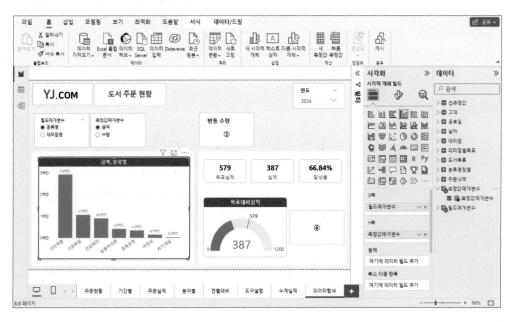

필드매개변수와 측정값매개변수를 차트의 X축, Y축에 적용하면 다양한 필터링을 적용하여 데이터를 탐색할 수 있다.

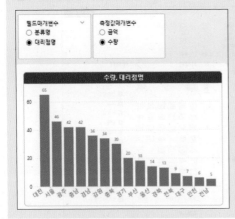

출제유형 ③ **숫자 범위 매개 변수**

'**출제유형3.pbix**' 파일을 열고 다음 지시사항에 따라 매개 변수를 구현하시오.

▶ '데이터탐색' 페이지에 숫자 값을 입력받는 매개 변수를 추가하시오.
- 매개 변수 종류 : 숫자 범위
- 매개 변수 이름 : 변동수량매개변수
▶ 숫자매개변수를 슬라이서로 구현하시오.
- 슬라이서 종류 : 단일값
- 슬라이서 머리글 해제, 슬라이더 해제
- 값 : 글꼴 크기 '14', '굵게', 배경색 '흰색, 10% 더 어둡게'
- 슬라이서에 기본 값으로 '600' 입력
▶ 도형 ③에 변동수량매개변수 슬라이서를 배치하시오.
▶ 계기 차트의 값이 변동수량매개변수 슬라이서에 따라 변경되도록 구현하시오.
▶ 숫자매개변수에서 입력받은 [수량]과 [목표수량] 측정값을 사용해 측정값을 작성하시오.
- 측정값 이름 : 변동수량달성률
- 계산 : 변동매개변수 값/목표수량
- 함수 : DIVIDE 함수
- 서식 : 백분율, 소수 자릿수 '2'
▶ 변동수량달성률 측정값을 카드로 구현하시오.
- 설명값 : 글꼴 종류 'Segoe UI Bold', 크기 '20'
▶ 카드를 도형 ④에 배치하시오.

① 데이터탐색 페이지에서 [모델링]-[매개 변수] 그룹에서 [새 매개 변수]-[숫자 범위]를 클릭한다.

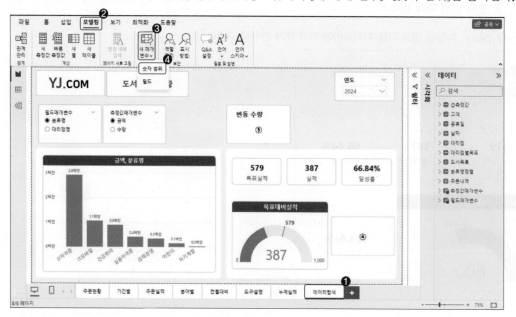

② [매개 변수] 대화상자에서 이름에 '변동수량매개변수' 입력하고, 데이터 형식은 '정수', 최소값은 '0', 최대 값은 '1000', 증가는 '1'로 입력한 후 '이 페이지에 슬라이서 추가'가 체크 표시된 상태에서 [만들기]를 클릭한다.

③ 변동수량매개변수 테이블과 슬라이서가 추가된다. 변동수량매개변수 슬라이서의 크기와 위치를 조정하고 도형 ③에 배치한다.

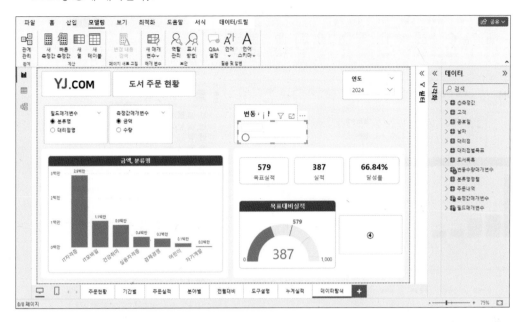

④ 변동수량매개변수 슬라이서를 선택하고 [시각화] 창에서 [시각적 개체 서식 지정]을 클릭한다. [시각적 개체]−[슬라이서 설정]−[옵션]에서 스타일은 '단일값', [슬라이서 머리글]과 [슬라이더] 설정은 해제한다. [값]−[값]의 글꼴 크기는 '14', '굵게', [배경]의 배경색은 '흰색, 10% 더 어둡게'로 설정한다. 슬라이서에 '600'을 입력한다.

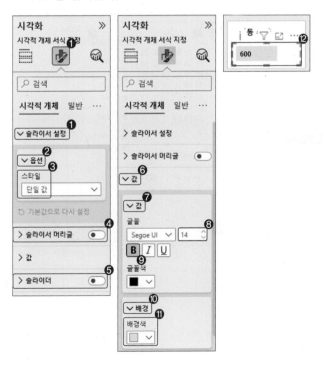

⑤ 계기 차트를 선택한 후 [시각적 개체 빌드]을 클릭한다. [값]에 기존 값을 지우고 〈변동수량매개변수〉 테이블의 '값 변동수량매개변수'를 추가한다. 변동수량매개변수의 값을 변경하면 계기 차트에 반영된다.

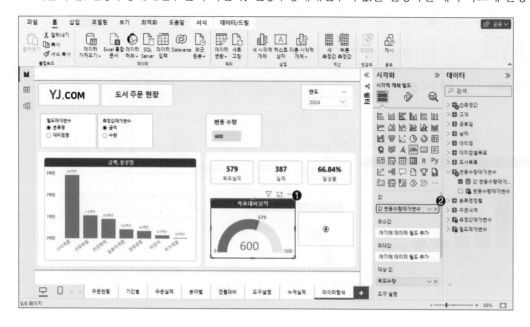

⑥ [데이터] 창에서 〈◎측정값〉 테이블을 선택 후 [테이블 도구]-[계산] 그룹의 [새 측정값]을 클릭한다.

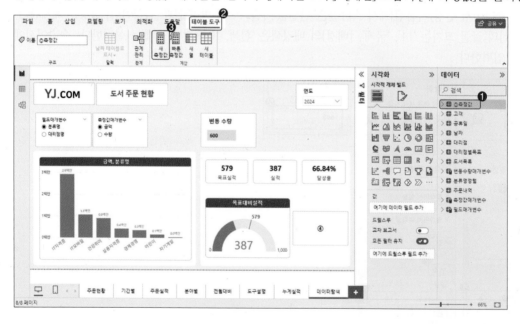

⑦ 수식 입력줄에 '변동수량달성률=DIVIDE([값 변동수량매개변수], [목표수량])'을 입력하고 Enter 를 누른다. [측정 도구]–[서식] 그룹에서 백분율(%)을 클릭하고, 소수 자릿수 '2'로 설정한다.

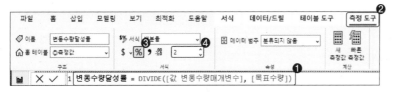

⑧ [시각화] 창에서 '카드'를 클릭하고 [필드]에 '변동수량달성률' 측정값을 추가한다.

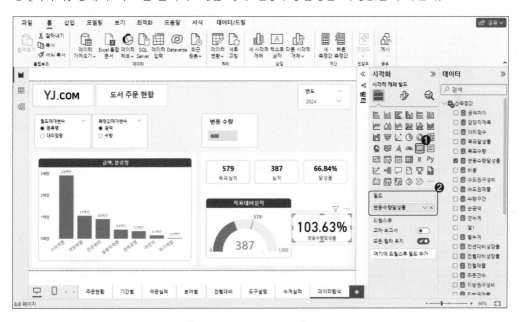

> **기적의 Tip**
>
> 변동수량 슬라이서에 값을 입력하여 변동수량달성률의 변화를 확인한다. 목표값에 도달하기 위해 필요한 실적을 파악할 수 있다.

⑨ [시각적 개체 서식 지정]을 클릭하고 [시각적 개체]–[설명 값]의 글꼴은 'Segoe UI Bold', 크기는 '20'으로 설정한다.

⑩ 카드의 크기와 위치를 적절히 조정하고 도형 ④에 배치한다.

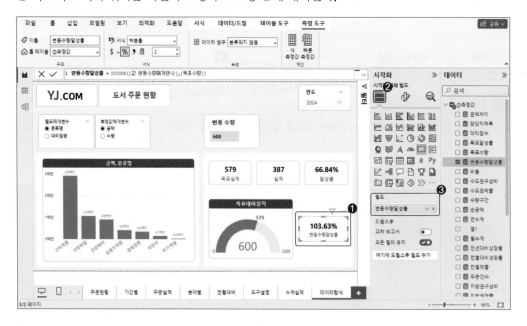

더 알기 Tip 새 매개 변수 종류

• 숫자 범위 매개 변수: [모델링]–[새 매개 변수]–[숫자 범위] 선택

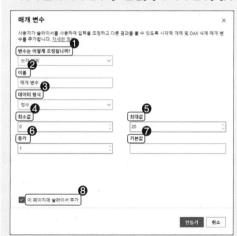

번호	설명
❶ 매개 변수 종류	숫자 범위 설정
❷ 이름	매개 변수 이름 지정
❸ 데이터 형식	정수, 10진수, 고정10진수 선택
❹ 최소값	최소값 입력
❺ 최대값	최대값 입력
❻ 증가	슬라이더 이용 시 증가/감소 단위
❼ 기본값	매개 변수 기본 값으로 SELECTEDVALUE에 표시
❽ 이 페이지에 슬라이서 추가	페이지에 매개 변수 값을 조정하는 슬라이서 추가

• 필드 매개 변수: [모델링]–[새 매개 변수]–[필드] 선택

번호	설명
❶ 매개 변수 종류	숫자 범위, 필드 중 선택
❷ 이름	매개 변수 이름 지정
❸ 필드 추가 및 순서 변경	매개 변수 슬라이서에 표시할 필드 목록
❹ 필드	필드나 측정값을 매개 변수로 사용 가능
❺ 이 페이지에 슬라이서 추가	페이지에 매개 변수 값을 조정하는 슬라이서 추가

시행처 공개 문제

시행처 공개 문제 (A형)

프로그램명	제한시간
파워BI 데스크톱	70분

수험번호 : _____

성　명 : _____

단일	A형

〈 유 의 사 항 〉

- 인적 사항 누락 및 잘못 작성으로 인한 불이익은 수험자 책임으로 합니다.
- 화면에 암호 입력창이 나타나면 아래의 암호를 입력하여야 합니다.
  - 암호: 000000
- 작성된 답안은 주어진 경로 및 파일명을 변경하지 마시고 그대로 저장해야 합니다. 이를 준수하지 않으면 실격 처리됩니다.
- 외부데이터 위치: C:₩PB₩파일명
- 별도의 지시사항이 없는 경우, 다음과 같이 처리 시 실격 및 0점 처리됩니다.
  - 파일이 저장된 경로, 파일명을 임의로 변경한 경우 [실격]
  - 데이터 원본파일을 임의로 수정하거나 삭제한 경우 [0점 처리]
  - 대시보드/페이지명을 임의로 변경한 경우 [0점 처리]
- 별도의 지시사항이 없는 경우, 개체의 속성은 기본 설정값(Default)으로 처리하십시오.
- 지시사항 불이행, 오타 등으로 인한 불이익은 수험자 책임으로 합니다.
  - 지시사항에 제시한 함수 외에 다른 함수를 사용하여 답안을 작성한 경우, 결과물이 답안과 동일하더라도 오답 처리됩니다.
  - 개체명에 오타가 있을 경우 감점 처리됩니다.
- 최종 답안 제출 시 시험 채점과 관계없는 개체(차트)는 삭제 후 제출합니다.
  - 개체명에 오타가 있을 경우 감점 처리됩니다.
- 제시된 화면은 예시이며 나타난 값은 실제와 다를 수 있습니다.
- 저장 시간은 별도로 주어지지 아니하므로 제한된 시간 내에 저장을 완료해야 합니다.
- 본 문제는 파워BI 데스크톱(Power BI Desktop) 버전 2.123.742.0 64-bit (2023년 11월)를 기준으로 작성되었습니다.

대 한 상 공 회 의 소

데이터 및 문제 안내

1. 최종 제출해야 할 답안파일은 1개입니다. 문제1, 문제2, 문제3의 답을 하나의 답안파일(.pbix)로 제출하십시오.

2. 문제1, 문제2, 문제3은 각각 독립적으로 구성되어 있어 앞 문제를 풀지 않아도 다음 문제 풀이가 가능합니다.

3. 문제2와 문제3 풀이를 위해 필요한 일부 측정값, 필터가 답안파일에 미리 적용되어 있을 수 있습니다. 지시사항에 제시되지 않은 것은 변경하지 마십시오.

4. 하위문제(❶, ❷, ❸)별로 점수가 부여되며, 하위문제의 지시사항(▶ 또는 – 표시)을 이행하지 않을 경우 점수가 부여되지 않습니다.

5. 이 시험을 위한 데이터 파일은 2개이며, 문제1을 위한 데이터와 문제2의 데이터가 구분됩니다.

가. 문제1 풀이에는 '자전거 대여현황.xlsx'를 사용하십시오.

파일명	자전거 대여현황.xlsx								
테이블	구조								
자전거 대여이력	대여일		대여 대여소번호		대여 대여소명		대여건수		이용거리
	2022–01–01		4217		한강공원 망원나들목		95		550629.53

테이블	대여소 번호	대여소명	자치구	상세주소	위도	경도	설치시기	거치대수 (LCD)	거지대수 (QR)	운영방식
대여소현황	207	여의나루역 1번출구 앞	영등포구	서울특별시 영등포구 여의동로 지하343	37.52715683	126.9319	2015–09–17	46		LCD

나. 문제2와 문제3의 풀이에는 '판매실적.xlsx'를 사용하십시오.

파일명	판매실적.xlsx							
테이블	구조							
날짜	ID	날짜	연도	월	연월	영문월	일	요일
	20210101	2021–01–01	2021	1	2021–01	Jan	1	금

테이블	거래처코드		거래처명		채널		시도	
거래처	1		송파점		아울렛		서울	

테이블	ID	분류코드	분류명	제품 분류코드	제품 분류명	제품코드	제품명	색상	사이즈	원가	단가	제조국
제품	1	SJ–01	상의	SJ–01206	티셔츠	SJCSTS 2061	폴리 카라 액티비 티셔츠	PI	90	48,000	120,000	VIETNAM

테이블	판매ID	판매일	거래처코드	제품코드	단가	수량	매출금액	매출이익
판매	1	2021–01–04	1	SJCSCT20250	219,800	2	439,600	314,000

계산식 작성에 사용되는 문자열은 쌍따옴표(" ")를 사용하여 작성하시오.

1. 다음 지시사항에 따라 데이터 가져오기 및 편집을 수행하시오. (10점)

❶ 데이터 가져오기를 이용하여 파워 쿼리 편집기를 통해 테이블의 데이터를 편집하시오. (3점)

▶ 가져올 데이터 : '자전거 대여현황.xlsx'파일의 〈자전거 대여이력〉, 〈대여소현황〉 테이블

▶ 파워 쿼리 편집기에서 〈자전거 대여이력〉 테이블의 [대여 대여소번호] 필드의 "210" 값 삭제

▶ 필드의 데이터 형식 변경

– [대여건수], [이용시간] 필드 : '정수'

– [이용거리] 필드 : '10진수'

❷ 파워쿼리 편집기를 통해 〈자전거 대여이력〉 테이블에 〈대여소현황〉 테이블의 [자치구] 필드를 추가하시오. (4점)

▶ 쿼리 병합 기능 사용

– 〈자전거 대여이력〉 테이블의 [대여 대여소번호] 필드와 〈대여소현황〉 테이블의 [대여소번호] 필드를 기준으로 병합

– 조인 종류 : '왼쪽 외부'

▶ 추가된 필드 이름: [자치구]

▶ 〈대여소현황〉 테이블 로드 사용 해제

❸ 〈자전거 대여이력〉 테이블의 필드 서식을 변경하시오. (3점)

▶ [대여일] 필드 : '*2001–03–14(Short Date)' 형식으로 표시

▶ [대여건수] 필드 : '정수', 천 단위에서 쉼표로 구분되도록 적용

2. 다음 지시사항에 따라 테이블 및 측정값을 추가하시오. (10점)

❶ 다음 조건으로 데이터 창에 테이블을 추가하시오. (4점)

▶ 테이블 이름 : 〈DimDate〉

– 필드 : [Date], [연도], [월] 필드 구성

– 사용 함수 : ADDCOLUMNS, CALENDAR, DATE, YEAR, MONTH

– [Date] 필드의 시작일 : 2022–01–01

– [Date] 필드의 종료일 : 2022–03–31

▶ [Date] 필드 서식 : '*2001–03–14(Short Date)' 형식으로 표시

❷ 〈자전거 대여이력〉 테이블과 〈DimDate〉 테이블의 관계를 설정하시오. (3점)

▶ 활용 필드 : 〈자전거 대여이력〉 테이블의 [대여일] 필드, 〈DimDate〉 테이블의 [Date] 필드

▶ 기준(시작) 테이블 : 〈자전거 대여이력〉 테이블

▶ 카디널리티 : '다대일(*:1)' 관계

▶ 크로스 필터 방향 : '단일'

❸ 다음 조건으로 〈자전거 대여이력〉 테이블에 측정값을 추가하시오. (3점)

▶ 측정값 이름 : [총대여건수]
  – 활용 필드 : 〈자전거 대여이력〉 테이블의 [대여건수] 필드
  – [대여건수]의 합계 계산
  – 사용 함수 : SUM
  – 서식 : '정수', 천 단위에서 쉼표로 구분되도록 적용

▶ 측정값 이름 : [일평균 대여건수]
  – 활용 테이블 및 필드 : 〈DimDate〉 테이블, 〈자전거 대여이력〉 테이블의 [총대여건수] 측정값
  – [총대여건수]를 전체 일수로 나누기 계산
  – 사용 함수 : COUNTROWS
  – 서식 : '정수', 천 단위에서 쉼표로 구분되도록 적용

문제 2 | 단순요소 구현(30점)

▌시각화 완성화면 ▌ 각 세부문제 풀이 후 '문제2' 페이지에 아래와 같이 개체를 배치하시오.

계산식 작성에 사용되는 문자열은 쌍따옴표(" ")를 사용하여 작성하시오.

1. '문제2', '문제3', '문제3-5' 페이지의 전체 서식을 설정하시오. (5점)
   ❶ 보고서 전체의 테마를 설정하고 테마 사용자 지정 기능을 사용하여 테마 색을 변경하시오. (3점)
   - ▶ 보고서 테마 : '기본값'
   - ▶ '이름 및 색'의 테마 색 변경
     - 테마 색1 : '#6699CC'
     - 테마 색2 : '#003377'
   ❷ 텍스트 상자를 사용하여 '문제2' 페이지에 보고서 제목을 작성하시오. (2점)
   - ▶ 제목 : "매출분석 보고서"
     - 제목 서식 : 글꼴은 'Segoe UI', 글꼴 크기는 '20', '굵게', '가운데'로 설정
   - ▶ 텍스트 상자를 '1-②' 위치에 배치

2. 다음 지시사항에 따라 슬라이서와 카드를 구현하시오. (5점)
   ❶ 다음 조건으로 '문제2' 페이지에 슬라이서를 구현하시오. (2점)
   - ▶ 활용 필드 : 〈날짜〉 테이블의 [연도] 필드
   - ▶ 슬라이서 설정
     - 슬라이서 스타일 : '드롭다운'
     - 슬라이서에 '모두 선택' 항목이 표시되도록 설정
   - ▶ 슬라이서 머리글이 보이지 않도록 설정
   - ▶ 슬라이서 값 : '2022' 필터 적용
   - ▶ 슬라이서를 '2-①' 위치에 배치
   ❷ 다음 조건으로 '문제2' 페이지에 카드를 구현하시오. (3점)
   - ▶ 활용 필드 및 표시 단위
     - 〈판매〉 테이블의 [총수량], [총매출금액], [매출이익률] 측정값
     - 표시 단위 : [총수량] '없음', [총매출금액] '백만', [매출이익률] '없음'
   - ▶ 설명 값 서식 : 글꼴 크기는 '20'
   - ▶ 카드를 '2-②' 위치에 배치

3. 다음 지시사항에 따라 묶은 가로 막대형 차트를 구현하시오. (10점)

❶ 다음 조건으로 '문제2' 페이지에 묶은 가로 막대형 차트를 구현하시오. (4점)

▶ 활용 필드

– 〈거래처〉 테이블의 [거래처명] 필드

– 〈제품〉 테이블의 [분류명], [제품분류명] 필드

– 〈판매〉 테이블의 [총매출금액] 측정값

▶ '시각화 드릴 모드' 옵션 선택 시 [총매출금액]을 [거래처명], [분류명], [제품분류명]에 따라 순차적으로 확인할 수 있도록 설정

▶ '계층 구조에서 한 수준 아래로 확장' 옵션을 선택 시, Y축의 레이블이 연결되도록 설정

– 예) 송파점 아우터 자켓

▶ 도구 설명에 [총수량]이 표시되도록 추가

▶ 묶은 가로 막대형 차트를 '3-①' 위치에 배치

❷ 다음과 같이 묶은 가로 막대형 차트의 각 요소에 대한 서식을 지정하시오. (3점)

▶ 차트 제목 : "거래처별"

– 제목 서식 : 글꼴은 'Segoe UI', '굵게', '가운데'

▶ Y축 : 축 제목 제거

▶ X축 : 축 제목 제거, 표시 단위는 '백만'

▶ 데이터 레이블: 표시 단위는 '백만', 넘치는 텍스트가 표시되도록 설정

❸ 묶은 가로 막대형 차트에 '총매출금액' 기준으로 상위 10개의 '거래처'만 표시하시오. (3점)

4. 다음 지시사항에 따라 꺾은선형 차트를 구현하시오. (10점)

❶ 다음 조건으로 '문제2' 페이지에 꺾은선형 차트를 구현하시오. (4점)

▶ 활용 필드

– 〈날짜〉 테이블의 [날짜] 필드

• [날짜] 필드의 날짜 계층에서 [연도]와 [월] 사용

– 〈제품〉 테이블의 [분류명] 필드

– 〈판매〉 테이블의 [총매출금액] 측정값

▶ 꺾은선형 차트를 '4-①' 위치에 배치

❷ 다음과 같이 꺾은선형 차트의 각 요소에 대한 서식을 적용하시오. (3점)

▶ 차트 제목 : "기간별"

– 제목 서식 : 글꼴은 'Segoe UI', '굵게', '가운데' 설정

▶ X축, Y축 : 축 제목 제거

▶ 표식 : 도형 유형 '원형(●)', 크기는 '5', 색 '검정'

❸ 꺾은선형 차트에 [분류명]별 [총매출금액]의 추세를 확인할 수 있도록 추세선을 표시하시오. (3점)

│ 시각화 완성화면 │   각 세부문제 풀이 후 '문제3' 페이지에 아래와 같이 개체를 배치하시오.

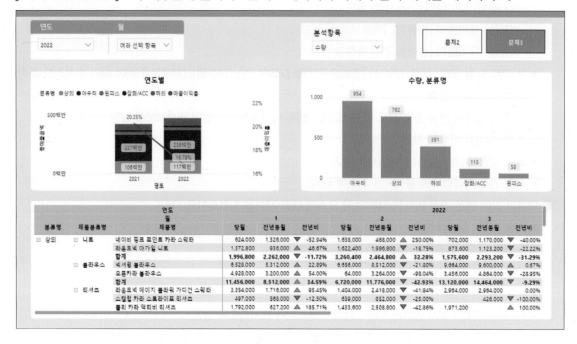

계산식 작성에 사용되는 문자열은 쌍따옴표(" ")를 사용하여 작성하시오.

1. 다음 지시사항에 따라 슬라이서와 꺾은선형 및 누적 세로 막대형 차트를 구현하시오. (10점)

❶ 다음 조건으로 '문제3' 페이지에 [연도] 슬라이서와 [월] 슬라이서를 구현하시오. (3점)

▶ 활용 필드 : 〈날짜〉 테이블의 [연도], [월] 필드

▶ 슬라이서 설정

  – 슬라이서 스타일 : '드롭다운'

  – 슬라이서에 '모두 선택' 항목이 표시되도록 설정

▶ 슬라이서 머리글이 보이지 않도록 설정

▶ 연도 슬라이서를 '1–①', 월 슬라이서를 '1–②' 위치에 배치

❷ 다음 조건으로 '문제3' 페이지에 꺾은선형 및 누적 세로 막대형 차트를 구현하시오. (3점)

▶ 활용 필드

  – 〈날짜〉 테이블의 [연도] 필드

  – 〈제품〉 테이블의 [분류명] 필드

  – 〈판매〉 테이블의 [총매출금액], [매출이익률] 측정값

▶ X축 : 유형 '범주별', 정렬 '오름차순 정렬' (2021 – 2022 순으로 정렬)

▶ 데이터 레이블 표시

  – 표시 단위 : 전체 범례의 [총매출금액] '백만', [매출이익률] '없음'

▶ 차트 제목 : "연도별"

      – 제목 서식 : 글꼴은 'Segoe UI', '굵게', '가운데' 설정

   ▶ 꺾은선형 및 누적 세로 막대형 차트를 '1–③' 위치에 배치

❸ [연도], [월] 슬라이서가 꺾은선형 및 누적 세로 막대형 차트에 적용되지 않도록 설정하시오. (4점)

   ▶ 슬라이서 값 : 연도 '2022', 월 '1,', '2', '3' 필터 적용

2. 다음 지시사항에 따라 매개 변수를 추가하시오. (10점)

❶ 다음 조건으로 매개 변수를 추가하시오. (4점)

   ▶ 매개 변수 이름 : [분석항목]

      – 대상 필드 : 〈판매〉 테이블의 [총수량], [총매출금액] 측정값

      – 이 페이지에 슬라이서 추가 옵션 설정

      – 매개 변수 필드 값 이름 변경 : [총수량] → [수량], [총매출금액] → [매출금액]

      – 슬라이서에 '수량'으로 필터

❷ 다음 조건으로 '문제3' 페이지에 슬라이서를 구현하시오. (3점)

   ▶ 분석항목 슬라이서 설정

      – 슬라이서 스타일 : '드롭다운'

      – 슬라이서의 선택 항목 중 한 가지의 항목만 선택할 수 있도록 설정

   ▶ 슬라이서를 '2–②' 위치에 배치

❸ 다음 조건으로 '문제3' 페이지에 묶은 세로 막대형 차트를 구현하시오. (3점)

   ▶ 활용 필드

      – 〈제품〉 테이블의 [분류명] 필드

      – 〈분석항목〉 테이블의 [분석항목] 필드

   ▶ [분석항목]에 따라 Y축이 변경되도록 구현

   ▶ X축, Y축 : 축 제목 제거

   ▶ 데이터 레이블 : 배경 색 표시(기본값)

   ▶ 차트 제목

      – 제목 서식 : 글꼴은 'Segoe UI', '굵게', '가운데'

   ▶ 묶은 세로 막대형 차트를 '2–③' 위치에 배치

3. 다음 지시사항에 따라 행렬 차트를 구현하시오. (10점)

❶ 다음 조건으로 '행렬' 차트를 구현하시오. (3점)

   ▶ 활용 필드

      – 〈제품〉 테이블의 [분류명], [제품분류명], [제품명] 필드

      – 〈날짜〉 테이블의 [연도], [월] 필드

      – 〈판매〉 테이블의 [총매출금액], [전년동월 매출], [전년대비 증감률] 측정값

   ▶ 레이블명 변경

      – "총매출금액" → "당월"

- "전년동월 매출" → "전년동월"
- "전년대비 증감률" → "전년비"
  - ▶ 행렬 차트를 '3-①' 위치에 배치
- ❷ 다음과 같이 행렬 차트의 각 요소에 대한 서식을 지정하시오. (4점)
  - ▶ 열 머리글 : 계층 구조의 마지막 수준(월)까지 모두 확장
    - 열 머리글 서식 : 글꼴은 '굵게', 배경색은 '흰색, 20% 더 어둡게', 머리글 맞춤 '가운데'
  - ▶ 행 머리글 : 계층 구조의 마지막 수준(제품명)까지 확장, 서로 다른 열로 모든 행을 나열
- ❸ 행렬 차트에 조건부 서식을 적용하시오. (3점)
  - ▶ 설정 적용 대상 : '전년비'
  - ▶ '아이콘' 사용
  - ▶ 적용 대상 : '값 및 합계'
  - ▶ 서식 스타일 : 규칙
    - 0보다 크고 최대값보다 작거나 같은 경우, 녹색 위쪽 삼각형(▲)
    - 최소값보다 크거나 같고 0보다 작은 경우, 빨간색 아래쪽 삼각형(▼)

4. 다음 지시사항에 따라 '문제3' 페이지에 페이지 탐색기를 구현하시오. (5점)

- ❶ '문제3' 페이지에 "페이지 탐색기"를 표현하시오. (5점)
  - ▶ 표시 : '문제3_5' 페이지 적용 제외
  - ▶ 선택한 상태의 단추 색 : '테마 색1'
  - ▶ 페이지 탐색기를 '4-①' 위치에 배치

5. 다음 지시사항에 따라 측정값을 추가하시오. (15점)

- ❶ 다음 조건으로 〈_측정값〉 테이블에 측정값을 추가하시오. (2점)
  - ▶ 측정값 이름 : 매출_매장
    - 활용 필드
      - 〈판매〉 테이블의 [총매출금액] 측정값
      - 〈거래처〉 테이블의 [채널] 필드
    - [채널] 필드 값이 "매장"인 경우의 [총매출금액]을 반환
    - 사용 함수 : CALCULATE, FILTER
    - 서식 : 천 단위에서 쉼표로 구분되도록 적용, '소수점 아래 0자리까지' 표시
    - '문제3_5' 페이지의 [표1]에 [매출_매장] 열 삽입
- ❷ 다음 조건으로 〈_측정값〉 테이블에 측정값을 추가하시오. (5점)
  - ▶ 측정값 이름 : 전월_매출
    - 활용 필드
      - 〈판매〉 테이블의 [총매출금액] 측정값
      - 〈날짜〉 테이블의 [날짜] 필드

- 1개월 전의 [총매출금액]을 반환
- 사용 함수 : CALCULATE, DATEADD
- 서식 : 천 단위에서 쉼표로 구분되도록 적용, '소수점 아래 0자리까지' 표시
- '문제3_5' 페이지의 [표2]에 [전월_매출] 열 삽입

❸ 다음 조건으로 〈_측정값〉 테이블에 측정값을 추가하시오. (3점)

  ▶ 측정값 이름 : 연간_누계

    - 활용 필드
      • 〈판매〉 테이블의 [총매출금액] 측정값
      • 〈날짜〉 테이블의 [날짜] 필드
    - 연간 [총매출금액]의 누계 값을 반환
    - 사용 함수 : TOTALYTD
    - 서식 : 천 단위에서 쉼표로 구분되도록 적용, '소수점 아래 0자리까지' 표시
    - '문제3_5' 페이지의 [표2]에 [연간_누계] 열 삽입

❹ 다음 조건으로 〈_측정값〉 테이블에 측정값을 추가하시오. (5점)

  ▶ 측정값 이름 : 순위

    - 활용 필드
      • 〈판매〉 테이블의 [총수량] 측정값
      • 〈제품〉 테이블의 [제품명] 필드
    - [제품명]을 기준으로 [총수량]의 순위를 반환
    - 사용 함수 : RANKX, ALL
    - [총수량]이 동률인 경우 다음 순위 값은 동률 순위 +1을 한 순위로 표시
      • 예) 2개의 값이 2위인 경우, 다음 값은 3위로 표시
    - [총수량] 기준 내림차순으로 정렬
    - '문제3_5' 페이지의 [표3]에 [순위] 열 추가

A형 정답

문제 1 | 작업준비

1. 데이터 가져오기와 편집

번호	보기	테이블	결과
❶	파워쿼리편집기	〈자전거 대여이력〉	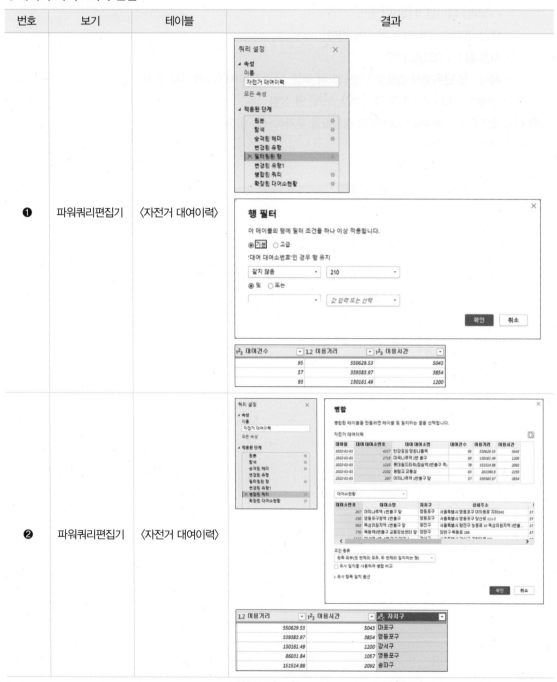
❷	파워쿼리편집기	〈자전거 대여이력〉	

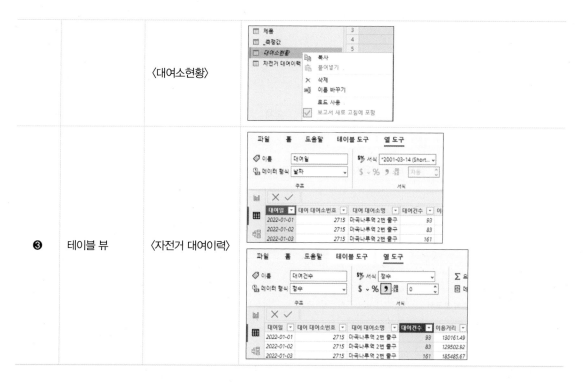

| ③ | 테이블 뷰 | 〈대여소현황〉 | |
| | | 〈자전거 대여이력〉 | |

2. 데이터 모델링

번호	테이블	계산 요소	수식
❶	〈DimDate〉	테이블	DimDate = ADDCOLUMNS (CALENDAR(Date(2022,01,01), Date(2022,03,31)), "연도", Year([Date]), "월", Month([Date]))
❷		모델 보기	〈자전거 대여이력〉 테이블의 [대여일] 필드와 〈DimDate〉 테이블의 [Date] 필드 관계 설정
❸	〈자전거 대여이력〉	측정값	총대여건수 = SUM('자전거 대여이력'[대여건수])
			서식 : 천 단위 구분 기호
		측정값	일평균 대여건수 = [총대여건수]/COUNTROWS('DimDate')
			서식 : 천 단위 구분 기호

1. 페이지 레이아웃

번호	시각화	옵션			설정 값
❶	레이아웃	[보기]–[테마] 선택		테마 종류	기본값
		현재 테마 사용자 지정	이름 및 색	이름 및 색	색1 '#6699CC' 색2 '#003377'
❷	텍스트 상자	텍스트 상자 서식		글꼴 종류	Segoe UI
				글꼴 크기	20
				굵게	설정
				맞춤	가운데
결과	매출분석 보고서				

2. 슬라이서, 카드 시각화

번호	시각화	옵션				설정 값
❶	슬라이서	데이터 추가		필드		날짜[연도]
		서식	시각적 개체	슬라이서 설정	옵션–스타일	드롭다운
					선택	"모두 선택" 옵션 설정
				슬라이서 머리글		해제
결과	연도 2022					
❷	카드	데이터 추가		필드		판매[총수량]
		서식	시각적 개체	설명 값	글꼴	크기 20
					표시 단위	없음
		데이터 추가		필드		판매[총매출금액]
		서식	시각적 개체	설명 값	글꼴	크기 20
					표시 단위	백만
		데이터 추가		필드		판매[매출이익률]
		서식	시각적 개체	설명 값	글꼴	크기 20
					표시 단위	없음
결과	4,664 총수량	474백만 총매출금액	16.79% 매출이익률			

3. 묶은 가로 막대형 차트

번호	시각화	옵션				설정 값
❶	묶은 가로 막대형 차트	데이터 추가		Y축		거래처[거래처명] 제품[분류명] 제품[제품분류명]
				X축		판매[총매출금액]
				도구 설명		판매[총수량]
		서식	시각적 개체	Y축	값	레이블 연결 설정
❷	묶은 가로 막대형 차트	서식	일반	제목	제목-텍스트	거래처별
					제목-글꼴	Segoe UI, 굵게
					제목-가로 맞춤	가운데
		서식	시각적 개체	Y축	제목	해제
				X축	값-표시 단위	백만
					제목	해제
				데이터 레이블	값-표시 단위	백만
					옵션	넘치는 텍스트 설정
❸	묶은 가로 막대형 차트	이 시각적 개체의 필터				
결과	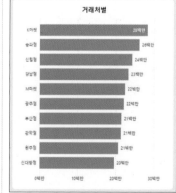					

4. 꺾은선형 차트

번호	시각화	옵션				설정 값
❶	꺾은선형 차트	데이터 추가			X축	날짜[연도], [월]
					Y축	판매[총매출금액]
					범례	제품[분류명]
❷	꺾은선형 차트	서식	일반		제목	제목-텍스트	기간별
						제목-글꼴	Segoe UI, 굵게
						제목-가로 맞춤	가운데
		서식	시각적 개체	Y축	제목	해제
				X축	제목	해제
				표식	도형	유형(●), 크기 5
					색	검정
❸	꺾은선형 차트	추가분석		추세선	계열 결합	설정
						해제
결과		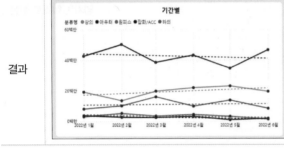				

문제 3 　복합요소 구현

1. 슬라이서, 꺾은선형 및 누적 세로 막대형 차트, 상호 작용 편집

번호	시각화	옵션				설정 값
❶	슬라이서	데이터 추가		필드		날짜[연도]
		서식	시각적 개체	슬라이서 설정	옵션–스타일	드롭다운
					선택	"모두 선택" 옵션 설정
				슬라이서 머리글		해제
		데이터 추가		필드		날짜[월]
		서식	시각적 개체	슬라이서 설정	옵션–스타일	드롭다운
					선택	"모두 선택" 옵션 설정
				슬라이서 머리글		해제
결과						
❷	꺾은선형 및 묶은 세로 막대형 차트	데이터 추가		X축		날짜[연도]
				열 y축		판매[총매출금액]
				선 y축		판매[매출이익률]
				범례		제품[분류명]
		서식	일반	제목	제목–텍스트	연도별
					제목–글꼴	Segoe UI, 굵게
					제목–가로 맞춤	가운데
		서식	시각적 개체	데이터 레이블	계열	모두
					값–표시 단위	백만
					계열	매출이익률
					값–표시 단위	없음
					유형	범주별
		추가 옵션		축 정렬		연도, 오름차순 정렬
결과						

번호	개체	적용 대상	상호 작용 옵션
❸	연도 슬라이서	꺾은선형 및 누적 세로 막대형 차트	없음
	월 슬라이서	꺾은선형 및 누적 세로 막대형 차트	없음
	연도 슬라이서	필터	2022
	월 슬라이서	필터	4, 5, 6
결과	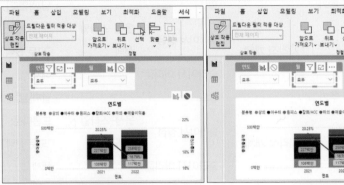 		

2. 필드 매개 변수

번호	시각화	옵션					설정 값
❶	매개 변수			활용 필드			판매[총수량] → 수량 판매총매출금액] → 매출금액
				매개변수이름			분석항목
	슬라이서			필드			분석항목[분석항목]
				필터			수량
❷	슬라이서	서식	시각적 개체	슬라이서 설정	옵션–스타일		드롭다운
					선택		단일 선택
결과							
❸	꺾은선형 및 묶은 세로 막대형 차트	데이터 추가		X축			제품[분류명]
				Y축			분석항목[분석항목]
		서식	시각적 개체	X축	제목		해제
				Y축	제목		해제
				데이터 레이블	배경		설정
		서식	일반	제목	제목–글꼴		Segoe UI, 굵게
					가로 맞춤		가운데
결과							

3. 행렬 시각화

번호	시각화	옵션					설정 값
❶	행렬	데이터 추가		행			제품[분류명] 제품[제품분류명] 제품[제품명]
				열			날짜[연도], 날짜[월]
				값			판매[총매출금액] → 당월 판매[전년동월 매출] → 전년동월 판매[전년대비 증감률] → 전년비
❷	행렬	서식	시각적 개체	열 머리글	텍스트–글꼴		굵게
					텍스트–배경색		흰색, 20% 더 어둡게
					머리글 맞춤		가운데
				행 머리글	옵션		계단형 레이아웃 해제

번호	시각화				옵션		
❸	행렬	서식	시각적 개체	셀 요소	계열		전년비
					아이콘		설정

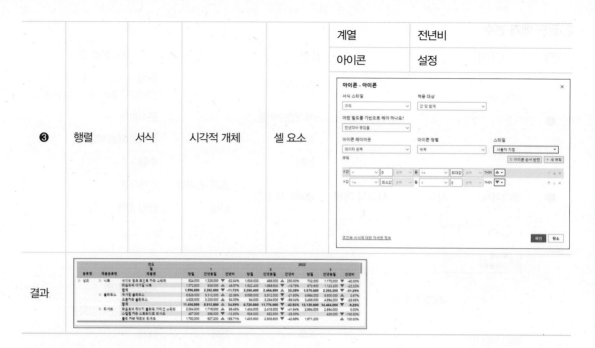

결과	

4. 페이지 탐색기

번호	시각화		옵션			설정 값
❶	페이지 탐색기	서식	시각적 개체	스타일	설정 대상 적용-상태	선택한 상태
					채우기	#6699cc, 테마 색1
				페이지	표시	'문제3_5' 설정 해제
결과						

5. 측정값

번호	테이블	계산 요소	수식
❶	〈측정값〉	측정값	매출_매장=CALCULATE([총매출금액], FILTER('거래처', [채널]="매장"))
		서식	천 단위 구분 기호, 소수 자릿수 '0'
❷	〈측정값〉	측정값	전월_매출=CALCULATE([총매출금액], DATEADD('날짜'[날짜], −1, MONTH))
		서식	천 단위 구분 기호, 소수 자릿수 '0'
❸	〈측정값〉	측정값	연간_누계=TOTALYTD([총매출금액],'날짜'[날짜])
		서식	천 단위 구분 기호, 소수 자릿수 '0'
❹	〈측정값〉	측정값	순위=RANKX(ALL('제품'[제품명]),[총수량],,DESC,Dense)
결과			

연도	총매출금액	매출_매장
2021	421,352,400	239,061,100
2022	473,892,700	262,488,100
합계	895,245,100	501,549,200

연도	월	총매출금액	전월_매출	연간_누계
2021	1	60,266,000		60,266,000
2021	2	80,448,200	60,266,000	140,714,200
2021	3	78,793,900	80,448,200	219,508,100
2021	4	58,856,600	78,793,900	278,364,700
2021	5	59,059,500	58,856,600	337,424,200
2021	6	83,928,200	59,059,500	421,352,400
2022	1	76,479,700		76,479,700
2022	2	81,545,600	76,479,700	158,025,300
2022	3	79,928,300	81,545,600	237,953,600
2022	4	82,532,100	79,928,300	320,485,700
2022	5	75,537,500	82,532,100	396,023,200
2022	6	77,869,900	75,537,500	473,892,700
합계		895,245,100	817,375,600	473,892,700

제품명	총수량	순위
넥서링 블라우스	1,542	1
네추럴 뉴 쇼파일 루트 점퍼	1,462	2
킨넨 슬카라 자켓	649	3
플라식 슬카라 하프 코트	632	4
요론카라 블라우스	533	5
워싱 포인트 일자핏 에님팬츠	525	6
라운드넥 데이지 플라워 가디건 스웨터	376	7
로고 패턴 다운베스트	287	8
폴리 카라 액티비 티셔츠	275	9
미드나인 체크 패턴 스커트	257	10
캐주얼 롱릴 스판 팬츠	248	11
할로잉 후드 털링 하프 다운	238	12
라운드넥 아가일 니트	234	13

1. 데이터 가져오기와 편집

문제1– ❶

① 'A형_답안파일.pbix' 파일을 열고 [홈]–[데이터] 그룹의 [Excel 통합 문서]를 클릭한다.

② '자전거 대여현황.xlsx' 파일을 선택하고 [열기]를 클릭한다.

③ [탐색 창]에서 〈대여소현황〉, 〈자전거 대여이력〉 테이블을 선택하고 [데이터 변환]을 클릭한다.

④ [Power Query 편집기] 창에서 〈자전거 대여이력〉 테이블을 선택한다. [대여 대여소번호] 필드의 필터
단추(▼)를 클릭한 후 목록에서 '210'의 체크 표시를 해제하고 [확인]을 클릭한다.

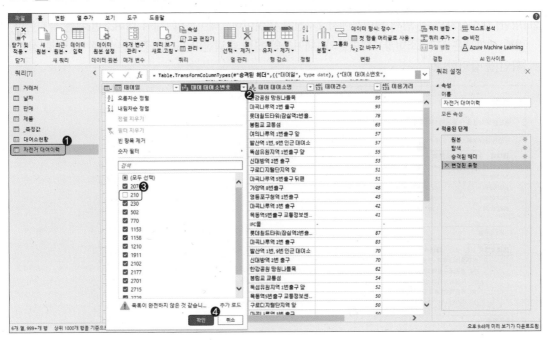

⑤ [대여건수] 필드의 데이터 형식(ABC/123)을 클릭하여 '정수'로 변경한다. [이용시간] 필드는 '정수', [이용거리] 필드는 '10진수'로 변경한다.

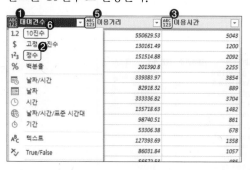

문제1- ❷

① 〈자전거 대여이력〉 테이블을 선택하고 [홈]-[결합] 그룹에서 [쿼리 병합]을 클릭한다.

② [병합] 대화상자의 첫 번째 테이블에서 〈자전거 대여이력〉 테이블의 [대여 대여소번호]를 클릭한다. 두 번째 테이블은 〈대여소현황〉 테이블의 [대여소번호]를 클릭한다. 조인 종류는 '왼쪽 외부'로 설정하고 [확인]을 클릭한다.

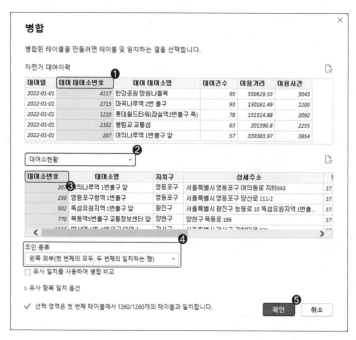

③ [대여소현황] 필드의 확장 단추(⇄)를 클릭하고 '자치구' 값만 체크 표시한다. '원래 열 이름을 접두사로
사용' 옵션을 해제하고 [확인]을 클릭한다.

기적의 Tip

'원래 열 이름을 접두사로 사용'을 해제하면 동일한 열 머리글 이름을 사용한다.

④ 〈자전거 대여이력〉 테이블에 추가된 [자치구] 필드를 확인한다.

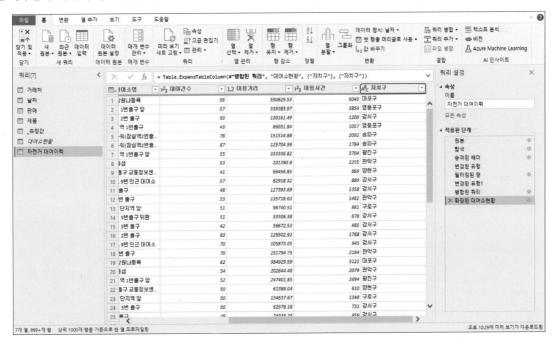

⑤ [쿼리] 창의 〈대여소현황〉 테이블에서 마우스 오른쪽 버튼 클릭한 후 [로드 사용] 선택을 해제하고, [홈]–[닫기] 그룹에서 [닫기 및 적용]을 클릭한다.

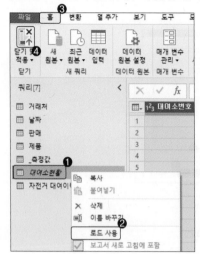

문제1-❸

① 테이블 뷰(▦)에서 〈자전거 대여이력〉 테이블을 선택하고 [대여일] 필드에 [열 도구]-[서식] 그룹에서 서식 '*2001-03-14(Short Date)'로 적용한다.

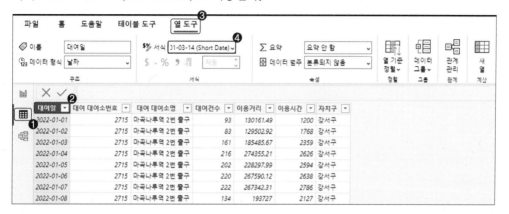

② [대여건수] 필드에 [열 도구]-[서식] 그룹에서 천 단위 구분 기호(▮9▮)를 적용한다.

2. 데이터 모델링

문제2-❶

① 테이블 뷰(▦)에서 [테이블 도구]-[계산] 그룹의 [새 테이블]을 클릭한다.

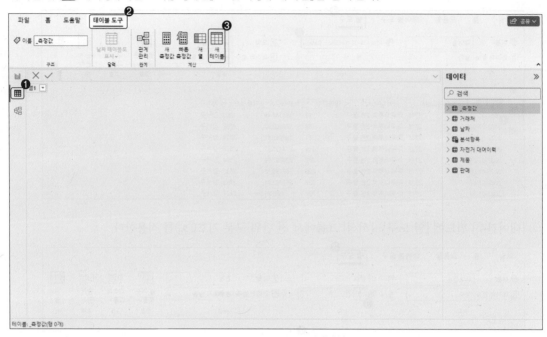

② 수식 입력줄에 다음 수식을 입력하여 날짜 테이블을 작성한다. [Date] 필드의 [열 도구]-[서식] 그룹에서 서식을 '*2001-03-14(Short Date)'로 적용한다.

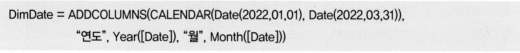

DimDate = ADDCOLUMNS(CALENDAR(Date(2022,01,01), Date(2022,03,31)),
      "연도", Year([Date]), "월", Month([Date]))

문제2-❷

① 모델 보기(圌)에서 〈자전거 대여이력〉 테이블의 [대여일] 필드를 〈DimDate〉 테이블의 [Date] 필드 위에 드래그&드롭하여 관계 설정한다. 관계 설정(Cardinality)은 '다대일(*:1)', 크로스 필터(교차 필터 방향)는 '단일(Single)'로 설정된다. 관계선을 클릭하여 올바르게 연결되었는지 확인한다.

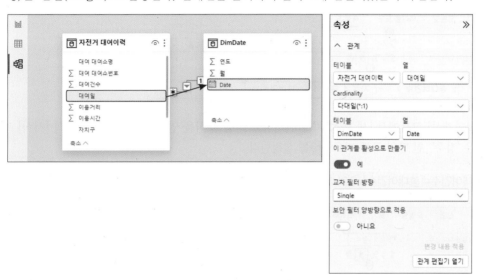

문제2-❸

① 테이블 뷰(圍)에서 〈자전거 대여이력〉 테이블을 클릭한다. [테이블 도구]-[계산] 그룹에서 [새 측정값]을 선택한다.

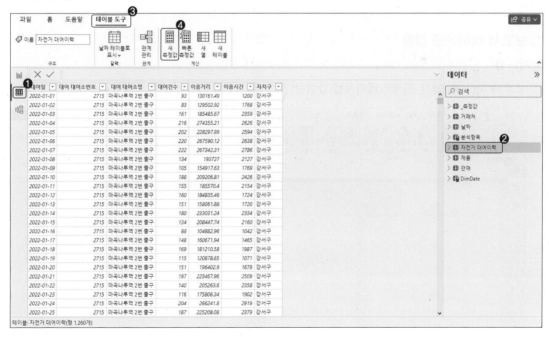

② 수식 입력줄에 다음 수식을 입력한 후 [측정 도구]의 [서식] 그룹에서 서식은 '정수', 천 단위 구분 기호 (🔵)를 설정한다.

총대여건수=SUM('자전거 대여이력'[대여건수])

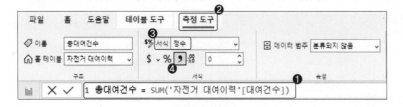

② [측정 도구]-[계산] 그룹에서 [새 측정값]을 선택하고 다음 수식을 입력한다. [측정 도구]의 [서식] 그룹 에서 서식은 '정수', 천 단위 구분 기호(🔵)를 설정한다.

일평균 대여건수=[총대여건수]/COUNTROWS('DimDate')

<table>
<tr><td>문제 2</td><td>단순요소 구현</td></tr>
</table>

1. 보고서 레이아웃 설정

문제1- ❶

① 보고서 보기(📊)에서 '문제2' 페이지를 클릭한다.

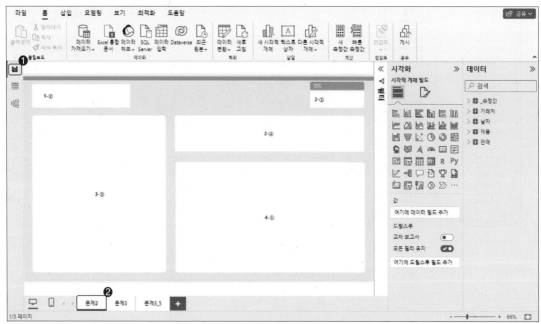

② [보기]–[테마] 그룹의 [테마]에서 '기본값'을 선택하고 [현재 테마 사용자 지정]을 클릭한다.

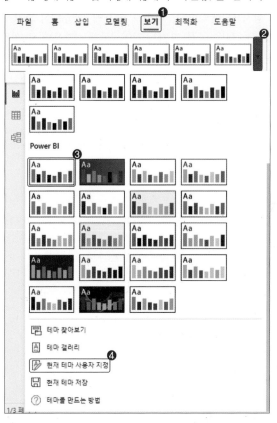

③ [테마 사용자 지정] 대화상자에서 [이름 및 색]–[이름 및 색]에서 테마 색의 [색1]의 헥스에 '#6699CC'
입력하고, [색2]의 헥스에 '#003377'를 입력하여 색을 변경하고 [적용]을 클릭한다.

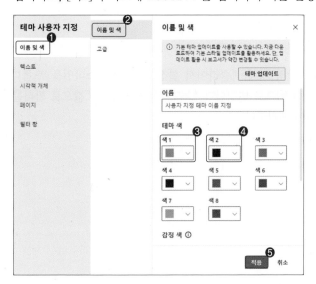

문제1- ❷

① '문제2' 페이지의 [삽입]-[요소] 그룹에서 [텍스트 상자]를 클릭한다. 텍스트 상자에 '매출분석 보고서'를 입력하고 [텍스트 상자 서식]에서 글꼴 종류는 'Segoe UI', 글꼴 크기는 '20', '굵게', '가운데'로 설정한다. 텍스트 상자를 '1-②' 위치에 적절히 배치한다.

2. 슬라이서, 카드 시각화

문제2- ❶

① 보고서 보기(📊)에서 '문제2' 페이지의 빈 영역을 클릭한다.

② [시각화] 창에서 '슬라이서(🔲)'를 클릭하고 [필드]에 〈날짜〉 테이블의 [연도] 필드를 추가한다.

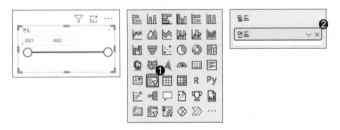

③ [시각적 개체 서식 지정](🖌)을 클릭하고 [시각적 개체]-[슬라이서 설정]-[옵션]의 스타일을 '드롭다운'으로 설정, [선택]에서 '"모두 선택" 옵션'을 [설정]으로 변경한다. 슬라이서에서 '2022' 값으로 필터를 적용하고 크기와 위치를 조정하여 '2-①' 위치에 배치한다.

문제2-❷

① [시각화] 창에서 '카드(▦)'를 클릭하고 [필드]에 〈판매〉 테이블의 [총수량] 측정값을 추가한다.

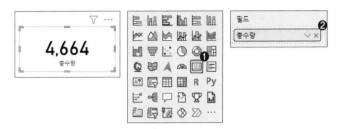

② [시각적 개체 서식 지정](🖌)을 클릭하고 [시각적 개체]-[설명 값]에서 글꼴 크기는 '20', 표시 단위는 '없음'으로 설정한다.

③ 총수량 카드를 복사(Ctrl+C)한 후 붙여넣기(Ctrl+V)를 한다. 두 번째 카드 필드의 총수량을 제거하고 〈판매〉 테이블의 [총매출금액] 측정값을 추가하고 표시 단위를 '백만'으로 변경한다.

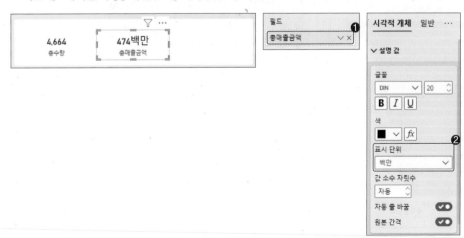

④ 총수량 카드를 복사(Ctrl + C)한 후 붙여넣기(Ctrl + V)를 한다. 세 번째 카드 필드에 〈판매〉 테이블의 [매출이익률] 측정값을 추가하고 표시 단위를 '없음'으로 변경한다.

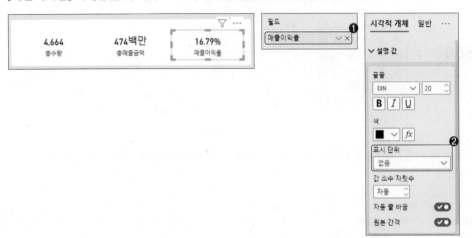

⑤ 모든 카드의 크기와 위치를 조정하여 '2-②' 위치에 배치한다.

3. 묶은 가로 막대형 차트 시각화

문제3- ❶

① 보고서 보기(📊)에서 '문제2' 페이지를 클릭한다.

② [시각화] 창에서 '묶은 가로 막대형 차트(📊)'를 클릭하고 [Y축]에 〈거래처〉 테이블의 [거래처명], 〈제품〉 테이블의 [분류명], [제품분류명] 필드를 추가한다. [X축]에 〈판매〉 테이블의 [총매출금액] 측정값 추가, [도구 설명]에 〈판매〉 테이블의 [총수량] 측정값을 추가한다. 차트의 크기를 조절하여 '3-①' 위치에 배치한다.

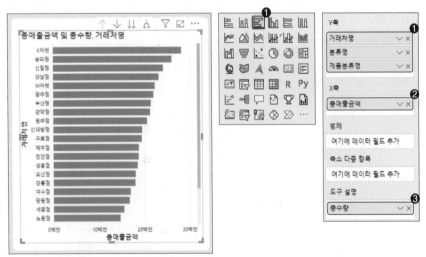

③ [시각적 개체 서식 지정](📝)을 클릭하고 [시각적 개체]−[Y축]−[값]의 '레이블 연결'을 설정으로 변경한다.

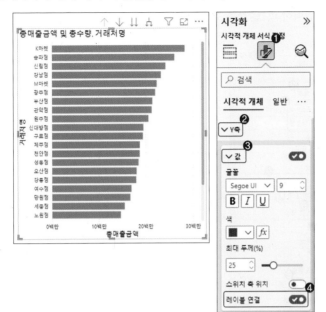

기적의 Tip   레이블 연결

Y축의 레이블 연결을 설정하면 '계층 구조 한 수준 아래로 모두 확장'을 적용했을 때 이전 단계의 레이블을 연결하여 표시한다.

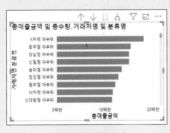

〈레이블 적용 설정〉   〈레이블 적용 해제〉

문제3- ❷

① [일반]-[제목]에서 텍스트에 '거래처별'을 입력하고, 글꼴은 'Segoe UI', '굵게', 가로 맞춤은 '가운데'로 설정한다.

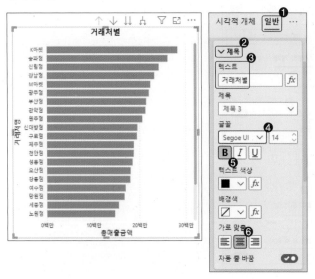

② [시각적 개체]-[Y축]-[값]의 [제목]을 해제한다. [X축]-[값]의 [제목]을 해제하고 표시 단위를 '백만'으로 설정한다. [데이터 레이블]-[값]에서 표시 단위를 '백만', [옵션]에서 '넘치는 텍스트'를 설정으로 변경한다.

문제3-❸

① 차트를 선택하고 [필터] 창에서 [이 시각적 개체의 필터]의 [거래처명]의 필터 카드를 확장한다. 필터 형식을 '상위 N'으로 설정하고, 항목 표시는 '위쪽', '10'으로 설정, 값에 〈판매〉 테이블의 [총매출금액] 측정값을 추가하고 [필터 적용]을 클릭한다.

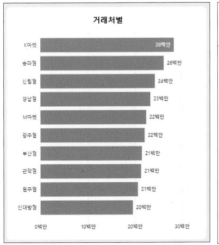

4. 꺾은선형 차트 시각화

문제4-❶

① 보고서 보기(📊)에서 '문제2' 페이지를 클릭한다.

② [시각화] 창에서 '꺾은선형 차트(📈)'를 클릭하고 [X축]에 〈날짜〉 테이블의 [날짜] 필드를 추가하고 [분기]와 [일]은 제거하여 [연도], [월]만 표시한다. [Y축]에 〈판매〉 테이블의 [총매출금액] 측정값 추가, [범례]에 〈제품〉 테이블의 [분류명] 필드를 추가한다.

③ 시각적 개체의 시각화 드릴모드에서 '계층 구조에서 한 수준 아래로 모두 확장(⛏)'을 클릭하여 연도-월로 확장한다. 차트의 크기를 조절하여 '4-①' 위치에 배치한다.

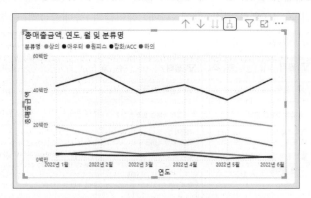

문제4-❷

① [시각적 개체 서식 지정](✏)을 클릭하고 [일반]-[제목]-[제목]에서 텍스트에 '기간별'을 입력하고, 글꼴은 'Segoe UI', '굵게', 가로 맞춤은 '가운데'로 설정한다.

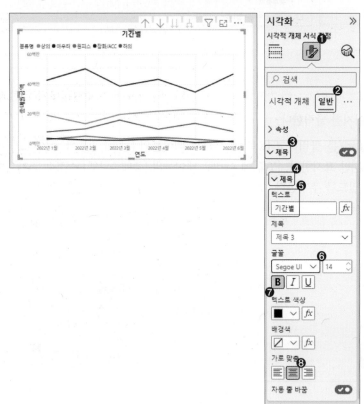

② [시각적 개체]-[X축]의 [제목]을 해제하고, [Y축]의 [제목]을 해제한다.

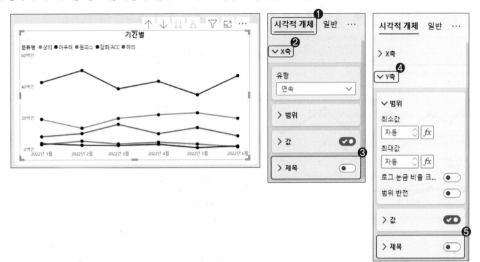

③ [시각적 개체]-[표식]-[도형]의 유형은 '■', 크기는 '5', [색]의 기본값은 '검정'으로 설정한다.

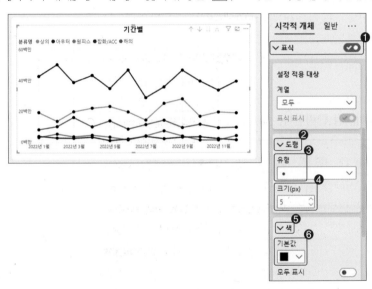

문제4-③

① [시각적 개체에 추가 분석 추가](🔍)에서 [추세선]을 설정하고, '계열 결합' 설정을 해제한다.

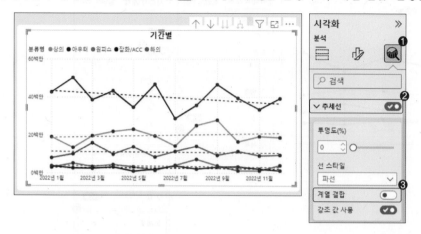

문제 3 | 복합요소 구현

1. 상호 작용 편집

문제1-①

① 보고서 보기(📊)에서 '문제3' 페이지를 클릭한다.

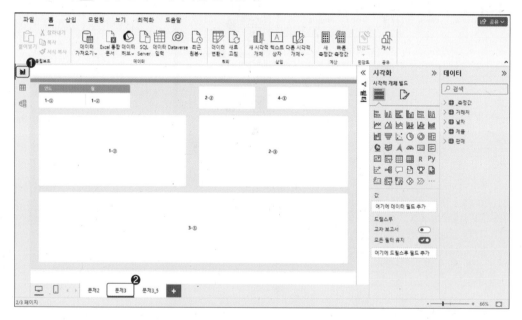

② [시각화] 창에서 '슬라이서(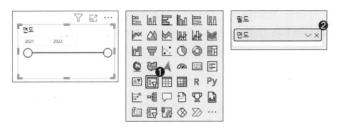)'를 클릭하고 [필드]에 〈날짜〉 테이블의 [연도] 필드를 추가한다.

③ [시각적 개체 서식 지정](🖌)을 클릭하고 [시각적 개체]-[슬라이서 설정]-[옵션]에서 스타일을 '드롭다운'으로 설정하고, [선택]에서 '"모두 선택" 옵션'을 설정으로 변경한 후 [슬라이서 머리글]을 해제한다. 슬라이서의 크기를 조절하여 '1-①' 위치에 배치한다.

④ 연도 슬라이서를 복사(Ctrl+C)한 후 붙여넣기(Ctrl+V)를 한다. 복사한 슬라이서 [필드]의 연도를 제거하고 〈날짜〉 테이블의 [월] 필드를 추가한다.

⑤ 슬라이서의 위치를 조절하여 '1-②' 위치에 배치한다.

문제1- ❷

① [시각화] 창에서 '꺾은선형 및 누적 세로 막대형 차트(📊)'를 클릭하고 [X축]에 〈날짜〉 테이블의 [연도]
필드, [열y축]에 〈판매〉 테이블의 [총매출금액] 측정값, [선y축]에 〈판매〉 테이블의 [매출이익률] 측정
값, [열 범례]에 〈제품〉 테이블의 [분류명] 측정값을 추가한다. 차트의 크기와 위치를 조정하여 '1-③' 위
치에 배치한다.

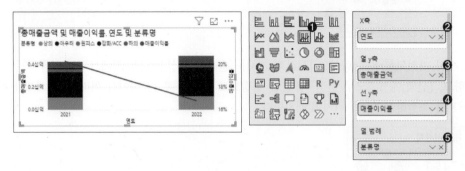

② [시각적 개체 서식 지정](📝)을 클릭하고 [시각적 개체]-[X축]에서 유형을 '범주별'로 설정한다. 차트의
추가 옵션(⋯)을 클릭하여 [축 정렬]-[연도]를 클릭한다. 다시 [오름차순 정렬]을 클릭하여 정렬 기준을
변경한다.

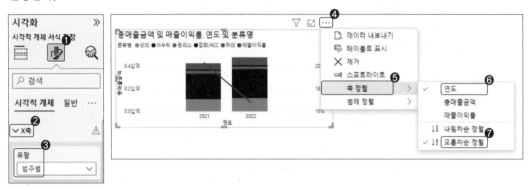

③ [시각화] 창에서 [시각적 개체 서식 지정](📝)을 클릭한다. [일반]-[제목]-[제목]에서 텍스트에 '연도별'
을 입력하고, 글꼴은 'Segoe UI', '굵게', 가로 맞춤은 '가운데'로 설정한다.

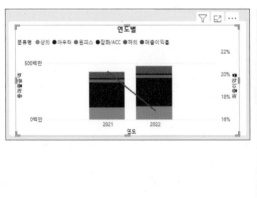

④ [시각적 개체]-[데이터 레이블]을 설정으로 변경한다. [설정 적용 대상]의 계열이 '모두'인 상태에서 [값]의 표시 단위를 '백만'으로 설정한다. [설정 적용 대상]의 계열을 '매출이익률'로 변경하고 [값]의 표시 단위를 '없음'으로 설정한다.

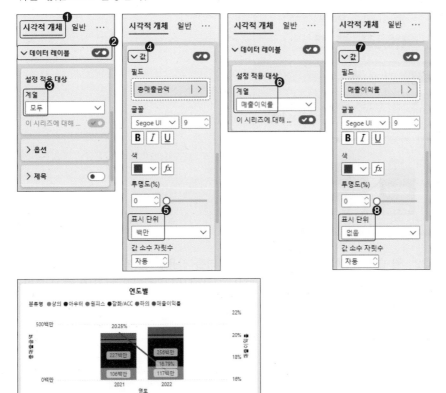

문제1- ❸

① 연도 슬라이서를 클릭한 후 [서식]-[상호 작용] 그룹에서 [상호 작용 편집]을 클릭한다. 꺾은선형 및 묶은 세로 막대형 차트의 없음(⊘)을 클릭한다.

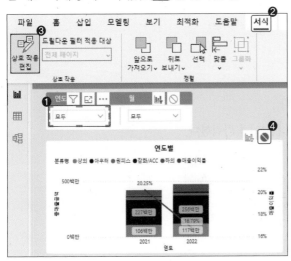

② 월 슬라이서를 클릭하고 꺾은선형 및 묶은 세로 막대형 차트의 없음(🚫)을 클릭한다. [서식]–[상호 작용] 그룹에서 [상호 작용 편집]을 클릭하여 상호 편집 모드를 해제한다.

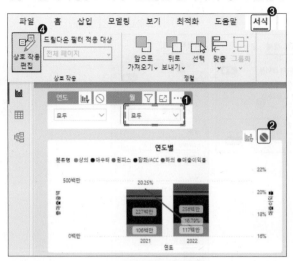

③ 연도 슬라이서에 '2022', 월 슬라이서에 '1', '2', '3' 값으로 필터를 적용한다. 꺾은선형 및 묶은 세로 막대형 차트에는 필터가 적용되지 않는다. [서식]–[상호 작용] 그룹에서 [상호 작용 편집]을 다시 클릭하여 작업을 완료한다.

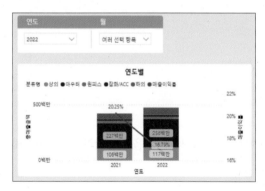

2. 필드 매개 변수

문제2-❶

① 보고서 보기(📊)에서 '문제3' 페이지를 클릭한다.

② [모델링]–[매개변수] 그룹에서 [새 매개변수]의 [필드]를 클릭한다.

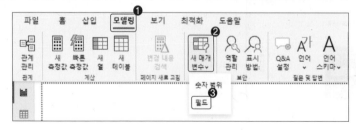

③ [매개 변수] 창에서 이름에 '분석항목'을 입력한다. 필드 목록에서 〈판매〉 테이블의 [총수량], [총매출금액] 측정값을 필드 추가 및 순서 변경에 추가한다. '이 페이지에 슬라이서 추가' 옵션이 선택된 상태에서 [만들기]를 클릭한다.

④ 보고서에 분석항목 슬라이서와 테이블이 추가된다.

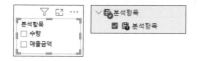

⑤ [데이터] 창에서 〈분석항목〉 테이블을 선택한 후 수식 입력줄의 '총수량'을 '수량', '총매출금액'을 '매출금액'으로 변경하고 Enter 를 누른다.

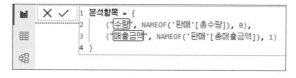

⑥ 분석항목 슬라이서에 '수량' 값으로 필터를 적용한다.

문제2-❷

① 분석항목 슬라이서를 선택하고 [시각적 개체 서식 지정](🖌)을 클릭한다. [시각적 개체]−[슬라이서 설정]에서 [옵션]의 스타일을 '드롭다운'으로 변경, [선택]에서 '단일 선택'을 설정한다.

② 슬라이서의 크기와 위치를 조정하여 '2−②'에 배치한다.

문제2-❸

① [시각화] 창에서 '묶은 세로 막대형 차트(📊)'를 클릭한다. [X축]에 〈제품〉 테이블의 [분류명] 필드, [Y축]에 〈분석항목〉 테이블의 [분석항목] 필드를 추가한다. 차트의 크기와 위치를 조정하여 '2−③' 위치에 배치한다.

② [시각적 개체 서식 지정](🖌)을 클릭하고 [시각적 개체]−[X축]에서 [제목]을 해제하고, [Y축]에서 [제목]을 해제한 후, [데이터 레이블]을 설정으로 변경하고 [배경]을 설정한다. [일반]−[제목]−[제목]에서 글꼴은 'Segoe UI', '굵게', 가로 맞춤을 '가운데'로 설정한다.

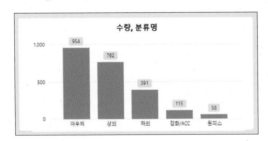

3. 행렬 시각화

문제3-❶

① 보고서 보기(📊)에서 '문제3' 페이지를 클릭한다.

② [시각화] 창에서 '행렬(▦)'을 클릭하고 [행]에 〈제품〉 테이블의 [분류명], [제품분류명], [제품명] 필드 추가, [열]에 〈날짜〉 테이블의 [연도], [월] 필드 추가, [값]에 〈판매〉 테이블의 [총매출금액], [전년동월 매출], [전년대비 증감률] 측정값을 추가한다.

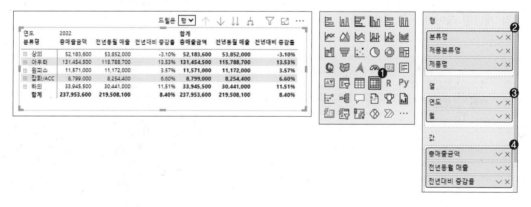

③ [값]의 이름을 더블클릭하여 '총매출금액'은 '당월', '전년동월 매출'은 '전년동월', '전년대비 증감률'은 '전년비'로 변경한다.

④ 테이블의 크기와 위치를 조정하여 '3-①' 위치에 배치한다.

문제3- ❷

① 행렬의 드릴온이 '행'인 상태에서 계층 구조에서 한 수준 아래로 모두 확장(🏠)을 두 번 클릭하여 행 머리
글을 제품명까지 확장한다.

② 행렬의 드릴온을 '열'로 변경하고 계층 구조에서 한 수준 아래로 모두 확장(🏠)을 클릭하여 열 머리글을
월까지 확장한다.

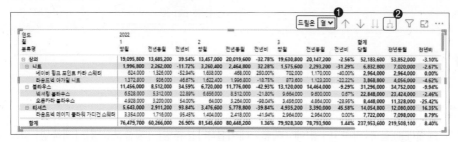

③ [시각화] 창에서 [시각적 개체 서식 지정](🖌️)을 클릭한다. [시각적 개체]-[열 머리글]에서 [텍스트]의 글
꼴은 '굵게', 배경색은 '흰색, 20% 더 어둡게', 머리글 맞춤을 '가운데'로 설정한다. [행 머리글]에서 [옵
션]의 '계단형 레이아웃'을 해제한다.

문제3-❸

① 행렬 개체를 선택하고 [시각적 개체]-[셀 요소]에서 [설정 전용 대상]의 계열을 '전년비'로 변경한다. '아이콘'을 설정하고 조건부 서식([fx])을 클릭한다.

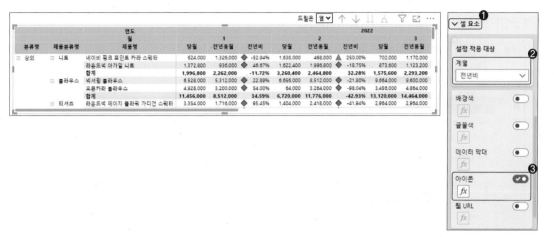

② [아이콘-아이콘] 대화상자에서 3번째 규칙을 삭제하고 'If 값 : 〉, 0, 숫자, 〈=, 최대값, 숫자, ▲', 'If 값 : 〉=, 최소값, 숫자, 〈, 0, 숫자, ▼' 규칙을 작성한다. 적용 대상을 '값 및 합계'로 변경하고 [확인]을 클릭한다.

③ 행렬 개체의 전년비에 적용된 조건부 서식을 확인한다.

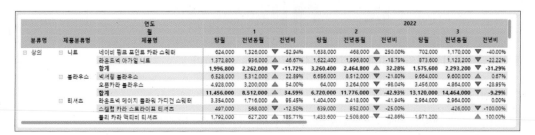

4. 페이지 탐색기

문제4-❶

① 보고서 보기(📊)에서 '문제3' 페이지를 클릭한다.

② [삽입]-[요소] 그룹에서 [단추]-[탐색기]-[페이지 탐색기]를 클릭한다.

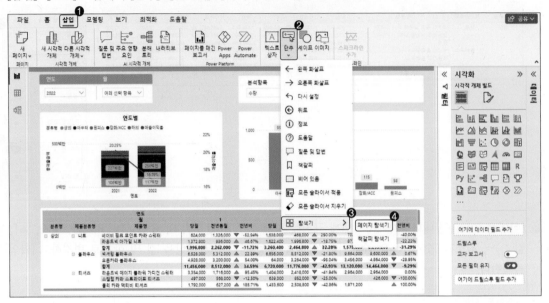

③ 페이지 탐색기를 선택 후 [서식] 창의 [시각적 개체-[페이지]-[표시]에서 '문제3-5'는 설정을 해제한다. [시각적 개체]-[스타일]-[설정 적용 대상]의 상태를 '선택한 상태'로 변경하고 [채우기]에서 색을 '#6699CC, 테마 색1'로 설정한다.

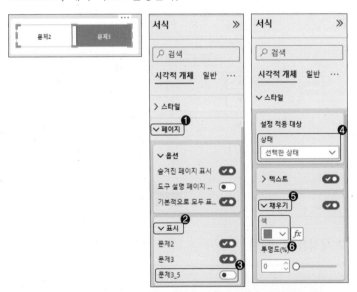

④ 페이지 탐색기의 크기와 위치를 조정하여 '4-①' 위치에 배치한다.

Power BI Desktop에서 Ctrl과 함께 책갈피 단추를 클릭하면 다른 페이지로 이동한다.

5. 측정값

문제5-❶

① 보고서 보기(📊)에서 '문제3_5' 페이지를 클릭한다. [데이터] 창에서 〈_측정값〉 테이블을 선택한 후 [테이블 도구]–[계산] 그룹에서 [새 측정값]을 클릭한다.

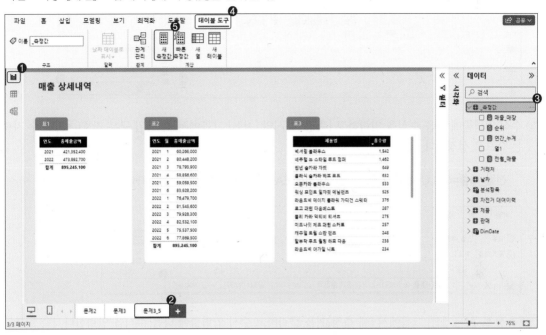

② 수식 입력줄에 다음 수식을 입력하고, [측정 도구]의 [서식] 그룹에서 천 단위 구분 기호(🔟), 소수 자릿수는 '0'으로 설정한다.

```
매출_매장=CALCULATE([총매출금액], FILTER('거래처', [채널]="매장"))
```

③ [표1]의 테이블을 선택하고 [열]에 〈_측정값〉테이블의 [매출_매장] 측정값을 추가한다.

문제5- ❷, ❸

① [데이터] 창에서 〈_측정값〉 테이블을 선택한 후 [테이블 도구]-[계산] 그룹에서 [새 측정값]을 클릭한다.

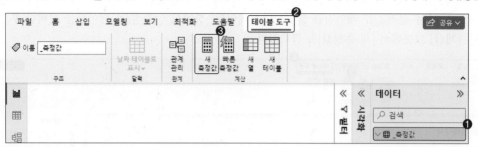

② 수식 입력줄에 다음 수식을 입력하고 [측정 도구]의 [서식] 그룹에서 천 단위 구분 기호(,), 소수 자릿수는 '0'으로 설정한다.

전월_매출=CALCULATE([총매출금액], DATEADD('날짜'[날짜], −1, MONTH))

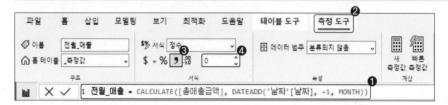

③ [측정 도구]-[계산] 그룹에서 [새 측정값]을 클릭하고 수식 입력줄에 다음 수식을 입력한다. [측정 도구]-[서식] 그룹에서 천 단위 구분 기호(,), 소수 자릿수 '0'으로 설정한다.

연간_누계=TOTALYTD([총매출금액], '날짜'[날짜])

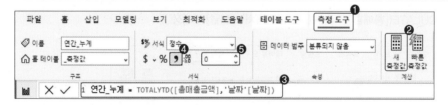

③ [표2]의 테이블을 선택하고 〈_측정값〉 테이블에서 [전월_매출], [연간_누계] 측정값을 추가한다.

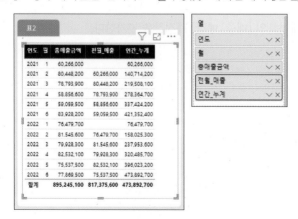

문제5-❹

① 〈_측정값〉 테이블을 선택한 후 [테이블 도구]-[계산] 그룹에서 [새 측정값]을 클릭한다.

② 수식 입력줄에 다음 수식을 입력한다.

> 순위=RANKX(ALL('제품'[제품명]), [총수량],,DESC,Dense)

③ [표3]의 테이블을 선택하고 〈_측정값〉 테이블에서 [순위] 측정값을 추가한다.

시행처 공개 문제 (B형)

프로그램명	제한시간
파워BI 데스크톱	70분

수험번호 : _____

성   명 : _____

단일	B형

〈 유 의 사 항 〉

- 인적 사항 누락 및 잘못 작성으로 인한 불이익은 수험자 책임으로 합니다.
- 화면에 암호 입력창이 나타나면 아래의 암호를 입력하여야 합니다.
  - 암호: 000000
- 작성된 답안은 주어진 경로 및 파일명을 변경하지 마시고 그대로 저장해야 합니다. 이를 준수하지 않으면 실격 처리됩니다.
- 외부데이터 위치: C:\PB\파일명
- 별도의 지시사항이 없는 경우, 다음과 같이 처리 시 실격 및 0점 처리됩니다.
  - 파일이 저장된 경로, 파일명을 임의로 변경한 경우 [실격]
  - 데이터 원본파일을 임의로 수정하거나 삭제한 경우 [0점 처리]
  - 대시보드/페이지명을 임의로 변경한 경우 [0점 처리]
- 별도의 지시사항이 없는 경우, 개체의 속성은 기본 설정값(Default)으로 처리하십시오.
- 지시사항 불이행, 오타 등으로 인한 불이익은 수험자 책임으로 합니다.
  - 지시사항에 제시한 함수 외에 다른 함수를 사용하여 답안을 작성한 경우, 결과물이 답안과 동일하더라도 오답 처리됩니다.
  - 개체명에 오타가 있을 경우 감점 처리됩니다.
- 최종 답안 제출 시 시험 채점과 관계없는 개체(차트)는 삭제 후 제출합니다.
  - 개체명에 오타가 있을 경우 감점 처리됩니다.
- 제시된 화면은 예시이며 나타난 값은 실제와 다를 수 있습니다.
- 저장 시간은 별도로 주어지지 아니하므로 제한된 시간 내에 저장을 완료해야 합니다.
- 본 문제는 파워BI 데스크톱(Power BI Desktop) 버전 2.123.742.0 64-bit (2023년 11월)를 기준으로 작성되었습니다.

대 한 상 공 회 의 소

데이터 및 문제 안내

1. 최종 제출해야 할 답안파일은 1개입니다. 문제1, 문제2, 문제3의 답을 하나의 답안파일(.pbix)로 제출하십시오.

2. 문제1, 문제2, 문제3은 각각 독립적으로 구성되어 있어 앞 문제를 풀지 않아도 다음 문제 풀이가 가능합니다.

3. 문제2와 문제3 풀이를 위해 필요한 일부 측정값, 필터가 답안파일에 미리 적용되어 있을 수 있습니다. 지시사항에 제시되지 않은 것은 변경하지 마십시오.

4. 하위문제(❶, ❷, ❸)별로 점수가 부여되며, 하위문제의 지시사항(▶ 또는 – 표시)을 이행하지 않을 경우 점수가 부여되지 않습니다.

5. 이 시험을 위한 데이터 파일은 2개이며, 문제1을 위한 데이터와 문제2의 데이터가 구분됩니다.

가. 문제1 풀이에는 '광역별 방문자수.xlsx'를 사용하십시오.

파일명	광역별 방문자수.xlsx				
테이블	구조				
A_광역별 방문자수	시군구코드	광역지자체 방문자 수	광역지자체 방문자 비율	기초지자체 방문자 수	기초지자체 방문자 비율
	32400	197,861.774	4.5	11,783,977	6
B_광역별 방문자수	시군구코드	광역지자체 방문자 수	광역지자체 방문자 비율	기초지자체 방문자 수	기초지자체 방문자 비율
	32010	679,426,007	3.6	1.13E+08	16.6
행정구역 코드	행정동코드		광역지자체명		기초지자체명
	11010		서울특별시		종로구

나. 문제2와 문제3의 풀이에는 '방송판매.xlsx'를 사용하십시오.

파일명	방송판매.xlsx							
테이블	구조							
방송주문	주문번호	담당MD	방송일	거래처코드	제품번호	담당호스트	준비수량	판매수량
	B0611-0035	6	2023-01-01	866179	8661791	김연아	2320	2100
담당자	거래처코드		거래처명		채널		시도	
	1		송파점		아울렛		서울	
제품정보	ID	거래처코드	제품번호	거래처명	분류	상품명	담당호스트	판매가격	매입원가
	8655351	865535	1	포커스	프린터/사무기기	복합기K910	최나연	I560,000	410,000
날짜	날짜D				날짜			
	202301				2023-01-01			
고객불만	구분	처리번호	처리일자	주문번호	고객ID	물류사고내용		
	교환	불만족0504-0141	2023-01-06	T0610-0016	7	서비스및상품불만족		

고객	고객ID		고객명		시도	
	1		강경아		경북	
거래처	거래처코드			거래처명		
	865535			포커스		

계산식 작성에 사용되는 문자열은 쌍따옴표(" ")를 사용하여 작성하시오.

1. 다음 지시사항에 따라 데이터 가져오기 및 편집을 수행하시오. (10점)

❶ 데이터 파일을 가져온 후 파워쿼리 편집기를 통해 테이블의 데이터를 편집하시오. (3점)

▶ 가져올 데이터 : '광역별 방문자수.xlsx' 파일의 〈A_광역별방문자수〉, 〈 B_광역별방문자수〉, 〈행정구역코드〉
 테이블

▶ 파워쿼리 편집기를 통해 〈A_광역별방문자수〉, 〈B_광역별방문자수〉 테이블에서 [시군구코드], [기초지자체
 방문자 수]를 제외한 다른 필드 삭제

▶ 필드 이름 변경

– 〈A_광역별방문자수〉 테이블의 [기초지자체 방문자수] 필드 → [A사] 필드로 변경

– 〈B_광역별방문자수〉 테이블의 [기초지자체 방문자수] 필드 → [B사] 필드로 변경

❷ 파워쿼리 편집기를 통해 〈A_광역별방문자수〉, 〈B_광역별방문자수〉 테이블을 활용하여 새로운 테이블을 추
 가하고 편집하시오. (4점)

▶ 쿼리 병합 기능 사용

– 테이블 이름 : 〈지자체별 방문자수〉

– 〈A_광역별방문자수〉, 〈B_광역별방문자수〉 테이블의 [시군구코드] 필드를 기준으로 병합

– 조인 종류 : '왼쪽 외부'

▶ 〈지자체별 방문자수〉 테이블의 [A사], [B사] 필드에 열 피벗 해제 기능 적용

▶ 필드 이름 변경

– 〈지자체별 방문자수〉 테이블의 [특성] 필드 → [이동통신] 필드로 변경

– 〈지자체별 방문자수〉 테이블의 [값] 필드 → [방문자수] 필드로 변경

❸ 파워쿼리 편집기를 통해 〈지자체별 방문자수〉 테이블에 〈행정구역코드〉 테이블의 [광역지자체명] 필드를 추
 가하시오. (3점)

▶ 쿼리 병합 기능 사용

– 〈지자체별 방문자수〉 테이블의 [시군구코드] 필드와 〈행정구역코드〉 테이블의 [행정동코드] 필드를 기준
 으로 병합

– 조인 종류 : '왼쪽 외부'

▶ 추가된 필드 이름 : [광역지자체명]

2. 파워쿼리 편집기를 통해 필드를 추가하고 데이터 모델링 작업을 수행하시오. (10점)

❶ 〈행정구역코드〉 테이블에 필드를 추가하시오. (4점)

▶ 조건 열 기능 사용

– 필드 이름 : [지역 구분]

– 활용 필드 : 〈행정구역코드〉 테이블의 [광역지자체명]

– 〈행정구역코드〉 테이블의 [광역지자체명] 필드값이 "서울특별시", "경기도", "인천광역시"일 경우 "수도권", 그 외의 값일 경우 "지방권"을 반환

– 추가된 필드의 데이터 형식: '텍스트'

❷ 〈A_광역별방문자수〉, 〈B_광역별방문자수〉 테이블의 로드 사용을 해제하시오. (3점)

❸ 〈지자체별 방문자수〉 테이블과 〈행정구역코드〉 테이블의 관계를 설정하시오. (3점)

▶ 활용 필드 : 〈지자체별 방문자수〉의 [시군구코드] 필드, 〈행정구역코드〉의 [행정동코드] 필드

▶ 기준(시작) 테이블 : 〈지자체별 방문자수〉 테이블

▶ 카디널리티 : '다대일(*:1)' 관계

▶ 크로스 필터 방향 : '단일'

3. 다음 지시사항에 따라 테이블 및 측정값을 추가하시오. (10점)

❶ 다음 조건으로 테이블과 측정값을 추가하시오. (4점)

▶ 테이블 이름 : 〈요약〉

– 활용 필드: 〈지자체별 방문자수〉 테이블의 [광역지자체명], [방문자수] 필드

– 〈행정구역코드〉 테이블의 [광역지자체명] 필드를 기준으로 방문자 수의 합계 반환

– 사용 함수 : SUM, SUMMARIZE

– 〈요약〉 테이블과 〈지자체별 방문자수〉 테이블 관계 설정

• 활용 필드 : 〈요약〉, 〈지자체별 방문자수〉 테이블의 [광역지자체명] 필드

• 기준(시작) 테이블 : 〈지자체별 방문자수〉 테이블

• 카디널리티 : '다대일(*:1)' 관계

• 크로스 필터 방향: '단일'

▶ 측정값 이름 : [광역지자체수]

– 활용 필드: 〈행정구역코드〉 테이블의 [광역지자체명] 필드

– [광역지자체명]의 개수 반환

– 사용 함수 : DISTINCTCOUNT

❷ 다음 조건으로 측정값을 추가하시오. (3점)

▶ 측정값 이름 : [서울지역 방문자수]

– 활용 필드 : 〈지자체별 방문자수〉 테이블의 [방문자수], [광역지자체명] 필드

– 서울지역 [방문자수]의 합계 반환

– 〈지자체별 방문자수〉 테이블에 적용된 필터 제외

– 사용 함수 : ALL, CALCULATE, FILTER, SUM

– 서식 : 천 단위에서 쉼표로 구분되도록 적용

▶ 측정값 이름 : [서울방문자비율 %]

– 활용 필드 : [서울지역 방문자수] 측정값, 〈요약〉 테이블의 [합계] 필드

– 전체 방문자 수의 [합계]에 대한 [서울지역 방문자수]의 비율 반환

– 사용 함수 : DIVIDE, SUM

– 서식 : '백분율', '소수점 아래 2자리까지' 표시

❸ 다음 조건으로 데이터 창에 테이블을 추가하시오. (3점)

▶ 테이블 이름 : 〈측정값T〉

– [광역지자체수], [서울지역 방문자수], [서울방문자비율 %] 측정값을 테이블에 추가

문제 2   단순요소 구현(30점)

시각화 완성화면 | 각 세부문제 풀이 후 '문제2' 페이지에 아래와 같이 개체를 배치하시오.

계산식 작성에 사용되는 문자열은 쌍따옴표(" ")를 사용하여 작성하시오.

1. '문제2', '문제3' 페이지의 전체 서식을 설정하시오. (5점)

❶ '문제2'와 '문제3' 페이지의 캔버스 배경을 설정하시오. (3점)

▶ 배경 이미지
- '문제2' 페이지 : '문제2-배경.png'
- '문제3' 페이지 : '문제3-배경.png'

▶ 캔버스 배경 설정
- 이미지 맞춤 : '기본'
- 투명도 : '0%'

▶ 보고서 테마 : '기본값'

❷ 텍스트 상자를 사용하여 '문제2' 페이지에 보고서 제목을 작성하시오. (2점)

▶ 제목 : "23~24년도 홈쇼핑 판매 보고서"
- 제목 서식 : 글꼴은 'Segoe UI', 글꼴 크기는 '28', '굵게', '가운데'

▶ 텍스트 상자를 '1-②' 위치에 배치

2. 다음 지시사항에 따라 카드와 슬라이서를 구현하시오. (5점)

❶ 다음 조건으로 '문제2' 페이지에 카드를 구현하시오. (3점)

▶ 활용 필드 : 〈방송주문〉 테이블의 [총방송횟수], [총판매수량], [총거래처수] 측정값

▶ 설명 값 서식 : 글꼴은 'DIN', 글꼴크기는 '33', 표시 단위는 '없음'

▶ 범주 레이블 서식 : 글꼴은 'Segoe UI', 글꼴크기는 '13', '굵게'

▶ 카드를 '2-①' 위치에 배치

❷ 다음 조건으로 '문제2' 페이지에 슬라이서를 구현하시오. (2점)

▶ 활용 필드 : 〈날짜〉 테이블의 [년] 필드

▶ 슬라이서 스타일 : '타일'

▶ 값 서식 : 글꼴은 'Segoe UI', 글꼴 크기는 '19', '굵게'

▶ 슬라이서 머리글이 보이지 않도록 설정

▶ '반응형' 옵션 해제

▶ 슬라이서를 '2-②' 위치에 배치

3. 다음 지시사항에 따라 리본 차트를 구현하시오. (10점)

❶ 다음 조건으로 '문제2' 페이지에 리본 차트를 구현하시오. (3점)

▶ 활용 필드
- 〈날짜〉 테이블의 [월이름] 필드
- 〈담당자〉 테이블의 [사원명] 필드
- 〈방송주문〉 테이블의 [판매가격] 필드

▶ 도구 설명에 [총판매수량]이 표시되도록 추가

▶ 리본 차트를 '3–①' 위치에 배치

❷ 다음과 같이 리본 차트의 각 요소에 대한 서식을 지정하시오. (4점)

    ▶ 차트 제목 : "담당MD(Top3) 매출실적"

      – 제목 서식 : 글꼴은 'DIN', 글꼴 크기는 '15', '굵게', '가운데'

    ▶ X축 : 글꼴 크기는 '12', 축 제목 제거

    ▶ Y축 : 축 제목 제거, 값 제거

    ▶ 범례 : 위치 '위쪽 가운데'

    ▶ 리본 : 색의 '투명도 50%'

❸ 리본 차트에 [판매가격]이 상위 3명의 [사원명]만 표시되도록 설정하시오. (3점)

4. 다음 지시사항에 따라 도넛형 차트를 구현하시오. (10점)

❶ 다음 조건으로 '문제2' 페이지에 도넛형 차트를 구현하시오. (4점)

    ▶ 활용 필드 : 〈방송주문〉 테이블의 [담당호스트] 필드, [총방송횟수] 측정값

    ▶ 차트 제목 : "담당호스트별 방송횟수"

      – 제목 서식 : 글꼴은 'Segoe UI', '굵게', '가운데'

    ▶ 범례 : 위치 '위쪽 가운데'

    ▶ 도넛형 차트를 '4–①' 위치에 배치

❷ 다음과 같이 도넛형 차트의 조각에 대한 서식을 지정하시오. (3점)

    ▶ 색상 : 김연아 '#E645AB'

    ▶ 내부 반경 : '50%'

❸ 다음과 같이 도넛형 차트의 세부 정보 레이블에 대한 서식을 지정하시오. (3점)

    ▶ 위치 : '바깥쪽 우선'

    ▶ 레이블 내용 : '범주, 총퍼센트'로 표시

문제 3	복합요소 구현(40점)

시각화 완성화면 각 세부문제 풀이 후 '문제3' 페이지에 아래와 같이 개체를 배치하시오.

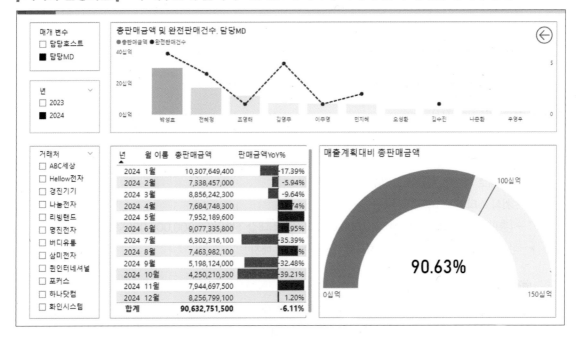

계산식 작성에 사용되는 문자열은 쌍따옴표(" ")를 사용하여 작성하시오.

1. 다음 지시사항에 따라 꺾은선형 및 묶은 세로 막대형 차트를 구현하시오. (10점)

❶ 다음 조건으로 〈방송주문〉 테이블에 측정값을 추가하시오. (3점)

▶ 측정값 이름 : [완전판매건수]

　– 활용 필드 : 〈방송주문〉 테이블의 [주문번호], [준비수량], [판매수량] 필드

　– [준비수량]이 모두 판매된 [주문번호]의 건 수 계산

　– 사용 함수 : CALCULATE, COUNT, FILTER

▶ 측정값 이름 : [총판매금액]

　– 활용 필드: 〈방송주문〉 테이블의 [판매수량], [판매가격] 필드

　– 판매금액의 합계 계산

　– 사용 함수 : SUMX

　– 서식 : 천 단위에서 쉼표로 구분되도록 적용

❷ 다음 조건으로 매개 변수를 추가하고 '문제3' 페이지에 슬라이서를 구현하시오. (3점)

▶ 매개 변수 추가

　– 대상 필드

　　• 〈방송주문〉 테이블의 [담당호스트] 필드

　　• 〈담당자〉 테이블의 [사원명] 필드

　– 매개 변수 필드 이름 변경 : [사원명] → [담당MD]

▶ 슬라이서 값 : '담당MD' 필터 적용

▶ 슬라이서를 '1–②' 위치에 배치

❸ 다음 조건으로 '문제3' 페이지에 꺾은선형 및 묶은 세로 막대형 차트를 구현하시오. (4점)

  ▶ 활용 필드

    – 〈방송주문〉 테이블의 [총판매금액], [완전판매건수] 측정값

    – [매개 변수] 매개 변수

  ▶ [매개 변수]에 따라 X축이 변경되도록 구현

  ▶ X축, Y축, 보조Y축 : 축 제목 제거

  ▶ 꺾은선형 차트 서식

    – 선 스타일: '파선'

    – '표식' 옵션 설정

  ▶ 묶은 세로 막대형 차트에 조건부 서식 적용

    – 서식 스타일 : 그라데이션

    – [총판매금액]의 최소값 '백억(10,000,000,000)', 최대값 '5백억(50,000,000,000)'으로 설정

  ▶ 꺾은선형 및 묶은 세로 막대형 차트를 '1–③' 위치에 배치

2. 다음 지시사항에 따라 슬라이서와 테이블 차트를 추가하시오. (10점)

❶ 다음 조건으로 '문제3' 페이지에 슬라이서를 구현하시오. (3점)

  ▶ 〈방송주문〉 테이블에 새 열 추가

    – 계산 필드 이름 : [거래처]

    – 활용 필드 : 〈거래처〉 테이블의 [거래처명] 필드

    – 〈방송주문〉 테이블에서 〈거래처〉 테이블의 [거래처명] 필드의 값을 반환

    – 사용 함수 : RELATED

  ▶ 활용 필드

    – 〈날짜〉 테이블의 [년] 필드

    – 〈방송주문〉 테이블 [거래처] 필드

  ▶ 슬라이서 스타일 : '세로 목록'

  ▶ 슬라이서 값 : '2024' 필터 적용

  ▶ 슬라이서를 '2–①' 위치에 배치

❷ 다음 조건으로 〈방송주문〉 테이블에 측정값을 추가하시오. (3점)

  ▶ 측정값 이름 : [판매금액PY]

    – 활용 필드

      • 〈방송주문〉 테이블의 [총판매금액] 측정값

      • 〈날짜〉 테이블의 [날짜] 필드

    – 전년도의 [총판매금액]을 반환

    – 사용 함수 : CALCULATE, DATEADD

    – 서식 : '정수', 천 단위에서 쉼표로 구분되도록 적용

▶ 측정값 이름 : [판매금액YoY%]

   – 활용 필드 : 〈방송주문〉 테이블의 [총판매금액], [판매금액PY] 측정값

   – 전년대비 금년도 매출의 비율 반환

   – 사용 함수 : DIVIDE

   – 서식 : '백분율', '소수점 아래 2자리까지' 표시

❸ 다음 조건으로 '문제3' 페이지에 테이블 차트를 구현하시오. (4점)

   ▶ 활용 필드

     – 〈날짜〉 테이블의 [년], [월 이름] 필드

     – 〈방송주문〉 테이블의 [총판매금액], [판매금액YoY%] 측정값

   ▶ 값, 열 머리글 서식 : 글꼴 크기는 '13'

   ▶ 조건부 서식 적용

     – 설정 적용 대상 : '판매금액YoY%'

     – '데이터 막대' 사용

     – 양수 막대 색 : '자주(#4A2D75)', 음수 막대 색: '빨강(#FF0000)'

   ▶ 정렬 : [년] 기준 '내림차순 정렬'

   ▶ 테이블 차트를 '2–③' 위치에 배치

3. 다음 지시사항에 따라 계기 차트와 카드를 구현하시오. (10점)

❶ 다음 조건으로 '문제3' 페이지에 계기 차트를 구현하시오. (4점)

   ▶ 활용 필드: 〈방송주문〉 테이블의 [총판매금액] 측정값

   ▶ 게이지 축 설정

     – 최대값 : '천오백억(150,000,000,000)'

     – 대상 : '천억(100,000,000,000)', 색상 '테마 색 5'

   ▶ 설명 값 제거

   ▶ 차트 제목 : "매출계획대비 총판매금액"

     – 제목 서식 : 글꼴 크기는 '15'

     – 계기 차트를 '3–①' 위치에 배치

❷ 다음 조건으로 〈방송주문〉 테이블에 측정값을 추가하시오. (3점)

   ▶ 측정값 이름 : [목표대비총판매비율%]

     – 활용 필드 : 〈방송주문〉 테이블의 [총판매금액] 측정값

     – 목표(대상) 대비 [총판매금액]의 비율 반환

     – 사용 함수 : DIVIDE

     – 서식 : '백분율', '소수점 아래 2자리까지' 표시

❸ 다음 조건으로 '문제3' 페이지에 카드를 구현하시오. (3점)

  ▶ 활용 필드 : 〈방송주문〉 테이블의 [목표대비총판매비율%] 측정값

  ▶ 설명 값 서식 : 글꼴크기는 '28', 표시 단위는 '없음'

  ▶ 범주 레이블 제거

  ▶ 카드를 그림과 같이 지정된 위치에 배치

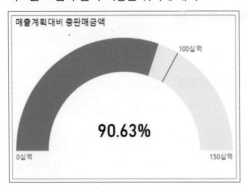

4. 다음 지시사항에 따라 페이지와 시각적 개체 간 상호 작용 기능을 설정하시오. (10점)

  ❶ 다음 조건으로 '문제3' 페이지에 단추를 구현하시오. (4점)

    ▶ 종류 : '뒤로'

    ▶ 두께 : '2px'

    ▶ 가로 맞춤 : '오른쪽'

    ▶ 작업 유형 : '페이지 탐색', 대상 '문제2'

    ▶ 단추를 그림과 같이 지정된 위치(4-①)에 배치

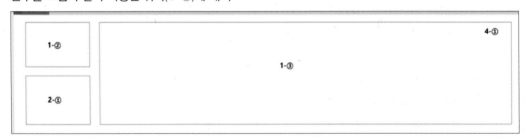

  ❷ 다음과 같이 시각적 개체의 상호 작용을 설정하시오. (3점)

    ▶ [년] 슬라이서 : [거래처] 슬라이서와 상호 작용 '없음'

    ▶ 테이블 차트 : 계기 차트, 카드와 상호 작용 '없음'

  ❸ 다음과 같이 시각적 개체의 상호 작용을 설정하시오. (3점)

    ▶ [거래처] 슬라이서 : 꺾은선형 및 묶은 세로 막대형 차트, 계기 차트, 카드와 상호 작용 '없음'

시행처 공개 문제 | B형 정답

문제 1 | 작업준비

1. 데이터 가져오기와 편집

번호	보기	테이블	결과
❶	파워쿼리편집기	〈A_광역별 방문자수〉 〈B_광역별 방문자 수〉	
		행정구역코드	
❷	파워쿼리편집기	〈지자체별 방문자수〉	

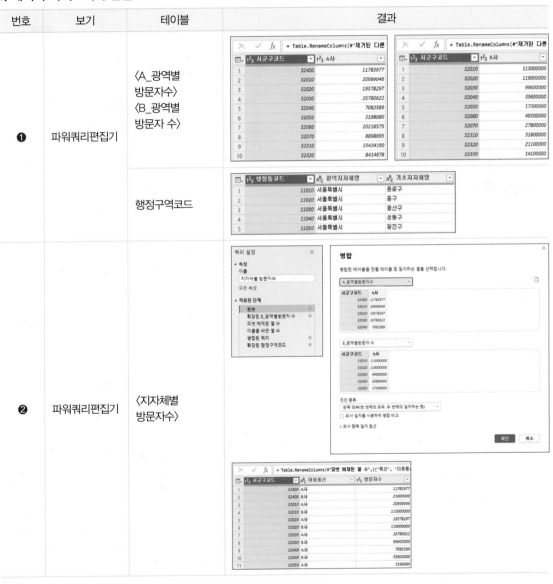

❸	파워쿼리편집기	〈지자체별 방문자수〉	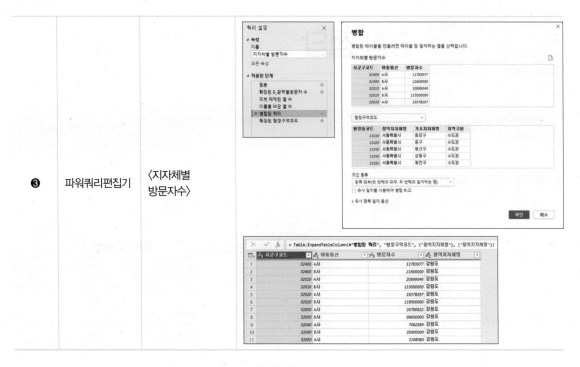

2. 데이터 모델링

번호	보기	테이블	결과
❶	파워쿼리편집기	〈행정구역코드〉	
❷	파워쿼리편집기	〈A_광역별 방문자 수〉 〈B_광역별 방문자 수〉	

❸	모델 보기	〈지자체별 방문자수〉 테이블 [시군구코드] 필드와 〈행정구역코드〉 테이블 [행정동코드] 필드 관계 설정 

3. 측정값 관리

번호	테이블	계산 요소	수식
❶	〈요약〉	테이블	요약 = SUMMARIZE(　'지자체별 방문자수','지자체별 방문자수'[광역지자체명],"합계", 　SUM('지자체별 방문자수'[방문자수]) 　) 〈요약〉 테이블 [광역지자체명] 필드와 〈지자체별 방문자수〉 테이블 [광역지자체명] 필드 관계 설정
	〈행정구역코드〉	측정값	광역지자체수 = DISTINCTCOUNT('행정구역코드'[광역지자체명])
❷	〈지자체별 방문자수〉	측정값	서울지역 방문자수 = CALCULATE(　SUM('지자체별 방문자수'[방문자수]), 　　FILTER(ALL('지자체별 방문자수'),'지자체별 방문자수'[광역지자체명]="서울특별시"))
			서식: 천 단위 구분 기호
		측정값	서울방문자비율 % = DIVIDE([서울지역 방문자수], SUM('요약'[합계]))
			서식: 백분율, 소수 자릿수 '2'
❸	〈측정값T〉		

1. 페이지 레이아웃

번호	시각화	옵션			설정 값
❶	'문제2' 페이지	페이지 서식	캔버스 배경	이미지	문제2–배경.png
				이미지 맞춤	기본
				투명도	0
	'문제3' 페이지	페이지 서식	캔버스 배경	이미지	문제3–배경.png
				이미지 맞춤	기본
				투명도	0
	[보기]–[테마] 선택			테마 종류	기본값
❷	텍스트 상자	텍스트 상자 서식		글꼴 종류	Segoe UI
				글꼴 크기	28
				굵게	설정
				맞춤	가운데
결과	'23~24년도 홈쇼핑 판매 보고서'				

2. 슬라이서, 카드 시각화

번호	시각화	옵션				설정 값
❶	카드	데이터 추가		필드		방송주문[총방송횟수]
		서식	시각적 개체	설명 값	글꼴	DIN, 33, 굵게
					표시 단위	없음
				범주 레이블	글꼴	Segoe UI, 13, 굵게
	카드	데이터 추가		필드		방송주문[총판매수량]
		서식	시각적 개체	설명 값	글꼴	DIN, 33, 굵게
					표시 단위	없음
				범주 레이블	글꼴	Segoe UI, 13, 굵게
	카드	데이터 추가		필드		방송주문[총거래처수]
		서식	시각적 개체	설명 값	글꼴	DIN, 33, 굵게
					표시 단위	없음
				범주 레이블	글꼴	Segoe UI, 13, 굵게
결과	633 총방송횟수 880,666 총판매수량 12 총거래처수					

❷	슬라이서	데이터 추가		필드		날짜[년]
		서식	시각적 개체	슬라이서 설정	스타일	타일
				값	글꼴	Segoe UI, 19, 굵게
				슬라이서 머리글		해제
			일반	속성	고급 옵션	반응형 해제

결과	2023	2024

3. 리본 차트

번호	시각화	옵션			설정 값
❶	리본 차트	데이터 추가		X축	날짜[월 이름]
				Y축	방송주문[판매가격]
				범례	담당자[사원명]
				도구 설명	방송주문[총판매수량]
❷	리본 차트	서식	일반	제목	제목-텍스트	담당MD(Top3) 매출실적
					제목-글꼴	DIN, 15, 굵게
					제목-가로 맞춤	가운데
			시각적 개체	X축	값-글꼴	12
					제목	해제
				Y축	제목	해제
					값	해제
				범례	옵션-위치	위쪽 가운데
				리본	색	투명도 50
❸	리본 차트	이 시각적 개체의 필터			

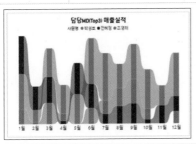

결과	

4. 도넛형 차트

번호	시각화	옵션					설정 값
❶	도넛형 차트	데이터 추가		범례			방송주문[담당호스트]
				값			방송주문[총방송횟수]
		서식	일반	제목		제목–텍스트	담당호스트별 방송횟수
						제목–글꼴	Segoe UI, 굵게
						제목–가로 맞춤	가운데
			시각적 개체	범례		옵션–위치	위쪽 가운데
❷	도넛형 차트	서식	시각적 개체	조각		색–김연아–다른색	헥스 #E645AB
						간격–내부 반경	50
❸	도넛형 차트	서식	시각적 개체	세부 정보 레이블		옵션–위치	바깥쪽 우선
						레이블 내용	범주, 총 퍼센트
결과	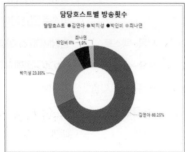						

---

1. 측정값, 매개 변수 슬라이서, 꺾은선형 및 묶은 세로 막대형 차트

번호	테이블	계산 요소	수식
❶	〈방송주문〉	측정값	완전판매건수 = CALCULATE(COUNT('방송주문'[주문번호]), FILTER('방송주문',[준비수량]=[판매수량]))
		측정값	총판매금액 = SUMX('방송주문', '방송주문'[판매수량]*'방송주문'[판매가격])
			서식 : 천 단위 구분 기호

번호	시각화	옵션		설정 값
❷	필드 매개 변수	활용 필드		방송주문[담당호스트] 담당자[사원명] → 담당 MD
		매개변수이름		[매개 변수]
	슬라이서	데이터 추가	필드	매개변수[매개 변수]
		필터		담당MD
결과				

번호	시각화	옵션			설정 값
❸	꺾은선형 및 묶은 세로 막대형 차트	데이터 추가	X축		매개변수[매개 변수]
			열 y축		방송주문[총판매금액]
			선 y축		방송주문[완전판매건수]
		서식	시각적 개체	X축	제목	해제
				Y축	제목	해제
				보조 Y축	제목	해제
				선	도형–선스타일	파선
				표식		설정
				열	색–조건부 서식	서식 스타일 : 그라데이션 최소값 : 10000000000 최대값 : 50000000000
결과					

2. 슬라이서와 테이블 시각화

번호	테이블	계산 요소	수식
❶	〈방송주문〉	열	거래처 = RELATED('거래처'[거래처명])

번호	시각화	옵션				설정 값
❶	슬라이서	데이터 추가		필드		날짜[년]
				필터		2024
		서식	시각적 개체	슬라이서 설정	옵션–스타일	세로 목록
	슬라이서	데이터 추가		필드		방송주문[거래처]
		서식	시각적 개체	슬라이서 설정	옵션–스타일	세로 목록

결과	

번호	테이블	계산 요소	수식
❷	〈방송주문〉	측정값	판매금액PY = CALCULATE([총판매금액], DATEADD('날짜'[날짜], -1, YEAR))
			서식: 정수, 천 단위 구분 기호, 소수 자릿수 '0'
		측정값	판매금액YoY% = DIVIDE('방송주문'[총판매금액]-'방송주문'[판매금액PY],'방송주문'[판매금액PY])
			서식: 백분율, 소수 자릿수 '2'

번호	시각화	옵션			설정 값
❸	테이블	데이터 추가	열		날짜[년] 날짜[월 이름] 방송주문[총판매금액] 방송주문[판매금액YoY%]
		서식	시각적 개체	값	값-글꼴	크기 13
				열 머리글	텍스트-글꼴	크기 13
				셀 요소	계열	판매금액YoY%
					데이터 막대-다른색-헥스	양수막대(자주) '#4A2D75' 음수막대(빨강) '#FF0000'
		추가 옵션	축 정렬	옵션-스타일 제거	년 기준, 내림차순 정렬
	결과				

결과

년	월 이름	총판매금액	판매금액YoY%
2024	1월	10,307,649,400	-17.39%
2024	2월	7,338,457,000	-5.94%
2024	3월	8,856,242,300	-9.64%
2024	4월	7,684,748,300	74%
2024	5월	7,952,189,600	%
2024	6월	9,077,335,800	95%
2024	7월	6,302,316,100	-35.39%
2024	8월	7,463,982,100	%
2024	9월	5,198,124,000	-32.48%
2024	10월	4,250,210,300	-39.21%
2024	11월	7,944,697,500	%
2024	12월	8,256,799,100	1.20%
합계		90,632,751,500	-6.11%

3. 계기 차트와 카드

번호	시각화	옵션				설정 값
❶	계기 차트	데이터 추가	값			방송주문[총판매금액]
		서식	시각적 개체	게이지 축	최대값	천오백억 '150000000000'
					대상	천억 '100000000000'
				색	대상 색상	#E044A7, 테마 색 5
				설명 값		해제
			일반	제목	제목–텍스트	매출계획대비 총판매금액
					제목–글꼴	크기 15
결과	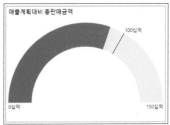					

번호	테이블	계산 요소	수식
❷	〈방송주문〉	측정 값	목표대비총판매비율% = [총판매금액]/100000000000
			서식: 백분율, 소수 자릿수 '2'

번호	시각화	옵션				설정 값
❸	카드	데이터 추가	필드			방송주문[목표대비총판매비율%]
		서식	시각적 개체	설명 값	글꼴	크기 28
					표시 단위	없음
				범주 레이블		해제
결과						

4. 상호 작용

번호	도구	옵션				설정 값
❶	단추	종류				뒤로
		서식	Button	아이콘	아이콘 유형	뒤로
					두께	2
					가로 맞춤	오른쪽
				작업	유형	페이지 탐색
					대상	문제2

번호			
결과	⊖		

번호	개체	적용 대상	상호 작용 옵션
❷	년 슬라이서	거래처 슬라이서	없음
	테이블	계기 차트	없음
		카드	없음

번호	
결과	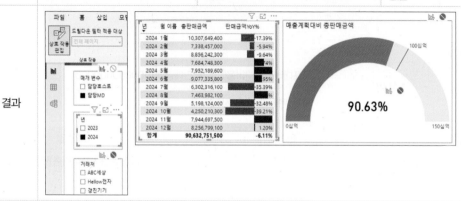

번호	개체	적용 대상	상호 작용 옵션
❸	거래처 슬라이서	꺾은선형 및 묶은 세로 막대형 차트	없음
		계기 차트	없음
		카드	없음

번호	
결과	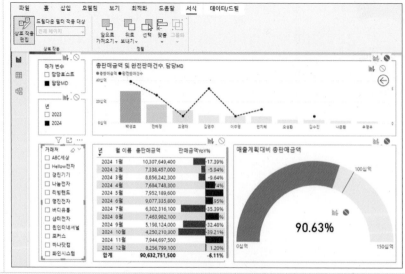

B형 해설

문제 1	작업준비

1. 데이터 가져오기와 편집

문제1- ❶

① 'B형_답안파일.pbix' 파일을 열고 [홈]–[데이터] 그룹의 [Excel 통합 문서]를 클릭한다.

② '광역별 방문자수.xlsx' 파일을 선택하고 [열기]를 클릭한다.

④ [탐색 창]에서 〈A_광역별방문자수〉, 〈B_광역별방문자수〉, 〈행정구역〉 테이블을 선택하고 [데이터 변환]을 클릭한다.

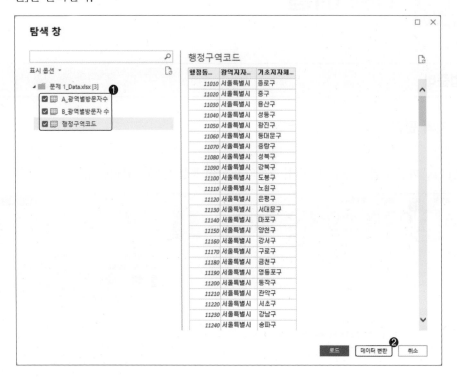

⑤ [Power Query 편집기] 창에서 〈A_광역별방문자수〉 테이블의 [시군구코드] 필드를 선택하고 Ctrl 을 누른 상태에서 [기초지자체 방문자 수] 필드를 선택한다. 선택한 열 머리글에서 마우스 오른쪽 버튼을 클릭하여 [다른 열 제거]를 클릭한다.

⑥ 〈B_광역별방문자수〉 테이블의 [시군구코드] 필드를 선택하고 **Ctrl**을 누른 상태에서 [기초지자체 방문자 수] 필드를 선택한다. 선택한 열 머리글에서 마우스 오른쪽 버튼을 클릭하여 [다른 열 제거]를 클릭한다.

기적의 Tip

파워쿼리 편집기에서 수식 입력줄을 확장하면 필드이름을 확인할 수 있다.

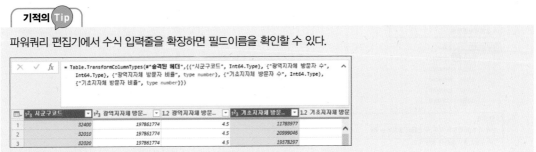

⑦ 〈A_광역별방문자수〉 테이블의 [기초지자체 방문자 수] 필드명을 더블클릭하여 'A사'로 이름을 변경한다. 〈B_광역별방문자수〉 테이블의 [기초지자체 방문자 수] 필드명을 더블클릭하여 'B사'로 이름을 변경한다.

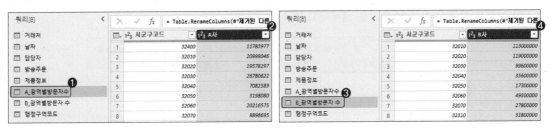

문제1-❷

① 〈A_광역별방문자수〉 테이블에서 [홈]–[결합] 그룹에서 [쿼리 병합]–[쿼리를 새 항목으로 병합]을 클릭한다.

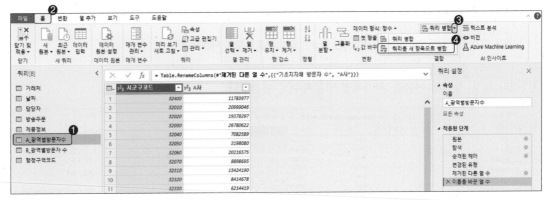

② [병합] 대화상자의 첫 번째 테이블에서 〈A_광역별방문자수〉 테이블의 [시군구코드]를 클릭한다. 두 번째 테이블은 〈B_광역별방문자수〉 테이블의 [시군구코드]를 클릭한다. 조인 종류는 '왼쪽 외부'로 설정하고 [확인]을 클릭한다.

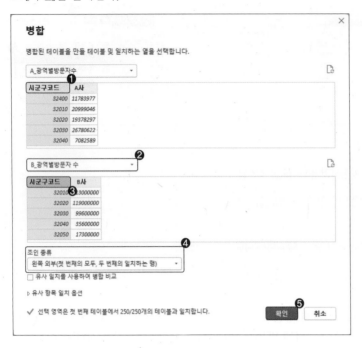

③ 〈병합1〉 테이블의 [B_광역별방문자수] 필드의 확장 단추(⟱)를 클릭한다. 'B사'만 체크 표시하고 '원래 열 이름을 접두사로 사용' 옵션을 해제하고 [확인]을 클릭한다.

기적의 Tip

'원래 열 이름을 접두사로 사용'을 해제하면 동일한 열 머리글 이름을 사용한다.

④ [쿼리 설정] 창에서 이름을 '지자체별 방문자수'로 변경한다.

⑤ 〈지자체별 방문자수〉 테이블의 [A사] 필드를 클릭한 후 [Ctrl]을 누른 상태에서 [B사] 필드를 클릭한다. [변환]-[열] 그룹에서 [열 피벗 해제]를 클릭한다.

⑥ [특성] 필드를 더블클릭하여 '이동통신', [값] 필드를 더블클릭하여 '방문자수'로 변경한다.

문제1-❸

① 〈지자체별 방문자수〉 테이블에서 [홈]-[결합] 그룹의 [쿼리 병합]을 클릭한다.

② [병합] 대화상자의 첫 번째 테이블에서 〈지자체별 방문자수〉 테이블의 [시군구코드]를 클릭하고 두 번째 테이블은 〈행정구역코드〉 테이블의 [행정동코드]를 클릭한다. 조인 종류는 '왼쪽 외부'로 설정하고 [확인]을 클릭한다.

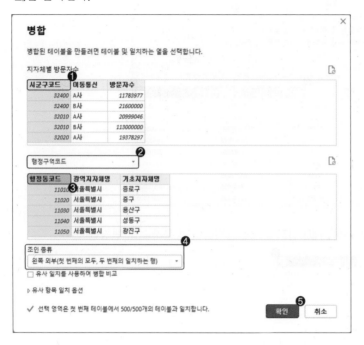

③ 〈지자체별 방문자수〉 테이블의 [행정구역코드] 필드의 확장 단추(⇤⇥)를 클릭한다. '광역지자체명'만 체크 표시하고 '원래 열 이름을 접두사로 사용' 옵션을 해제하고 [확인]을 클릭한다.

④ 추가된 [광역지자체명] 필드를 확인한다.

2. 데이터 편집, 데이터 모델링

문제2-❶

① [Power Query 편집기] 창에서 〈행정구역코드〉 테이블을 선택하고 [열 추가]-[일반] 그룹에서 [조건 열]을 클릭한다.

② [조건 열 추가] 대화상자에서 새 열 이름에 '지역 구분'을 입력한다. 첫 번째 조건 열 이름 '광역지자체명', 연산자 '같음', 값 '서울특별시', 출력 '수도권'을 입력하고 [절 추가]를 클릭한다. 두 번째 조건 열 이름 '광역지자체명', 연산자 '같음', 값 '경기도', 출력 '수도권'을 입력하고 [절 추가]를 클릭한다. 세 번째 조건 열 이름 '광역지자체명', 연산자 '같음', 값 '인천광역시', 출력 '수도권'을 입력한다. 기타에 '지방권'을 입력하고 [확인]을 클릭한다.

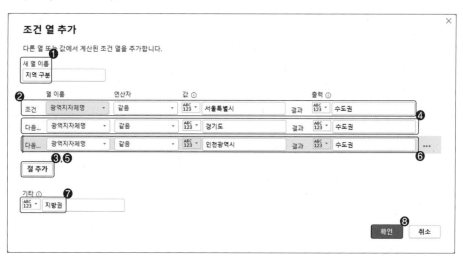

④ 추가된 [지역 구분] 필드를 확인하고 데이터 형식()을 클릭하여 [텍스트]로 변경한다.

문제2- ❷

① 〈A_광역별방문자수〉 테이블에서 마우스 오른쪽 버튼을 클릭, [로드 사용] 선택을 해제한다. 〈B_광역별 방문자수〉 테이블도 [로드 사용]을 해제한다.

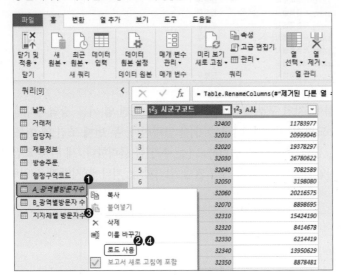

문제2- ❸

① 모델 보기(▦)를 클릭한다.

② 〈지자체별 방문자수〉 테이블의 [시군구코드] 필드를 〈행정구역코드〉 테이블의 [행정동코드] 필드 위에 드래그&드롭하여 관계 설정한다. 관계 설정(Cardinality)은 '다대일(*:1)', 크로스 필터(교차 필터 방향) 는 '단일(Single)'로 설정된다. 관계선을 클릭하여 올바르게 연결되었는지 확인한다.

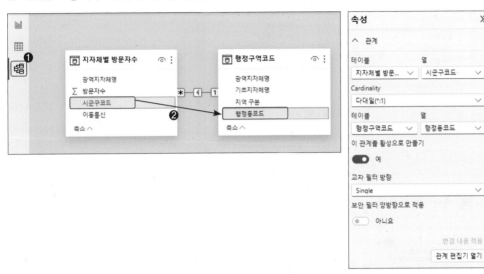

3. 측정값 추가 및 관리

문제3- ❶

① 테이블 뷰(▦)에서 [테이블 도구]-[계산] 그룹의 [새 테이블]을 선택하고 수식 입력줄에 다음 수식을 입력한다.

> 요약=SUMMARIZE('지자체별 방문자수','지자체별 방문자수'[광역지자체명],
> "합계",SUM('지자체별 방문자수'[방문자수]))

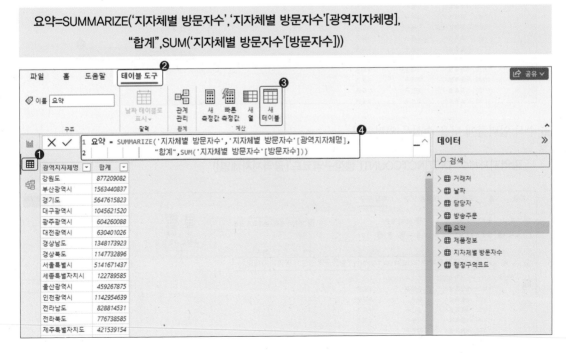

② 모델 보기(⊞)에서 〈지자체별 방문자수〉 테이블의 [광역지자체명] 필드를 〈요약〉 테이블의 [광역지자체명] 필드 위에 드래그&드롭하여 관계 설정한다. 관계 설정(Cardinality)은 '다대일(*:1)', 크로스 필터(교차 필터 방향)는 '단일(Single)'로 설정된다. 관계선을 클릭하여 올바르게 연결되었는지 확인한다.

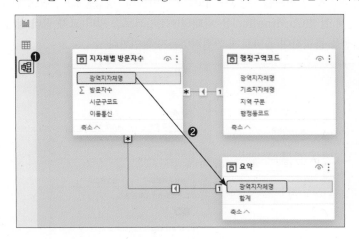

③ 테이블 뷰(⊞)에서 〈행정구역코드〉 테이블을 선택하고 [테이블 도구]–[계산] 그룹에서 [새 측정값]을 선택한다.

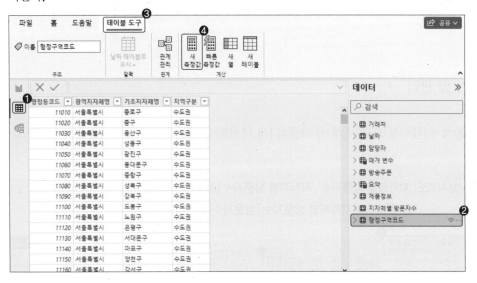

④ 수식 입력줄에 다음 수식을 입력한다.

광역지자체수=DISTINCTCOUNT('행정구역코드'[광역지자체명])

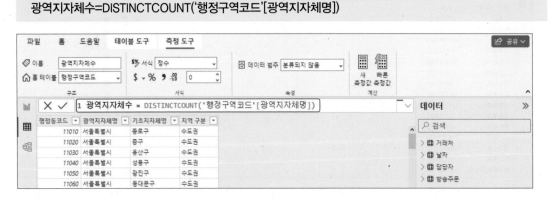

문제3- ❷

① 〈지자체별 방문자수〉 테이블을 선택하고 [테이블 도구]–[계산] 그룹의 [새 측정값]을 선택한다.

② 수식 입력 줄에 다음 수식을 입력하고 [측정 도구]–[서식] 그룹에서 천 단위 구분 기호(🔳)를 적용한다.

> 서울지역 방문자수=CALCULATE(SUM('지자체별 방문자수'[방문자수]),
>
> FILTER(ALL('지자체별 방문자수'),'지자체별 방문자수'[광역지자체명]="서울특별시"))

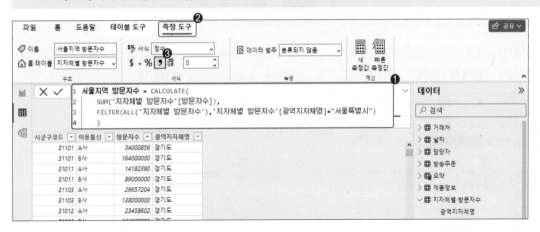

③ [측정 도구]–[계산] 그룹에서 [새 측정값]을 선택하고 수식 입력 줄에 다음 수식을 입력한다. [측정 도구]–[서식] 그룹에서 백분율(🔳)을 클릭하고, 소수 자릿수 '2'로 적용한다.

> 서울방문자비율%=DIVIDE([서울지역 방문자수], SUM('요약'[합계]))

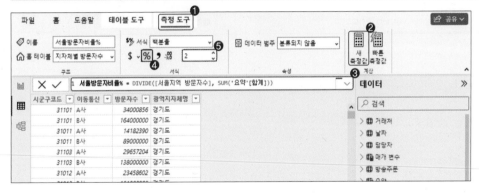

문제3-❸

① 테이블 뷰(▦)에서 [홈]-[데이터] 그룹에서 [데이터 입력]을 선택한다.

② [테이블 만들기] 대화상자에서 이름에 '측정값T'를 입력하고 [로드]를 클릭한다.

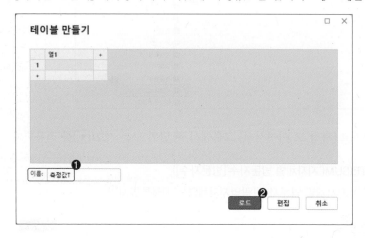

③ [데이터] 창의 〈지자체별 방문자수〉 테이블에서 [서울지역 방문자수] 측정값을 선택한 후, [측정 도구]-
  [구조] 그룹에서 [홈 테이블]의 '측정값T'를 선택하여 측정값 위치를 변경한다.

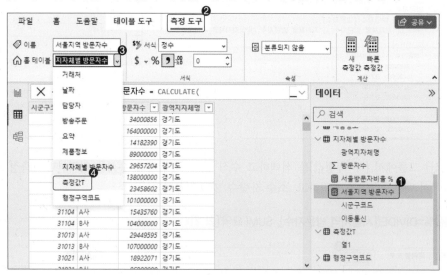

④ 〈지자체별 방문자수〉 테이블의 [서울방문자비율%], 〈행정구역코드〉 테이블의 [광역지자체수] 측정값의 홈 테이블의 위치를 '측정값T'로 이동한다.

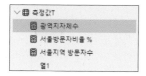

문제 2 ┃ 단순요소 구현

1. 보고서 레이아웃 설정

문제1-❶

① 보고서 보기(📊)에서 '문제2' 페이지를 선택한다.

② [시각화] 창에서 [보고서 페이지 서식 지정](▶)을 클릭한다. [캔버스 배경]에서 이미지의 '찾아보기'를 클릭한 후 '문제2-배경.png' 파일을 추가한다. 이미지 맞춤에서 '기본', 투명도(%)는 '0'을 적용한다.

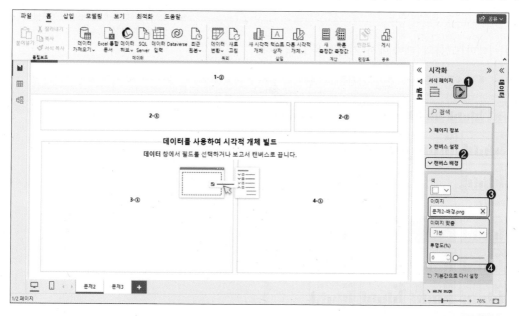

③ '문제3' 페이지를 선택하고 [시각화] 창에서 [보고서 페이지 서식 지정]([▶])을 클릭한다. [캔버스 배경]에서 이미지의 '찾아보기'를 클릭한 후 '문제3-배경.png' 파일을 추가한다. 이미지 맞춤에서 '기본', 투명도(%)는 '0'을 적용한다.

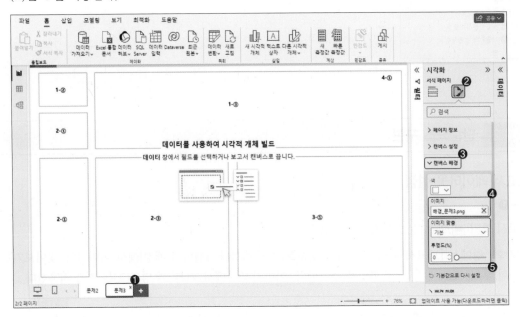

④ [보기]-[테마] 그룹의 [테마]에서 '기본값'을 클릭한다.

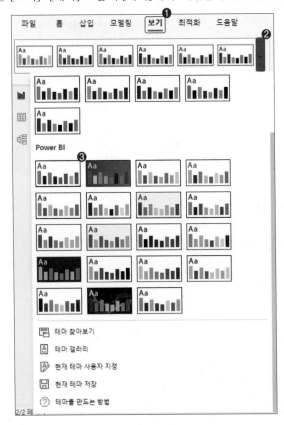

문제1- ❷

① '문제2' 페이지에서 [삽입]-[요소] 그룹에서 [텍스트 상자]를 클릭한다.

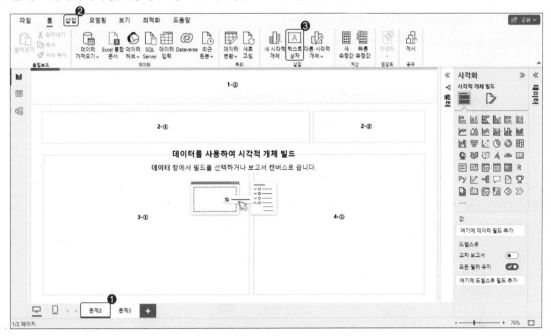

② 텍스트 상자에 '23~24년도 홈쇼핑 판매 보고서'를 입력하고 [텍스트 상자 서식]에서 글꼴 종류는 'Segoe UI', 글꼴 크기는 '28', '굵게', '가운데'로 설정한다. 텍스트 상자를 '1-②' 위치에 배치하고 크기를 조절한다.

2. 카드, 슬라이서 시각화

문제2-❶

① 보고서 보기(📖)에서 '문제2' 페이지를 클릭한다.

② [시각화] 창에서 '카드(📇)'를 클릭하고 [필드]에 〈방송주문〉 테이블의 [총방송횟수] 측정값을 추가한다.

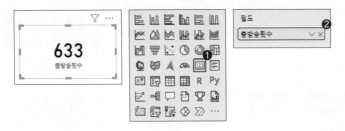

③ [시각적 개체 서식 지정](🖌️)을 클릭하고 [시각적 개체]-[설명 값]에서 글꼴은 'DIN', 크기는 '33', 표시 단위는 '없음'을 적용한다. [범주 레이블]에서 글꼴은 'Segoe UI', 크기는 '13', '굵게'로 적용한다.

④ 총방송횟수 카드를 복사(Ctrl+C) 후 붙여넣기(Ctrl+V) 하여 두 번째 카드 필드에 〈방송주문〉 테이블의 [총판매수량] 측정값을 추가한다.

⑤ 총판매수량 카드를 복사(Ctrl+C) 후 붙여넣기(Ctrl+V) 하여 세 번째 카드 필드에 〈방송주문〉 테이블의 [총거래처수] 측정값을 추가한다. 모든 카드의 크기와 위치를 조정하여 '2-①' 위치에 배치한다.

문제2-❷

① [시각화] 창에서 '슬라이서(📊)'를 클릭하고 [필드]에 〈날짜〉 테이블의 [년] 필드를 추가한다.

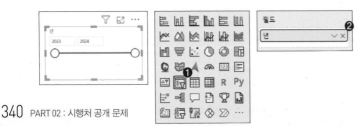

② [시각적 개체 서식 지정](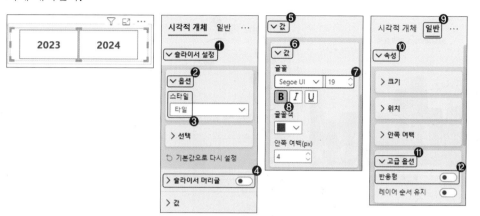)을 클릭하고 [시각적 개체]-[슬라이서 설정]-[옵션]에서 스타일을 '타일'로 설정하고, [슬라이서 머리글]은 해제한다. [값]-[값]에서 글꼴은 'Segoe UI', 크기는 '19', '굵게'로 설정한다. [일반]-[속성]-[고급 옵션]에서 '반응형' 옵션을 해제한다. 슬라이서의 크기를 조정하고 '2-②' 위치에 배치한다.

3. 리본 차트 시각화

문제3-❶

① 보고서 보기(📊)에서 '문제2' 페이지를 클릭한다.

② [시각화] 창에서 '리본 차트(📊)'를 클릭하고 [X축]에 〈날짜〉 테이블의 [월 이름] 필드, [Y축]에 〈방송주문〉 테이블의 [판매가격] 필드, [범례]에 〈담당자〉 테이블의 [사원명] 필드, [도구 설명]에 〈방송주문〉 테이블의 [총판매수량] 측정값을 추가한다. 차트의 크기를 조정하고 '3-①' 위치에 배치한다.

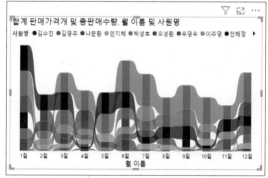

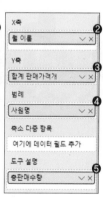

문제3-❷

① 리본 차트에서 [시각화] 창의 [시각적 개체 서식 지정]()을 클릭한다. [일반]-[제목]-[제목]에서 텍스트에 '담당MD(Top3) 매출실적' 입력하고, 글꼴은 'DIN', 크기는 '15', '굵게', 가로 맞춤은 '가운데'로 설정한다.

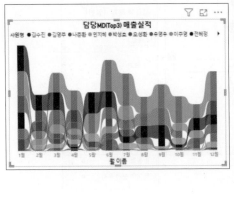

② [시각적 개체]-[X축]-[값]의 글꼴 크기는 '12', 제목 해제, [Y축]의 값과 제목을 해제한다.

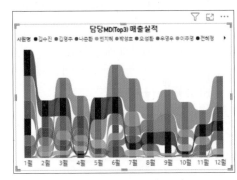  

③ [범례]-[옵션]의 위치를 '위쪽 가운데'로 설정하고, [리본]-[색]에서 투명도(%)는 '50'을 설정한다.

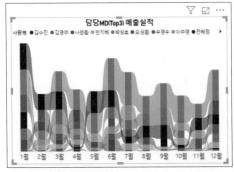  

④ [필터] 창에서 [이 시각적 개체의 필터]의 [사원명]의 필터 카드를 확장한다. 필터 형식을 '상위 N'으로 설정하고, 항목 표시는 '위쪽', '3'을 입력하고, 값에 〈방송주문〉 테이블의 [판매가격] 필드를 추가하고 [필터 적용]을 클릭한다.

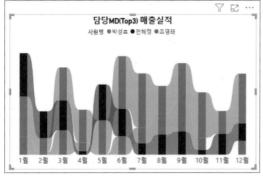

4. 도넛형 차트 시각화

문제4-❶

① 보고서 보기(📊)에서 '문제2' 페이지를 클릭한다.

② [시각화] 창에서 '도넛형 차트(◎)'를 클릭하고 [범례]에 〈방송주문〉 테이블의 [담당호스트] 필드, [값]에 〈방송주문〉 테이블의 [총방송횟수] 측정값을 추가한다.

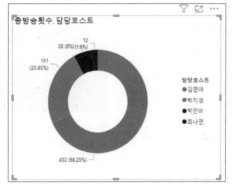

③ [시각적 개체 서식 지정]([🧹])을 클릭하고 [일반]-[제목]-[제목]에서 텍스트에 '담당호스트별 방송횟수'를 입력하고, 글꼴은 'Segoe UI', '굵게', 가로 맞춤은 '가운데'로 설정한다. [시각적 개체]-[범례]-[옵션]에서 위치를 '위쪽 가운데'로 적용한다. 차트의 크기와 위치를 조정하여 '4-①' 위치에 배치한다.

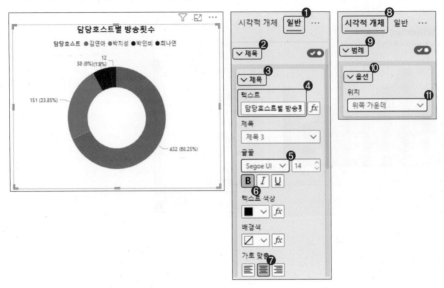

문제4- ❷

① [시각화] 창에서 [시각적 개체]-[조각]의 색에서 '김연아'의 [색]-[다른 색]-[헥스]에 '#E645AB'를 입력한다. [간격]의 내부 반경에 '50%'를 입력한다.

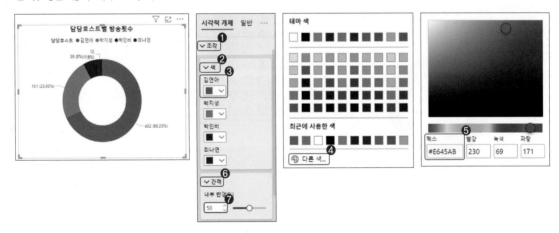

문제4-❸

① [시각화] 창에서 [시각적 개체]–[세부 정보 레이블]–[옵션]에서 위치는 '바깥쪽 우선', 레이블 내용은 '범주, 총 퍼센트'로 설정한다.

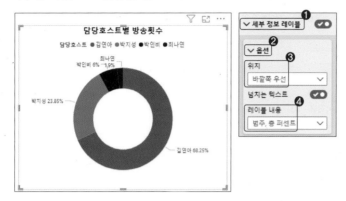

문제 3 복합요소 구현

1. 꺾은선형 및 묶은 세로 막대형 차트

문제1-❶

① 보고서 보기(📊)에서 '문제3' 페이지를 클릭한다. [데이터] 창에서 〈방송주문〉 테이블을 선택한 후 [테이블 도구]–[계산] 그룹에서 [새 측정값]을 클릭한다.

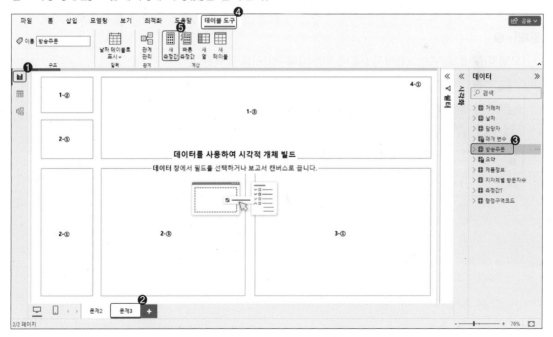

② 수식 입력줄에 다음 수식을 입력한다.

> **완전판매건수=CALCULATE(COUNT('방송주문'[주문번호]),FILTER('방송주문',[준비수량]=[판매수량]))**

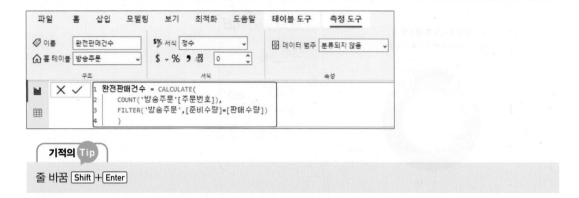

기적의 Tip

줄 바꿈 [Shift]+[Enter]

③ [측정 도구]-[계산] 그룹의 [새 측정값]을 클릭하고 수식 입력줄에 다음 수식을 입력한다. [측정 도구]의 [서식] 그룹에서 천 단위 구분 기호(**9**)를 클릭하고 소수 자릿수는 '0'으로 적용한다.

> **총판매금액=SUMX('방송주문','방송주문'[판매수량]*'방송주문'[판매가격])**

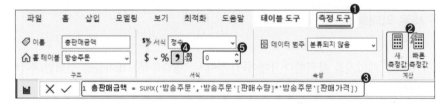

문제1- ❷

① [모델링]-[매개변수] 그룹에서 [새 매개변수]의 [필드]를 클릭한다.

② [매개 변수] 대화 상자의 이름에 '매개 변수'를 입력한다. 필드 목록에서 〈방송주문〉 테이블의 [담당호스트], 〈담당자〉 테이블의 [사원명] 필드의 확인란을 체크 표시하여 필드 추가 및 순서 변경에 추가한다. '이 페이지에 슬라이서 추가' 옵션이 선택된 상태에서 [만들기]를 클릭한다.

③ 보고서에 매개 변수 슬라이서와 테이블이 추가된다.

④ [데이터] 창에서 〈매개 변수〉 테이블을 선택 후 수식 입력줄의 '사원명'을 '담당MD'로 변경하고 Enter 를 누른다.

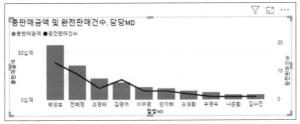

⑤ 슬라이서에 '담당MD' 값으로 필터를 적용한다. 슬라이서 크기를 조정하고 '1-②' 위치에 배치한다.

문제1- ❸

① [시각화] 창에서 '꺾은선형 및 묶은 세로 막대형 차트(📊)'를 클릭하고 [X축]에 〈매개 변수〉 테이블의 [매개 변수] 필드, [열 y축]에 〈방송주문〉 테이블의 [총판매금액] 측정값, [선 y축]에 〈방송주문〉 테이블의 [완전판매건수] 측정값을 추가한다.

② [시각적 개체 서식 지정]([🐾])을 클릭하고 [시각적 개체]-[X축]에서 [제목]을 해제, [Y축]에서 [제목]을 해제, [보조 Y축]의 [제목]을 해제한다.

③ [시각적 개체]-[선]-[도형]에서 선 스타일 '파선', [표식]을 설정으로 변경한다.

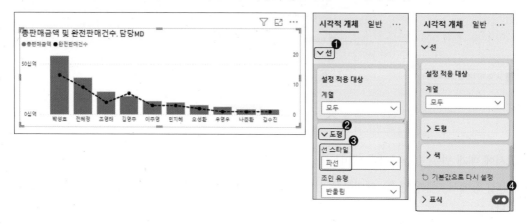

④ [시각적 개체]-[열]-[색]에서 조건부 서식([fx])을 클릭한다. [색-범주] 대화상자에서 [서식 스타일]은 '그라데이션', [어떤 필드를 기반으로 해야 하나요?]는 '총판매금액'으로 설정한다. [최소값]을 '사용자 지정'으로 변경한 후 백억 '10000000000'을 입력하고, [최대값]을 '사용자 지정'으로 변경한 후 5백억 '50000000000'을 입력하고 [확인]을 클릭한다.

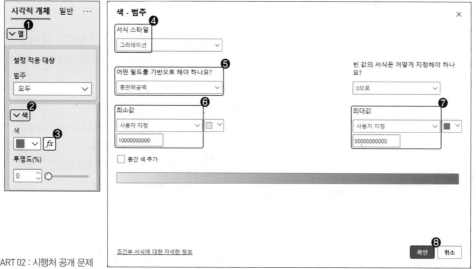

⑤ 차트의 크기와 위치를 조정하여 '1–③'에 배치한다.

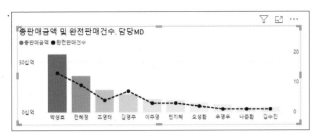

2. 슬라이서와 테이블

문제2-❶

① 테이블 뷰(▦)에서 〈방송주문〉 테이블을 클릭하고 [테이블 도구]–[계산 그룹]에서 [새 열]을 클릭한다.

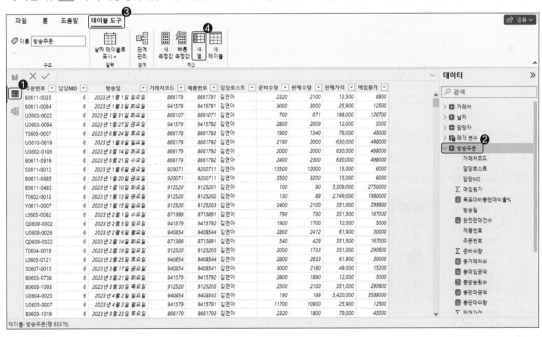

② 수식 입력줄에 다음 수식을 입력하고 Enter 를 누른다.

거래처=RELATED('거래처'[거래처명])

③ 보고서 보기(📊)에서 '문제3' 페이지를 클릭한다. [시각화] 창에서 '슬라이서(🗂)'를 클릭하고 [필드]에 〈날짜〉 테이블의 [년] 필드를 추가한다.

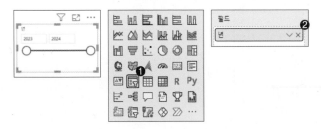

④ [시각적 개체 서식 지정](💧)을 클릭하고 [시각적 개체]−[슬라이서 설정]−[옵션]에서 스타일을 '세로 목록'으로 설정한다. 슬라이서 값을 '2024'로 필터링한다. 슬라이서의 크기를 조정하고 첫 번째 '2−①' 위치에 배치한다.

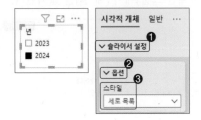

⑤ [시각화] 창에서 '슬라이서(🗂)'를 추가하고 [필드]에 〈거래처〉 테이블의 [거래처명] 필드를 추가한다. [시각적 개체 서식 지정](💧)을 클릭하고 [시각적 개체]−[슬라이서 설정]−[옵션]에서 스타일을 '세로 목록'으로 설정한다. 슬라이서의 크기를 조정하고 두 번째 '2−①' 위치에 배치한다.

문제2- ❷

① 보고서 보기(▥)에서 [데이터] 창의 〈방송주문〉 테이블을 클릭한다. [테이블 도구]-[계산 그룹에서 [새 측정값]을 클릭한다.

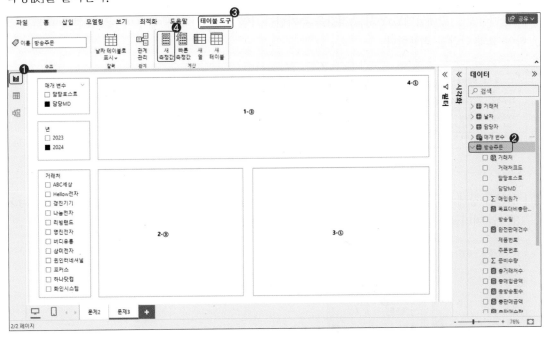

② 수식 입력줄에 다음 수식을 입력하고 [측정 도구]-[서식] 그룹에서 [서식]은 '정수', 천 단위 구분 기호 (┗9┛)를 클릭한다.

> **판매금액PY=CALCULATE([총판매금액], DATEADD('날짜'[날짜], −1, YEAR))**

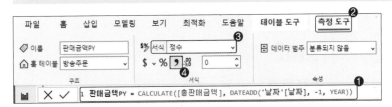

③ [측정 도구]-[계산] 그룹에서 [새 측정값]을 클릭하고 수식 입력줄에 다음 수식을 입력한다. [측정 도구]-[서식] 그룹에서 백분율(%), 소수 자릿수 '2'로 설정한다.

> **판매금액YoY%=DIVIDE('방송주문'[총판매금액]−'방송주문'[판매금액PY],'방송주문'[판매금액PY])**

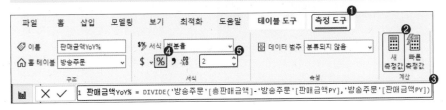

문제2-❸

① 보고서 보기(📊)에서 '문제3' 페이지를 클릭한다.

② [시각화] 창에서 '테이블(▦)'을 클릭하고 [열]에 〈날짜〉테이블의 [년], [월 이름], 〈방송주문〉 테이블의 [총판매금액], [판매금액YoY%] 측정값을 추가한다. [열]의 '합계 년개'에서 마우스 오른쪽 버튼을 클릭하여 '요약 안함'을 적용한다.

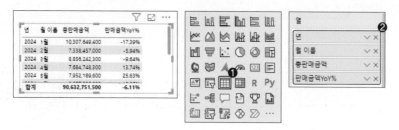

③ [시각화] 창에서 [시각적 개체 서식 지정](🖌️)을 클릭한다. [시각적 개체]-[값]-[값]에서 글꼴 크기는 '13', [열 머리글]-[텍스트]의 글꼴 크기는 '13'으로 설정한다.

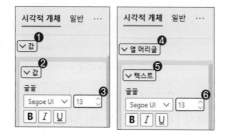

④ [시각적 개체]-[셀 요소]에서 설정 적용 대상의 계열을 '판매금액YoY%'를 선택한다. 데이터 막대를 설정으로 변경하고 조건부 서식(𝑓𝑥)을 클릭한다.

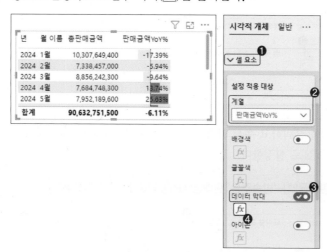

⑤ [데이터 막대 −데이터 막대] 대화상자에서 양수 막대의 [색]−[다른 색]−[헥스]에 '#4A2D75', 음수 막대의 [색]−[다른 색]−[헥스]에 '#FF0000'를 입력하고 [확인]을 클릭한다.

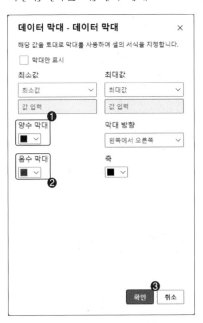

⑥ 테이블의 추가 옵션(⋯)을 클릭한다. [정렬 기준]에서 '년'을 클릭하고 다시 [내림차순 정렬]을 클릭하여 정렬 기준을 변경한다. 테이블의 크기와 위치를 조정하여 '2−③' 위치에 배치한다.

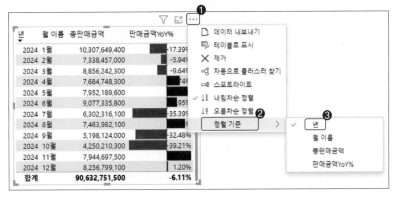

3. 계기 차트와 카드 시각화

문제3- ❶

① 보고서 보기(📊)에서 '문제3' 페이지를 클릭한다.

② [시각화] 창에서 '계기(🎛)'를 클릭하고 [값] 영역에 〈방송주문〉테이블의 [총판매금액] 측정값을 추가한다.

③ [시각화] 창에서 [시각적 개체 서식 지정](🖌)을 클릭한다. [시각적 개체]-[게이지 축]에서 최대값 천오백억 '150000000000' 입력하고, 대상 천억 '100000000000'을 입력한다. [색]-[대상 색상]을 '테마 색 5'로 지정하고 [설명 값]을 해제한다.

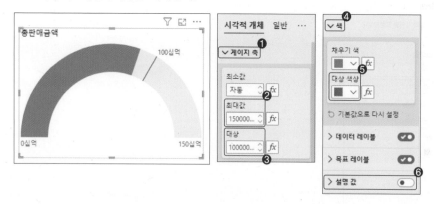

④ [일반]-[제목]-[제목]에서 텍스트에 '매출계획대비 총판매금액' 입력하고, 글꼴 크기는 '15'로 설정한다. 계기 차트의 크기와 위치를 조정하여 '3-①' 위치에 배치한다.

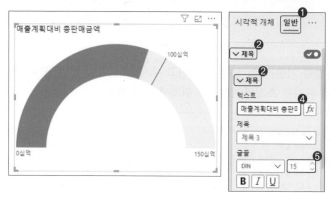

문제3-❷

① [데이터] 창의 〈방송주문〉 테이블을 선택하고 [테이블 도구]-[계산] 그룹에서 [새 측정값]을 클릭한다.

② 수식 입력줄에 다음 수식을 입력한다. [측정 도구]-[서식] 그룹에서 백분율(%), 소수 자릿수 '2'로 설정한다.

목표대비총판매비율%=[총판매금액]/100000000000

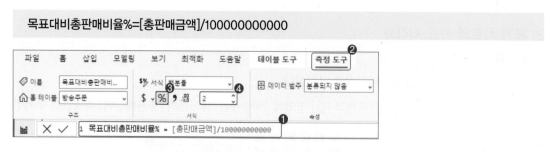

문제3- ❸

① [시각화] 창에서 '카드(▦)'를 클릭한다. [필드]에 〈방송주문〉테이블의 [목표대비총판매비율%] 측정값을 추가한다.

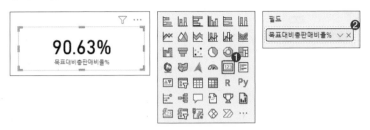

② [시각화] 창에서 [시각적 개체 서식 지정](🖌)을 클릭한다. [시각적 개체]−[설명 값]에서 글꼴 크기는 '28', 표시 단위는 '없음'으로 설정한다. [범주 레이블]은 해제하고 카드를 그림과 같이 지정된 위치에 배치한다.

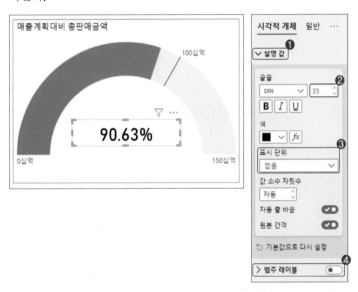

4. 상호 작용 기능

문제4- ❶

① '문제3' 페이지에서 [삽입]−[요소] 그룹의 [단추]−[뒤로]를 클릭한다.

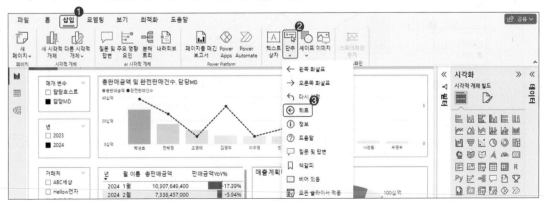

② [서식] 창에서 [Button]–[스타일]에서 [아이콘]의 아이콘 유형을 '뒤로', 두께 '2', 가로 맞춤은 '오른쪽'으로 설정한다. [작업]–[작업]에서 유형을 '페이지 탐색', 대상 '문제2'로 설정한다. 단추를 그림과 같이 지정된 '4-①' 위치에 배치한다.

문제4-❷

① 년 슬라이서를 클릭한 후 [서식]–[상호 작용] 그룹에서 [상호 작용 편집]을 클릭한다. 거래처 슬라이서의 없음(◎)을 클릭한다.

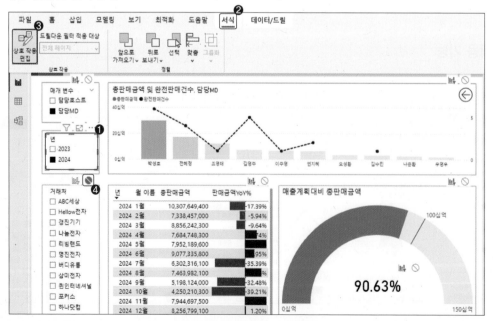

② 테이블을 클릭한 후 계기 차트의 없음(⊘), 카드의 없음(⊘)을 클릭한다.

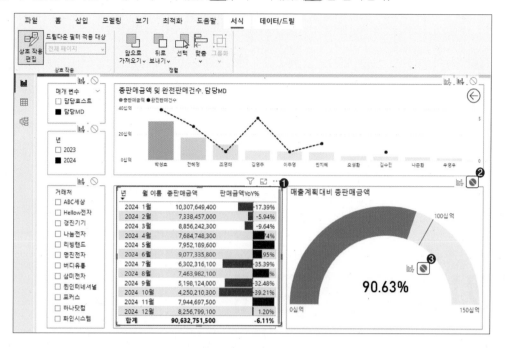

문제4- ❸

① 거래처 슬라이서를 클릭하고 꺾은선형 및 묶은 세로 막대형 차트의 없음(⊘)을 클릭한다. 계기 차트, 카드의 없음(⊘)을 클릭한다. [서식]-[상호 작용]그룹에서 [상호 작용 편집]을 클릭하여 상호 작용 편집 모드를 해제한다.

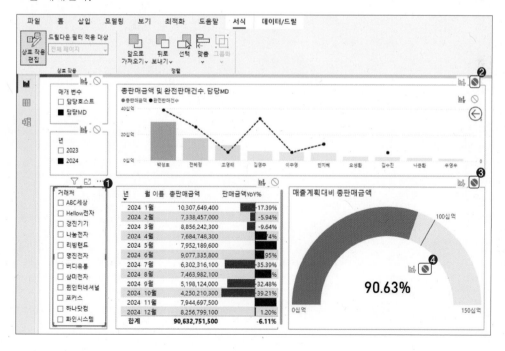

기출 유형 문제

기출 유형 문제 (1회)

프로그램명	제한시간
파워BI 데스크톱	70분

수험번호 : _____

성   명 : _____

단일	경영정보시각화 실무

〈 유 의 사 항 〉

- 시험응시방법 안내에 따라 시험에 응시하여야 하며, 이를 소홀히 하여 발생한 불이익과 책임은 수험자 본인에게 있습니다.
- 답안 파일 위치: C:\PB\답안
- 문제 데이터 파일 위치: [문제1] C:\PB\문제1_데이터 / [문제2,3] C:\PB\문제2,3_데이터
- 작성된 답안은 다음과 같이 저장해야 합니다. 그렇지 않으면 [실격 처리]됩니다.
  - 주어진 경로 및 파일명을 변경하지 말고 그대로 저장
- 답안 저장 시간은 별도로 주어지지 않으므로 수시로 저장하십시오. 중간저장을 하지 않아 생기는 피해에 대한 책임은 수험자에게 있으며, 답안이 저장되지 않을 경우 [실격 처리]됩니다.
- 별도의 지시사항이 없는 경우, 다음과 같이 처리할 때 [실격 처리]됩니다.
  - 제시된 파일, 페이지/대시보드, 데이터 원본의 이름 및 차원/측정값 속성을 임의로 변경한 경우
  - 제시된 파일, 페이지/대시보드, 데이터 원본을 임의로 삭제, 추가, 변경한 경우
  - 문제 데이터를 시험 시작 전에 열어보는 경우
- 반드시 답안작성은 문제에서 지시한 위치에 작업하여야 하며 다음과 같이 처리시 해당 작업 또는 그 작업에 영향을 미치는 문제, 개체, 페이지 등은 [감점 및 오답처리]됩니다.
  - 제시된 함수가 있으면 제시된 함수만을 사용해야 하며 그 외 함수를 사용해 풀이한 경우
  - 임의로 지시하지 않은 차트, 매개변수 등을 이동, 수정(변경), 삭제 등으로 인해 위치 및 내용이 변경된 경우
  - 임의로 기본 설정값(Default)을 변경한 경우
  - 숫자데이터를 임의로 문자화하여 처리한 경우
  - 개체가 해당 영역을 벗어난 경우
  - 개체가 너무 작아 해당정보 확인이 눈으로 어려운 경우

대 한 상 공 회 의 소

데이터 및 문제 안내

1. 최종 제출해야 할 답안파일은 1개입니다. 문제1, 문제2, 문제3의 답을 하나의 답안파일(.pbix)로 제출하십시오.

2. 문제1, 문제2, 문제3은 각각 독립적으로 구성되어 있어 앞 문제를 풀지 않아도 다음 문제 풀이가 가능합니다.

3. 문제2와 문제3 풀이를 위해 필요한 일부 측정값, 필터가 답안파일에 미리 적용되어 있을 수 있습니다. 지시사항에 제시되지 않은 것은 변경하지 마십시오.

4. 하위문제(❶, ❷, ❸)별로 점수가 부여되며, 하위문제의 지시사항(▶ 또는 − 표시)을 이행하지 않을 경우 점수가 부여되지 않습니다.

5. 이 시험을 위한 데이터 파일은 2개이며, 문제1을 위한 데이터와 문제2의 데이터가 구분됩니다.

　가. 문제1 풀이에는 '대리점실적' 폴더의 '부산.xlsx', '서울.xlsx', '인천.xlsx' 파일과 답안파일(.pbix)의 '도서대출통계', '전국도서관', '도서관' 테이블을 사용하십시오.

파일명	부산.xlsx, 서울.xlsx, 인천.xlsx						
테이블	구조						
부산	주문ID	주문일	도서ID	주문수량	정가	할인율	금액
	20240106084	2024-01-06	YJH33136	5	17000	0.1	76500
서울	주문ID	주문일	도서ID	주문수량	정가	할인율	금액
	20240102081	2024-01-02	YJH33137	5	15000	0.1	67500
인천	주문ID	주문일	도서ID	주문수량	정가	할인율	금액
	20240121093	2024-01-21	YJL22111	5	13000	0.1	58500

파일명	도서대출통계.xlsx, 전국도서관.csv, 〈도서관〉 테이블										
테이블	구조										
도서분야별 대출통계	성별	연령대	종류	철학	사회	순수	…	기타	합계		
	남성	아동(0-13)	78	88	31	284	…	0	2,751		
	여성	아동(0-13)	162	147	38	531	…	0	4,155		
전국도서관	평가년도	도서관구분	도서관코드	도서관명	행정구역	시군구	장서수	사서수	대출자수	대출권수	도서예산	방문자수
	2022	LIBTYPE000002	2060111005	강북문화정보도서관	서울	강북구	214926	8	13642	248490	4507213	
도서관	구분코드				도서관종류						
	LIBTYPE000002				공공도서관						

출처: 도서분야별대출통계(서울열린데이터광장), 전국도서관(공공데이터포털)

나. 문제2와 문제3의 풀이에는 '도서주문현황.xlsx'과 〈대리점별목표〉, 〈분류명정렬〉 테이블을 사용하십시오.

파일명	도서주문현황.xlsx, 〈대리점별목표〉 테이블, 〈분류명정렬〉 테이블						
테이블	구조						
날짜	ID	날짜	연도	월	일	월No	
	20230101	2023-01-01	2023	1	1	1	
대리점	대리점코드		대리점명		담당자		
	YJ0001		서울		김미희		
대리점별목표	ID	일자	대리점코드	대리점명	담당자		
	1	2024-01-01	YJ0001	서울	김미희		
도서목록	분류코드	분류명	도서번호	도서명	정가	저자	발행일	ISBN번호
	YJL22	IT자격증	YJL22111	컴퓨터활용능력	13000	영진정보연구소	2024-01-24	9.78893E+12
분류명정렬	신분류명			순서			
	컴퓨터자격증			1			

주문내역	주문번호	주문일	배송일	배송지역	증정여부	대리점코드	고객코드	도서코드	수량	정가	할인율	금액
	20230101001	20230101	2023-01-02	부산		YJ0002	YJ0009	YJH33134	10	16000	0.1	144000

문제 1   작업준비(30점)

계산식 작성에 사용되는 문자열은 쌍따옴표(" ")를 사용하여 작성하시오.

1. 답안파일을 열고 다음 지시사항에 따라 데이터 가져오기 및 편집을 수행하시오. (10점)

❶ 폴더에서 가져오기를 사용하여 파워 쿼리 편집기에서 데이터를 변환하시오. (4점)
- ▶ 활용 데이터 : '대리점실적' 폴더의 '부산.xlsx' 파일의 '부산' 시트, '서울.xlsx' 파일의 '서울' 시트, '인천.xlsx' 파일의 '인천' 시트
- ▶ 결합한 테이블의 [Name], [Data] 필드만 사용하고 [Data] 필드는 확장
  - – 필드 표시 : Name, 주문ID, 주문일, 도서ID, 주문수량, 정가 ,할인율, 금액
- ▶ 테이블 이름 : 대리점실적

❷ 다음 조건으로 〈대리점실적〉 테이블을 편집하시오. (3점)
- ▶ '첫 행을 머리글로 사용'을 활용하여 1행을 열 머리글로 변환
- ▶ [주문일] 필드의 '주문일' 값은 제거
- ▶ 첫 번째 필드 이름 '부산'을 '대리점'으로 변경

❸ 파워 쿼리 편집기에서 〈대리점실적〉 테이블의 데이터 형식을 변환하시오. (3점)

  ▶ [주문일] 필드 : 날짜

  ▶ [주문수량], [정가], [금액] 필드 : 정수

  ▶ [할인율] 필드 : 10진수

2. 다음 지시사항에 따라 파워 쿼리 편집기에서 데이터를 편집하시오. (10점)

❶ 〈도서대출통계〉 테이블의 열 머리글을 다음과 같이 편집하시오. (3점)

  ▶ 1행을 열 머리글로 변환

  ▶ 첫 번째 필드 이름 'Column1'을 '성별'로 변경

❷ 〈도서대출통계〉 테이블의 데이터를 다음과 같이 편집하시오. (3점)

  ▶ [성별] 필드에 null 값을 남, 여로 채우기

  ▶ [연령대] 필드에서 '20대', '30대', '40대'로 필터

  ▶ [합계] 필드 삭제

❸ 〈도서대출통계〉 테이블의 구조를 다음과 같이 변환하시오. (4점)

  ▶ [성별]과 [연령대] 필드를 제외한 모든 필드의 '열 피벗 해제'

  ▶ 필드 이름 [특성]은 '도서분야'로 변경

  ▶ 필드 이름 [값]은 '대출권수'로 변경

3. 다음 지시사항에 따라 테이블 관계 설정 및 측정값을 생성하시오. (10점)

❶ 〈전국도서관〉 테이블과 〈도서관〉 테이블의 관계를 설정하시오. (3점)

  ▶ 활용 필드 : 〈전국도서관〉 테이블의 [도서관구분] 필드, 〈도서관〉 테이블의 [구분코드] 필드

  ▶ 모델 보기의 '레이아웃1'에서 관계 설정

  ▶ 카디널리티 : '다대일(*:1)' 관계

  ▶ 크로스 필터 방향 : '단일'

❷ 다음 조건으로 〈@측정값〉 테이블에 측정값을 생성하시오. (3점)

  ▶ 측정값 이름 : 도서관비율(%)

  ▶ 활용 필드 : 〈전국도서관〉 테이블의 [도서관코드] 필드

  ▶ [전체 도서관수]에 대한 [도서관수]의 비율 반환

  ▶ 계산 : 도서관수/전체도서관수

  ▶ 사용 함수 : ALLSELECTED, CALCULATE, COUNTA

  ▶ 서식 : 백분율, 소수 자릿수 '2'

❸ 다음 조건으로 〈@측정값〉 테이블에 측정값을 생성하시오. (4점)

  ▶ 측정값 이름 : 최대대출자도서관

  ▶ 활용 필드 : 〈전국도서관〉 테이블의 [도서관명], [대출자수] 필드

  ▶ 최대 대출자수의 도서관명 반환, 대출자수가 없을 경우 공백 표시

  ▶ 사용 함수 : CALCULATE, IF, ISBLANK, MAX, VALUES

▌**시각화 완성화면** ▌ 각 세부문제 풀이 후 '문제2' 페이지에 아래와 같이 개체를 배치하시오.

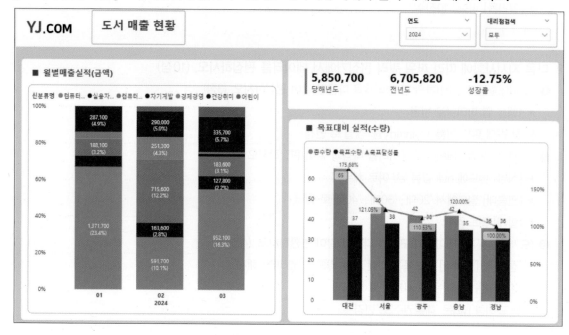

계산식 작성에 사용되는 문자열은 쌍따옴표(" ")를 사용하여 작성하시오.

1. '문제2', '문제3', '문제3-4' 페이지의 전체 서식을 설정하시오. (5점)

❶ 보고서 전체의 테마를 설정하시오. (2점)

▶ 보고서 테마 : 접근성 높은 도시공원

❷ 텍스트 상자를 사용하여 '문제2' 페이지에 보고서 제목을 작성하시오. (3점)

▶ 텍스트 : 도서 주문 현황

▶ 제목 서식 : 글꼴 'Segoe UI', 크기 '20', 글꼴색 '#096660', '굵게', '가운데'

▶ 텍스트 상자를 '1-②' 위치에 배치

2. 다음 지시사항에 따라 슬라이서와 여러 행 카드를 구현하시오. (5점)

❶ 다음 조건으로 대리점검색 슬라이서를 구현하시오. (2점)

▶ 〈담당자〉 테이블에 '대리점검색' 필드 생성

– 계산 필드 이름 : 대리점검색

– [대리점명]과 [담당자]를 결합하여 표시 (결과 → 경기(이승미))

– & 연산자 사용

▶ 슬라이서 설정 : 스타일 '드롭다운', '모두 선택' 항목 표시

▶ 슬라이서 머리글 : 글꼴 크기 '10', 값 : 글꼴 크기 '10' 설정

▶ 슬라이서를 '2-①' 위치에 배치

❷ 다음 조건으로 매출실적을 나타내는 여러 행 카드를 구현하시오. (3점)

　▶ 활용 필드

　　– 〈주문내역〉 테이블의 [총금액], [전년도매출], [전년대비성장률] 측정값

　　– 범주 레이블 변경: '총금액' → '당해년도', '전년도매출' → '전년도', '전년대비성장률' → '성장률'

　▶ 설명 값 서식 : 글꼴 'Segoe UI Bold', 크기는 '20'

　▶ 악센트 바 너비 '5' 설정

　▶ 카드를 '2–②' 위치에 배치

3. 다음 지시사항에 따라 100% 누적 세로 막대형 차트를 구현하시오. (10점)

❶ 다음 조건으로 '문제2' 페이지에 '100% 누적 세로 막대형 차트'를 구현하시오. (3점)

　▶ 활용 필드

　　– 〈날짜〉 테이블의 [연도], [월] 필드

　　– 〈주문내역〉 테이블의 [총금액] 측정값

　　– 〈분류명정렬〉 테이블의 [신분류명] 필드

　▶ 차트를 '3–①' 위치에 배치

❷ 다음 조건으로 차트 서식을 변경하시오. (4점)

　▶ 차트 제목 해제

　▶ X축 : 글꼴 크기 '10', '굵게', 제목 해제

　▶ Y축 : 제목 해제

　▶ 데이터 레이블

　　– 〈주문내역〉 테이블의 [총금액], [비율] 측정값 활용

　　– 차트 크기로 인해 표시되지 않는 데이터 레이블 표시

　　– 표시 단위: [비율]은 소수 자릿수 '1' (결과 → (3.5%))

　　– 총금액과 비율 레이아웃은 두 줄로 설정

❸ [신분류명] 필드는 〈분류명정렬〉 테이블의 [순서] 필드를 기준으로 오름차순 정렬하시오. (3점)

4. 다음 지시사항에 따라 대리점별 수량 실적과 목표를 꺾은선형 및 묶은 세로 막대형 차트를 구현하시오. (10점)

❶ 대리점별 수량 실적과 목표를 나타내는 '꺾은선형 및 묶은 세로 막대형 차트'를 구현하시오. (3점)

　▶ 활용 필드

　　– 〈대리점〉 테이블의 [대리점명] 필드

　　– 〈주문내역〉 테이블의 [총수량] 측정값

　　– 〈대리점별목표〉 테이블의 [목표수량], [목표달성률] 측정값

　▶ '4–①' 위치에 배치

❷ 다음 조건으로 차트의 서식을 변경하시오. (3점)

　▶ 차트 제목 해제

　▶ X축 : 글꼴 크기 '10', '굵게', 제목 해제

- ▶ Y축 : 제목 해제
- ▶ 데이터 레이블 : 위치(열) '바깥쪽 끝에'로 표시
- ▶ 표식 : 도형 유형 '▲', 크기 '6', 색 '#7B1C25, 테마 색 4'
- ❸ [총수량] 기준으로 상위 5개의 [대리점명]이 표시되도록 필터를 적용하시오. (4점)

문제 3   복합요소 구현(40점)

| 시각화 완성화면 | 각 세부문제 풀이 후 '문제3' 페이지에 아래와 같이 개체를 배치하시오.

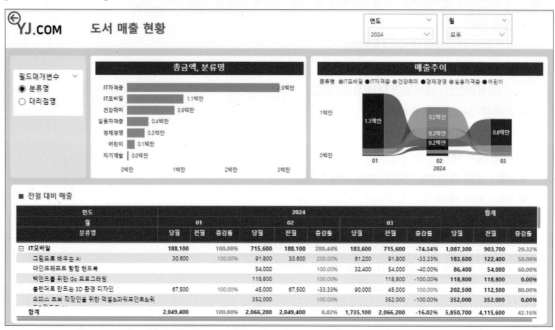

계산식 작성에 사용되는 문자열은 쌍따옴표(" ")를 사용하여 작성하시오.

1. 다음 지시사항에 따라 매개 변수와 묶은 가로 막대형 차트를 구현하시오. (10점)

- ❶ 분류명과 대리점명을 필드 매개 변수로 생성하고 슬라이서로 구현하시오. (3점)
  - ▶ 매개 변수 이름 : 필드매개변수
  - ▶ 활용 테이블 및 필드 : 〈도서목록〉 테이블의 [분류명] 필드, 〈대리점〉 테이블의 [대리점명] 필드
  - ▶ 슬라이서를 '1-①' 위치에 배치
- ❷ 다음 조건으로 [필드매개변수] 슬라이서의 서식을 변경하시오. (3점)
  - ▶ 슬라이서 설정: 스타일 '세로 목록', '단일' 선택
  - ▶ 슬라이서에 '분류명' 값으로 필터 적용

❸ 필드매개변수 슬라이서에 따라 주문금액을 나타내는 묶은 가로 막대형 차트를 구현하시오. (4점)
  ▶ 활용 필드 : 〈필드매개변수〉 테이블의 [필드매개변수] 필드, 〈주문내역〉 테이블의 [총금액] 측정값
  ▶ [필드매개변수] 슬라이서에 따라 세로 축이 변경되도록 구현
  ▶ 다음 조건으로 차트 서식을 변경하시오.
    – 차트 제목: 글꼴 'Segoe UI', '굵게', 텍스트 색상 '흰색', 배경색 '#2D521D', 가로 맞춤 '가운데'
    – Y축 제목 해제, X축 제목 해제, 데이터 레이블 표시
  ▶ 차트를 '1–③' 위치에 배치

2. 다음 지시사항에 따라 측정값과 행렬 차트를 구현하시오. (10점)

❶ 〈@측정값〉 테이블에 전월대비 증감률을 반환하는 측정값을 작성하시오. (4점)
  ▶ 측정값 이름 : Sales MoM%
  ▶ 활용 필드 : 〈날짜〉 테이블의 [Date] 필드, 〈주문내역〉 테이블의 [금액] 필드
  ▶ 전월대비증감률 반환, 전월금액이 공백인 경우 1로 표시
  ▶ 사용 함수 : CALCULATE, DATEADD, DIVIDE, RETURN, SUM, VAR
  ▶ 변수 이름은 금액의 합계는 'Sales', 전월 금액은 'Previous_Sales'로 작성
  ▶ 서식 : 백분율, 소수 자릿수 '2'

❷ 도서 정보와 매출 증감률을 나타내는 행렬 차트를 구현하시오. (3점)
  ▶ 활용 필드
    – 〈도서목록〉 테이블의 [분류명], [도서명] 필드
    – 〈날짜〉 테이블의 [연도], [월] 필드
    – 〈주문내역〉 테이블의 [총금액], [전월매출], [Sales MoM%] 측정값
    – 필드 이름 변경 : '총금액' → '당월', '전월매출' → '전월', 'Sales MoM%' → '증감률'
  ▶ 행 머리글은 계층 구조의 마지막 수준(도서명)까지 확장
  ▶ 열 머리글은 계층 구조의 마지막 수준(월)까지 확장
  ▶ 행렬 차트 서식
    – 눈금 : 행 안쪽 여백 '3'
    – 열 머리글 : '굵게', 텍스트 색상 '흰색', 배경색 '#2D521D', 머리글 맞춤 '가운데'로 설정
  ▶ 행렬 차트를 '2–②'에 위치에 배치

❸ 다음 조건으로 행렬 차트에 조건부 서식을 적용하시오. (3점)
  ▶ 조건부 서식 설정 : [증감률] 필드
    – 조건부 서식 종류 '글꼴색'
    – 적용 대상 : '값 및 합계'
  ▶ 서식 스타일 : 규칙
    – 0보다 크고 최대값보다 작거나 같은 경우, '#59A33A, 테마색1'
    – 최소값보다 크거나 같고 0보다 작은 경우, '#7B1C25, 테마색4'

3. 다음 지시사항에 따라 리본 차트를 작성하고 시각적 개체 간 상호 동작을 설정하시오. (10점)

❶ 기간별로 매출 금액을 나타내는 리본 차트를 구현하시오. (4점)

▶ 활용 필드

– 〈날짜〉 테이블의 [연도], [월] 필드

– 〈도서목록〉 테이블의 [분류명] 필드

– 〈주문내역〉 테이블의 [총금액] 측정값

▶ 다음 조건으로 차트 서식을 변경하시오.

– 제목 : 매출추이

– 제목 서식 : 글꼴 'Segoe UI', '굵게', 텍스트 색상 '흰색', 배경색 '# 2D521D', 가로 맞춤 '가운데'

– X축 제목 해제, Y축 제목 해제, 데이터 레이블 표시

▶ 차트를 '3-①' 위치에 배치

❷ 월 슬라이서에서 선택한 값이 리본 차트에 필터가 적용되지 않도록 설정하시오. (3점)

❸ 리본 차트에서 선택한 값이 행렬 차트에 필터가 적용되지 않도록 설정하시오. (3점)

4. 다음 지시사항에 따라 도구 설명 페이지와 드릴스루 필터를 구현하시오. (10점)

❶ 다음 조건으로 '문제3-4' 페이지를 도구 설명 페이지로 설정하시오. (4점)

▶ '문제3-4' 페이지를 도구 설명으로 사용

▶ 캔버스 크기 : 높이 '230', 너비 '370', 세로 맞춤 '중간'

❷ 다음 조건으로 시각적 개체에 '문제3-4'의 도구 설명 페이지가 표시되도록 구현하시오. (3점)

▶ 〈주문내역〉 테이블의 [총수량], [총금액] 측정값을 사용하는 시각적 개체에 표시

▶ '문제3' 페이지의 묶은 가로 막대형 차트에 '문제3-4' 도구 설명 페이지 표시

▶ '문제3' 페이지의 리본 차트에 '문제3-4' 도구 설명 페이지 표시

❸ '문제3' 페이지를 드릴스루 필터로 적용하시오. (3점)

▶ [분류명]을 범주로 사용하는 차트에서 드릴스루를 이용해 필터 적용

기출 유형 문제 | 1회 정답

1. 데이터 가져오기와 편집

번호	보기	테이블	결과
	파워 쿼리 편집기	〈대리점실적〉	

❶

❷

❸

결과

2. 파워 쿼리 편집기 활용

번호	보기	테이블	결과
	파워 쿼리 편집기	〈도서대출통계〉	

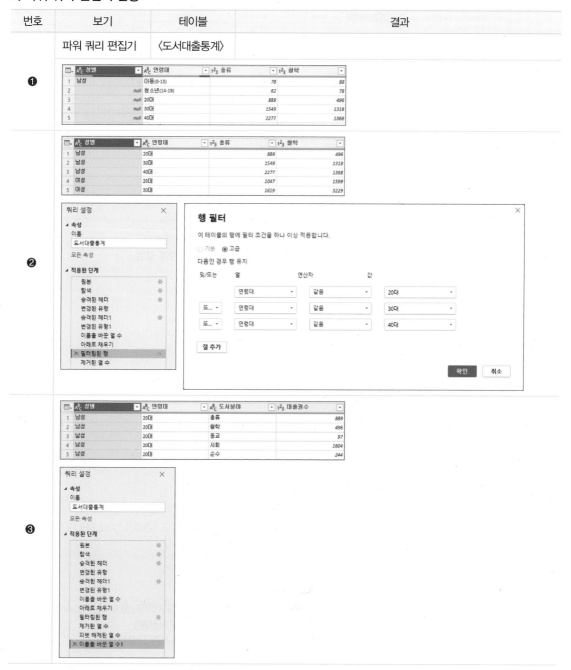

| 결과 | |

3. 관계 설정 및 측정값

번호	보기	계산 요소	결과
❶	모델 보기		〈전국도서관〉 테이블의 [도서관구분] 필드와 〈도서관〉 테이블의 [구분코드] 필드 관계 설정

번호	테이블		결과
❷	〈@측정값〉	수식	도서관비율%= COUNTA('전국도서관'[도서관코드])/ CALCULATE(COUNTA('전국도서관'[도서관코드]),ALLSELECTED('전국도서관'))
		서식	백분율, 소수 자릿수 '2'
❸	〈@측정값〉	수식	최대대출자도서관= IF(ISBLANK(CALCULATE(MAX('전국도서관'[대출자수]))), BLANK( ), CALCULATE(VALUES('전국도서관'[도서관명]), '전국도서관'[대출자수]= MAX('전국도서관'[대출자수])))

1. 페이지 레이아웃

번호	시각화	옵션		설정 값
❶	레이아웃	[보기]–[테마] 선택	테마 종류	접근성 높은 도시공원
❷	텍스트 상자	텍스트 상자 서식	제목	도서 매출 현황
			글꼴 종류	Segoe UI
			글꼴색	#096660
			글꼴 크기	20
			굵게	설정
			맞춤	가운데
결과	도서 주문 현황			

2. 슬라이서, 여러 행 카드 시각화

번호	시각화	옵션				설정 값
❶	테이블 뷰	〈대리점〉 테이블 [대리점검색] 필드				
	슬라이서	데이터 추가		필드		대리점[대리점검색]
		서식	시각적 개체	슬라이서 설정	옵션–스타일	드롭다운
					선택	"모두 선택" 옵션 설정
				슬라이서 머리글	글꼴	크기 10
				값	글꼴	크기 10
결과						

번호	시각화			옵션		설정 값
❷	여러행카드	데이터 추가		필드		주문내역[총금액] 주문내역[전년도매출] 주문내역[전년대비성장률]
				이름		총금액 → 당해년도 전년도매출 → 전년도 전년대비성장률 → 성장률
		서식	시각적 개체	설명 값	글꼴 종류	Segoe UI Bold
					글꼴 크기	20
				카드	액센트 바	너비 5
결과	5,850,700 당해년도 6,705,820 전년도 -12.75% 성장률					

3. 100% 누적 세로 막대형 차트

번호	시각화	옵션				설정 값
❶	100 누적 세로 막대형 차트	데이터 추가		X축		날짜[연도] 날짜[월]
				Y축		주문내역[총금액]
				범례		분류명정렬[신분류명]
❷		서식	일반	제목		해제
			시각적 개체	X축	글꼴	크기 10, 굵게
					제목	해제
				Y축	제목	해제
				데이터 레이블	옵션	넘치는 텍스트 설정
					값	필드 '총금액' 설정
					세부 정보	내용 '사용자 지정'
						데이터 : 주문내역[비율] 추가
						표시 단위는 '사용자 지정'
						형식 코드 : '(0.0%)' 입력
					레이아웃	멀티 라인

❸	정렬 기준	〈분류명정렬〉 테이블의 [신분류명] 필드에서 [열 도구]–[열 기준 정렬]에서 [순서] 선택 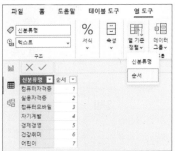 [추가 옵션]–[범례 정렬]에서 '신분류명' 기준 '오름차순 정렬' 적용 
결과		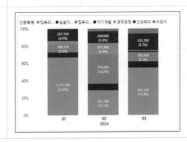

4. 꺾은선형 및 묶은 세로 막대형 차트

번호	시각화	옵션			설정 값
❶	꺾은선형 및 묶은 세로 막대형 차트	데이터 추가	X축		대리점[대리점명]
			열 y축		주문내역[총수량] 대리점별목표[목표수량]
			선 y축		대리점별목표[목표달성률]
❷		서식	일반	제목		해제
			시각적 개체	X축	글꼴	크기 10, 굵게
					제목	해제
				Y축	제목	해제
				데이터 레이블	위치(열)	바깥쪽 끝에
				표식	도형	유형 '▲', 크기 '6'
					색	#7B1C25, 테마색4
❸	필터 창				
	결과	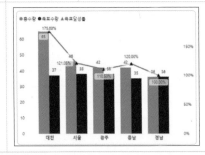			

1. 필드 매개 변수

번호	시각화	옵션					설정 값
❶ 결과	테이블 뷰	필드매개변수 테이블					
		필드매개변수 슬라이서					
❷	슬라이서	서식	시각적 개체	슬라이서 설정	옵션–스타일		세로 목록
					선택		단일 선택
		필터					분류명
결과							
❸	누적 가로 막대형 차트	데이터 추가		Y축			필드매개변수[필드매개변수]
				X축			주문내역[총금액]
		서식	일반	제목	제목		글꼴 'Segoe UI', '굵게', 텍스트 색상 '흰색', 배경색 '#2D521D'
			시각적 개체	Y축	제목		해제
				X축	제목		해제
				데이터 레이블			설정
결과							

2. 행렬 시각화

번호	시각화	옵션			설정 값	
❶	@측정값	수식			Sales MoM% = 　VAR Sales = SUM('주문내역'[금액]) 　VAR Previous_Sales=CALCULATE(SUM('주문내역'[금액]), 　　DATEADD('날짜'[날짜], −1, Month)) 　RETURN DIVIDE(Sales − Previous_Sales, Previous_Sales, 1)	
		서식			백분율, 소수 자릿수 '2'	
❷	행렬	데이터 추가		행	도서목록[분류명], 도서목록[도서명]	
				열	날짜[연도], 날짜[월]	
				값	주문내역[총금액] → 당월 주문내역[전월매출] → 전월 [Salse MoM%] → 증감률	
		서식	시각적 개체	눈금	행 안쪽 여백 '3'	
				열 머리글	굵게, 텍스트 색상 '흰색', 배경색 '#2D521D', 머리글 맞춤 '가운데'	
		시각화 드릴모드		행 머리글	계층 구조에서 한 수준 아래로 모두 확장 적용	
				열 머리글	계층 구조에서 한 수준 아래로 모두 확장 적용	
❸	행렬	서식	시각적 개체	셀 요소	계열	증감률
					글꼴색	설정
					섹	규칙1 '#59A33A, 테마색1' 규칙2 '#7B1C25, 테마색4'

글꼴색 - 글꼴색

서식 스타일: 규칙   적용 대상: 값 및 합계

어떤 필드를 기반으로 해야 하나요?
Salse MoM%

규칙

#값 > 0 ··· 최대값 ··· THEN
#값 ··· 최소값 ··· < 0 ··· THEN

조건부 서식에 대한 자세한 정보   확인   취소

결과

연도				2024						합계		
월		01			02			03				
분류명	당월	전월	증감률	당월	전월	증감률	당월	전월	증감률	당월	전월	증감률
⊟ IT모바일	188,100		100.00%	715,600	188,100	280.44%	183,600	715,600	-74.34%	1,087,300	903,700	20.32%
그림으로 배우는 AI	30,600		100.00%	91,800	30,600	200.00%	61,200	91,800	-33.33%	183,600	122,400	50.00%
마인크래프트 칼럼 핸드북				54,000		100.00%	32,400	54,000	-40.00%	86,400	54,000	60.00%
백엔드를 위한 Go 프로그래밍				118,800		100.00%		118,800	-100.00%	118,800	118,800	0.00%
●원머로 만드는 3D 환경 디자인	67,500		100.00%	45,000	67,500	-33.33%	90,000	45,000	100.00%	202,500	112,500	80.00%
오프스 프로 직장인을 위한 엑셀&파워포인트&워드				352,000		100.00%		352,000	-100.00%	352,000	352,000	0.00%
합계	2,049,400		100.00%	2,066,200	2,049,400	0.82%	1,735,100	2,066,200	-16.02%	5,850,700	4,115,600	42.16%

3. 리본 차트, 상호 작용 편집

번호				옵션		설정 값
❶	리본 차트	데이터 추가		X축		날짜[연도], 날짜[월]
				Y축		주문내역[총금액]
				범례		도서목록[분류명]
		서식	일반	제목	제목	텍스트 "매출추이"
						글꼴 Segoe UI, 굵게, 텍스트 색상 '흰색', 배경색 '#2D521D'
			시각적 개체	X축	제목	해제
				Y축	제목	해제
				데이터 레이블		설정
결과	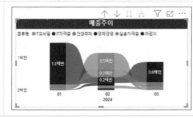					

번호	개체	대상 개체	상호작용 편집
❷	월 슬라이서	리본 차트	없음
결과	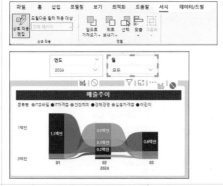		
❸	리본 차트	행렬 개체	없음
결과	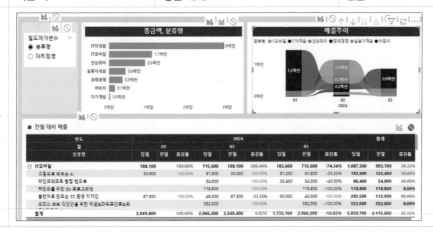		

PART 03

기출 유형 문제

기출 유형 문제 1회 379

4. 도구 설명 페이지, 드릴스루 필터

번호	시각화	옵션		설정 값
❶	문제3-4 페이지	서식	페이지 정보	'도구 설명으로 사용' 설정
			캔버스 설정 — 유형	사용자 지정
			캔버스 설정 — 높이	230
			캔버스 설정 — 너비	370
			캔버스 설정 — 세로 맞춤	중간
결과				
	문제3-4 페이지	시각화 창	도구 설명	
❷	문제3 페이지 (묶은 가로 막대형 차트)	서식	일반	도구 설명
	문제3 페이지 (리본 차트)	서식	일반	도구 설명

결과	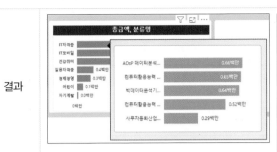 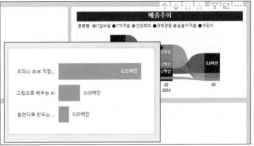
❸	드릴스루 필터

기 출 유 형 문 제

---

1. 데이터 가져오기와 편집

문제1- ❶

① '01회_답안파일.pbix' 파일을 열고, [홈]-[데이터] 그룹의 [데이터 가져오기]를 클릭한다. [데이터 가져오기] 대화상자의 [폴더]를 더블 클릭한다.

② [폴더] 대화상자에서 찾아보기를 클릭하여 '대리점실적' 폴더를 선택하고 [확인]을 클릭한다.

③ 대화상자에서 [결합]-[데이터 결합 및 변환]을 클릭한다.

④ [파일 병합] 대화상자에서 [매개 변수1]을 선택하고 [확인]을 클릭한다.

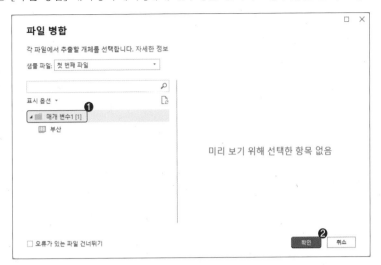

⑤ [Power Query 편집기] 창에서 〈대리점실적〉 테이블을 선택한다. [Name] 필드의 필터 단추(▼)를 클릭, 목록에서 '부산', '서울', '인천' 값을 체크 표시하고 [확인]을 클릭한다.

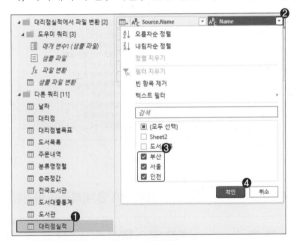

⑥ [Name] 필드를 클릭하고 Ctrl 을 누른 상태에서 [Data] 필드를 클릭한다. 선택한 열 머리글에서 마우스 오른쪽 버튼을 클릭하여 [다른 열 제거]를 클릭한다.

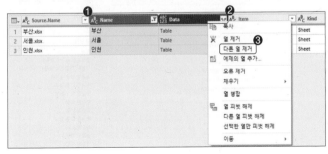

⑦ [Data] 필드의 확장 단추(⬌)를 클릭하고 [확인]을 클릭하여 모든 열을 표시한다.

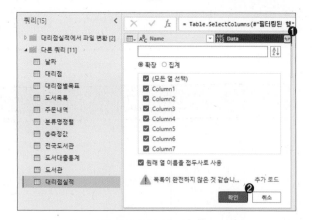

⑧ 테이블 이름은 '대리점실적'으로 유지한다.

문제1-❷

① 〈대리점실적〉 테이블에서 [홈]-[변환] 그룹의 [첫 행을 머리글로 사용]을 클릭하여 열 머리글을 변경한다.

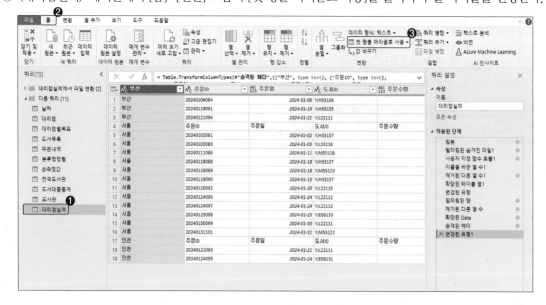

② [주문일] 필드의 필터 단추(▼)를 클릭하고, 목록에서 '주문일'은 체크 표시 해제하여 삭제한다.

③ 첫 번째 필드 이름 '부산'을 더블 클릭하여 '대리점'으로 변경한다.

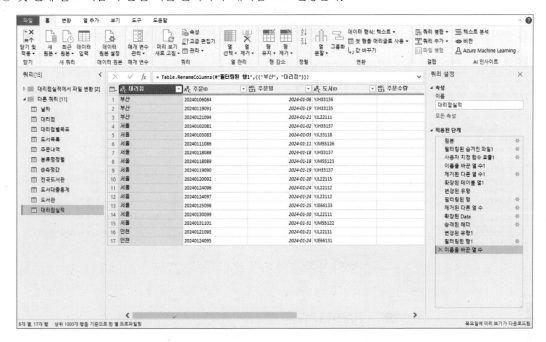

문제1-❸

① [주문일] 필드의 데이터 형식(ABC/123)을 클릭하여 '날짜'로 변경한다.

② [주문수량], [정가], [금액] 필드의 데이터 형식(ABC/123)을 '정수'로 변경하고, [할인율] 필드는 '10진수'로 변경한다.

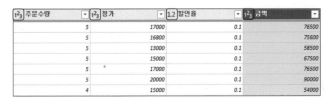

2. 파워 쿼리 편집기 활용

문제2-❶

① [Power Query 편집기] 창의 〈도서대출통계〉 테이블에서 [홈]-[변환] 그룹의 [첫 행을 머리글로 사용]을 클릭하여 열 머리글을 변경한다. 첫 번째 필드 이름을 더블클릭하여 '성별'로 변경한다.

문제2-❷

① 〈도서대출통계〉 테이블에서 [성별] 필드를 클릭한다. [변환]-[열] 그룹에서 [채우기]-[아래로]를 클릭하여 null 값을 남성, 여성으로 채우기한다.

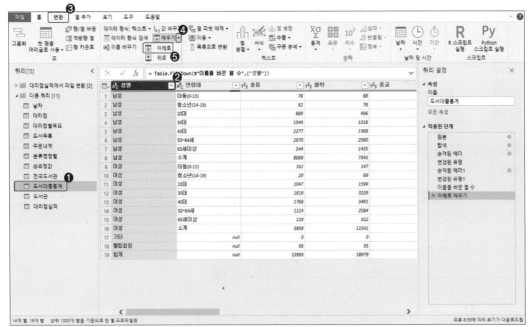

② [연령대] 필드의 필터 단추(▼)를 클릭하여 '모두 선택'을 클릭한 후 '20대', '30대', '40대'를 체크 표시하고 [확인]을 클릭한다.

③ [합계] 필드에서 마우스 오른쪽 버튼을 클릭하여 [제거]를 클릭한다.

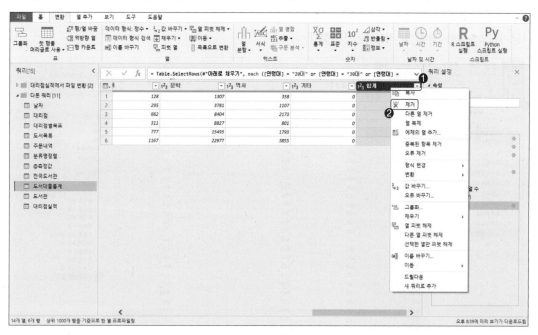

문제2- ❸

① 〈도서대출통계〉 테이블에서 [총류] 필드를 선택하고 Shift 를 누른 상태에서 [기타] 필드를 선택한다. [변환]-[열] 그룹에서 [열 피벗 해제]를 클릭한다.

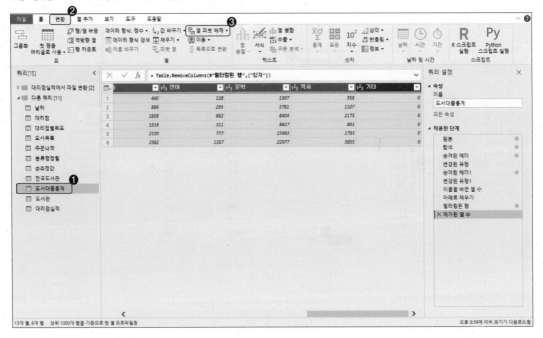

② 필드 이름 [특성]을 더블클릭하여 '도서분야'로 변경하고 필드 이름 [값]은 '대출권수'로 변경한다. [홈]-[닫기] 그룹에서 [닫기 및 적용]을 클릭한다.

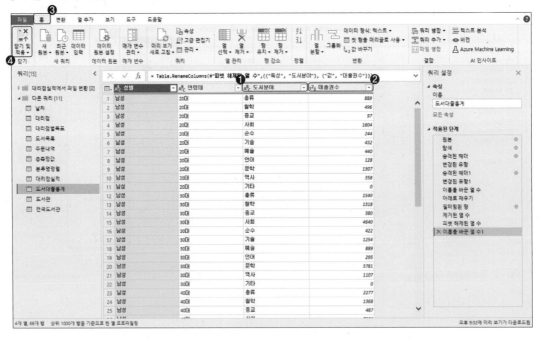

문제3-❶

① 모델 보기(🖽)에서 '레이아웃1'을 선택한다.

② [데이터] 창에서 〈전국도서관〉, 〈도서관〉 테이블을 드래그하여 레이아웃 창에 추가한다.

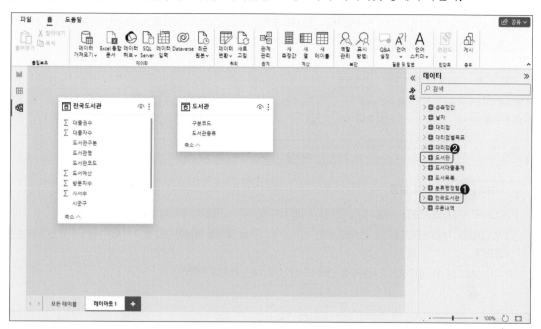

③ 〈전국도서관〉 테이블의 [도서관구분] 필드를 〈도서관〉 테이블의 [구분코드] 필드 위에 드래그&드롭하여 관계 설정한다. 카디널리티는 '다대일(*:1)', 크로스필터는 '단일'로 설정된다.

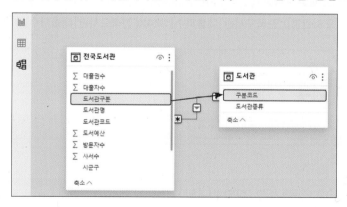

문제3-❷

① 테이블 뷰(▦)에서 〈@측정값〉 테이블을 선택한다. [테이블 도구]-[계산] 그룹에서 [새 측정값]을 클릭하고 다음 수식을 입력한다. [측정 도구]-[서식] 그룹에서 백분율(%), 소수 자릿수는 '2'로 설정한다.

> 도서관비율% = COUNTA('전국도서관'[도서관코드])/CALCULATE(COUNTA('전국도서관'[도서관코드]), ALLSELECTED('전국도서관'))

> 🎯 기적의 Tip **수식 설명**
>
> (1) COUNTA('전국도서관'[도서관코드]): 〈전국도서관〉 테이블의 [도서관코드] 필드의 행 개수를 반환한다.
>
> (2) ALLSELECTED('전국도서관'): 〈전국도서관〉 테이블에 적용된 필터를 해제하지만 보고서 페이지에 적용된 필터는 적용한다.
>
> (3) =(1)/CALCULATE((1), (2)): 도서관수를 전체 도서관수로 나눈 결과를 반환한다.

문제3-❸

① 〈@측정값〉 테이블에서 [테이블 도구]-[계산] 그룹의 [새 측정값]을 클릭하고 다음 수식을 입력한다.

> 최대대출자도서관 = IF(ISBLANK(CALCULATE(MAX('전국도서관'[대출자수]))), BLANK( ),
> CALCULATE(VALUES('전국도서관'[도서관명]),'전국도서관'[대출자수]=MAX('전국도서관'[대출자수])))

> 🎯 기적의 Tip **수식 설명**
>
> (1) CALCULATE(MAX('전국도서관'[대출자수])): 〈전국도서관〉 테이블의 [대출자수] 필드의 최대값을 반환한다.
>
> (2) '전국도서관'[대출자수]=MAX('전국도서관'[대출자수]): 〈전국도서관〉 테이블의 [대출자수]와 〈전국도서관〉 테이블의 [대출자수]의 최대값이 동일한 행을 반환한다.
>
> (3) CALCULATE(VALUES('전국도서관'[도서관명]), (2)): (2)의 조건으로 필터링된 행에서 〈전국도서관〉 테이블의 [도서관명]의 최대값을 반환한다.
>
> (4) =IF(ISBLANK((1)), BLANK( ), (2)): (1)의 조건이 공백이면 BLANK( )를 반환하고 공백이 아니면 (2)를 반환한다.

1. 보고서 레이아웃 설정

문제1-❶

① 보고서 보기(📊)에서 '문제2' 페이지를 클릭한다. 연도 슬라이서에 '2024'로 필터가 적용되어 있다.

② [보기]–[테마] 그룹의 [테마]에서 '접근성 높은 도시공원'을 클릭한다.

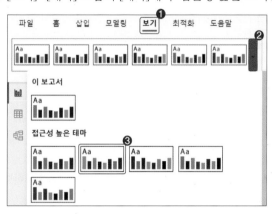

문제1-❷

① [홈]–[삽입] 그룹에서 [텍스트 상자]를 클릭하고 텍스트 상자에 '도서 매출 현황'을 입력한다. 텍스트 범위를 선택하고 [텍스트 상자 서식]에서 글꼴 종류는 'Segoe UI', 크기는 '20', 글꼴색은 '#096660', '굵게', '가운데'로 설정한다.

② 텍스트 상자의 크기와 위치를 조정하여 '1-②' 위치에 배치한다.

2. 슬라이서, 여러 행 카드 시각화

문제2-❶

① 테이블 뷰(▦)에서 〈대리점〉 테이블을 선택한다. [테이블 도구]-[계산] 그룹에서 [새 열]을 클릭하고 다음 수식을 입력한다.

> 대리점검색 = [대리점명] & "(" & [담당자] & ")"

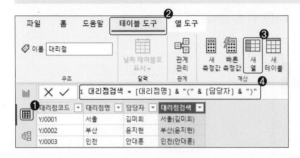

② 보고서 보기(▦)에서 '문제2' 페이지를 클릭한다.

③ [시각화] 창에서 '슬라이서(▦)'를 클릭하고 [필드]에 〈대리점〉 테이블의 [대리점검색] 필드를 추가한다.

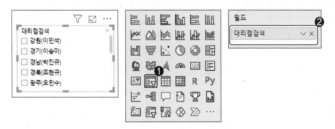

④ [시각화] 창에서 [시각적 개체 서식 지정](▤)을 클릭하고 [시각적 개체]-[슬라이서 설정]-[옵션]의 스타일을 '드롭다운'으로 설정하고, [선택]에서 '"모두 선택" 옵션'을 설정으로 변경한다. [슬라이서 머리글]에서 [텍스트]의 글꼴 크기는 '10', [값]-[값]의 글꼴 크기는 '10'으로 적용한다.

⑤ 슬라이서에 크기와 위치를 조정하여 '2-①' 위치에 배치한다.

문제2-❷

① [시각화] 창에서 '여러 행 카드(📋)'를 클릭하고 [필드]에 〈주문내역〉 테이블의 [총금액], [전년도매출], [전년대비성장율] 측정값을 추가한다. 필드 영역의 필드 이름을 더블클릭하여 '총금액' → '당해년도', '전년도매출' → '전년도', '전년대비성장률' → '성장률' 로 변경한다.

② [시각화] 창에서 [시각적 개체 서식 지정](🖌)을 클릭하고 [시각적 개체]-[설명 값]에서 글꼴은 'Segoe UI Bold', 크기는 '20'으로 설정한다. [카드]-[악센트 바]에서 너비를 '5'로 설정한다.

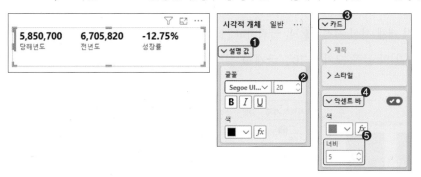

③ 여러 행 카드의 크기와 위치를 조정하여 '2-②' 위치에 배치한다.

3. 100% 누적 세로 막대형 차트 시각화

문제3-❶

① '문제2' 페이지에서 [시각화] 창의 '100% 누적 세로 막대형 차트(📊)'를 클릭한다. [X축]에 〈날짜〉 테이블의 [연도], [월] 필드, [Y축]에 〈주문내역〉 테이블의 [총금액] 측정값, [범례]에 〈분류명정렬〉 테이블의 [신분류명] 필드를 추가한다.

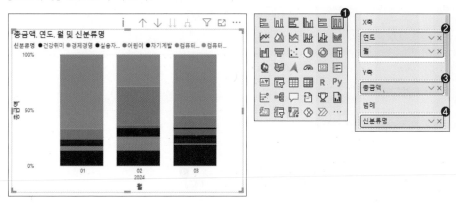

② 차트의 크기와 위치를 조정하여 '3-①' 위치에 배치한다.

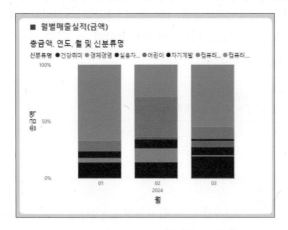

문제3- ❷

① [시각화] 창에서 [시각적 개체 서식 지정](✋)을 클릭하고 [일반]-[제목]을 해제한다.

② [시각적 개체]-[X축]-[값]의 글꼴 크기는 '10', '굵게'를 설정하고, [제목]을 해제한다. [Y축]에서 [제목]을 해제한다.

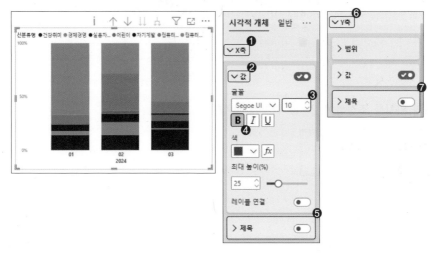

③ [시각적 개체]-[데이터 레이블]-[옵션]의 [넘치는 텍스트]를 설정한다.

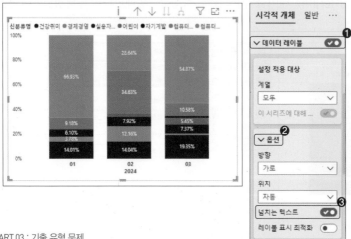

④ [시각적 개체]-[값]을 설정으로 변경하여 총금액과 비율을 함께 표시한다. [세부 정보]에서 내용을 '사용자 지정'으로 변경하고, 데이터에 〈주문내역〉 테이블의 [비율] 측정값을 추가한다. 표시 단위를 '사용자 지정'으로 변경하고 형식 코드에 '(0.0%)'를 입력한다.

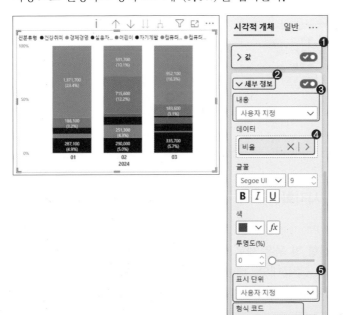

⑤ [레이아웃]에서 레이아웃을 '멀티 라인'을 설정한다.

기적의 Tip

멀티라인	한 줄
1,371,700 (23.4%)	1,371,700(23.4%)

문제3-❸

① 테이블 뷰 (🎞)에서 〈분류명정렬〉 테이블의 [신분류명] 필드를 선택한다. [열 도구]-[정렬] 그룹에서 [열 기준 정렬]-[순서]를 클릭한다.

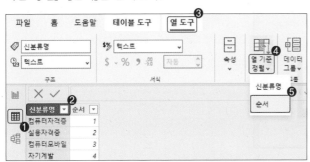

② 보고서 보기(📊)에서 '문제2' 페이지의 '100% 누적 세로 막대형 차트'를 선택한다. [추가 옵션](⋯)−[범례 정렬]에서 [신분류명]을 클릭하고 다시 [오름차순 정렬]을 클릭하여 정렬 순서를 변경한다.

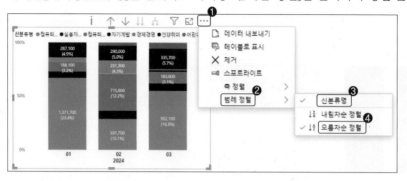

4. 꺾은선형 및 묶은 세로 막대형 차트 시각화

문제4− ❶

① '문제2' 페이지에서 [시각화] 창의 '꺾은선형 및 묶은 세로 막대형 차트(📊)'를 클릭한다. [X축]에 〈대리점〉 테이블의 [대리점명] 필드, [열 y축]에 〈주문내역〉 테이블의 [총수량] 측정값, 〈대리점별목표〉 테이블의 [목표수량] 측정값 추가, [선 y축]에 〈대리점별목표〉 테이블의 [목표달성률] 측정값을 추가한다.

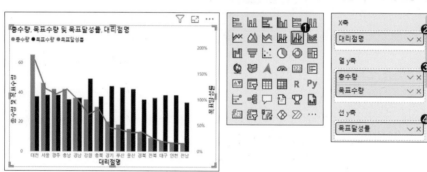

② 차트의 크기와 위치를 조정하여 '4−①'에 배치한다.

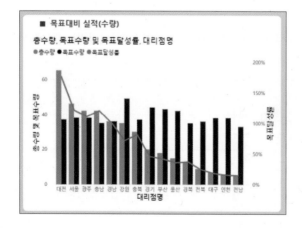

문제4-❷

① [시각화] 창에서 [시각적 개체 서식 지정](✏️)을 클릭하고 [일반]-[제목]을 해제한다.

② [시각적 개체]-[X축]-[값]의 글꼴 크기는 '10', '굵게' 설정하고, [제목]을 해제한다. [Y축]에서 [제목]을 해제한다.

③ [데이터 레이블]을 설정하고 [옵션]의 위치(열)을 '바깥쪽 끝에'로 표시한다. [표식]을 설정하고 [도형]의 유형은 '▲', 크기는 '6', [색]은 '#7B1C25, 테마 색 4'로 설정한다.

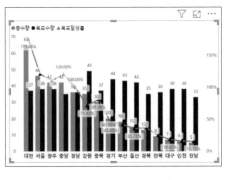

문제4-❸

① 차트를 선택하고 [필터] 창에서 [이 시각적 개체의 필터]의 [대리점명]의 필터 카드를 확장한다. 필터 형식을 '상위 N'으로 설정하고, 항목 표시는 '위쪽', '5', 값에 〈주문내역〉 테이블의 [총수량] 측정값을 추가하고 [필터 적용]을 클릭한다.

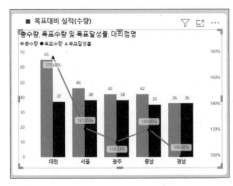

1. 매개 변수

문제1-❶

① 보고서 보기(📊)에서 '문제3' 페이지를 클릭한다. 연도 슬라이서에 '2024' 값으로 필터가 적용되어 있다.

② [모델링]-[매개변수] 그룹에서 [새 매개변수]-[필드]를 클릭한다.

③ [매개 변수] 대화상자에서 이름에 '필드매개변수'를 입력한다. 필드 목록에서 〈도서목록〉 테이블의 [분류명] 필드, 〈대리점〉 테이블의 [대리점명] 필드를 필드 추가 및 순서 변경에 추가한다. '이 페이지에 슬라이서 추가' 옵션이 선택된 상태에서 [만들기]를 클릭한다.

④ 필드매개변수 슬라이서와 테이블이 추가된다.

⑤ 필드매개변수 슬라이서 크기를 조정하고 '1-①' 위치에 배치한다.

문제1-❷

① [필드매개변수] 슬라이서를 선택하고 [시각적 개체 서식 지정](🖐)을 클릭한다. [시각적 개체]–[슬라이서 설정]–[옵션]의 스타일을 '세로 목록', [선택]에서 '단일 선택'을 설정한다. 슬라이서에 '분류명' 값으로 필터를 적용한다.

문제1-❸

① '문제3' 페이지에서 [시각화] 창의 '묶은 가로 막대형 차트(📊)'를 클릭한다. [Y축]에 〈필드매개변수〉 테이블의 [필드매개변수] 필드, [X축]에 〈주문내역〉 테이블의 [총금액] 측정값을 추가한다.

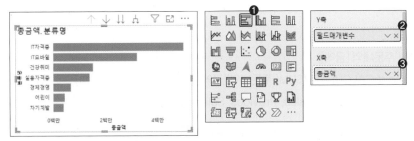

② [시각화] 창에서 [시각적 개체 서식 지정](🖐)을 클릭한다. [일반]–[제목]에서 글꼴은 'Segoe UI', '굵게', 텍스트 색상은 '흰색', 배경색은 '#2D521D', 가로 맞춤은 '가운데'로 설정한다.

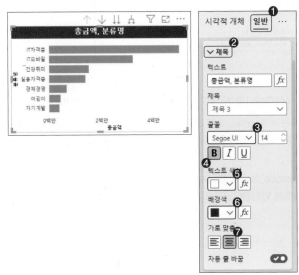

③ [시각적 개체]–[Y축]에서 [제목]을 해제하고 [X축]의 [제목]을 해제한다.

④ [데이터 레이블]을 설정으로 변경한다.

⑤ 차트의 크기와 위치를 조정하여 '1-③' 위치에 배치한다.

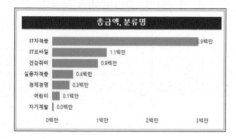

2. 행렬 시각화

문제2- ❶

① '문제3' 페이지에서 [데이터] 창의 〈@측정값〉 테이블을 선택 후 [홈]-[계산] 그룹에서 [새 측정값]을 클릭한다.

② 수식 입력줄에 다음 수식을 입력하고 [측정 도구]-[서식] 그룹에서 백분율(%), 소수 자릿수 '2'로 설정한다.

```
Sales MoM% =
    VAR Sales = SUM('주문내역'[금액])
    VAR Previous_Sales = CALCULATE(SUM('주문내역'[금액]), DATEADD('날짜'[날짜], −1, Month))
    RETURN DIVIDE(Sales − Previous_Sales, Previous_Sales, 1)
```

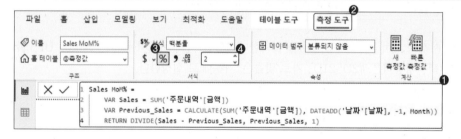

> **기적의 Tip** · **수식 설명**
>
> (1) VAR Sales = SUM('주문내역'[금액]): 〈주문내역〉 테이블의 [금액] 필드의 합계를 변수 Sales에 저장한다.
>
> (2) VAR Previous_Sales = CALCULATE(SUM('주문내역'[금액]), DATEADD('날짜'[날짜], −1, Month)): 〈날짜〉 테이블의 [날짜] 필드에서 전월의 기간을 필터링하여 〈주문내역〉 테이블의 [금액] 필드의 합계를 계산하고 변수 Previous_Sales에 저장한다.
>
> (3) RETURN DIVIDE(Sales − Previous_Sales, Previous_Sales, 1) : Sales 값과 Previous_Sales값의 차이를 Previous_Sales값으로 나눈 값을 측정값 Sales MoM%에 반환한다. DIVIDE 함수에서 3번째 인수에 1을 입력하면 나누기 결과가 오류나 0이면 1을 반환한다.

문제2- ❷

① '문제3' 페이지에서 [시각화] 창의 '행렬(▦)'을 클릭한다. [행]에 〈도서목록〉 테이블의 [분류명], [도서명] 필드, [열]에 〈날짜〉 테이블의 [연도], [월] 필드, [값]에 〈주문내역〉 테이블의 [총금액], [전월매출] 측정값, 〈@측정값〉 테이블의 [Sales MoM%] 측정값을 추가한다. 값의 이름을 더블클릭하여 '총금액'은 '당월', '전월매출'은 '전월', 'Sales MoM%'는 '증감률'로 변경한다.

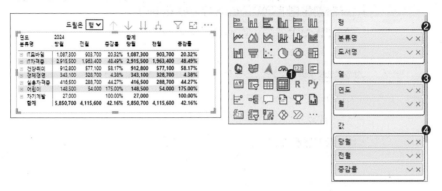

② 행렬의 시각화 드릴 모드의 드릴온이 '행'에서 계층 구조에서 한 수준 아래로 모두 확장(🔼)'을 클릭하여 행 머리글을 도서명까지 확장한다.

③ 행렬의 시각화 드릴 모드의 드릴온을 '열'로 변경하고 계층 구조에서 '한 수준 아래로 모두 확장(🔼)'을 클릭하여 열 머리글을 월까지 확장한다.

④ [시각화] 창에서 [시각적 개체 서식 지정](🖌)을 클릭한다. [시각적 개체]–[눈금]에서 옵션의 행 안쪽 여백을 '3'으로 설정한다. [열 머리글]의 [텍스트]에서 텍스트 색상은 '흰색', 배경색은 '#2D521D'로 설정한다. 머리글 맞춤을 '가운데'로 설정한다.

⑤ 행렬의 크기와 위치를 조정하여 '2-②'에 위치에 배치한다.

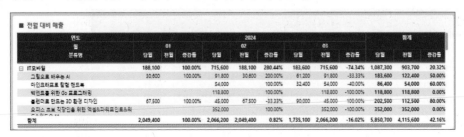

문제2- ❸

① 행렬 개체를 선택 후 [시각화] 창에서 [시각적 개체 서식 지정](✏️)을 클릭한다. [시각적 개체]-[셀 요소]에서 계열을 '증감률'로 변경한다. '글꼴색'을 설정으로 변경하고 조건부 서식(𝑓𝑥)을 클릭한다.

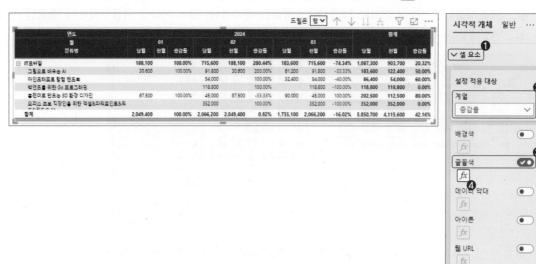

② [글꼴색-글꼴색] 대화상자에서 서식 스타일을 '규칙'으로 설정하고, 'If 값: 〉, 0 , 숫자, 끝: 〈=, 최대값, 숫자, THEN: #59A33A, 테마색1', 'If 값: 〉=, 최소값, 숫자, 끝: 〈, 0, 숫자, THEN: #7B1C25, 테마색4' 규칙을 지정한다. 적용 대상을 '값 및 합계'로 변경하고 [확인]을 클릭한다.

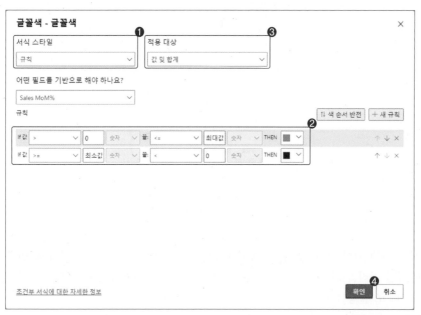

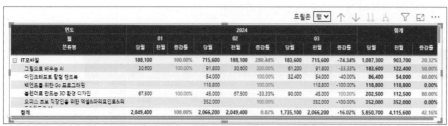

3. 리본 차트, 상호 작용 편집

문제3-❶

① '문제3' 페이지에서 [시각화] 창의 '리본 차트(▦)'를 클릭한다. [X축]에 〈날짜〉 테이블의 [연도], [월] 필드, [Y축]에 〈주문내역〉 테이블의 [총금액] 측정값, [범례]에 〈도서목록〉 테이블의 [분류명] 필드를 추가한다.

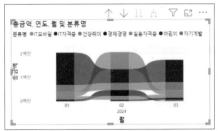  

② [시각화] 창에서 [시각적 개체 서식 지정](🖌)을 클릭한다. [일반]-[제목]-[제목]에서 텍스트에 '매출추이'를 입력하고, 글꼴은 'Segoe UI', '굵게', 텍스트 색상은 '흰색', 배경색은 '#2D521D', 가로 맞춤은 '가운데'로 설정한다.

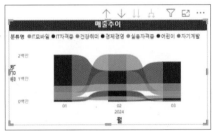 

③ [시각적 개체]-[X축]에서 [제목]을 해제하고 [Y축]의 [제목]을 해제한다.

④ [데이터 레이블]을 설정으로 변경한다.

⑤ 차트의 크기와 위치를 조정하여 '3-①' 위치에 배치한다.

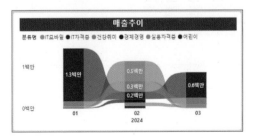

문제3-❷

① '문제3' 페이지에서 월 슬라이서를 선택하고 [서식]–[상호 작용] 그룹에서 [상호 작용 편집]을 클릭한다. 리본 차트의 없음(◌)을 클릭하여 상호 작용을 해제한다.

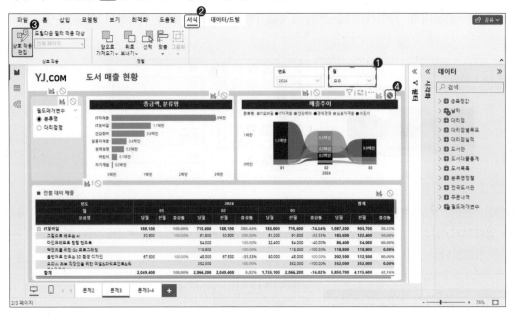

문제3-❸

① 리본 차트를 선택하고 행렬 개체의 '없음(◌)'을 클릭하여 상호 작용을 해제한다. [서식]–[상호 작용]그룹에서 [상호 작용 편집]을 다시 클릭하여 편집을 완료한다.

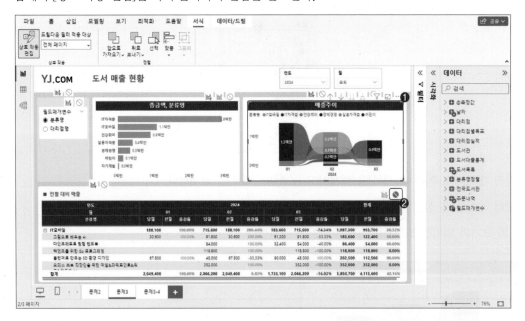

4. 도구 설명 페이지, 드릴스루 필터

문제4-❶

① 보고서 보기(📊)에서 '문제3-4' 페이지를 클릭한다.

② [시각화] 창의 [보고서 페이지 서식 지정](▶)을 클릭한다. [페이지 정보]에서 [도구 설명으로 사용]을 설정으로 변경한다.

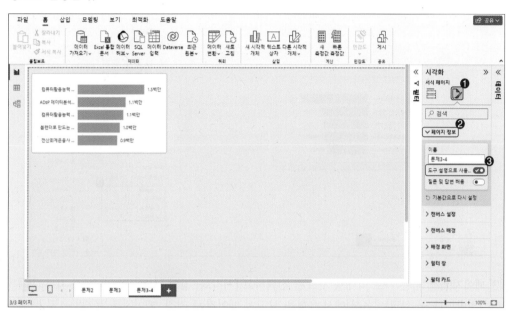

③ [캔버스 설정]의 유형을 '사용자 지정'으로 변경하고 높이 '230', 너비 '370', 세로 맞춤 '중간'으로 설정한다.

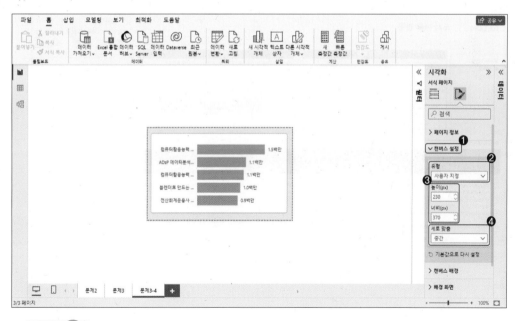

기적의 Tip

문제3-4 페이지에는 [보기]-[크기 조정] 그룹에서 [페이지 뷰]-[실제 크기]가 적용되어 있다.

문제4-❷

① [시각화] 창의 [시각적 개체에 데이터 추가](▦)를 클릭한다. [도구 설명] 영역에 〈주문내역〉 테이블의 [총수량], [총금액] 측정값을 추가한다.

② '문제3' 페이지에서 '묶은 가로 막대형 차트'를 선택하고 [시각화] 창의 [시각적 개체 서식 지정](🖌)을 클릭한다. [일반]-[도구 설명]-[옵션]에서 유형을 '보고서 페이지'로 지정, 페이지를 '문제3-4'로 설정한다.

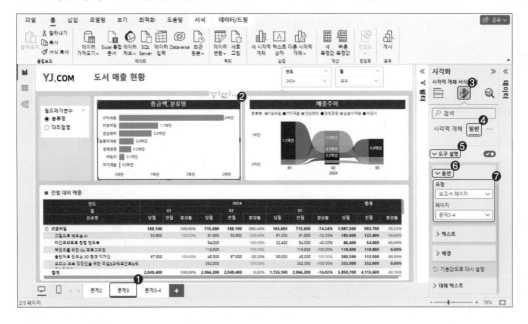

③ '리본 차트'를 선택하고 [일반]-[도구 설명]-[옵션]에서 유형을 '보고서 페이지'로 지정, 페이지 '문제 3-4'로 설정한다.

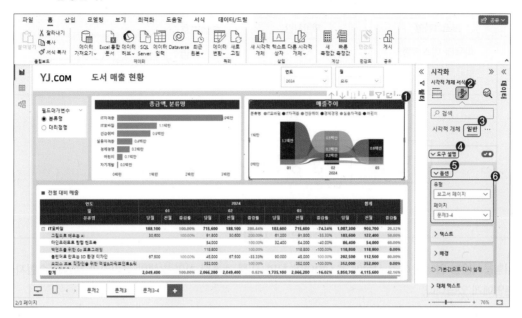

④ 각 차트의 데이터 요소에 마우스를 이동시키면 '문제3-4' 도구 설명 페이지에 데이터가 필터링되어 표시된다.

문제4-❸

① '문제3' 페이지에서 [시각화] 창의 드릴스루 영역의 '여기에 드릴스루 필드 추가' 영역에 〈도서목록〉 테이블의 [분류명] 필드를 드래그하여 추가한다.

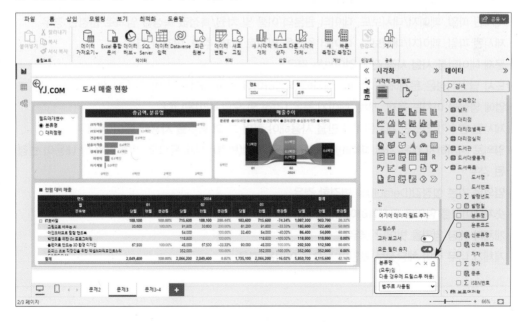

기출 유형 문제 (2회)

프로그램명	제한시간
파워BI 데스크톱	70분

수험번호 : _____

성 명 : _____

단일	경영정보시각화 실무

〈 유 의 사 항 〉

- 시험응시방법 안내에 따라 시험에 응시하여야 하며, 이를 소홀히 하여 발생한 불이익과 책임은 수험자 본인에게 있습니다.
- 답안 파일 위치: C:\PB\답안
- 문제 데이터 파일 위치: [문제1] C:\PB\문제1_데이터 / [문제2,3] C:\PB\문제2,3_데이터
- 작성된 답안은 다음과 같이 저장해야 합니다. 그렇지 않으면 [실격 처리]됩니다.
  - 주어진 경로 및 파일명을 변경하지 말고 그대로 저장
- 답안 저장 시간은 별도로 주어지지 않으므로 수시로 저장하십시오. 중간저장을 하지 않아 생기는 피해에 대한 책임은 수험자에게 있으며, 답안이 저장되지 않을 경우 [실격 처리]됩니다.
- 별도의 지시사항이 없는 경우, 다음과 같이 처리할 때 [실격 처리]됩니다.
  - 제시된 파일, 페이지/대시보드, 데이터 원본의 이름 및 차원/측정값 속성을 임의로 변경한 경우
  - 제시된 파일, 페이지/대시보드, 데이터 원본을 임의로 삭제, 추가, 변경한 경우
  - 문제 데이터를 시험 시작 전에 열어보는 경우
- 반드시 답안작성은 문제에서 지시한 위치에 작업하여야 하며 다음과 같이 처리시 해당 작업 또는 그 작업에 영향을 미치는 문제, 개체, 페이지 등은 [감점 및 오답처리]됩니다.
  - 제시된 함수가 있으면 제시된 함수만을 사용해야 하며 그 외 함수를 사용해 풀이한 경우
  - 임의로 지시하지 않은 차트, 매개변수 등을 이동, 수정(변경), 삭제 등으로 인해 위치 및 내용이 변경된 경우
  - 임의로 기본 설정값(Default)을 변경한 경우
  - 숫자데이터를 임의로 문자화하여 처리한 경우
  - 개체가 해당 영역을 벗어난 경우
  - 개체가 너무 작아 해당정보 확인이 눈으로 어려운 경우

대 한 상 공 회 의 소

데이터 및 문제 안내

1. 최종 제출해야 할 답안파일은 1개입니다. 문제1, 문제2, 문제3의 답을 하나의 답안파일(.pbix)로 제출하십시오.

2. 문제1, 문제2, 문제3은 각각 독립적으로 구성되어 있어 앞 문제를 풀지 않아도 다음 문제 풀이가 가능합니다.

3. 문제2와 문제3 풀이를 위해 필요한 일부 측정값, 필터가 답안파일에 미리 적용되어 있을 수 있습니다. 지시사항에 제시되지 않은 것은 변경하지 마십시오.

4. 하위문제(❶, ❷, ❸)별로 점수가 부여되며, 하위문제의 지시사항(▶ 또는 - 표시)을 이행하지 않을 경우 점수가 부여되지 않습니다.

5. 이 시험을 위한 데이터 파일은 2개이며, 문제1을 위한 데이터와 문제2의 데이터가 구분됩니다.

   가. 문제1 풀이에는 '월별사원정보' 폴더의 '202301.csv', '202302.csv', '202303.csv' 파일과 답안파일(.pbix)의 '사업장', '취업', '구직', '구인' 테이블을 사용하십시오.

파일명	202301.csv, 202302.csv, 202303.csv							
테이블	구조							
202301	기준일	사번	연령	성별구분	입사일	퇴사일	부서	직위
	2023-01-01 0:00	10060	40	2	2022-01-10		데이터분석실	부장
202302	기준일	사번	연령	성별구분	입사일	퇴사일	부서	직위
	2023-02-01 0:00	10060	40	2	2022-01-10		데이터분석실	부장
202303	기준일	사번	연령	성별구분	입사일	퇴사일	부서	직위
	2023-03-01 0:00	10060	40	2	2022-01-10		데이터분석실	부장

파일명	고용현황.xlsx	
테이블	구조	
사업장	년월	사업장수
	2023년12월	2,579,905
취업	년월	취업건수
	2023년12월	93,504
구직	년월	신규구직건수
	2023년12월	351,074
구인	년월	신규구인인원수
	2023년12월	196,386

출처: 고용현황(워크넷)

나. 문제2와 문제3의 풀이에는 '사원관리.xlsx' 파일을 사용하십시오.

파일명	사원관리.xlsx									
테이블	구조									

D날짜	ID	날짜	연도	월	일	연월	요일	요일NO	연도(str)	월(str)
	20220101	2022-01-01	2022	1	1	202201	토	6	2022	01

D조직	조직코드		조직명	
	1		IT서비스센터	

D부서	조직코드	조직명	부서코드	부서명
	1	IT서비스센터	111	플랫폼IT서비스실

D직위	직위코드		직위	
	1		부장	

D직책	직책코드		직책	
	1		부문장	

D사원	기준일	사번	나이	성별	입사일	퇴사일	부서코드	조직코드	직위	직책	사원그룹	신규	연령대
	2022-01-01	20760	21	남	2021-12-13		113	2	사원	팀원	Pull-Time	1	〈30

문제 1 작업준비(30점)

계산식 작성에 사용되는 문자열은 쌍따옴표(" ")를 사용하여 작성하시오.

1. 답안파일을 열고 다음 지시사항에 따라 데이터 가져오기 및 파워 쿼리 편집기에서 데이터 편집을 수행하시오. (10점)

❶ 폴더에서 가져오기를 사용하여 데이터를 결합하고 편집하시오. (4점)
- ▶ 활용 데이터 : '월별사원정보' 폴더의 '202301.CSV', '202302.CSV', '202303.CSV' 파일 결합
- ▶ [Source.Name] 필드 제거
- ▶ [기준일] 필드 데이터 형식 '날짜'로 변경
- ▶ 테이블 이름 : 월별사원정보

❷ 파워 쿼리 편집기에서 〈월별사원정보〉 테이블에 성별 필드를 추가하시오. (3점)
- ▶ 추가 필드 이름 : 성별
- ▶ '조건 열' 사용
- ▶ 조건 : [성별구분] 필드의 값이 1 → '남', 2 → '여', 그 외는 공백으로 표시
- ▶ 데이터 형식 : 텍스트

❸ 파워 쿼리 편집기에서 〈월별사원정보〉 테이블에 입사년도 필드를 추가하시오. (3점)
  ▶ 계산 필드 이름 : 입사년도
  ▶ 조건 : [입사일] 필드에서 년도만 표시

2. 다음 지시사항에 따라 파워 쿼리 편집기에서 데이터를 편집하시오. (10점)
❶ 〈구인〉 테이블과 〈구직〉 테이블을 새 테이블로 결합하시오. (3점)
  ▶ 테이블 이름 : 구인구직현황
  ▶ 두 테이블의 [년월] 필드를 기준으로 병합
  ▶ 조인 종류 : '내부(일치하는 행만)'
  ▶ 결과 : '년월', '신규구인인원수', '신규구직건수' 필드로 표시
❷ 다음 조건으로 〈구인구직현황〉 테이블을 복제하여 다음과 같이 요약하시오. (4점)
  ▶ 〈구인구직현황〉 테이블 복제
  ▶ 테이블 이름 : 년도별요약
  ▶ [년월] 필드 기준으로 년도 추가
    – 계산 필드 이름 : 년도
  ▶ [년도] 필드로 그룹화하여 [신규구인인원수] 필드와 [신규구직건수] 필드의 합계 반환
  ▶ 신규구인인원수의 합계는 '총구인인원수', 신규구직건수의 합계는 '총구직건수'로 표시
❸ 다음 조건으로 〈년도별요약〉 테이블에서 새 필드를 생성하시오. (3점)
  ▶ 필드 이름: 구인배수
  ▶ '사용자 지정 열' 사용
  ▶ 총구인인원수 대비 총구직건수 반환(1인당 일자리수)
  ▶ 계산: 총구인인원수/총구직건수
  ▶ 데이터 형식: '10진수'

3. 다음 지시사항에 따라 테이블 관계 설정 및 측정값을 생성하시오. (10점)
❶ 〈사업장〉 테이블과 〈취업〉 테이블의 관계를 설정하시오. (3점)
  ▶ 활용 필드 : 〈사업장〉 테이블의 [년월] 필드, 〈취업〉 테이블의 [년월] 필드
  ▶ 모델 보기의 '레이아웃1'에서 관계 설정
  ▶ 카디널리티 : 일대일(1:1)
  ▶ 크로스 필터 방향 : 모두
❷ 다음 조건으로 〈@측정값〉 테이블에 측정값을 생성하시오. (3점)
  ▶ 측정값 이름 : 취업률
  ▶ 활용 필드 : 〈취업〉 테이블의 [취업건수] 필드, 〈구직〉 테이블의 〈신규구직건수〉 필드
  ▶ [신규구직건수 합계]에, 대한 [취업건수 합계]의 비율 반환
  ▶ 계산 : 신규구직건수의 합계/취업건수의 합계*100
  ▶ 사용 함수 : SUM
  ▶ 서식 : 10진수, 소수 자릿수 '2'

❸ 다음 조건으로 〈@측정값〉 테이블에 측정값을 생성하시오. (4점)

▶ 측정값 이름 : 전년도취업건수

▶ 활용 필드 : 〈취업건수〉 테이블의 [년월], [취업건수] 필드

▶ 전년동시점의 취업건수의 합계 반환

▶ 사용 함수 : CALCULATE, SAMEPERIODLASTYEAR, SUM

▶ 서식 : 천 단위 구분 기호, 소수 자릿수 '0'

문제 2   단순요소 구현(30점)

┃시각화 완성화면┃ 각 세부문제 풀이 후 '문제2' 페이지에 아래와 같이 개체를 배치하시오.

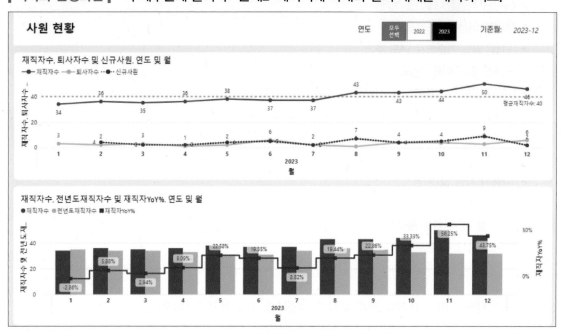

계산식 작성에 사용되는 문자열은 쌍따옴표(" ")를 사용하여 작성하시오.

1. '문제2', '문제3', '문제3–4' 페이지의 전체 서식을 설정하시오. (5점)

❶ 보고서 전체에 테마를 설정하시오. (2점)

▶ 보고서 테마 : 테마.JSON

❷ 텍스트 상자를 사용하여 '문제2' 페이지에 보고서 제목을 작성하시오. (3점)

▶ 텍스트 : 사원 현황

▶ 제목 서식 : 글꼴 'Segoe UI', 크기 '20', '굵게', '왼쪽' 설정

▶ 텍스트 상자를 '1–②' 위치에 배치

2. 다음 지시사항에 따라 슬라이서와 카드를 구현하시오. (5점)

❶ 다음 조건으로 '문제2' 페이지에 연도 슬라이서를 구현하시오. (2점)

▶ 활용 필드 : 〈D날짜〉 테이블의 [연도] 필드

▶ 슬라이서 설정 : 스타일 '타일', '모두 선택' 항목 표시

▶ 슬라이서 머리글 해제, 값 글꼴 크기는 '10' 설정

▶ 슬라이서에 '2023' 값으로 필터 적용

▶ 슬라이서를 '2-①' 위치에 배치

❷ 다음 조건으로 기준월을 카드로 표시하시오. (3점)

▶ 활용 필드 : 〈@측정값〉 테이블의 [기준일] 측정값

▶ 서식 : '2001-03(yyyy-mm)'

▶ 설명값 : 글꼴 'Segoe UI', 크기 '12', '기울임꼴', 글꼴색 '#3257A8, 테마색1'

▶ 범주 레이블 해제

▶ 카드를 '2-②' 위치에 배치

3. 다음 지시사항에 따라 꺾은선형 차트를 구현하시오. (10점)

❶ 기간별로 사원정보를 분석하는 '꺾은선형 차트'를 구현하시오. (3점)

▶ 활용 필드

 – 〈D날짜〉 테이블의 [연도], [월] 필드

 – 〈F사원〉 테이블의 [재직자수], [퇴사자수], [신규사원] 측정값

▶ '연도 월' 기준으로 오름차순 정렬

▶ 꺾은선형 차트를 '3-①' 위치에 배치

❷ 다음 조건으로 차트 서식을 변경하시오. (4점)

▶ X축 : 값의 글꼴 크기 '10', '굵게'

▶ Y축 : 값의 글꼴 크기 '10'

▶ 범례는 위치 '왼쪽 위', 스타일 '선과 마커'로 표시

▶ '신규사원'의 선 종류는 '점선', 스트로크 너비 '4' 설정

▶ '퇴사자수'의 선 색을 '#F5C869, 테마 색 6' 설정

▶ 모든 계열에 '표식'과 '데이터 레이블' 표시

❸ 다음 조건으로 차트에 평균 선을 추가하시오. (3점)

▶ 차트의 '재직자수' 기준으로 '평균 선' 표시

▶ 선 이름은 '평균재직자수' 표시

▶ 데이터 레이블은 가로 위치 '오른쪽', 세로 위치 '아래', 스타일 '모두' 설정

4. 다음 지시사항에 따라 꺾은선형 및 묶은 세로 막대형 차트를 구현하시오. (10점)

❶ 기간별로 재직자수와 전년동기대비 증감률을 나타내는 '꺾은선형 및 묶은 세로 막대형 차트'를 구현하시오.
(4점)
  ▶ 활용 필드
    – 〈D날짜〉 테이블의 [연도], [월] 필드
    – 〈F사원〉 테이블의 [재직자수], [전년도재직자수], [재직자YoY%] 측정값
  ▶ '연도 월' 기준으로 오름차순 정렬
  ▶ 차트를 '4–①' 위치에 배치

❷ 다음 조건으로 차트 서식을 변경하시오. (3점)
  ▶ X축 : 값의 글꼴 크기 '10', '굵게'
  ▶ Y축 : 값의 글꼴 크기 '10'
  ▶ '전년도재직자수' 계열의 열 색은 '#F5C869, 테마 색 6' 설정
  ▶ 선 종류는 '단계'로 설정, 표식의 도형 유형 '■' 설정
  ▶ 데이터 레이블은 '재직자YoY%' 만 표시

❸ '문제2' 페이지에 다음 조건으로 필터를 적용하시오. (3점)
  ▶ 〈D조직〉 테이블의 [조직명] 필드 값이 '디자인센터', '데이터정보센터'로 필터
  ▶ 기본 필터링 사용

문제 3 복합요소 구현(40점)

| 시각화 완성화면 | 각 세부문제 풀이 후 '문제3' 페이지에 아래와 같이 개체를 배치하시오.

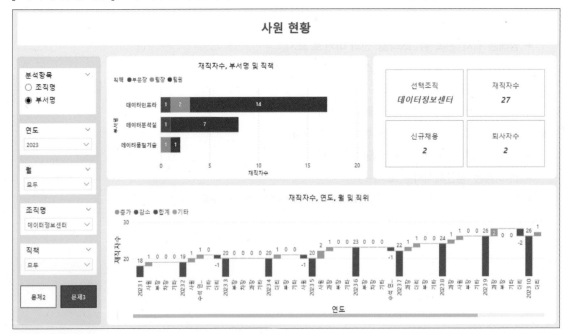

계산식 작성에 사용되는 문자열은 쌍따옴표(" ")를 사용하여 작성하시오.

1. 다음 지시사항에 따라 매개 변수와 누적 가로 막대형 차트를 구현하시오. (10점)

❶ 조직명과 부서명을 필드 매개 변수로 생성하고 슬라이서로 구현하시오. (3점)
- ▶ 매개 변수 이름 : 분석항목
- ▶ 활용 필드
  - 〈D조직〉 테이블의 [조직명] 필드
  - 〈D부서〉 테이블의 [부서명] 필드
- ▶ 슬라이서를 '1–①' 위치에 배치

❷ 다음 조건으로 '분석항목' 슬라이서를 구현하시오. (3점)
- ▶ 슬라이서 설정 : 스타일 '세로 목록', '단일' 선택
- ▶ 슬라이서에 '부서명' 값으로 필터 적용

❸ 분석항목 슬라이서에 따라 재직자수를 나타내는 '누적 가로 막대형 차트'를 구현하시오. (4점)
- ▶ 활용 필드 : 〈분석항목〉 테이블의 [분석항목] 필드, 〈F사원〉 테이블의 [재직자수] 측정값, 〈D직책〉 테이블의 [직책] 필드
- ▶ [분석항목] 슬라이서에 따라 세로 축이 변경되도록 구현
- ▶ 다음 조건으로 차트 서식을 변경하시오.
  - 차트 제목 : 글꼴 'Segoe UI Bold', 가로 맞춤 '가운데'
  - 데이터 레이블 표시
- ▶ 차트를 '1–③' 위치에 배치

2. 다음 지시사항에 따라 측정값을 생성하고 카드로 구현하시오. (10점)

❶ 다음 조건에 따라 〈@측정값〉 테이블에 측정값을 생성하시오. (4점)
- ▶ 측정값 이름 : 선택조직
- ▶ 활용 필드 : 〈D조직〉 테이블의 [조직명] 필드
- ▶ 차트에서 선택한 조직명을 반환, 그 외는 공백 처리
- ▶ 사용 함수 : BLANK, SELECTEDVALUE

❷ 사원정보를 나타내는 '카드(신규)'를 구현하시오. (3점)
- ▶ 활용 필드
  - 〈F사원〉 테이블의 [이달의재직자수], [이달의신규사원], [이달의퇴사자수] 측정값
  - 필드 이름 변경 : '이달의재직자수' → '재직자수', '이달의신규사원' → '신규채용', '이달의퇴사자수' → '퇴사자수'
- ▶ 레이아웃 : 행 '2', 열 '2'로 설정
- ▶ 설명값 : 값의 글꼴 'Segoe UI', 크기 '14', '굵게', '기울임꼴', 색 '#3257A8, 테마색 1', 가로 맞춤 '가운데'
- ▶ 카드 크기 : 높이 '230', 너비 '380'
- ▶ 카드를 '2–②' 위치에 배치

❸ 도형 '2-②'의 카드에 〈@측정값〉 테이블의 [선택조직] 측정값을 생성하시오. (3점)

 ▶ 카드(신규)에 첫 번째 목록으로 표시

 ▶ 조직명 슬라이서에 '데이터정보센터' 값으로 필터 적용

3. 다음 지시사항에 따라 폭포 차트와 페이지 탐색기를 구현하시오. (10점)

❶ 직위별로 재직자수의 증가와 감소를 분석하는 '폭포 차트'를 구현하시오. (4점)

 ▶ 활용 필드

 – 〈D날짜〉 테이블의 [연도], [월] 필드

 – 〈D직위〉 테이블의 [직위] 필드

 – 〈F사원〉 테이블의 [재직자수] 측정값

 ▶ 〈D직위〉 테이블의 [직위] 필드로 분석 결과 표시

 ▶ 차트를 '3-①' 위치에 배치

❷ 다음 조건으로 폭포 차트의 서식을 변경하시오. (3점)

 ▶ 차트 제목 : 글꼴 'Segoe UI Bold', 가로 맞춤 '가운데'

 ▶ 데이터 레이블 표시

 ▶ 분석 결과는 3개로 표현

❸ 다음 조건에 따라 페이지 탐색기를 추가하시오. (3점)

 ▶ '문제2', '문제3' 페이지 표시

 ▶ 페이지 탐색기에서 선택한 상태의 단추의 색은 '#3257A8, 테마색 1'로 설정

 ▶ 페이지 탐색기를 '3-③' 위치에 배치

4. 다음 지시사항에 따라 '문제3-4' 페이지에 시각적 개체 간 상호 작용 기능을 설정하시오. (10점)

❶ 월과 직책 슬라이서의 상호 작용을 설정하시오. (3점)

 ▶ 월 슬라이서에서 선택한 값이 묶은 세로 막대형 차트에 적용되지 않도록 설정

 ▶ 직책 슬라이서에서 선택한 값이 도넛형 차트에 적용되지 않도록 설정

❷ 다음 조건으로 도넛형 차트의 상호 작용을 설정하시오. (3점)

 ▶ 도넛형 차트에서 선택한 값이 누적 세로 막대형 차트에 필터가 적용되도록 설정

 ▶ 도넛형 차트에서 선택한 값이 묶은 세로 막대형 차트에 필터가 적용되도록 설정

❸ 다음 조건으로 책갈피를 구현하시오. (4점)

 ▶ 책갈피 이름 : 기간별차트숨기기

 – 동작 : 묶은 세로 막대형 차트 숨기기

 – '기간별차트숨기기' 도형에 '기간별차트숨기기' 책갈피 연결

 ▶ 책갈피 이름 : 기간별차트표시

 – 동작 : 묶은 세로 막대형 차트 표시

 – '기간별차트표시' 도형에 '기간별차트표시' 책갈피 연결

기출 유형 문제 | 2회 정답

문제 1 작업준비

1. 데이터 가져오기와 편집

번호	보기	테이블	결과
❶	파워 쿼리 편집기	〈월별사원정보〉	

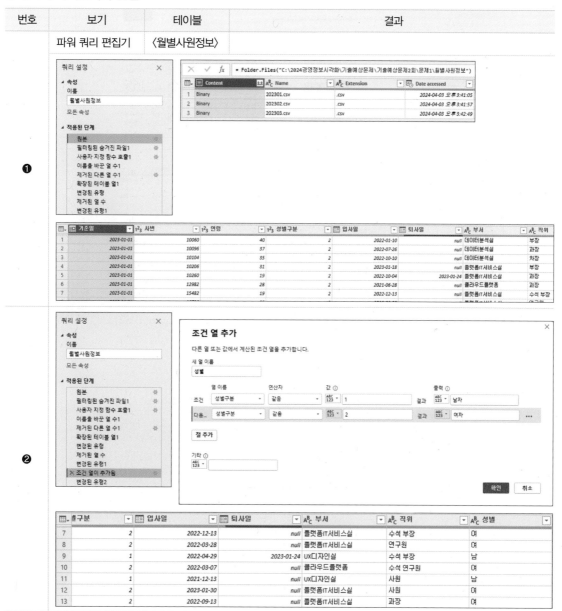

❸

결과

2. 파워 쿼리 편집기 활용

번호	보기	테이블	결과
	파워 쿼리 편집기	〈구인구직현황〉	

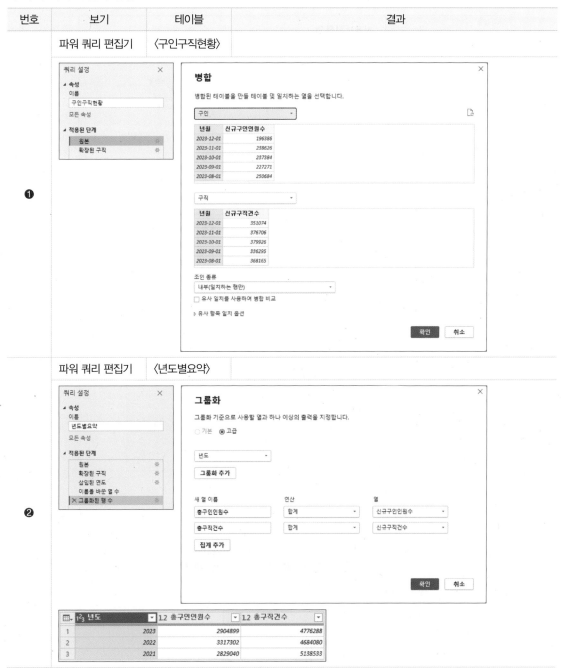

파워 쿼리 편집기	〈년도별요약〉	

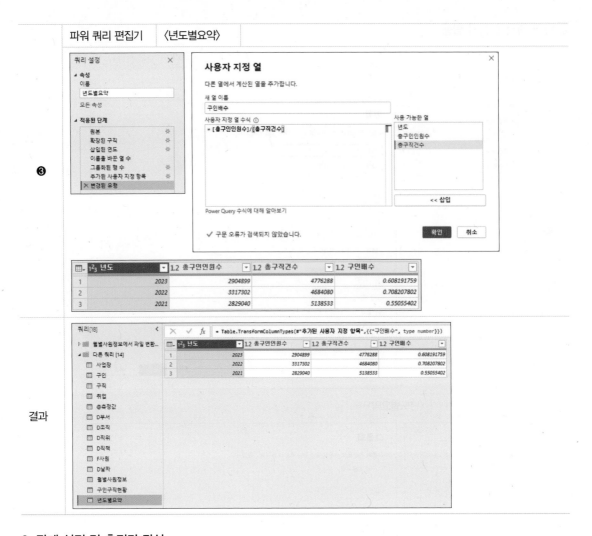

	1²₃ 년도	1.2 총구인인원수	1.2 총구직건수	1.2 구인배수
1	2023	2904899	4776288	0.608191759
2	2022	3317302	4684080	0.708207802
3	2021	2829040	5138533	0.55055402

결과

3. 관계 설정 및 측정값 작성

번호	보기	계산 요소	결과
	모델 보기		〈사업장〉 테이블의 [년월] 필드와 〈취업〉 테이블의 [년월] 필드 관계 설정

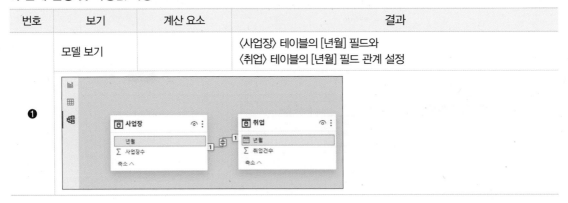

번호	테이블		결과
❷	《@측정값》	수식	취업률=SUM('취업'[취업건수])/SUM('구직'[신규구직건수])*100
		서식	10진수, 소수 자릿수 '2'
❸	《@측정값》	수식	전년도취업건수=CALCULATE(SUM('취업'[취업건수]), SAMEPERIODLASTYEAR('취업'[년월]))
		서식	천 단위 구분 기호, 소수 자릿수 '0'

문제 2 단순요소 구현

1. 페이지 레이아웃

번호	시각화		옵션	설정 값
❶	레이아웃	[보기]-[테마] 선택	테마 종류	테마.json
❷	텍스트 상자	텍스트 서식 상자	제목	사원 현황
			글꼴 종류	Segoe UI
			글꼴 크기	20
			굵게	설정
			맞춤	왼쪽
결과	사원 현황			

2. 슬라이서, 카드 시각화

번호	시각화			옵션		설정 값
❶	슬라이서	데이터 추가		필드		D날짜[연도]
		서식	시각적 개체	슬라이서 설정	옵션-스타일	타일
					선택	"모두 선택" 옵션 설정
				슬라이서 머리글		해제
				값	글꼴	크기 10
				필터		2023
결과	모두 선택 / 2022 / 2023					

❷	카드	데이터 추가		필드		@측정값[기준일]
				서식		2001-03(yyyy-mm)
		서식	시각적 개체	설명 값	글꼴 종류	Segoe UI
					글꼴	크기 12
					기울임꼴	설정
					글꼴색	'#3257A8, 테마색1'
				범주 레이블		해제
결과	2023-12					

3. 꺾은선형 차트

번호	시각화	옵션		설정 값
❶	꺾은선형 차트	데이터 추가	X축	D날짜[연도] D날짜[월]
			Y축	F사원[재직자수] F사원[퇴사자수] F사원[신규사원]
결과				

❷	꺾은선형 차트	서식	시각적 개체	X축	값	글꼴 크기 '10', 굵게
				Y축	값	글꼴 크기 '10'
				범례	옵션	위치 '왼쪽 위' 스타일 '선 및 마커'
				선	설정 적용 대상	계열 '신규사원'
					도형	선 스타일 '점선' 스트로크 너비 '4'
				선	설정 적용 대상	계열 '퇴사자수'
					색	'#F5C869, 테마 색 6'
				표식		설정
				데이터 레이블		설정
❸		분석	평균선	이름		평균재직자수
				계열		'재직자수'
				데이터 레이블		가로 위치 '오른쪽' 세로 위치 '아래' 스타일 '모두' 설정

결과	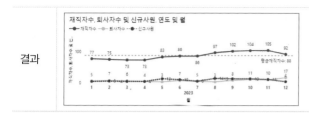

4. 꺾은선형 및 묶은 세로 막대형 차트

번호	시각화	옵션		설정 값
❶	꺾은선형 및 묶은 세로 막대형 차트	데이터 추가	X축	D날짜[연도] D날짜[월]
			열 y축	F사원[재직자수] F사원[전년도재직자수]
			선 y축	F사원[재직자YoY%]
결과	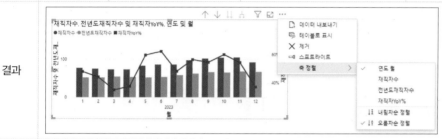			

번호	시각화	옵션			설정 값
❷		서식	시각적 개체	X축	값	글꼴 크기 '10', 굵게
				Y축	값	글꼴 크기 '10'
				열	계열	전년도재직자수
					색	'#F5C869, 테마 색 6'
				선	도형	선 종류 '단계'
				표식	도형	유형 '■'
				데이터 레이블	설정 적용 대상	계열 '재직자수'에 '이 시리즈에 대해 표시' 해제
					설정 적용 대상	계열 '전년도재직자수'에 '이 시리즈에 대해 표시' 해제
					설정 적용 대상	계열 '재직자YoY%'에 '이 시리즈에 대해 표시' 설정
결과	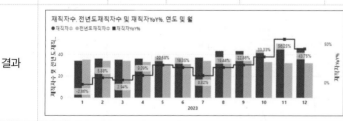				

번호	시각화	옵션	
❸	필터 창	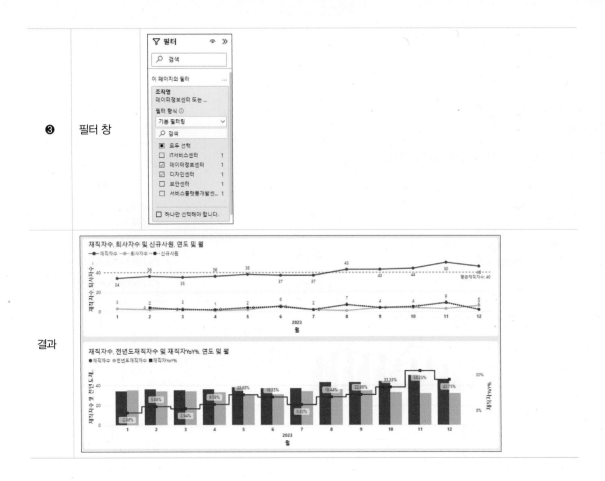	
결과			

문제 3 복합요소 구현

1. 필드 매개 변수

번호	시각화	옵션				설정 값	
❶	테이블 뷰	〈분석항목〉 테이블					
		분석항목 슬라이서					
❷	슬라이서	서식	시각적 개체	슬라이서 설정	옵션-스타일	세로 목록	
					선택	단일 선택	
		필터				부서명	
결과	분석항목 ○ 조직명 ● 부서명						

❸	누적 가로 막대형 차트	데이터 추가		Y축		분석항목[분석항목]
				X축		F사원[재직자수]
				범례		D직책[직책]
		서식	일반	제목	제목	글꼴 'Segoe UI Bold' 가로 맞춤 '가운데'
			시각적 개체	데이터 레이블		설정

결과	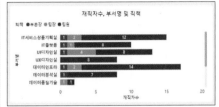

2. 측정값, 시각화

번호	시각화	옵션				설정 값
❶	@측정값	수식				선택조직 = SELECTEDVALUE('D조직'[조직명], BLANK())
❷	카드(신규)	데이터 추가		데이터		F사원[이달의재직자수] → 재직자수 F사원[이달의신규사원] → 신규채용 F사원[이달의퇴사자수] → 퇴사자수
		서식	시각적 개체	레이아웃	정렬	눈금
					행	2
					열	2
				설명 값	값	글꼴 'Segoe UI', 크기 '14', '굵게', '기울임꼴'
					색	'#3257A8, 테마색 1',
					가로 맞춤	가운데
		서식	일반	속성	크기	높이 230, 너비 380
❸	카드(신규)	데이터 추가		데이터		@측정값[선택조직]
	조직명 슬라이서			필터		데이터정보센터

결과	

3. 폭포 차트, 페이지 탐색기

번호	시각화	옵션				설정 값
❶	폭포 차트	데이터 추가		범주		D날짜[연도], [월]
				분석 결과		D직위[직위]
				Y축		F사원[재직자수]
❷		서식	일반	제목	제목	글꼴 'Segoe UI Bold'
					가로 맞춤	가운데
			시각적 개체	분석 결과		최대 분석 결과 '3'
결과	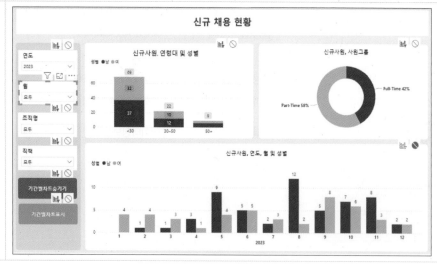					
❸	페이지 탐색기	서식	시각적 개체	스타일	설정 적용 대상	상태 '선택한 상태'
				채우기	색	'#3257A8, 테마색 1'
결과	문제2 문제23					

4. 상호 작용 편집, 책갈피

번호	개체	적용 대상	상호 작용 옵션
❶	월 슬라이서	묶은 세로 막대형 차트	없음
결과			

❶	직책 슬라이서	도넛형 차트	없음

❷	도넛형 차트	누적 세로 막대형 차트	필터
		묶은 세로 막대형 차트	필터

❸	책갈피	

2회 해설

문제 1 작업준비

1. 데이터 가져오기와 편집

문제1-❶

① '02회_답안파일.pbix' 파일을 열고, [홈]-[데이터] 그룹의 [데이터 가져오기]를 클릭한다. [데이터 가져오기] 대화상자의 [폴더]를 더블 클릭한다.

② [폴더] 대화상자에서 찾아보기를 클릭하여 '월별사원정보' 폴더를 선택하고 [확인]을 클릭한다.

③ 대화상자에서 [결합]-[데이터 결합 및 변환]을 클릭한다.

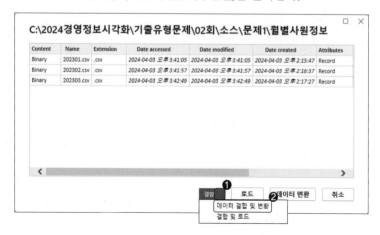

④ [파일 병합] 대화상자에서 [확인]을 클릭한다.

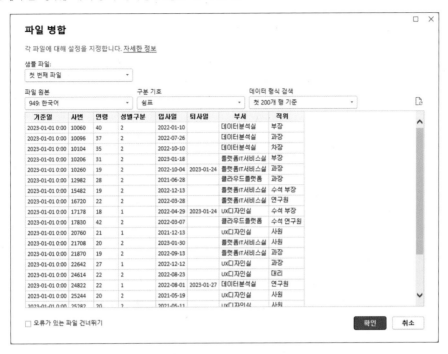

⑤ [Power Query 편집기] 창에서 〈월별사원정보〉 테이블을 선택하고 [Source.Name] 필드는 삭제한다.

⑥ [기준일] 필드의 데이터 형식(ABC123)을 클릭하여 '날짜'로 변경한다. 테이블의 이름은 '월별사원정보'로 유지한다.

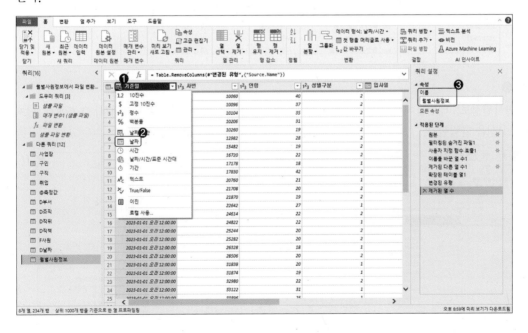

문제1-❷

① 〈월별사원정보〉 테이블에서 [열 추가]-[일반] 그룹에서 [조건 열]을 클릭한다.

② [조건 열 추가] 대화상자에서 새 열 이름에 '성별'을 입력하고, 조건에 열 이름 '성별구분', 연산자 '같음', 값 입력 '1', 결과에 출력 값 '남'을 입력하고 [절 추가]를 클릭한다. 두 번째 조건에 열 이름 '성별구분', 연산자 '같음', 값 입력 '2', 결과에 출력 값 '여'를 입력한다. 기타는 공백으로 두고 [확인]을 클릭한다.

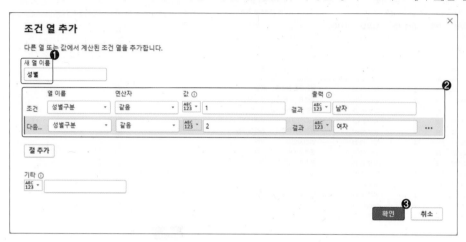

③ [성별] 필드의 데이터 형식(🔤)을 클릭하여 '텍스트'로 변경한다.

문제1-❸

① 〈월별사원정보〉 테이블에서 [입사일] 필드를 선택한다. [열 추가]-[날짜 및 시간에서] 그룹에서 [날짜]-[년]-[년]을 클릭한다.

② 추가된 필드 이름(년)을 더블클릭하여 '입사년도'로 변경한다.

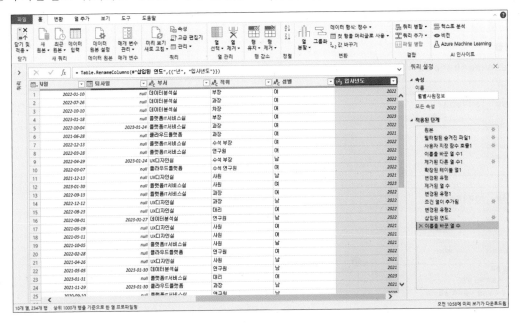

2. 파워 쿼리 편집기 활용

문제2-❶

① [Power Query 편집기] 창에서 〈구인〉 테이블을 선택하고, [홈]-[결합] 그룹에서 [쿼리 병합]-[쿼리를 새 항목으로 병합]을 클릭한다.

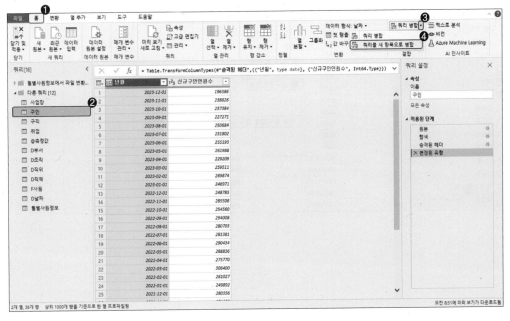

② [병합] 대화상자에서 첫 번째 테이블에 〈구인〉 테이블의 [년월] 필드 선택하고, 두 번째 테이블에 〈구직〉 테이블의 [년월] 필드를 선택한다. 조인 종류를 '내부(일치하는 행만)'으로 선택하고 [확인]을 클릭한다.

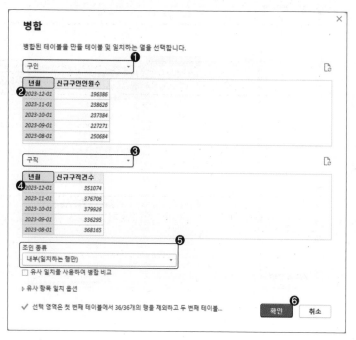

③ 〈병합1〉 테이블에서 [구직] 필드의 확장(⇥⇤) 단추를 클릭한다. 목록에서 '신규구직건수'만 체크 표시하고 '원래 열 이름을 접두사로 사용'의 체크 표시를 해제 후 [확인]을 클릭한다.

④ [쿼리 설정] 창에서 이름을 '구인구직현황'으로 변경한다.

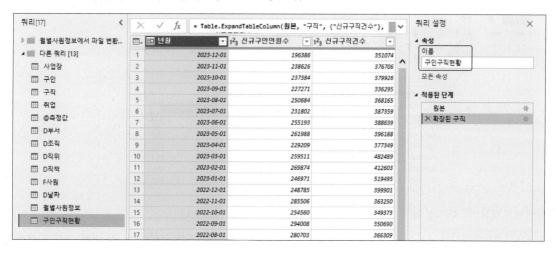

문제2- ❷

① [쿼리] 창의 〈구인구직현황〉 테이블에서 마우스 오른쪽 버튼을 클릭하여 [복제]를 선택한다.

② 복제한 테이블 이름을 '년도별요약'으로 변경한다. [년월] 필드를 선택하고 [열 추가]-[날짜 및 시간에서] 그룹에서 [날짜]-[년]-[년]을 클릭한다.

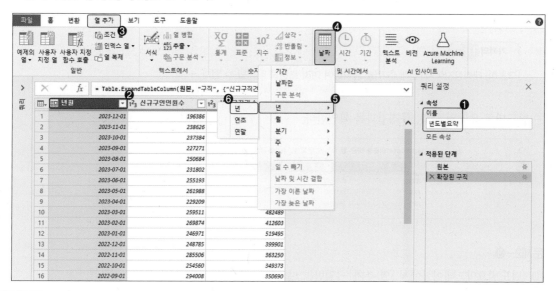

③ 추가된 필드 이름을 더블클릭하여 '년도'로 변경한다.

④ 〈년도별요약〉 테이블에서 [변환]–[표] 그룹에서 [그룹화]를 클릭한다.

⑤ [그룹화] 대화상자에서 '고급' 옵션을 선택하고 그룹화 필드는 '년도'로 선택한다. 첫 번째 그룹 항목에 '새 열 이름: '총구인인원수', 연산: '합계', 열: '총구인인원수"를 입력한다. 두번째 그룹 항목에 '새 열 이름: '총구직건수', 연산: '합계', 열: '신규구직건수"를 입력하고 [확인]을 클릭한다.

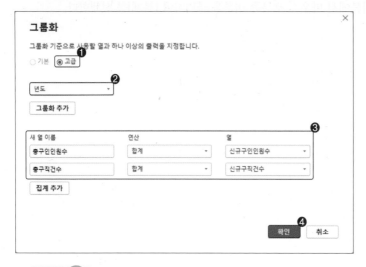

> 기적의 Tip
>
> [그룹화] 대화상자에서 [집계 추가]를 클릭하여 여러 조건을 작성할 수 있다.

⑥ 년도별로 요약된 구인, 구직결과를 확인한다.

문제2- ❸

① 〈년도별요약〉 테이블에서 [열 추가]–[일반] 그룹에서 [사용자 지정 열]을 클릭한다.

② [사용자 지정 열] 대화상자에서 새 열 이름에 '구인배수'를 입력한다. 사용자 지정 열 수식에 '=[총구인인원수]/[총구직건수]'를 입력하고 [확인]을 클릭한다.

③ [구인배수] 필드의 데이터 형식(ABC/123)을 클릭하여 [10진수]로 변경한다.

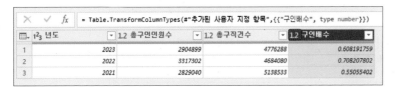

④ [홈]-[닫기] 그룹에서 [닫기 및 적용]을 클릭한다.

문제3- ❶

① 모델 보기(▦)에서 '레이아웃1'을 선택한다.

② [데이터] 창에서 〈사업장〉, 〈취업〉 테이블을 드래그하여 레이아웃 창에 추가한다.

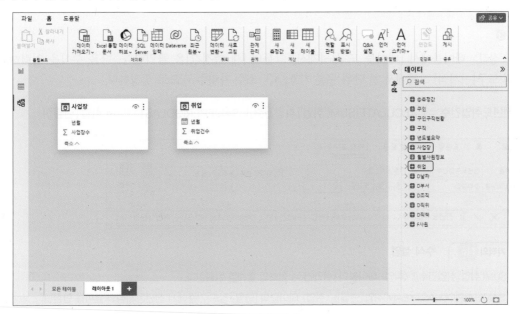

③ 〈사업장〉 테이블의 [년월] 필드를 〈취업〉 테이블의 [년월] 필드 위에 드래그&드롭하여 관계 설정한다. 카디널리티는 '일대일(1:1)', 크로스필터는 '모두'로 설정된다.

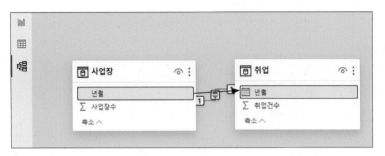

문제3-❷

① 테이블 뷰(▦)에서 〈@측정값〉 테이블을 선택한다. [테이블 도구]-[계산] 그룹에서 [새 측정값]을 클릭하고 다음 수식을 입력한다. [측정 도구]-[서식] 그룹에서 서식은 '10진수', 소수 자릿수는 '2'로 설정한다.

취업률 = SUM('취업'[취업건수])/SUM('구직'[신규구직건수])*100

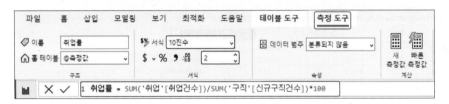

> **기적의 Tip 수식 설명**
>
> (1) SUM('취업'[취업건수]): 〈취업〉 테이블의 [취업건수] 필드의 합계를 반환한다.
>
> (2) SUM('구직'[신규구직건수]): 〈구직〉 테이블의 [신규구직건수] 필드의 합계를 반환한다.
>
> (3) =(1)/(2)*100 : '취업건수의 합계'를 '신규구직건수의 합계'로 나눈 비율을 반환한다.

문제3-❸

① 〈@측정값〉 테이블에서 [테이블 도구]-[계산] 그룹의 [새 측정값]을 클릭한다. 다음 수식을 입력하고 [측정 도구]-[서식] 그룹에서 천 단위 구분 기호(🥉), 소수 자릿수 '0'으로 설정한다.

전년도취업건수 = CALCULATE(SUM('취업'[취업건수]), SAMEPERIODLASTYEAR('취업'[년월]))

> **기적의 Tip 수식 설명**
>
> (1) SUM('취업'[취업건수]): 〈취업〉 테이블의 [취업건수] 필드의 합계를 반환한다.
>
> (2) SAMEPERIODLASTYEAR('취업'[년월]): 〈취업〉 테이블의 [년월] 필드 기준에서 전년동시점의 날짜를 반환한다.
>
> (3) =CALCULATE((1), (2)) : 전년동시점의 '취업건수의 합계'를 반환한다.

1. 보고서 레이아웃 설정

문제1-❶

① 보고서 보기(📊)에서 '문제2' 페이지를 클릭한다.

② [보기]-[테마] 그룹의 [테마]에서 [테마 찾아보기]를 클릭한다. [문제2,3] 폴더의 '테마.json' 파일의 테마를 적용한다.

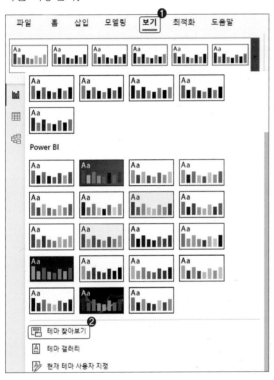

문제1-❷

① [삽입]-[요소] 그룹에서 [텍스트 상자]를 클릭하고 텍스트 상자에 '사원 현황'을 입력한다. 텍스트 범위를 선택하고 [텍스트 상자 서식]에서 글꼴 종류 'Segoe UI', 글꼴 크기는 '20', '굵게'로 설정한다.

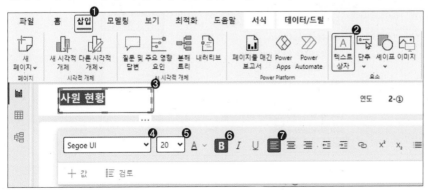

② 텍스트 상자의 크기와 위치를 조정하여 '1-②' 위치에 배치한다.

2. 슬라이서, 여러 행 카드 시각화

문제2-❶

① [시각화] 창에서 '슬라이서(📇)'를 클릭하고 [필드]에 〈D날짜〉 테이블의 [연도] 필드를 추가한다.

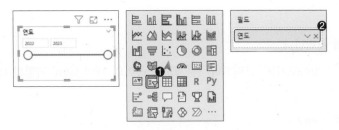

② [시각화] 창에서 [시각적 개체 서식 지정](🖌)을 클릭하고 [시각적 개체]-[슬라이서 설정]-[옵션]에서 스타일을 '타일'로 설정하고, [선택]에서 '"모두 선택" 옵션'을 설정으로 변경한다. [슬라이서 머리글] 해제하고, [값]-[값]에서 값의 글꼴 크기는 '10'으로 적용한다. 슬라이서에 '2023' 값으로 필터링한다.

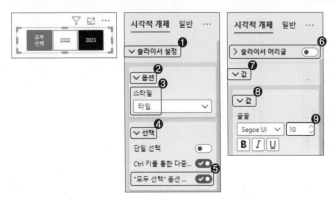

③ 슬라이서 크기와 위치를 조정하여 '2-①' 위치에 배치한다.

문제2-❷

① 〈@측정값〉 테이블의 [기준일] 측정값을 선택한 후 [측정도구]-[서식] 그룹에서 [서식]의 '2001-03 (yyyy-mm)'을 적용한다.

② [시각화] 창에서 '카드(■)'를 클릭하고 [필드]에 〈@측정값〉 테이블의 [기준일] 측정값을 추가한다.

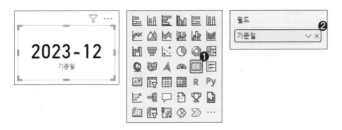

③ [시각화] 창에서 [시각적 개체 서식 지정](🖌)을 클릭하고 [시각적 개체]−[설명 값]에서 글꼴은 'Segoe UI', 크기는 '12', '기울임꼴', 색 '#3257A8, 테마 색 1'로 설정한다. [범주 레이블]을 해제한다.

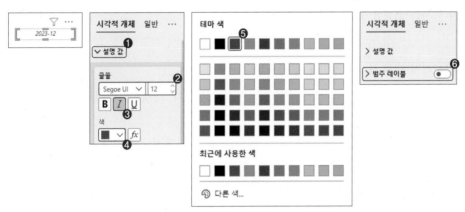

④ 카드의 크기와 위치를 조정하여 '2−②' 위치에 배치한다.

3. 꺾은선형 차트 시각화

문제3−❶

① '문제2' 페이지에서 [시각화] 창의 '꺾은선 차트(📈)'를 클릭한다. [X축]에 〈D날짜〉 테이블의 [연도], [월] 필드 추가, [Y축]에 〈F사원〉 테이블의 [재직자수], [퇴사자수], [신규사원] 측정값을 추가한다.

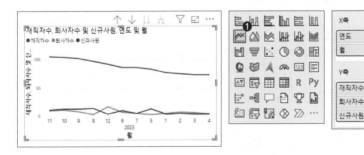

② 차트의 추가 옵션(⋯)의 [축 정렬]에서 '연도 월'을 클릭하고 다시 '오름차순 정렬'을 클릭한다.

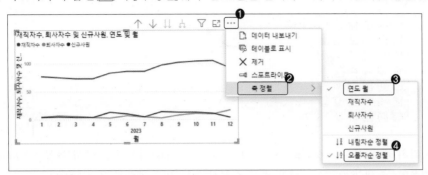

③ 차트의 크기와 위치를 조정하여 '3-①' 위치에 배치한다.

문제3- ❷

① [시각화] 창의 [시각적 개체 서식 지정](🖌)을 클릭한다.

② [시각적 개체]-[X축]에서 [값]의 글꼴 크기는 '10', '굵게'를 설정한다. [Y축]에서 [값]의 글꼴 크기는 '10'을 설정한다.

③ [시각적 개체]-[범례]-[옵션]의 위치를 '왼쪽 위', 스타일은 '선 및 마커'로 적용한다.

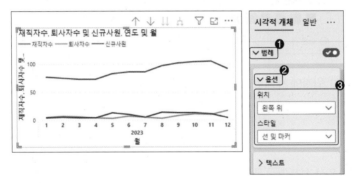

④ [시각적 개체]-[선]에서 설정 적용 대상의 계열을 '신규사원'으로 변경하고, [도형]의 선 스타일은 '점선', 스트로크 너비를 '4'로 설정한다.

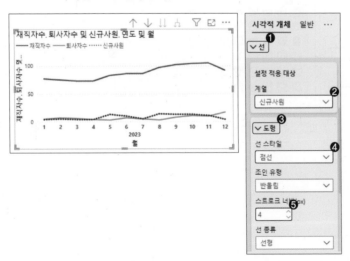

⑤ [시각적 개체]-[선]에서 설정 적용 대상의 계열을 '퇴사자수'로 변경하고, [색]의 퇴사자수를 '#F5C869, 테마 색 6'으로 설정한다.

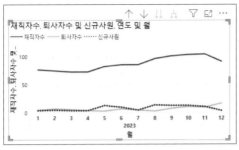

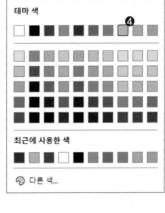

⑥ [시각적 개체]-[표식]과 [데이터 레이블]을 설정으로 변경한다.

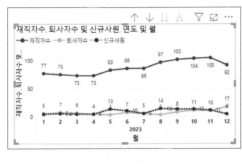
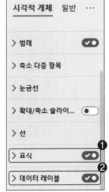

문제3- ❸

① [시각화] 창에서 [시각적 개체에 추가 분석 추가](🔍)를 클릭한다.

② [평균 선]에서 설정 적용 대상의 '+선 추가'를 클릭한다. 편집(✏️)을 클릭한 후 이름을 '평균재직자수'로 변경한다.

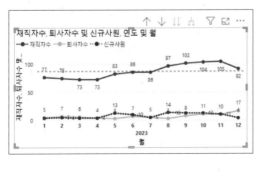

③ [데이터 레이블]을 설정하고, 가로 위치는 '오른쪽', 세로 위치는 '아래', 스타일은 '모두'로 설정한다.

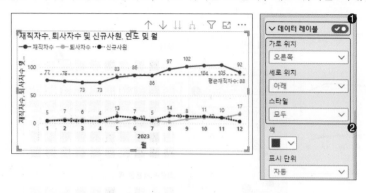

4. 꺾은선형 및 묶은 세로 막대형 차트 시각화

문제4- ❶

① '문제2' 페이지에서 [시각화] 창의 '꺾은선형 및 묶은 세로 막대형 차트(📊)'를 클릭한다. [X축]에 〈D날짜〉 테이블의 [연도], [월] 필드, [열 y축]에 〈F사원〉 테이블의 [재직자수], [전년도재직자수] 측정값, [선 y축]에 〈F 사원〉 테이블의 [재직자YoY%] 측정값을 추가한다.

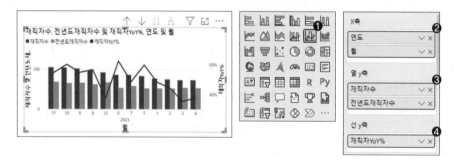

② 차트의 추가 옵션(⋯)의 축 정렬에서 '연도 월', '오름차순 정렬'을 차례로 클릭한다.

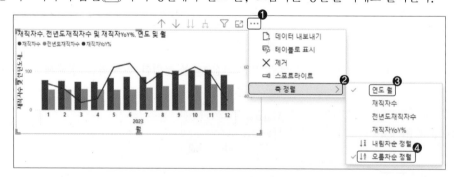

③ 차트의 크기와 위치를 조정하여 '4-①' 위치에 배치한다.

문제4- ❷

① [시각화] 창에서 [시각적 개체 서식 지정]()을 클릭한다.

② [시각적 개체]-[X축]에서 [값]의 글꼴 크기는 '10', '굵게' 설정한다. [Y축]에서 [값]의 글꼴 크기는 '10'을 설정한다.

③ [열]에서 계열을 '전년도재직자수'로 변경하고 [색]에서 '#F5C869, 테마 색 6'을 설정한다.

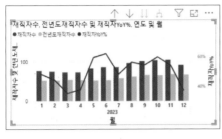

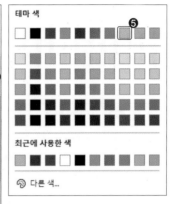

④ [선]-[도형]에서 선 종류를 '단계'로 설정한다. [표식]을 설정하고 [도형]의 유형을 '■'으로 설정한다.

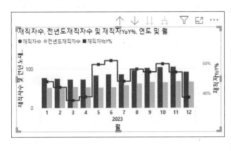

⑤ [데이터 레이블]을 설정하고 [설정 적용 대상]의 계열에서 '재직자수'를 선택하여 '이 시리즈에 대해 표시' 옵션을 해제한다. 계열을 '전년도재직자수'로 선택하고 '이 시리즈에 대해 표시' 옵션을 해제한다. 두 계열의 데이터 레이블은 해제된다. 계열을 '재직자수YoY%'로 선택하고 '이 시리즈에 대해 표시' 옵션을 설정한다.

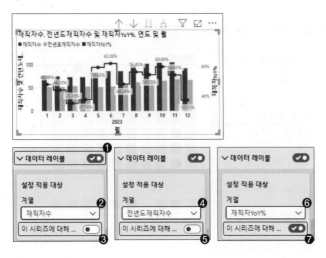

문제4-❸

① '문제2' 페이지의 빈 영역을 클릭한다. [필터] 창에서 [이 페이지의 필터]에 [데이터] 창의 〈D조직〉 테이블의 [조직명] 필드를 추가한다. 필터 형식을 '기본 필터링'으로 설정하고, 목록에서 '데이터정보센터', '디자인센터'를 체크 표시하여 필터를 적용한다.

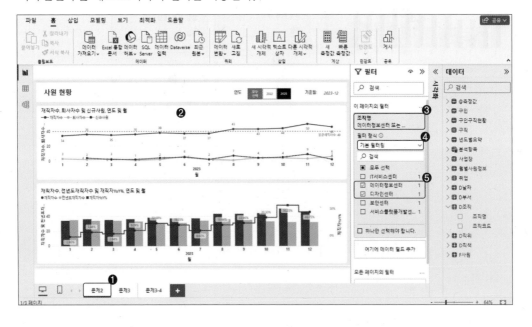

문제 3 복합요소 구현

1. 매개 변수

문제1-❶

① 보고서 보기(📊)에서 '문제3' 페이지를 클릭한다. 연도 슬라이서에 '2023' 값으로 필터가 적용되어 있다.

② [모델링]-[매개변수] 그룹에서 [새 매개변수]-[필드]를 클릭한다.

③ [매개 변수] 대화상자에서 이름에 '분석항목'을 입력한다. 필드 목록에서 〈D조직〉 테이블의 [조직명] 필드, 〈D부서〉 테이블의 [부서명] 필드의 확인란을 체크 표시하여 필드 추가 및 순서 변경에 추가한다. '이 페이지에 슬라이서 추가' 옵션이 선택된 상태에서 [만들기]를 클릭한다.

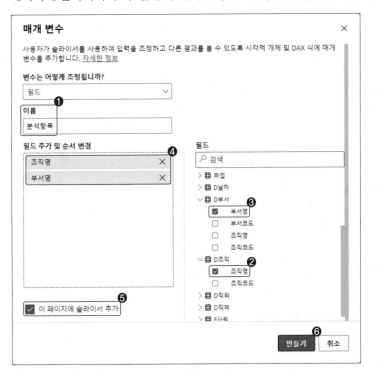

④ 분석항목 슬라이서와 테이블이 추가된다.

⑤ 슬라이서 크기와 위치를 조정하고 '1-①' 위치에 배치한다.

문제1-❷

① [필드매개변수] 슬라이서를 선택하고 [시각적 개체 서식 지정]()을 클릭한다. [시각적 개체]-[슬라이서 설정]-[옵션]의 스타일을 '세로 목록', [선택]에서 [단일 선택]을 설정으로 변경한다. 슬라이서에 '분류명' 값으로 필터를 적용한다.

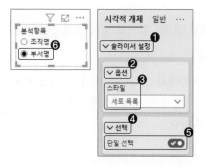

문제1-❸

① '문제3' 페이지에서 [시각화] 창의 '누적 가로 막대형 차트()'를 클릭한다. [Y축]에 〈분석항목〉 테이블의 [분석항목] 필드, [X축]에 〈F사원〉 테이블의 [재직자수] 측정값, [범례]에 〈D직책〉 테이블의 [직책] 필드를 추가한다.

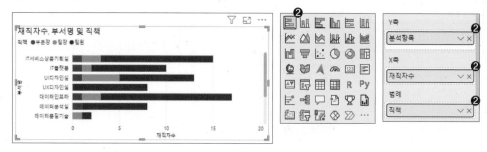

② [시각화] 창에서 [시각적 개체 서식 지정]()을 클릭하고 [일반]-[제목]-[제목]의 글꼴은 'Segoe UI Bold', 가로 맞춤은 '가운데'로 설정한다. [시각적 개체]-[데이터 레이블]을 설정으로 변경한다.

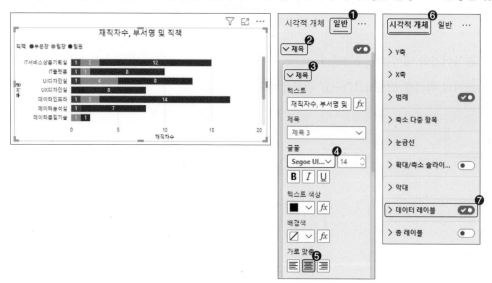

③ 차트의 크기와 위치를 조정하여 '1−③' 위치에 배치한다.

2. 시각적 개체 서식

문제2−❶

① '문제3' 페이지에서 [데이터] 창의 〈@측정값〉 테이블을 선택한다. [테이블 도구]−[계산] 그룹에서 [새 측정값]을 클릭하고 다음 수식을 입력한다.

> 선택조직 = SELECTEDVALUE('D조직'[조직명], BLANK())

 수식 설명

(1) 보고서 페이지의 시각적 개체에서 선택한 조직명을 반환하고 그 외는 공백을 반환한다.

문제2−❷

① '문제3' 페이지에서 [시각화] 창의 '카드(신규)(📇)'를 클릭한다. [데이터] 영역의 〈F사원〉 테이블의 [이달의재직자수], [이달의신규사원], [이달의퇴사자수] 측정값을 추가한다. 필드 이름을 더블클릭하여 '이달의재직자수' → '재직자수', '이달의신규사원' → '신규채용', '이달의퇴사자수' → '퇴사자수'로 변경한다.

  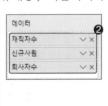

② [시각화] 창에서 [시각적 개체 서식 지정]([🖌️])을 클릭하고 [시각적 개체]-[레이아웃]에서 정렬을 '눈금'으로 변경 후 행은 '2', 열은 '2'를 입력한다.

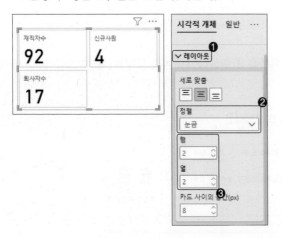

③ [시각적 개체]-[설명 값]에서 [값]의 글꼴은 'Segoe UI', 크기는 '14', '굵게', '기울임꼴', 색은 '#3257A8, 테마 색 1', 가로 맞춤은 '가운데' 설정한다.

④ [일반]-[속성]-[크기]의 높이는 '230', 너비는 '380'으로 입력하여 크기를 조정한다.

⑤ 차트의 위치를 조정하여 '2-②' 위치에 배치한다.

문제2- ❸

① 도형 '2-②'의 카드(신규)를 클릭하고 [시각화] 창의 [데이터]의 첫 번째 목록으로 〈@측정값〉 테이블의 [선택조직] 측정값을 추가한다.

② 조직명 슬라이서에서 '데이터정보센터' 값으로 필터를 적용한다.

더 알기 Tip

문제3 페이지의 연도와 월 슬라이서에서 카드(신규)의 상호 작용을 '없음'을 적용하면 이달의 사원현황을 확인할 수 있다.

3. 폭포 차트, 페이지 탐색기

문제3-❶

① '문제3' 페이지에서 [시각화] 창의 '폭포 차트(▥)'를 클릭한다. [범주]에 〈D날짜〉 테이블의 [연도], [월] 필드, [Y축]에 〈F사원〉 테이블의 [재직자수] 측정값, [분석 결과]에 〈D직위〉 테이블의 [직위] 필드를 추가한다.

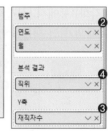

② 차트의 시각화 드릴모드에서 계층 구조에서 한 수준 아래로 모두 확장(⊞)을 클릭하여 연도-월로 확장한다.

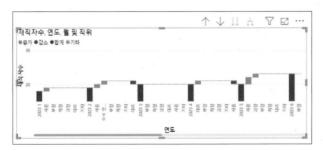

③ 차트의 크기와 위치를 조정하여 '3-①'에 배치한다.

문제3- ❷

① 폭포 차트에서 [시각적 개체 서식 지정](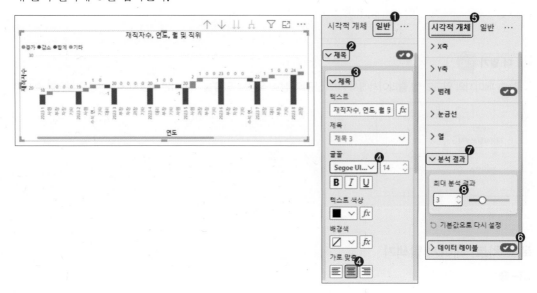)을 클릭하고 [일반]-[제목]-[제목]의 글꼴은 'Segoe UI Bold', 가로 맞춤은 '가운데'로 설정한다. [시각적 개체]-[데이터 레이블]을 설정하고 [분석 결과]에서 최대 분석 결과에 '3'을 입력한다.

문제3- ❸

① [삽입]-[요소] 그룹에서 [단추]-[탐색기]-[페이지 탐색기]를 클릭한다.

② [시각화] 창에서 [시각적 개체]를 클릭한다. [스타일]의 설정 적용 대상의 상태를 '선택한 상태'로 변경하고 [채우기]의 색을 '#3257A8, 테마 색 1'로 설정한다.

③ 페이지 탐색기의 크기와 위치를 조정하고 '3-②' 위치에 배치한다.

4. 상호 작용 편집, 책갈피

문제4- ❶

① '문제3-4' 페이지에서 월 슬라이서를 선택하고 [서식]-[상호 작용]그룹에서 [상호 작용 편집]을 클릭한다. '묶은 세로 막대형 차트'의 없음(⊘)을 클릭하여 상호 작용을 해제한다.

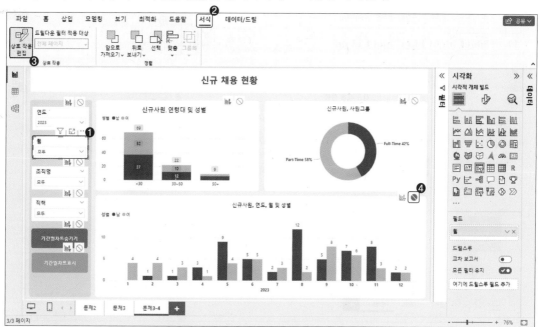

> **기적의 Tip**
>
> 시각적 개체들이 겹쳐 있으면 상호 작용 편집 단추 선택이 어렵기 때문에 개체 간의 여백을 두고 작업한다.

② 직책 슬라이서를 선택하고 '도넛형 차트'의 없음(⊘)을 클릭하여 상호 작용을 해제한다.

문제4- ❷

① 도넛형 차트를 선택하고 '누적 세로 막대형 차트'의 필터(📊)를 클릭, '묶은 세로 막대형 차트'의 필터(📊)를 클릭하여 상호 작용을 변경한다. [서식]-[상호 작용]그룹에서 [상호 작용 편집]을 클릭하여 상호 작용 편집을 완료한다.

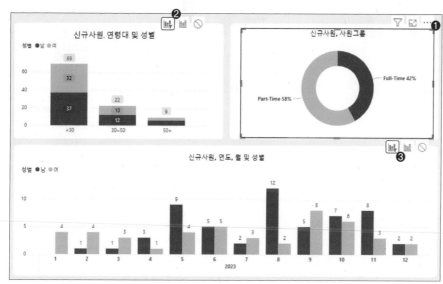

문제4-❸

① [보기]-[창 표시] 그룹에서 [책갈피], [선택]을 클릭한다. [선택] 창에서 '신규사원, 연도, 월 및 성별'의 [이 시각적 개체 숨기기]를 클릭한다. [책갈피] 창에서 [추가] 단추를 클릭하고 '책갈피 1'을 더블클릭하여 이름을 '기간별차트숨기기'로 변경한다.

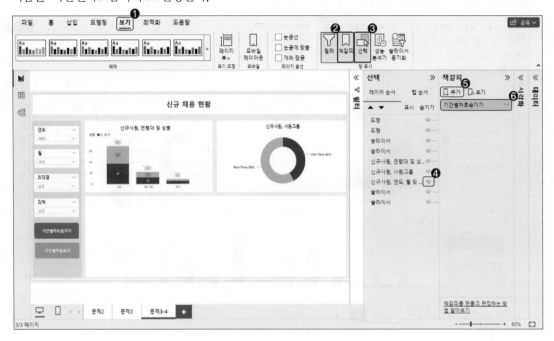

② '기간별차트숨기기' 도형을 선택하고 [서식] 창에서 [작업]-[작업]의 유형을 '책갈피'로 변경하고 책갈피에 '기간별차트숨기기'를 설정한다. Ctrl과 함께 단추를 클릭하면 책갈피가 동작된다.

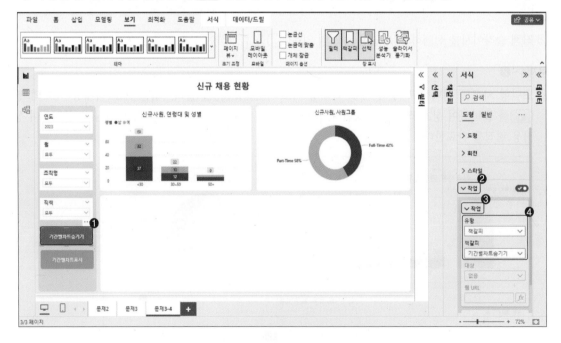

③ [선택] 창에서 '신규사원, 연도, 월 및 성별'의 [이 시각적 개체 표시]를 클릭한다. [책갈피] 창에서 [추가]
단추를 클릭하고 '책갈피 2'를 더블클릭하여 이름을 '기간별차트표시'로 변경한다.

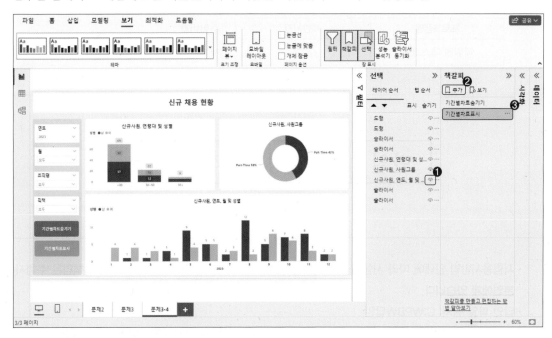

④ '기간별차트표시' 도형을 선택하고 [서식] 창에서 [작업]−[작업]의 유형을 '책갈피'로 변경하고 책갈피에
'기간별차트표시'를 설정한다. Ctrl과 함께 단추를 클릭하면 책갈피가 동작된다.

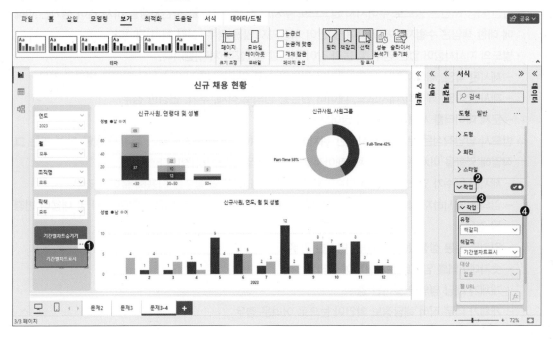

프로그램명	제한시간
파워BI 데스크톱	70분

수험번호 : _____

성   명 : _____

단일	경영정보시각화 실무

〈 유 의 사 항 〉

- 시험응시방법 안내에 따라 시험에 응시하여야 하며, 이를 소홀히 하여 발생한 불이익과 책임은 수험자 본인에게 있습니다.
- 답안 파일 위치: C:₩PB₩답안
- 문제 데이터 파일 위치: [문제1] C:₩PB₩문제1_데이터 / [문제2,3] C:₩PB₩문제2,3_데이터
- 작성된 답안은 다음과 같이 저장해야 합니다. 그렇지 않으면 [실격 처리]됩니다.
  - 주어진 경로 및 파일명을 변경하지 말고 그대로 저장
- 답안 저장 시간은 별도로 주어지지 않으므로 수시로 저장하십시오. 중간저장을 하지 않아 생기는 피해에 대한 책임은 수험자에게 있으며, 답안이 저장되지 않을 경우 [실격 처리]됩니다.
- 별도의 지시사항이 없는 경우, 다음과 같이 처리할 때 [실격 처리]됩니다.
  - 제시된 파일, 페이지/대시보드, 데이터 원본의 이름 및 차원/측정값 속성을 임의로 변경한 경우
  - 제시된 파일, 페이지/대시보드, 데이터 원본을 임의로 삭제, 추가, 변경한 경우
  - 문제 데이터를 시험 시작 전에 열어보는 경우
- 반드시 답안작성은 문제에서 지시한 위치에 작업하여야 하며 다음과 같이 처리시 해당 작업 또는 그 작업에 영향을 미치는 문제, 개체, 페이지 등은 [감점 및 오답처리]됩니다.
  - 제시된 함수가 있으면 제시된 함수만을 사용해야 하며 그 외 함수를 사용해 풀이한 경우
  - 임의로 지시하지 않은 차트, 매개변수 등을 이동, 수정(변경), 삭제 등으로 인해 위치 및 내용이 변경된 경우
  - 임의로 기본 설정값(Default)을 변경한 경우
  - 숫자데이터를 임의로 문자화하여 처리한 경우
  - 개체가 해당 영역을 벗어난 경우
  - 개체가 너무 작아 해당정보 확인이 눈으로 어려운 경우

대 한 상 공 회 의 소

데이터 및 문제 안내

1. 최종 제출해야 할 답안파일은 1개입니다. 문제1, 문제2, 문제3의 답을 하나의 답안파일(.pbix)로 제출하십시오.

2. 문제1, 문제2, 문제3은 각각 독립적으로 구성되어 있어 앞 문제를 풀지 않아도 다음 문제 풀이가 가능합니다.

3. 문제2와 문제3 풀이를 위해 필요한 일부 측정값, 필터가 답안파일에 미리 적용되어 있을 수 있습니다. 지시사항에 제시되지 않은 것은 변경하지 마십시오.

4. 하위문제(❶, ❷, ❸)별로 점수가 부여되며, 하위문제의 지시사항(▶ 또는 – 표시)을 이행하지 않을 경우 점수가 부여되지 않습니다.

5. 이 시험을 위한 데이터 파일은 2개이며, 문제1을 위한 데이터와 문제2의 데이터가 구분됩니다.

가. 문제1 풀이에는 '자전거수출입' 폴더의 '수출입통계.xlsx' 파일과 답안파일(.pbix)의 '공영자전거_운영현황_2021', '공영자전거_운영현황_2022', 〈신규가입자정보〉, '노선정보코드북', '자전거길노선좌표' 테이블을 사용하십시오.

파일명	수출입통계.xlsx							
테이블	구조							
202301	수출 지역 순위	국가명	조회기준	수출금액 (단위:$)	수입금액 (단위:$)	수출 점유율	수입 점유율	품목 HS CODE
	1	중국	202301	417308	9347888	64.37136925	53.92630675	(8712)모니터..
202302	수출 지역 순위	국가명	조회기준	수출금액 (단위:$)	수입금액 (단위:$)	수출 점유율	수입 점유율	품목 HS CODE
	1	미국	202302	277749	282646	60.37208028	2.161942452	(8712)모니터..
202303	수출 지역 순위	국가명	조회기준	수출금액 (단위:$)	수입금액 (단위:$)	수출 점유율	수입 점유율	품목 HS CODE
	1	중국	202303	189124	9376216	46.27860541	48.39023597	(8712)모니터..

파일명	공영자전거_운영현황.xlsx				
테이블	구조				
2021	시도별	운영방식	스테이션 개소 (개)	자전거보유 (대)	대여실적 (건)
	본청	위탁	2,600	40,500	32,053,367
2022	시도별	운영방식	스테이션 개소 (개)	자전거보유 (대)	대여실적 (건)
	본청	위탁	2,719	43,500	40,948,900

파일명	자전거길정보.xlsx			
테이블	구조			
노선정보 코드북	ROAD_SN		국토종주 자전거길 정보	
	1		아라자전거길	
자전거길 노선좌표	순서	국토종주 자전거길	위도(LINE_XP)	경도(LINE_YP)
	1	1	37.55737548	126.603468

파일명	공공자전거_신규가입자정보.csv			
테이블	구조			
신규가입자 정보	가입일시	사용자코드	연령대코드	성별
	202301	회원-내국인	~10대	F

출처: 수출입정보(Kotra무역투자빅데이터), 공영자전거 운영현황(통계청), 자전거길노선정보(행정안전부), 공공자전거_신규가입자정보(공공데이터포털)

나. 문제2와 문제3의 풀이에는 '자전거 대여현황.xlsx' 파일을 사용하십시오.

파일명	자전거 대여현황.xlsx							
테이블	구조							
D날짜	ID	날짜	연도	월	일	연월	요일	요일NO
	20230101	2023-01-01	2023	1	1	202301	일	7
D대여소 현황	대여소번호	대여소명	자치구	거치대수(LCD)	거치대수(QR)	운영방식		
	102	망원역 1번출구 앞	마포구	20	15	QR		
F대여이력	대여일	대여시	대여대여소번호	대여건수	이용거리(M)	이용시간(분)	성별	
	2023-01-01	0	113	1	1600	10	M	

F이용정보	대여년월	대여소 번호	대여소명	대여구분 코드	성별	연령대 코드	이용건수	운동량	탄소량	이용거리 (M)	이용시간 (분)
	202301	102	102. 망원역 1번출구 앞	단체권	M	~10대	4	463.12	4.61	19892.32	116

F기상정보	지점	지점명	일시	평균기온(℃)
	108	서울	2023-01-01	-0.2

출처: 자전거대여이력(서울열린데이터광장), 기상정보(기상자료개발포털)

문제 1 **작업준비(30점)**

계산식 작성에 사용되는 문자열은 쌍따옴표(" ")를 사용하여 작성하시오.

1. **답안파일을 열고 다음 지시사항에 따라 데이터 가져오기 및 파워 쿼리 편집기에서 데이터 편집을 수행하시오. (10점)**
   ❶ 다음 조건으로 데이터를 결합하고 편집하시오. (4점)
   ▶ 활용 데이터 : '수출입통계.xlsx' 파일의 '202301', '202302', '202303' 시트
   ▶ 결합된 테이블에서 [Data] 필드만 가져오기
   ▶ 테이블 이름 : 자전거수출입
   ❷ 〈자전거수출입〉 테이블의 데이터를 편집하시오. (3점)
   ▶ 첫 행을 머리글로 사용을 활용하여 2행을 열 머리글로 사용
   ▶ [수출 지역 순위] 필드에서 '수출 지역 순위', '수출입 통계' 값 제거
   ❸ 〈자전거수출입〉 테이블의 데이터 형식을 변경하시오. (3점)
   ▶ [수출 지역 순위], [조회기준], [수출금액(단위:$)], [수입금액(단위:$)] 필드의 데이터 형식 '정수'
   ▶ [수출 점유율], [수입 점유율] 필드의 데이터 형식 '10진수'

2. **다음 지시사항에 따라 테이블을 편집하고 모델링하시오. (10점)**
   ❶ 파워 쿼리 편집기에서 다음 조건으로 테이블을 결합하여 새 테이블을 생성하시오. (4점)
   ▶ 테이블 이름 : "공영자전거_운영현황"
   ▶ 〈공영자전거_운영현황_2021〉 테이블에 '사용자 지정 열'을 사용하여 새 필드생성
   – 필드 이름 : 년도
   – 값 : 2021
   ▶ 〈공영자전거_운영현황_2022〉 테이블에 '사용자 지정 열'을 사용하여 새 필드 생성
   – 필드 이름 : 년도
   – 값 : 2022
   ▶ 〈공영자전거_운영현황_2021〉 테이블과 〈공영자전거_운영현황_2022〉 테이블 순서로 결합
   ▶ 테이블 이름 : 공영자전거_운영현황
   ❷ 파워 쿼리 편집기에서 〈공영자전거_운영현황〉 테이블의 년도와 운영방식 필드를 기준으로 그룹화하시오. (3점)
   ▶ 그룹화 필드 : [년도], [운영방식]
   ▶ 조건1 : 새 열 이름 '총스테이션', [스테이션 개소 (개)] 필드의 합계
   ▶ 조건2 : 새 열 이름 '총자전거보유', [자전거보유 (대)] 필드의 합계
   ▶ 조건3 : 새 열 이름 '총대여실적', [대여실적 (건)] 필드의 합계

❸ 〈노선정보코드북〉 테이블과 〈자전거길노선좌표〉 테이블의 관계를 설정하시오. (3점)

▶ 활용 필드 : 〈노선정보코드북〉 테이블의 [ROAD_SN] 필드, 〈자전거길노선좌표〉 테이블의 [국토종주 자전거길] 필드

▶ 모델 보기의 '레이아웃1'에서 관계 설정

▶ 카디널리티 : 일대다(1:*)

▶ 크로스 필터 방향 : 단일

3. 다음 지시사항에 따라 측정값을 생성하시오. (10점)

❶ 〈신규가입자정보〉 테이블에 기준 날짜를 반환하는 계산 열을 생성하시오. (4점)

▶ 계산 필드 이름 : 기준일

▶ 활용 필드 : 〈신규가입자정보〉 테이블의 [가입일시] 필드

▶ [가입일시] 필드 기준으로 '연도', '월', '1'을 결합하여 날짜 표시
  - 결과 : '202301' → '2023-01-01', '202302' → '2023-02-01'로 표시

▶ 사용 함수 : DATE, LEFT, RIGHT

▶ 서식 : *2001-03-14(Short Date)

❷ 〈@측정값〉 테이블에 성별이 M인 가입자수 비율을 반환하는 측정값을 생성하시오. (3점)

▶ 측정값 이름 : 신규남성비율%

▶ 활용 필드 : 〈신규가입자정보〉 테이블의 [성별], [가입 수] 필드

▶ 전체 신규가입자 중 성별이 "M"인 가입자 수 비율 반환

▶ 계산 : 남성가입자수/전체가입자수

▶ 사용 함수 : ALLSELECTED, CALCULATE, SUM

▶ 서식 : 백분율, 소수 자릿수 '2'

❸ 자전거수출입 테이블을 요약해 상위 5개의 국가명을 반환하는 테이블을 생성하시오. (4점)

▶ 계산 테이블 이름 : 상위5_자전거수출국가

▶ 활용 필드 : 〈자전거수출입〉 테이블의 [국가명], [수출금액 (단위:$)] 필드

▶ 국가별 수출금액의 합계 기준으로 상위 5개국 반환

▶ 필드 이름은 국가명, 총수출금액으로 반환

▶ 사용 함수 : SUM, SUMMARIZE, TOPN

│시각화 완성화면│ 각 세부문제 풀이 후 '문제2' 페이지에 아래와 같이 개체를 배치하시오. 문제2 페이지에는 연월, 자치구 슬라이서가 포함되어 있으며 연월 슬라이서에 '202303' 값으로 필터가 적용되어 있습니다.

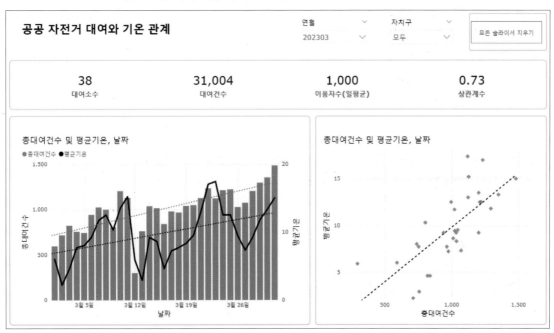

계산식 작성에 사용되는 문자열은 쌍따옴표(" ")를 사용하여 작성하시오.

1. '문제2', '문제3', '문제3-4' 페이지의 전체 서식을 설정하시오. (5점)
   ❶ 보고서 전체에 테마를 설정하시오. (3점)
      ▶ 보고서 테마 : 접근성 높은 기본값
      ▶ 이름 및 색 : 최대값 '#0085FF', 중간값을 '#67B3F8', 최소값 '#D5E9FA'
      ▶ ▶ 텍스트
         – 일반의 글꼴 패밀리 'Verdana', 제목의 글꼴 패밀리 'Verdana'
         – 카드 및 KPI의 글꼴 패밀리 'Verdana', 글꼴 크기 '20'
   ❷ '문제2' 페이지에 '모든 슬라이서 지우기' 단추를 추가하시오. (2점)
      ▶ 서식 : 배경색 '흰색', 투명도(%) '0', 테두리 너비 '1'
      ▶ 개체를 '1-②' 위치에 배치

2. 다음 지시사항에 따라 카드로 구현하시오. (5점)

❶ 자전거 대여 정보를 나타내는 카드를 구현하시오. (3점)
- ▶ 활용 필드
  - 〈D대여소현황〉 테이블의 [대여소수] 측정값
  - 〈F대여이력〉 테이블의 [총대여건수], [일평균 이용자수] 측정값
- ▶ 범주 레이블 : '일평균 이용자수'는 '이용자수(일평균)'로 변경
- ▶ 카드를 '2-①' 위치에 배치

❷ 다음 조건으로 카드의 서식을 변경하시오. (2점)
- ▶ 설명값 : 표시 단위 '없음'
- ▶ 범주 레이블 : 굵게

3. 다음 지시사항에 따라 꺾은선형 및 묶은 세로 막대형 차트로 구현하시오. (10점)

❶ 날짜별로 자전거 대여건수와 평균기온과의 관계를 나타내는 '꺾은선형 및 묶은 세로 막대형 차트'를 구현하시오. (4점)
- ▶ 활용 필드
  - 〈D날짜〉 테이블의 [날짜] 필드
  - 〈F대여이력〉 테이블의 [총대여건수] 측정값
  - 〈F기상정보〉 테이블의 [평균기온] 측정값
- ▶ 차트를 '3-①' 위치에 배치

❷ 다음 조건으로 차트 서식을 변경하시오. (3점)
- ▶ Y축 값의 표시 단위는 '없음'
- ▶ 선 색은 '검정'

❸ 다음 조건으로 차트에 추세선을 표현하시오. (3점)
- ▶ 선 스타일은 '점선', 계열별로 추세선 표시

4. 다음 지시사항에 따라 상관 계수와 분산형 차트를 구현하시오. (10점)

❶ 날짜별로 자전거 대여건수와 기온과의 상관 계수를 반환하는 측정값을 생성하시오. (4점)
- ▶ 측정값 이름 : 상관계수
- ▶ 〈D날짜〉 테이블의 [날짜]필드에 대한 〈F대여이력〉 테이블의 [대여건수] 측정값과 〈F기상정보〉 테이블의 [평균 기온] 측정값에 대한 상관 계수

❷ 상관계수 측정값을 카드로 구현하시오. (3점)
- ▶ 설명값 : 표시 단위 '없음'
- ▶ 범주 레이블 : 글꼴 '굵게'
- ▶ 카드를 '4-②' 위치에 배치

❸ 날짜별로 자전거 대여건수와 평균기온과의 관계를 '분산형 차트'로 구현하시오. (4점)

▶ 활용 필드
– 〈F대여이력〉 테이블의 [총대여건수] 측정값
– 〈F기상정보〉 테이블의 [평균기온] 측정값
– 〈D날짜〉 테이블의 [날짜] 필드
▶ X축에 값 표시 단위는 '없음' 설정, 표식의 도형 유형은 '◆' 설정, 추세선 설정
▶ 차트를 '4–③' 위치에 배치

문제 3 복합요소 구현(40점)

│시각화 완성화면│ 각 세부문제 풀이 후 '문제3' 페이지에 아래와 같이 개체를 배치하시오. 문제3 페이지에는 연월 슬라이서와 자치구 슬라이서가 포함되어 있으며 연월 슬라이서에 '202303' 값으로 필터가 적용되어 있습니다.

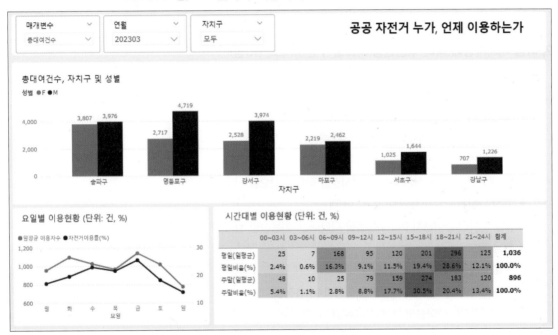

계산식 작성에 사용되는 문자열은 쌍따옴표(" ")를 사용하여 작성하시오.

1. 다음 지시사항에 따라 매개 변수와 묶은 세로 막대형 차트를 구현하시오. (10점)

❶ 총대여건수와 총이용시간을 분석하는 매개 변수와 슬라이서를 구현하시오. (4점)

▶ 매개 변수 이름 : 매개변수

    ▶ 활용 필드

      – 〈F대여이력〉 테이블의 [총대여건수] 측정값

      – 〈F대여이력〉 테이블의 [총이용시간] 측정값

    ▶ 슬라이서를 '1–①' 위치에 배치

❷ 다음 조건으로 [매개변수] 슬라이서의 서식을 변경하시오. (3점)

    ▶ 슬라이서 설정 : 스타일 '드롭다운'

    ▶ 슬라이서에 '총대여건수' 값으로 필터 적용

    ▶ 차트 서식

      – X축 값의 글꼴 크기는 '20', Y축 값의 표시 단위는 '없음' 설정

      – 범주 사이의 간격은 '30' 설정, 데이터 레이블 표시

    ▶ [매개변수] 슬라이서에 따라 Y축이 변경되도록 구현

    ▶ 차트 서식

      – X축 값의 글꼴 크기는 '20', Y축 값의 표시 단위는 '없음' 설정

      – 범주 사이의 간격은 '30' 설정, 데이터 레이블 표시

    ▶ 차트를 '1–③' 위치에 배치

2. 다음 지시사항에 따라 꺾은선형 차트를 구현하시오. (10점)

❶ 〈@측정값〉 테이블에 자전거 이용률을 반환하는 측정값을 생성하시오. (4점)

    ▶ 측정값 이름 : 자전거이용률(%)

    ▶ 활용 필드

      – 〈F대여이력〉 테이블의 [총대여건수] 측정값

      – 〈D대여소〉 테이블의 [총거치대수] 측정값

    ▶ [총대여건수]를 [총거치대수]에 24시간을 적용한 값으로 나눈 비율

    ▶ 계산 : 총대여건수/(총거치대수*24)*100

❷ 요일별로 자전거 이용자수와 이용률을 나타내는 '꺾은선형 차트'를 구현하시오. (3점)

    ▶ 활용 필드

      – 〈D날짜〉 테이블의 [요일] 필드

      – 〈F대여이력〉 테이블의 [일평균 이용자수] 측정값

      – 〈@측정값〉 테이블의 [자전거이용률(%)] 측정값

    ▶ 자전거이용률(%)은 보조 축으로 사용

    ▶ 차트 제목 해제, 선에 표식 적용

    ▶ 차트를 '2–②' 위치에 배치

❸ 다음 조건에 따라 차트에 정렬 기준을 설정하시오. (3점)

    ▶ 요일을 '월,화,수,목,금,토,일' 순서로 정렬

3. 다음 지시사항에 따라 행렬 차트를 구현하시오. (10점)

❶ 〈F대여이력〉 테이블에 대여시간을 그룹화하는 계산 열을 생성하시오. (4점)

▶ 필드 이름 : 시간대

▶ 사용 함수 : SWITCH, TRUE, BLANK, && 연산자

▶ 조건 : [대여시] 값이 0이상 3미만 → 00~03시, 3이상 6미만 → 03~06시, 6이상 9미만 → 06~09시, 9이상 12미만 → 09~12시, 12이상 15미만 → 12~15시, 15이상 18미만 → 15~18시, 18이상 21미만 → 18~21시, 21이상 24미만 → 21~24시 표시하고 그 외는 공백 표시

❷ 대여시간대별로 일평균과 비율을 행렬 차트로 구현하시오. (3점)

▶ 활용 필드 : 〈F대여이력〉 테이블의 [시간대] 필드, [평일(일평균)], [평일비율(%)], [주말(일평균)], [주말비율(%)]

▶ 서식

– 스타일 사전 설정 : '없음'

– 테두리 : 열 머리글의 위쪽, 아래쪽에 테두리 색을 '흰색, 50% 더 어둡게' 설정

– 행렬의 행 안쪽 여백은 '6'으로 설정

– 열 머리글의 배경색은 '흰색, 10% 더 어둡게', 머리글 맞춤은 '가운데'로 설정

▶ 행렬 차트를 '3-②' 위치에 배치

❸ 행렬 차트의 측정값에 조건부 서식을 적용하시오. (3점)

▶ 색상 종류 : 배경색

▶ 대상 : 평일(일평균), 평일비율(%), 주말(일평균), 주말비율(%)

4. 다음 지시사항에 따라 '문제3-4' 페이지의 시각적 개체 간 상호 작용 기능을 설정하시오. (10점)

❶ 다음과 같이 슬라이서의 상호 작용을 설정하시오. (3점)

▶ 연월 슬라이서에서 선택한 값이 꺾은선형 차트(기간별)에는 필터가 적용되지 않도록 설정

▶ 자치구 슬라이서에서 선택한 값이 Treemap(대여소별)에 필터가 적용되도록 설정

❷ 다음 조건으로 책갈피를 구현하시오. (4점)

▶ 책갈피 이름 : 연령대숨기기

– 작업 : 도넛형 차트(연령대별) 숨기기

▶ 책갈피 이름 : 연령대표시

– 작업 : 도넛형 차트(연령대별) 표시

❸ 다음 조건으로 책갈피 탐색기를 작성하시오. (3점)

▶ 대상 : 연령대숨기기, 연령대표시

▶ 서식 : [그리드 레이아웃]의 방향은 '세로'

▶ 책갈피를 '4-③' 위치에 배치

3회 정답

문제 1 준비 작업

1. 데이터 가져오기와 편집

번호	보기	테이블	결과
❶	파워 쿼리 편집기	〈자전거수출입〉	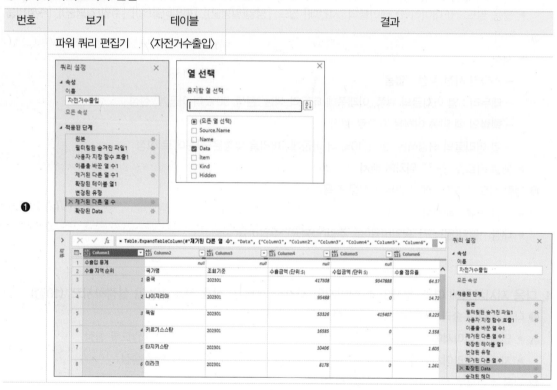

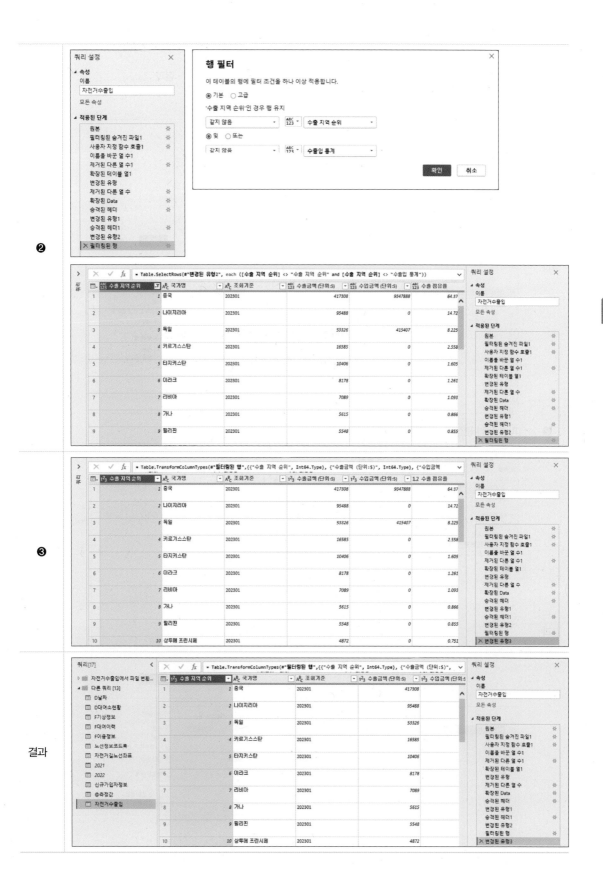

❷

❸

결과

2. 데이터 편집, 데이터 모델링

번호	보기	테이블	결과
❶	파워 쿼리 편집기	〈공영자전거_운영현황〉	

결과

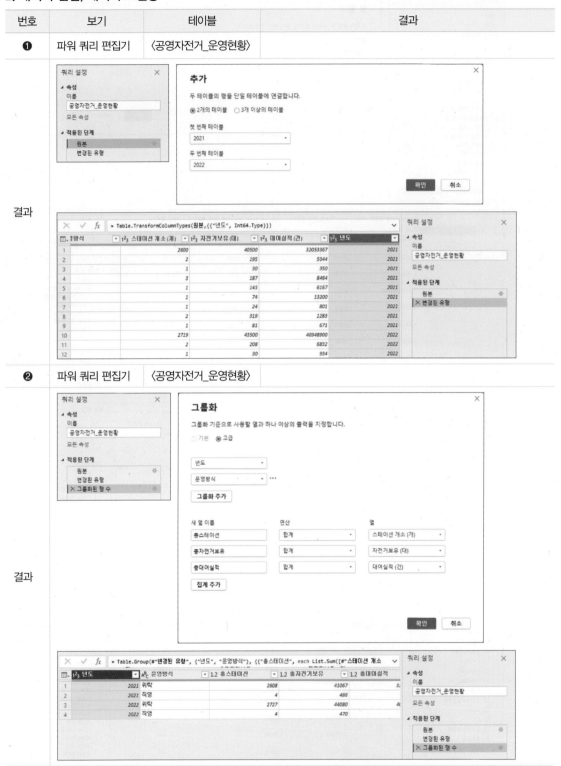

번호	보기	테이블	결과
❷	파워 쿼리 편집기	〈공영자전거_운영현황〉	

결과

❸	모델 보기	레이아웃1	〈노선정보코드북〉 테이블의 [ROAD_SN] 필드와 〈자전거길노선좌표〉 테이블의 [국토종주 자전거길] 필드 관계 설정
결과			

3. 측정값 작성

번호	테이블		결과
❶	〈신규가입자정보〉	계산 열	기준일 = DATE(LEFT([가입일시],4), RIGHT([가입일시],2),1)
		서식	*2001-03-14(Short Date)
❷	〈@측정값〉	수식	신규남성비율% = CALCULATE(SUM('신규가입자정보'[가입 수]), '신규가입자정보'[성별]="M")/ CALCULATE(SUM('신규가입자정보'[가입 수]), ALLSELECTED('신규가입자정보'))
		서식	백분율, 소수 자릿수 '2'
❸	상위5_자전거수출국가	수식	상위5_자전거수출국가 = TOPN(5, SUMMARIZE('자전거수출입', '자전거수출입'[국가명],"총수출금액", SUM('자전거수출입'[수출금액 (단위:$)])),[총수출금액],DESC)

1. 페이지 레이아웃

번호	시각화	옵션				설정 값
❶	레이아웃	[보기]–[테마] 선택	테마 종류			접근성 높은 기본값
		현재 테마 사용자 지정		이름 및 색		최대값 '#0085FF ' 중간값 '#67B3F8' 최소값 '#D5E9FA'
				텍스트–일반		글꼴 패밀리 'Verdana'
				텍스트–제목		글꼴 패밀리 'Verdana'
				텍스트–카드 및 KPI		글꼴 패밀리 'Verdana' 크기 '20'
❷	슬라이서	[삽입]–[단추]–[모든 슬라이서 지우기]				
		서식	시각적 개체	스타일	채우기	배경색은 '흰색', 투명도 0
					테두리	너비 '1'
결과	모든 슬라이서 지우기					

2. 카드

번호	시각화	옵션				설정 값
❶	카드	데이터 추가	필드			D대여소현황[대여소수]
	카드	데이터 추가	필드			F대여이력[총대여건수]
	카드	데이터 추가	필드			F대여이력[일평균 이용자수]
❷	카드(신규)	서식	시각적　개체	설명 값	표시 단위	없음
				범주 레이블	글꼴	굵게
결과	38 대여소수	31,004 대여건수	1,000 이용자수(일평균)			

3. 꺾은선형 및 묶은 세로 막대형 차트

번호	시각화	옵션			설정 값
❶	꺾은선형 및 묶은 세로 막대형차트	데이터 추가	X축		D날짜[날짜]
			열 y축		F대여이력[총대여건수]
			선 y축		F기상정보[평균기온]
❷		서식	시각적 개체	Y축	값	표시 단위 '없음'
				선	색	검정
❸		분석		추세선	선스타일	점선
					계열 결합	해제
결과	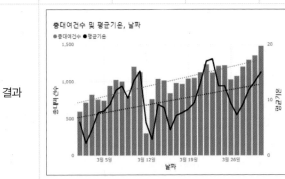				

4. 상관 계수, 분산형 차트

번호	시각화	옵션			설정 값
❶	〈@측정값〉 빠른 측정값	상관계수			
		범주			D날짜[날짜]
		측정값 X			F대여이력[총대여건수]
		측정값 Y			F기상정보[평균기온]

결과

```
 1  상관계수 =
 2  VAR __CORRELATION_TABLE = VALUES('D날짜'[날짜])
 3  VAR __COUNT = COUNTX(KEEPFILTERS(__CORRELATION_TABLE), CALCULATE([총대여건수] * [평균기온]))
 4  VAR __SUM_X = SUMX(KEEPFILTERS(__CORRELATION_TABLE), CALCULATE([총대여건수]))
 5  VAR __SUM_Y = SUMX(KEEPFILTERS(__CORRELATION_TABLE), CALCULATE([평균기온]))
 6  VAR __SUM_XY =
 7      SUMX(
 8          KEEPFILTERS(__CORRELATION_TABLE),
 9          CALCULATE([총대여건수] * [평균기온] * 1.)
10      )
11  VAR __SUM_X2 = SUMX(KEEPFILTERS(__CORRELATION_TABLE), CALCULATE([총대여건수] ^ 2))
12  VAR __SUM_Y2 = SUMX(KEEPFILTERS(__CORRELATION_TABLE), CALCULATE([평균기온] ^ 2))
13  RETURN
14      DIVIDE(
15          __COUNT * __SUM_XY - __SUM_X * __SUM_Y * 1.,
16          SQRT(
17              (__COUNT * __SUM_X2 - __SUM_X ^ 2)
18              * (__COUNT * __SUM_Y2 - __SUM_Y ^ 2)
19          )
20      )
```

번호	시각화	옵션			설정 값
❷	카드	데이터 추가		필드	측정값(상관계수)
		서식	시각적 개체	설명값	표시 단위	없음
					범주 테이블	굵게

결과

대여소수	대여건수	이용자수(일평균)	상관계수
38	31,004	1,000	0.73

번호	시각화	옵션				설정 값
❸	분산형 차트	데이터 추가		X축		F대여이력[총대여건수]
				Y축		D기상정보[평균기온]
				값		D날짜[날짜]
		서식	시각적 개체	X축	값	표시 단위 '없음'
				표식	도형	유형 '◆'
			분석	추세선		설정

결과

총대여건수 및 평균기온, 날짜

문제 3 복합요소 구현

1. 필드 매개 변수

번호	시각화	옵션				설정 값
❶ 결과	테이블 뷰	매개변수 테이블				
		매개변수 슬라이서				
❷	슬라이서	서식	시각적 개체	슬라이서 설정	옵션–스타일	드롭다운
		필터				총대여건수
결과						
❸	묶은 세로 막대형 차트	데이터 추가		X축		D대여소현황[자치구]
				Y축		매개변수[매개변수]
				범례		F대여이력[성별]
		서식	시각적 개체	X축	값	글꼴 크기 '20'
				Y축	값	표시 단위 '없음'
				열	범주 사이의 간격	'30'
				데이터 레이블		설정
결과						

2. 측정값, 꺾은선형 차트

번호	시각화	옵션				설정 값
❶	⟨@측정값⟩	수식				자전거이용률(%) = [총대여건수]/([총거치대수]*24)*100
❷	꺾은선형 차트	서식	시각적 개체	슬라이서 설정	옵션–스타일	드롭다운
		데이터 추가		X축		D날짜[요일]
				Y축		F대여이력[일평균 이용자수]
				보조y축		자전거이용률(%)
		서식	일반	제목		해제
			시각적 개체	표식		설정

❸	⟨D날짜⟩ 테이블	요일	[열 도구]–[열 기준 정렬]–[요일NO] 선택		
	꺾은선형 차트	추가 옵션	축 정렬	요일	오름차순 정렬

결과	

3. 계산 열, 행렬 차트

번호	시각화	옵션					설정 값
❶	F대여이력	계산식					시간대 = SWITCH(TRUE(), [대여시])=0 && [대여시]⟨3, "00∼03시", [대여시]>=3 && [대여시]⟨6, "03∼06시", [대여시]>=6 && [대여시]⟨9, "06∼09시", [대여시]>=9 && [대여시]⟨12, "09∼12시", [대여시]>=12 && [대여시]⟨15, "12∼15시", [대여시]>=15 && [대여시]⟨18, "15∼18시", [대여시]>=18 && [대여시]⟨21, "18∼21시", [대여시]>=21 && [대여시]⟨24, "21∼24시" BLANK())
❷	행렬 개체	데이터 추가		열			F대여이력[시간대]
				값			F대여이력[평일(일평균)] F대여이력[평일비율(%)] F대여이력[주말(일평균)] F대여이력[주말비율(%)]
		서식	시각적 개체	스타일 사전 설정			없음
				눈금	테두리		열 머리글 위쪽 색 '흰색 50% 더 어둡게'
							열 머리글 아래쪽 색 '흰색 50% 더 어둡게'
					옵션		행 안쪽 여백 '6'
				열 머리글	텍스트		배경색 '흰색, 10% 더 어둡게' 머리글 맞춤 '가운데' 설정
				값	옵션		값을 행으로 전환
❸		서식	시각적 개체	셀 요소	배경색		평일(일평균), 평일비율(%), 주말(일평균), 주말비율(%)

결과	

4. 상호 작용 편집

번호	개체	적용 대상	상호 작용 옵션
❶	연월 슬라이서	꺾은선형 차트(기간별)	없음

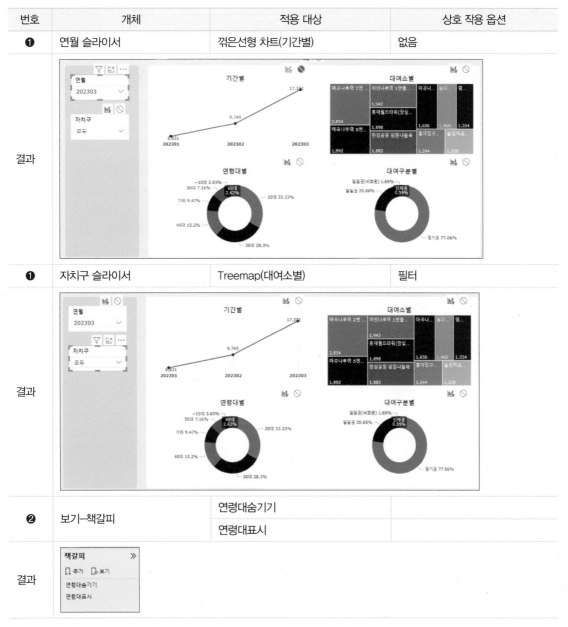

번호	개체	적용 대상	상호 작용 옵션
❶	자치구 슬라이서	Treemap(대여소별)	필터

번호	개체	적용 대상	상호 작용 옵션
❷	보기-책갈피	연령대숨기기	
		연령대표시	

❸	책갈피 탐지기		
결과	연광대술기기 연광대표시		

기출 유형 문제 · 3회 해설

문제 1 작업준비

1. 데이터 가져오기와 편집

문제1-❶

① '03회_답안파일.pbix' 파일을 열고, [홈]-[데이터] 그룹의 [데이터 가져오기]를 클릭한다. [데이터 가져오기] 대화상자의 [폴더]를 더블 클릭한다.

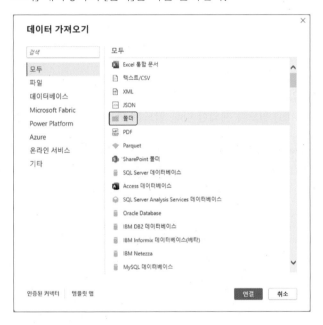

② [폴더] 대화상자에서 찾아보기를 클릭하여 '자전거수출입' 폴더를 선택하고 [확인]을 클릭한다.

③ 대화상자에서 [결합]-[데이터 결합 및 변환]을 클릭한다.

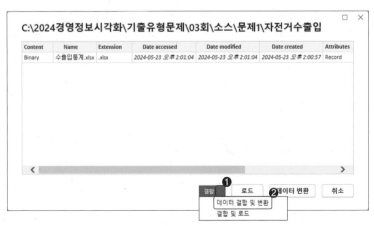

④ [파일 병합] 대화상자에서 [매개 변수1]을 선택하고 [확인]을 클릭한다.

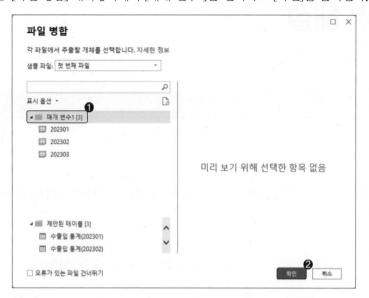

⑤ [Power Query 편집기] 창에서 〈자전거수출입〉 테이블을 선택한다. [Data] 필드에서 마우스 오른쪽 버튼을 클릭하고, [다른 열 제거]를 선택하여 [Data] 필드를 제외한 다른 필드는 모두 제거한다.

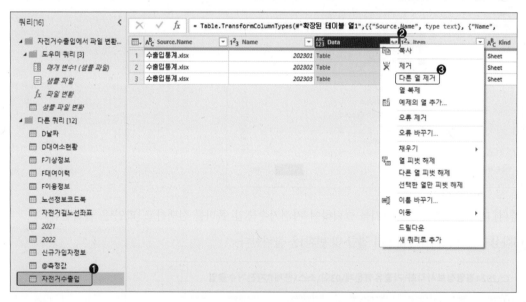

⑥ [Data] 필드의 확장 단추()를 클릭하고 [확인]을 클릭하여 모든 열을 표시한다.

⑦ 테이블 이름은 '자전거수출입'으로 유지한다.

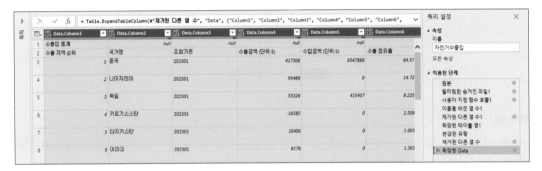

문제1-❷

① 〈자전거수출입〉 테이블에서 [홈]-[변환] 그룹의 [첫 행을 머리글로 사용]을 2회 클릭하여 열 머리글을 변경한다.

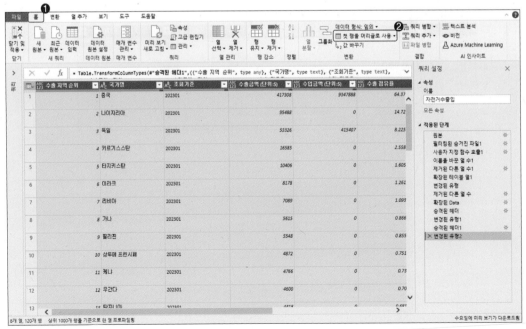

② [수출 지역 순위] 필드의 필터 단추(▼)를 클릭하고, 목록에서 '수출 지역 순위', '수출입 통계' 값은 체크 표시 해제하고 [확인]을 클릭한다.

문제1- ❸

① [수출 지역 순위] 필드를 클릭한 후 **Ctrl**과 함께 [수출금액(단위:$)], [수입금액(단위:$)] 필드를 차례로 선택한다. [변환]−[열] 그룹에서 [데이터 형식:임의]를 클릭하여 [정수]로 변경한다.

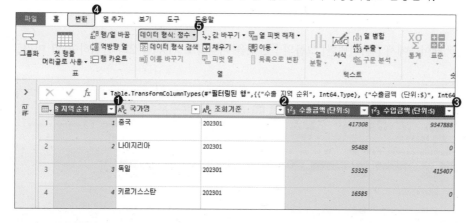

② [수출 점유율] 필드를 클릭한 후 Ctrl과 함께 [수입 점유율] 필드를 선택한다. [변환]-[열] 그룹에서 [데이터 형식:임의]를 클릭하여 [10진수]로 변경한다.

2. 데이터 편집, 데이터 모델링

문제2- ❶

① [Power Query 편집기] 창에서 〈2021〉 테이블을 선택하고 [열 추가]-[일반] 그룹에서 [사용자 지정 열]을 클릭한다.

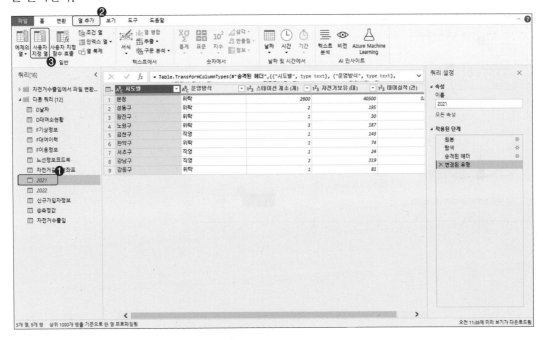

② [사용자 지정 열] 대화상자의 새 열 이름에 '년도'를 입력한다. 수식에 '=2021'을 입력하고 [확인]을 클릭한다.

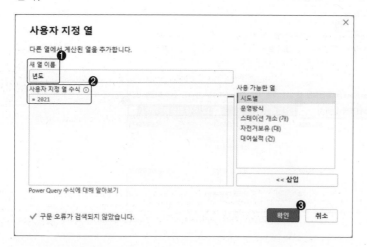

③ 〈2022〉 테이블을 선택하고 [열 추가]-[일반] 그룹에서 [사용자 지정 열]을 클릭한다.

④ [사용자 지정 열] 대화상자의 새 열 이름에 '년도'를 입력한다. 수식에 '=2022'를 입력하고 [확인]을 클릭한다.

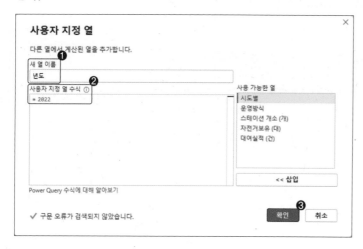

⑤ [홈]-[결합] 그룹에서 [쿼리 추가]-[쿼리를 새 항목으로 추가]를 클릭한다.

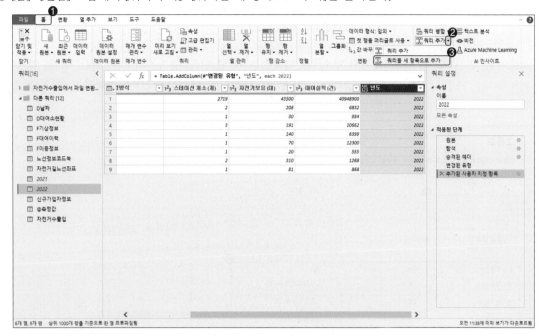

⑥ [추가] 대화상자에서 첫 번째 테이블에 '2021' 선택, 두 번째 테이블에 '2022'를 선택하고 [확인]을 클릭한다.

⑦ [년도] 필드의 데이터 형식을 '정수'로 변경한다. [쿼리 설정] 창에서 이름을 '공영자전거_운영현황'으로 변경한다.

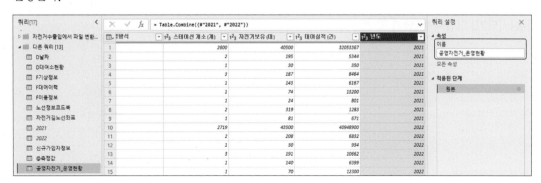

문제2-❷

① 〈공영자전거_운영현황〉 테이블에서 [변환]−[표] 그룹에서 [그룹화]를 클릭한다.

② [그룹화] 대화상자에서 '고급' 옵션을 선택하고 그룹화 필드는 '년도, 운영방식', 조건1은 '새 열 이름: 총 스테이션, 연산: 합계, 열: 스테이션 개소(개)', 조건2는 '새 열 이름: 총자전거보유, 연산: 합계, 열: 자전 거보유(대)', 조건3은 '새 열 이름: 총대여실적, 연산: 합계, 열: 대여실적(건)'을 입력하고 [확인]을 클릭 한다.

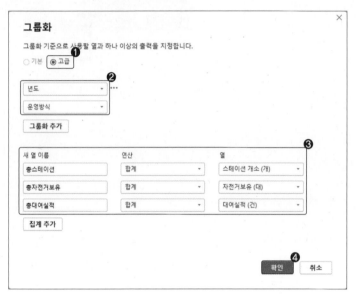

> **기적의 Tip**
>
> [그룹화] 대화상자에서 [그룹화 추가], [집계 추가]를 클릭하여 여러 조건을 작성할 수 있다.

③ 년도와 운영방식으로 요약된 테이블을 확인한다.

	1²₃ 년도	A⁵꜀ 운영방식	1.2 총스테이션	1.2 총자전거보유	1.2 총대여실적
1	2021	위탁	2608	41067	32081396
2	2021	직영	4	486	8251
3	2022	위탁	2727	44080	40980496
4	2022	직영	4	470	8222

④ [홈]−[닫기] 그룹에서 [닫기 및 적용]을 클릭한다.

문제2- ❸

① 모델 보기(⊞)에서 '레이아웃1'을 선택한다.

② [데이터] 창에서 〈노선정보코드북〉 테이블과 〈자전거길노선좌표〉 테이블을 드래그하여 레이아웃 창에 추가한다.

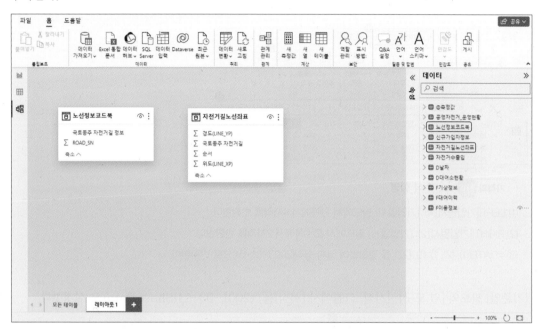

③ 〈노선정보코드북〉 테이블의 [ROAD_DAN] 필드를 〈자전거길노선좌표〉 테이블의 [국토종주 자전거길] 필드 위에 드래그&드롭하여 관계 설정한다. 카디널리티는 '일대다(1:*)', 크로스필터 '단일'로 설정된다.

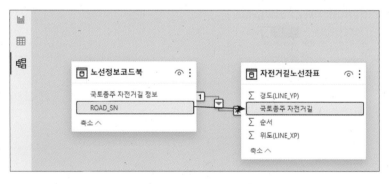

문제3-❶

① 테이블 뷰(▦)에서 〈신규가입자정보〉 테이블을 선택한다. [테이블 도구]-[계산] 그룹에서 [새 열]을 클릭하고 수식 입력 줄에 다음 수식을 입력한다.

> 기준일 = DATE(LEFT([가입일시],4), RIGHT([가입일시],2),1)

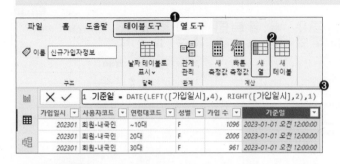

기적의 Tip 수식 설명

(1) LEFT([가입일시],4): [가입일시] 필드에서 왼쪽에서 4자리를 반환한다.

(2) RIGHT([가입일시],2): [가입일시] 필드에서 오른쪽에서 2자리를 반환한다.

(3) =DATE((1), (2), 1): (1), (2),1 을 결합하여 날짜 형식(2023-01-01)으로 반환한다.

② [기준일] 필드의 [열 도구]-[서식] 그룹에서 [서식]을 '*2001-03-14(Short Date)'로 설정한다.

문제3- ❷

① 〈@측정값〉 테이블에서 [테이블 도구]–[계산] 그룹의 [새 측정값]을 클릭한 후 다음 수식을 입력한다.

> 신규남성비율% = CALCULATE(SUM('신규가입자정보'[가입 수]), '신규가입자정보'[성별]="M")/
> CALCULATE(SUM('신규가입자정보'[가입 수]), ALLSELECTED('신규가입자정보'))

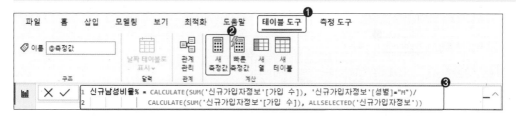

> **기적의 Tip** **수식 설명**
>
> (1) SUM('신규가입자정보'[가입 수]): 〈신규가입자정보〉 테이블의 [가입 수] 필드의 합계를 반환한다.
>
> (2) CALCULATE((1), '신규가입자정보'[성별]="M"): 〈신규가입자정보〉 테이블의 [성별] 필드가 남성(M)인 행의 (1)을 반환한다.
>
> (3) ALLSELECTED('신규가입자정보'): 신규가입자정보 테이블에 적용된 필터를 해제하지만 보고서에 적용된 필터(슬라이서, 차트 등)는 적용한다.
>
> (4) CALCULATE((1), (4)) : (4)에서 적용된 (1)의 결과를 반환한다.
>
> (5) =(1)/(2): (1)의 결과를 (2)로 나눈 값을 반환한다.

② [측정 도구]–[서식] 그룹에서 백분율(%), 소수 자릿수는 '2'로 설정한다.

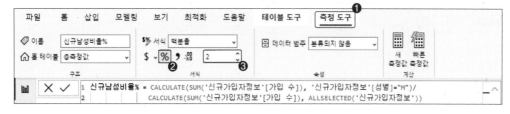

문제3- ❸

① [테이블 도구]-[계산] 그룹의 [새 테이블]을 클릭한 후 다음 수식을 입력한다.

> 상위5_자전거수출국가 = TOPN(5, SUMMARIZE('자전거수출입', '자전거수출입'[국가명],
>
> "총수출금액", SUM('자전거수출입'[수출금액 (단위:$)])),
>
> [총수출금액],DESC)

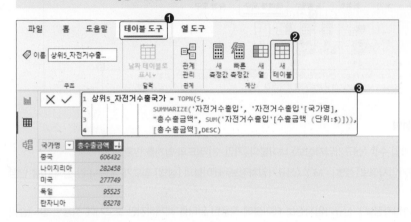

기적의 Tip   **수식 설명**

(1) SUM('자전거수출입'[수출금액 (단위:$)]): 〈자전거수출입〉 테이블의 [수출금액 (단위:$)] 필드의 합계를 반환한다.

(2) SUMMARIZE('자전거수출입', '자전거수출입'[국가명], "총수출금액", (1)): 〈자전거수출입〉 테이블의 [국가명] 필드로 그룹화하여 (1)의 결과를 [총수출금액] 필드로 반환한다.

(3) TOPN(5, (2), [총수출금액],DESC): (2)의 결과에서 [총수출금액]을 내림차순 정렬한 데이터 중 상위 5개의 목록을 반환한다.

1. 보고서 레이아웃 설정

문제1-❶

① 보고서 보기(▦)에서 '문제2' 페이지를 클릭한다. [연월] 슬라이서에 '202303' 값으로 필터가 적용되어 있다.

② [보기]-[테마] 그룹의 [테마]에서 '접근성 높은 기본값'을 클릭한다.

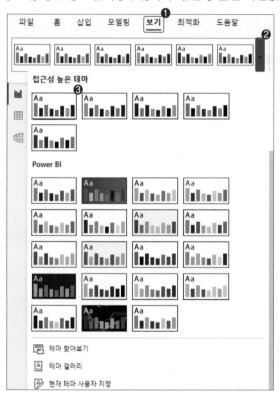

③ [보기]-[테마] 그룹의 [현재 테마 사용자 지정]을 클릭한다.

PART 03 기출 유형 문제

④ [테마 사용자 지정] 대화상자에서 [이름 및 색]–[이름 및 색]에서 다른 색의 최대값을 '#0085FF', 중간값을 '#67B3F8', 최소값을 '#D5E9FA'로 변경한다.

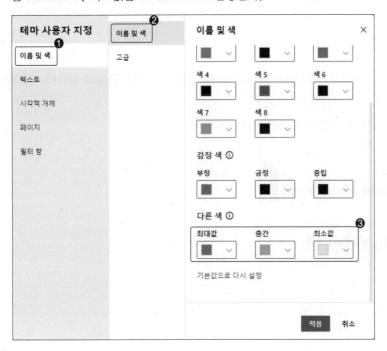

⑤ [텍스트]–[일반]에서 글꼴 패밀리를 'Verdana'로 변경한다. [제목]의 글꼴 패밀리를 'Verdana'로 변경한다.

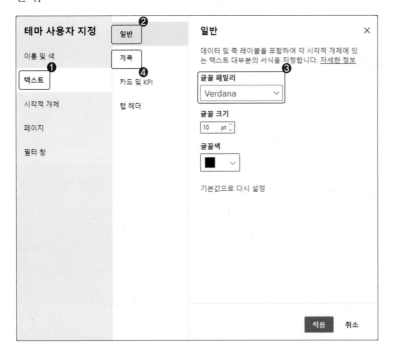

⑥ [텍스트]–[카드 및 KPI]에서 글꼴 패밀리를 'Verdana', 글꼴 크기를 '20'으로 변경하고 [적용]을 클릭한다.

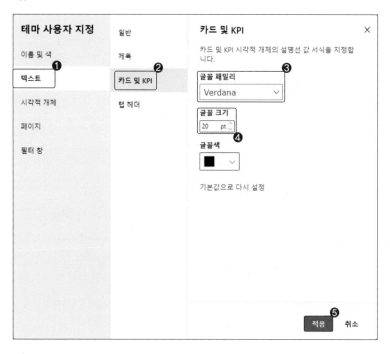

문제1- ❷

① [삽입]–[요소] 그룹에서 [단추]–[모든 슬라이서 지우기]를 클릭한다.

② [서식] 창에서 [Button]-[스타일]-[채우기]의 색 '흰색', 투명도(%)는 '0'으로 설정한다. [테두리]의 너비를 '1'로 설정한다.

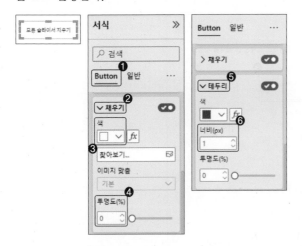

③ 슬라이서를 '1-②' 위치에 적절히 배치한다.

2. 카드

문제2-❶

① [시각화] 창에서 '카드(🖼)'를 클릭하고 [필드]에 〈D대여소현황〉 테이블의 [대여소수] 측정값을 추가한다.

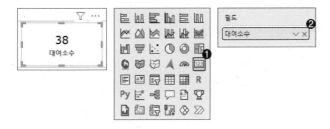

② [시각화] 창에서 '카드(🖼)'를 클릭하고 [필드]에 〈D대여소현황〉 테이블의 [총대여건수] 측정값을 추가한다. [필드] 영역의 이름을 더블클릭하여 '총대여건수'를 '대여건수'로 변경한다.

③ [시각화] 창에서 '카드(🖼)'를 클릭하고 [필드]에 〈D대여소현황〉 테이블의 [일평균 이용자수] 측정값을 추가한다. [필드] 영역의 이름을 더블클릭하여 '일평균 이용자수'를 '이용자수(일평균)'으로 변경한다.

④ 모든 카드의 크기와 위치를 조정하여 '2-①' 위치에 배치한다.

문제2-❷

① [시각화] 창에서 [시각적 개체 서식 지정]()을 클릭한다.

② [시각적 개체]-[설명 값]에서 표시 단위를 '없음'으로 설정한다. [범주 레이블]에서 글꼴의 '굵게'를 설정한다.

3. 꺾은선형 및 묶은 세로 막대형 차트

문제3-❶

① '문제2' 페이지에서 [시각화] 창의 '꺾은선형 및 묶은 세로 막대형 차트(📊)'를 클릭한다. [X축]에 〈D날짜〉 테이블의 [날짜] 필드, [열 y축]에 〈D대여이력〉 테이블의 [총대여건수] 측정값, [선 y축]에 〈F기상정보〉 테이블의 [평균기온] 측정값을 추가한다.

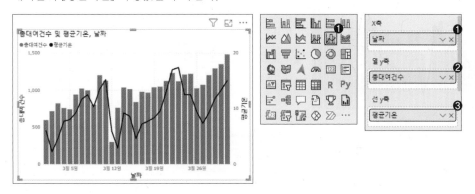

② 차트의 크기와 위치를 조정하여 '3-①' 위치에 배치한다.

문제3-❷

① [시각화] 창에서 [시각적 개체 서식 지정](🖌)을 클릭한다.

② [시각적 개체]-[Y축]-[값]의 표시 단위를 '없음'으로 설정한다. [선]-[색]에서 평균기온의 색을 '검정'으로 설정한다.

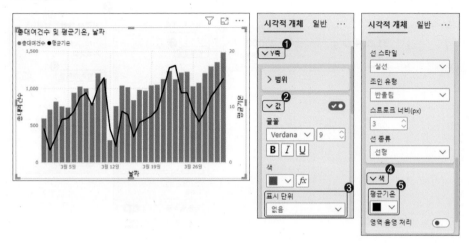

문제3-❸

① [시각화] 창에서 [시각화] 창의 [시각적 개체에 추가 분석 추가](🔍)를 클릭한다.

② [추세선]을 설정하고 선 스타일을 '점선'으로 변경하고 '계열 결합'을 해제한다.

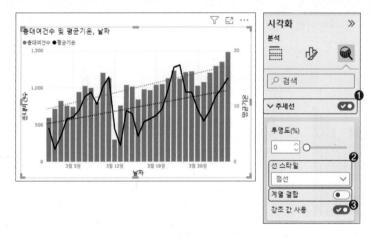

4. 상관계수, 분산형 차트

문제4-❶

① [데이터] 창에서 〈@측정값〉 테이블을 선택하고 [테이블 도구]−[계산] 그룹의 [빠른 측정값]을 클릭한다.

② [빠른 측정값] 창에서 [계산]의 '계산식 선택'을 클릭하여 '상관 계수'를 선택한다.

③ [범주]에 〈D날짜〉 테이블의 [날짜] 필드, [측정값 X]에 〈F대여이력〉 테이블의 [총대여건수] 측정값, [측정값 Y]에 〈F기상정보〉 테이블의 [평균 기온] 측정값을 추가하고 [추가]를 클릭한다.

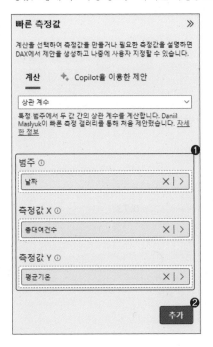

④ 수식 입력 줄에서 측정값 이름을 '상관계수'로 변경한다.

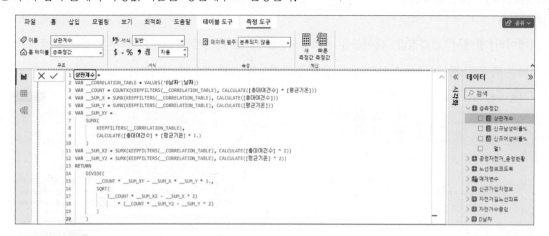

> **기적의 Tip**
>
> 리본 메뉴에서 [빠른 측정값]을 다시 클릭하면 빠른 측정값 창이 숨기기 된다.

문제4-❷

① [시각화] 창에서 '카드(▦)'를 클릭하고 [필드]에 〈@측정값〉 테이블의 [상관계수] 측정값을 추가한다.

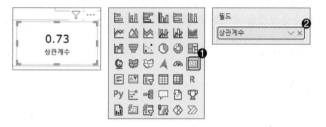

② [시각적 개체]-[설명 값]에서 표시 단위를 '없음'으로 설정한다. [범주 레이블]에서 글꼴의 '굵게'를 설정한다.

③ 카드의 크기와 위치를 조정하여 '4-②' 위치에 배치한다.

38	31,004	1,000	0.73
대여소수	대여건수	이용자수(일평균)	상관계수

문제4- ❸

① '문제2' 페이지에서 [시각화] 창의 '분산형 차트(🎲)'를 클릭한다. [X축]에 〈F대여이력〉 테이블의 [총대여
건수] 측정값, [Y축]에 〈F 기상정보〉 테이블의 [평균기온] 측정값, [값]에 〈D 날짜〉 테이블의 [날짜] 필
드를 추가한다.

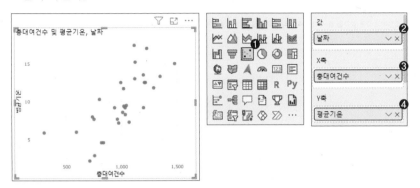

② [시각화] 창의 [시각적 개체 서식 지정](🖌)을 클릭한다.

③ [시각적 개체]-[X축]-[값]의 표시 단위를 '없음'으로 설정하고 [표식]-[도형]에서 유형을 '◆'로 설정한
다. [시각적 개체에 추가 분석 추가](🔍)에서 [추세선]을 설정한다.

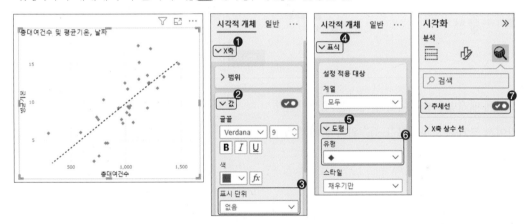

④ 차트의 크기와 위치를 조정하여 '4-③' 위치에 배치한다.

문제 3 복합요소 구현

1. 매개 변수

문제1- ❶

① 보고서 보기(📊)에서 '문제3' 페이지를 클릭한다. 연월 슬라이서에 '202303' 값으로 필터가 적용되어 있
다.

② [모델링]-[매개변수] 그룹에서 [새 매개변수]-[필드]를 클릭한다.

③ [매개 변수] 창에서 이름에 '매개변수'를 입력한다. 필드 목록에서 〈F대여이력〉 테이블의 [총대여건수] 측정값, 〈F대여이력〉 테이블의 [총이용시간] 측정값의 확인란을 체크 표시하여 필드 추가 및 순서 변경에 추가한다. '이 페이지에 슬라이서 추가' 옵션이 선택된 상태에서 [만들기]를 클릭한다.

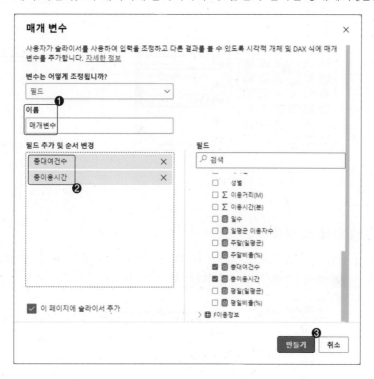

④ 보고서에 매개변수 슬라이서와 테이블이 추가된다.

⑤ 슬라이서 크기를 조정하고 '1-①' 위치에 배치한다.

문제1- ❷

① [매개변수] 슬라이서를 선택하고 [시각적 개체 서식 지정](🖌)을 클릭한다. [시각적 개체]–[슬라이서 설정]–[옵션]의 스타일을 '드롭다운'을 선택한다. [매개변수] 슬라이서에서 '총대여건수' 값을 선택한다.

문제1-❸

① '문제3' 페이지에서 [시각화] 창의 '묶은 세로 막대형 차트(▥)'를 클릭한다. [X축]에 〈D대여소현황〉 테이블의 [자치구] 필드, [Y축]에 〈매개변수〉 테이블의 [매개변수] 필드, [범례]에 〈F대여이력〉 테이블의 [성별] 필드를 추가한다.

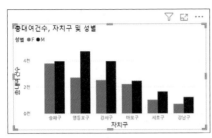 

② [시각화] 창에서 [시각적 개체 서식 지정](🖌)을 클릭한다. [시각적 개체]-[X축]-[값]의 글꼴 크기는 '10', [Y축]에서 [값]의 표시 단위는 '없음'으로 설정한다. [열]-[레이아웃]에서 범주 사이의 간격에 '30'을 입력하고 [데이터 레이블]을 설정으로 변경한다.

③ 차트의 크기와 위치를 조정하여 '1-③' 위치에 배치한다.

2. 측정값, 꺾은선형 차트

문제2-❶

① '문제3' 페이지에서 [데이터] 창의 〈@측정값〉 테이블을 선택한다. [데이터]-[계산] 그룹에서 [새 측정값]을 클릭하고 다음 수식을 입력한다.

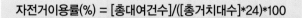

자전거이용률(%) = [총대여건수]/([총거치대수]*24)*100

> **기적의 Tip** **수식 설명**
>
> =총대여건수를 총거치대수*24(시간)으로 나눈 후 비율을 반환

문제2-❷

① '문제3' 페이지에서 [시각화] 창의 '꺾은선형 차트(📈)'를 클릭한다. [X축]에 〈D날짜〉 테이블의 [요일] 필드, [Y축]에 〈F대여이력〉 테이블의 [일평균 이용자수] 필드, [보조 Y축]에 〈@측정값〉 테이블의 [자전거이용률(%)] 필드를 추가한다.

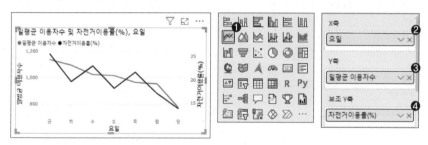

② [시각화] 창의 [시각적 개체 서식 지정](🖌)을 클릭하고 [일반]-[제목]을 해제한다. [시각적 개체]-[X축]에서 [값]의 글꼴 크기는 '10'으로 설정하고 [표식]을 설정으로 변경한다.

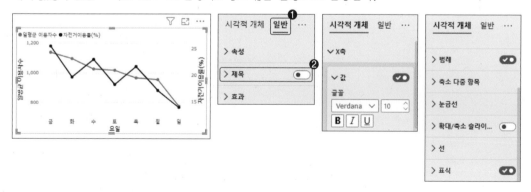

③ 차트의 크기와 위치를 조정하여 '2-②' 위치에 배치한다.

문제2-❸

① 테이블 뷰(▦)에서 [데이터] 창의 〈D날짜〉 테이블의 [요일]을 클릭한다. [열 도구]–[정렬] 그룹에서 [열 기준 정렬]–[요일NO]를 클릭한다. 요일의 정렬 기준이 '월, 화, 수, 목, 금, 토, 일' 순으로 설정된다.

② 보고서 보기(◨)에서 꺾은선형 차트의 [추가 옵션](⋯)을 클릭하고 [축 정렬]–[요일]을 선택하고, 다시 [오름차순 정렬]을 선택하여 정렬 기준을 변경한다.

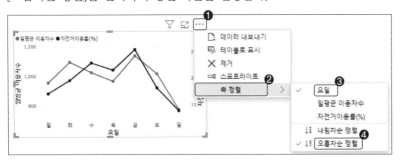

3. 행렬 차트

문제3-❶

① 테이블 뷰(▦)에서 [데이터] 창의 〈F대여이력〉 테이블을 클릭한다. [테이블 도구]–[계산] 그룹에서 [새 열]을 클릭한다.

② 수식 입력줄에 다음 수식을 입력한다.

시간대 = SWITCH(TRUE(), [대여시])=0 && [대여시]<3, "00~03시",
　　　　　　　　　　　[대여시])=3 && [대여시]<6, "03~06시",
　　　　　　　　　　　[대여시])=6 && [대여시]<9, "06~09시",
　　　　　　　　　　　[대여시])=9 && [대여시]<12, "09~12시",
　　　　　　　　　　　[대여시])=12 && [대여시]<15, "12~15시",
　　　　　　　　　　　[대여시])=15 && [대여시]<18, "15~18시",
　　　　　　　　　　　[대여시])=18 && [대여시]<21, "18~21시",
　　　　　　　　　　　[대여시])=21 && [대여시]<24, "21~24시", BLANK())

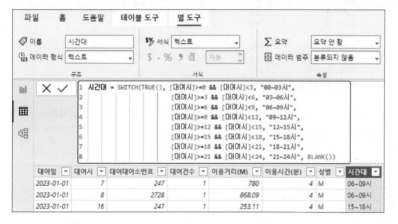

기적의 Tip　수식 설명

SWITCH 함수에서 첫 번째 인수가 TRUE() 이면 다음에 나오는 식이 TRUE라면 결과값을 반환한다.

기적의 Tip

줄 바꿈 단축키 : [Shift] + [Enter]

문제3- ❷

① 보고서 보기(📊)에서 [시각화] 창의 '행렬(▦)'을 클릭한다. [열]에 〈F대여이력〉 테이블의 [시간대] 필드 추가, [값]에 〈F대여이력〉 테이블의 [평일(일평균)], [평일비율(%)], [주말(일평균)], [주말비율(%)] 측정 값을 추가한다.

② [시각화] 창의 [시각적 개체 서식 지정](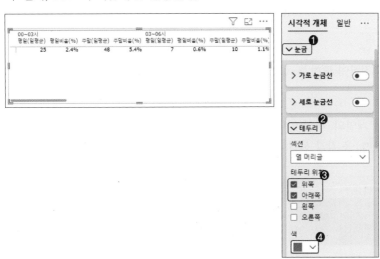)에서 [시각적 개체]의 [스타일 사전 설정]은 '없음'으로 적용한다.

③ [눈금]-[테두리]의 섹션을 '열 머리글'로 변경하고 테두리 위치에서 '위쪽', '아래쪽'을 체크 표시하고 색에서 '흰색, 50% 더 어둡게'를 설정한다.

④ [눈금]-[옵션]에서 '행 안쪽 여백'을 '6'으로 설정한다.

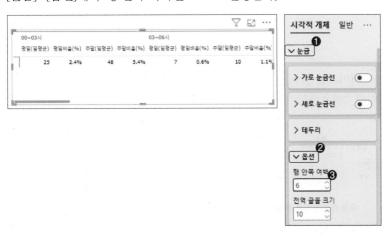

기적의 Tip

[눈금]-[옵션]의 [전역 글꼴 크기]를 변경하여 행렬의 전체 글꼴 크기를 변경할 수 있다.

⑤ [열 머리글]의 [텍스트]의 배경색은 '흰색, 10% 더 어둡게', 머리글 맞춤은 '가운데'로 설정한다.

⑥ [값]–[옵션]에서 [값을 행으로 전환]을 설정으로 변경한다.

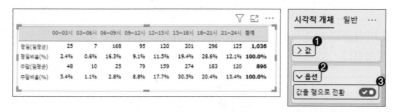

⑦ 행렬 개체의 크기와 위치를 조정하여 도형 '3-②' 위치에 배치한다

문제3- ❸

① [시각적 개체]–[셀 요소]에서 계열의 '평일(일평균)'의 배경색을 설정으로 변경한다. 계열을 '평일비율 (%)', '주말(일평균)', '주말비율(%)'을 각각 선택하여 배경색을 적용한다.

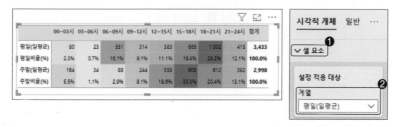

4. 상호 작용 편집, 책갈피

문제4- ❶

① 보고서 보기(📊)에서 '문제3-4' 페이지를 클릭한다. 연월 슬라이서를 선택하고 [서식]–[상호 작용] 그룹에서 [상호 작용 편집]을 클릭한다. '꺾은선형 차트(기간별)'의 상호 작용을 없음(🚫)을 적용하여 상호 작용을 해제한다.

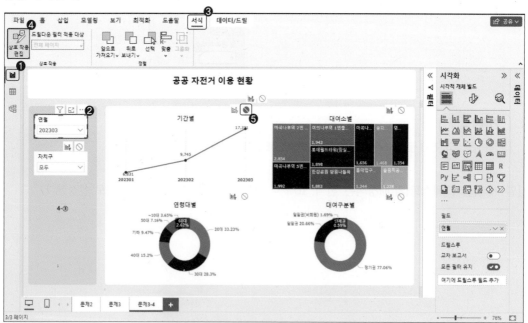

② 자치구 슬라이서를 선택하고 'Treemap(대여소별)'의 상호 작용은 필터(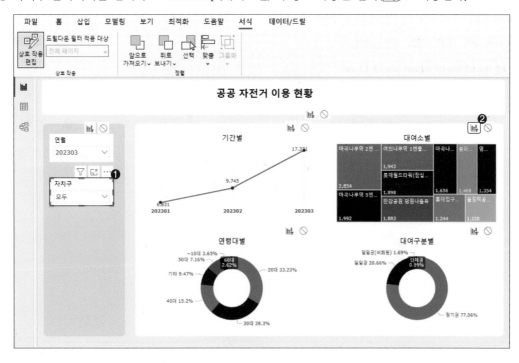)로 적용한다.

문제4-❷

① [보기]-[창 표시] 그룹에서 [책갈피], [선택]을 클릭한다. [선택] 창에서 '연령대별'의 [이 시각적 개체 숨기기]를 클릭한다. [책갈피] 창에서 [추가] 단추를 클릭하고 '책갈피 1'을 더블클릭하여 이름을 '연령대숨기기'로 변경한다.

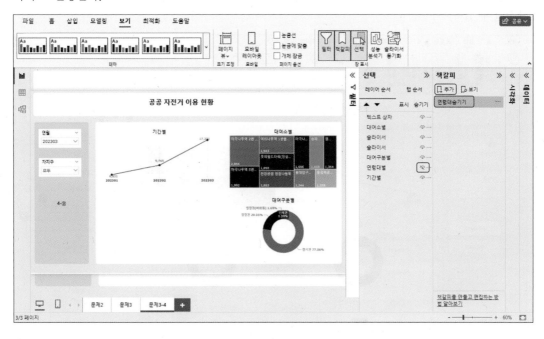

② [선택] 창에서 '연령대별'의 [이 시각적 개체 표시]를 클릭한다. [책갈피] 창에서 [추가] 단추를 클릭하고 '책갈피 2'를 더블클릭하여 이름을 '연령대표시'로 변경한다.

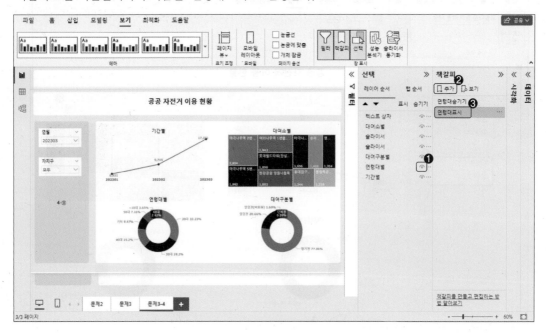

문제4- ❸

① [삽입]-[요소] 그룹에서 [단추]-[탐색기]-[책갈피 탐색기]를 클릭한다.

② 책갈피 탐색기를 선택하고 [서식] 창에서 [그리드 레이아웃]의 방향을 '세로'로 변경한다. 크기와 위치를 변경하여 '4-③' 위치에 배치한다. Ctrl과 함께 책갈피 단추를 클릭하면 연령대별 차트를 숨기기하거나 표시할 수 있다.

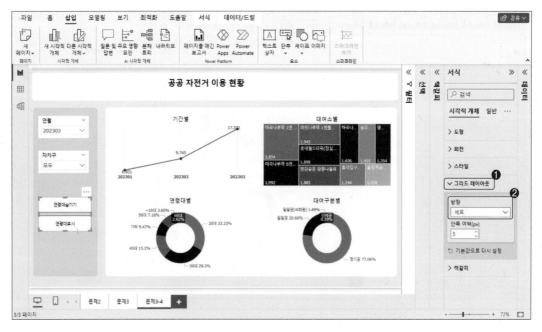